FUNDO DE QUINTAL
O som que mudou a história do samba

Marcos Salles

FUNDO DE QUINTAL
O som que mudou a história do samba
UMA BIOGRAFIA

malê

Todos os direitos desta edição reservados à Editora Malê
Direção: Francisco Jorge & Vagner Amaro

Fundo de Quintal – O som que mudou a história do samba, uma biografia
ISBN: 978-65-87746-92-0
Edição: Francisco Jorge
Ilustração de capa: Eduardo Pimenta
Ilustrações abertura de capítulo: Jorge Costa
Pesquisa: Ângela Victório, Thiago Carvalho, Resenha Gigante do Samba, Kaique Mateus e Raphael Monteiro
Fotos: Cristiane Leite, Edu Gama, Jorge Antunes, Jorge Cysne, Oskar Sjostedt, Paulo Moreira e Robson Moreira
Fotos de acervo particular: Ademir Batera, André Renato, Carien Bastos, Chico Brust, Henrique Hatischvili (Banana), Jefferson Santana, José Carlos Marinho, Jorge Antunes, Marcelo Reis, Raquel Cristina, Sereno, Shirley Hatischvili, Túlio Feliciano, Ubirany e Centro de Memória Domingos Félix do Nascimento do G.R. Cacique de Ramos
Tratamento de fotos: Márcia Salles
Montagem de capa: BR75 | Ligia Barreto
Projeto gráfico de miolo: BR75
Diagramação: BR75 | Rafael Abreu
Revisão: Geisiane Alves
Texto revisado segundo o novo Acordo Ortográfico da Língua Portuguesa.
Proibida a reprodução, no todo, ou em parte, através de quaisquer meios.

```
Dados Internacionais de Catalogação na Publicação (CIP)
       (Câmara Brasileira do Livro, SP, Brasil)

   Salles, Marcos
      Fundo de Quintal : o som que mudou a história do
   samba, uma biografia / Marcos Salles ; [ilustração
   Eduardo Pimenta, Jorge Costa]. -- Rio de Janeiro :
   Malê Edições, 2022.

      ISBN 978-65-87746-92-0

      1. Fundo de Quintal (Conjunto musical) - História
   2. Samba (Música) - História I. Pimenta, Eduardo.
   II. Costa, Jorge. III. Título.

22-123639                           CDD-784.1888092
            Índices para catálogo sistemático:

   1. Fundo de Quintal : Samba : Música : Biografia
         784.1888092

   Cibele Maria Dias - Bibliotecária - CRB-8/9427
```

malê

Rua Acre, 83, sala 202, Centro. Rio de Janeiro
www.editoramale.com.br
contato@editoramale.com.br

A Deus, por tudo.

A meu pai, o jornalista Mílton Salles, meu Mestre Maior nas escritas. Com ele comecei, aprendi e por ele sigo escrevendo, como se ainda estivesse por aqui supervisionando cada frase.

A minha esposa, Márcia, que segurou a onda do meu namoro com o computador durante meses e meses.

A minha mãe, Yolanda, e suas orações de fé.

A minha filha, Andressa, e meus netos, Antonella e Enrico.

A meu grande amigo Ubirany, fonte fundamental de pesquisa por sua memória fantástica.

E a todos que acreditaram, torceram e perguntavam a todo instante. "Quando sai o livro?".

Apresentação

Marcos Salles. Um nome que chamou a minha atenção quando, em 1985, recebi o LP *Raça Brasileira*. Sou saudosista de carteirinha do tempo do LP e principalmente dos encartes.
    Marcos Salles, coprodutor desse projeto, trouxe uma novidade bem-vinda. Além das letras, também os nomes dos autores, os músicos participantes, a equipe técnica e a história das composições com riqueza de detalhes.
    Uma atitude de respeito e carinho pelo samba e pelos sambistas. O disco apresentou Zeca Pagodinho, Jovelina Pérola Negra, Mauro Diniz, Pedrinho da Flor e Elaine Machado.
    Em 1986, no mês de fevereiro, Marcos Salles foi o coordenador de produção do primeiro LP de Zeca Pagodinho. De forma brilhante, contou as histórias das músicas de Arlindo Cruz, Beto Sem Braço, Sereno, Wilson Moreira, Jorge Aragão e, principalmente, de Zeca.
    Em março de 1986, Marcos Salles fez a coordenação de produção do primeiro LP de Jovelina Pérola Negra, a maior partideira deste país. Novamente no encarte Marcos destacou as ricas histórias dos sambas de Ratinho, Zeca Sereno, Serginho Meriti, Acyr Marques, Nei Lopes, Arlindo Cruz, Paulo Vizinho, Jorge Professor e da própria Jovelina.
    Marcos Salles nunca economizou elogios para narrar o universo do samba. Sempre foi e é apaixonado por esse segmento. Conta histórias fantásticas com propriedade porque conviveu realmente com as pessoas.
    Agora, Marcos Salles nos presenteia com mais um projeto, *Grupo Fundo de Quintal – O Som que Mudou a História do Samba, Uma Biografia*.
    Embora Sereno não possa mais trazer o recado do Ubirany, sei que Bira Presidente vai tocar o pandeiro com firmeza em homenagem ao irmão querido. Do mesmo modo Sereno vai comandar o andamento com a cadência do seu tantan.
    O Grupo Fundo de Quintal que conheci era formado por Bira, Ubirany, Sereno, Sombrinha, Almir Guineto, Jorge Aragão e Neoci. E logo de-

pois entraram Arlindo Cruz e Cleber Augusto. A responsável por divulgar o trabalho destes rapazes foi Beth Carvalho.

O Grupo Fundo de Quintal trouxe um novo modo de tocar samba que empolgou o país. Tantan, Repique de mão e banjo chegaram à roda de samba para somar e inspirar novos compositores.

A tamarineira é testemunha desta história, que agora terá a sua trajetória contada por um cara que conheceu e conhece muito bem o Grupo Fundo de Quintal. Seu nome simplesmente é Marcos Salles.

Leci Brandão

Introdução

Contar uma história real já é uma responsa. Mas ainda ter a sorte e a honra de fazer parte dela, aí é um privilégio ímpar. E agradeço muito ao produtor e meu professor Mílton Manhães por um dia, atrás de um palco na Cinelândia, onde se apresentava o Fundo de Quintal, ter me falado de um pagode que rolava na quadra do Bloco Cacique de Ramos, ali na Rua Uranos, em Olaria.

– Você precisa ir lá ver como é. Toda quarta-feira tem um futebol, uma comida, um carteado e um pagode que só tem lá, com portões abertos. Chega no fim da tarde pra bater uma bola –, disse o falante Mílton, que eu acabara de conhecer e já parecia amigo de infância.

Estamos em meados de 1981. E na quarta-feira seguinte, fui com meus vizinhos Raquel e Pirulito. Ele mesmo! Um dos melhores percussionistas que nossa música já teve. E que tocou, entre outros, com Alcione, Djavan, Ivan Lins, Emílio Santiago, Dionne Warwick e foi integrante do Batacotô. Se hoje já não está mais entre nós, assim como a Raquel, mãe de seus filhos Ana Carolina e Thiago, Pirulito foi um dos músicos mais perfeitos que a música já conheceu. De um nível altíssimo. Tocava de tudo na percussão, mas era imbatível no reco-reco, nas congas, no ganzá e no tamborim. Como presente divino chegou a dividir o palco com seu filho Thiago, seu herdeiro na simplicidade, na amizade e no talento, por ter se tornado um grande músico.

Mas voltemos à nossa ida ao Cacique. O que vimos lá era realmente algo diferente. Não, não tinha nenhuma parafernália de superprodução. Aos poucos fomos conhecendo o ambiente simples e ainda um pouco vazio.

A pelada na quadra de futebol de salão terminava e ali estavam jogadores feras se divertindo, sem compromisso, em meio a vários músicos. Tinha Galdino, Mauro Diniz, Renê, Arlindinho, Paulo Lumumba, Ubirany...

O palco era o cimento da quadra.

O cenário era formado por algumas mesas e cadeiras espalhadas e outras bem no centro, embaixo de uma frondosa árvore, que até então não sabíamos de sua importância – tratava-se da tamarineira, a qual ainda seria muito cantada em verso e prosa por muitos. E que guardava em seus galhos algo de tamanha relevância no campo espiritual, que também ignorávamos.

O som era das vozes, das harmonias de cavaco, violão e de um banjo, aquele das bandas de *country*, mas com um braço bem menor. Ah, e uma batucada impressionante. Um pandeiro conduzido com muito suingue e uns tapas no nylon que eram como se marcassem uma coreografia. E tinha o tantan e o repique de mão, que eu tinha visto no show do Fundo de Quintal. Mas, peraí, eram eles que estavam ali naquela batucada.

A luz era dos postes da rua, de algumas gambiarras e da lua que, majestosa, iluminava aqueles momentos de pura descontração.

Tudo ali era de uma magia impressionante, pois as horas passavam, as pessoas iam chegando e ninguém pensava em ir embora. Eu, Pirulito e Raquel ali prestando atenção em tudo. O tão falante Mílton Manhães, conhecido na área como Pézão, nem apareceu. Mas em alguns minutos já conversávamos com um, com outro. Estávamos em casa.

A partir dessa quarta, da qual nem lembro a hora que fomos embora, todas as próximas era certo estar no Cacique. Sem carro, a volta era sempre uma aventura. Uma carona até uma parte do caminho ou ficar mofando no ponto em frente à quadra, do outro lado da rua, esperando o ônibus. Ou então, estar no time que ia fechando os bares na madrugada, do Cacique até chegar ao famoso bar do Adonis, em Benfica, por exemplo. Ou em outro bar, que podia ser um que ficava na Rua Piauí, no Cachambi. Eu não bebo, mas a farra era o melhor da noite, ouvindo e descobrindo sambas fantásticos. Sem saber, ia neste exercício de apurar os ouvidos para um dia saber escolher o repertório de um disco, por exemplo.

Numa dessas quartas assisti ao rápido ensaio deles num botequim ao lado do Cacique, com a Beth e o Mauro Diniz, antes de partirem para o Projeto Pixinguinha, dias depois. E nem imaginava que essa viagem quase os tiraria da gravadora.

Os anos se passaram. Os pagodes das quartas já não tinham mais os bambas do início com frequência, devido aos muitos compromissos de gravações e viagens. Até que, em 84, um convite mudaria a minha vida e me colocaria definitivamente no mundo das produções musicais. O mesmo Mílton Manhães que me falou do Cacique, me convidou para escrever a contracapa do quarto LP do Fundo de Quintal. De início não acreditei, achando que era uma brincadeira. Por que logo eu? Mas o Mílton insistiu, disse que tinha de ser eu mesmo. Aceitei e já cheguei com uma sugestão que acabou dando certo: além da contracapa, colocar no encarte um texto embaixo de cada letra, contando a história das músicas e os detalhes da gravação, incluindo ainda o tom de cada música. Isso facilitou muito a vida dos que tocavam cavaco, banjo ou violão nos pagodes que já infestavam o Rio de Janeiro e começavam a invadir outros estados.

E foi nos meses de agosto e setembro de 1984 que Bira Presidente, Ubirany, Sereno, Sombrinha, Arlindo Cruz e Cleber Augusto gravaram no estúdio 2 da Som Livre, na Rua Assunção, 444, em Botafogo, o disco *Seja Sambista Também*, o mesmo onde gravavam Roberto Carlos, Tom Jobim, Xuxa, Agepê, entre tantos outros campeões de vendagem. Para mim, um mundo novo que se abria. Lembro que durante a gravação das bases, vi tudo sentado no chão do estúdio, como se estivesse de camarote, olhos vidrados, para acreditar que estava ali.

O que não imaginava é que no final desse ano ganharia um presente especial. O Mílton Manhães me chamou para trabalhar com ele nas produções dos discos. Estreei em 85 no LP do Almir Guineto, em seguida no emblemático Raça Brasileira, que lançou Zeca Pagodinho, Jovelina Pérola Negra, Mauro Diniz, Pedrinho da Flor e Elaine Machado.

E nos meses de julho, agosto e setembro, gravamos o quinto LP do Fundo de Quintal, *Divina Luz* (nome que sugeri). E lá estou eu assinando a coordenação de produção, sob a batuta do Mílton, um cara de muita importância nessa trajetória inicial do Fundo de Quintal.

Em 1992, voltei a me encontrar profissionalmente com eles. Numa pequena temporada que fizeram no Asa Branca, na Lapa. Eu fiz a direção e o roteiro desse show, no qual pela primeira vez eles se apresentaram sem aquela tradicional formação em linha, os colocando num zigue-zague. E como sempre gosto de um teatro nos shows que dirijo, ousei brincar com o famoso momento em que Bira e Ubirany dançavam o miudinho. Eles compraram a ideia e deu certo. A cena era o Mário Sérgio pegando o lenço do Presidente e ir dançar no lugar dele, lá na frente. A princípio, parecia uma rebeldia, uma desavença, mas logo depois de alguns passos, ele chamou o Bira, entregou o lenço e desfez a brincadeira.

Ah, e numa das noites, após o show, fomos todos para o Joá, para dar os parabéns à Beth Carvalho. E todos sem instrumentos. Só que a madrinha era esperta e foi buscar cavaco, banjo, tantan, pandeiro e repique de mão. Samba formado, o couro comeu noite adentro. Ela trancou a porta e ninguém podia sair. Até que, com o dia raiando, eu e Ubirany vimos a chave de bobeira numa mesa, pegamos e saímos de fininho.

O tempo passa e estou aqui contando histórias tão importantes do nosso samba, da nossa cultura. Um livro que começou a nascer no início de 2017, quando me veio a ideia desta biografia. Levei ao André Tomassini, então empresário do grupo, que convocou todos os integrantes para uma reunião. E deu certo. Com a unanimidade na aprovação e 116h 49m 22 de gravação e 161 pessoas entrevistadas, cá estamos nós, conhecendo os primeiros passos da rapaziada que definitivamente mudou a história do samba.

Então, com licença, Grupo Fundo de Quintal, e muito obrigado pela confiança. O show vai começar. Mas, espera, lembrei de uma boa. Em meados de 1985, o samba estava rolando miudinho lá em casa, na boa e boemia Vila Isabel. Estavam Carlinhos Doutor, Luis Carlos do Cavaco, Jorge Aragão, Ubirany e, tudo ia bem, até que um vizinho mal-humorado, ao invés de se juntar aos bons, resolveu chamar a polícia. A joaninha (aquele fusquinha da polícia) chegou, o policial se apresentou, muito educado e, quando começava a falar do horário, viu o Ubirany. Tudo mudou. Ele disse a senha: "Meu chapinha, você está aí?". E, numa boa, pediu apenas para abaixarmos um pouquinho o som, ficando por ali com a gente. Era mais um fã do Fundo de Quintal.

Agora é sério. Pois o show tem de continuar. Aliás, tem de começar. Então, nas próximas páginas, seguem histórias deste grupo referência do samba.

Respeitável público, com vocês, *Grupo Fundo de Quintal – O Som que mudou a História do Samba, uma biografia.*

Marcos Salles

Sumário

21   CAPÍTULO 1
      SOB AS BÊNÇÃOS DAS TAMARINEIRAS
      MÃE MENININHA DO GANTOIS E DONA CONCEIÇÃO

27   CAPÍTULO 2
      TANTAN, CAIXINHA, REPIQUE DE MÃO E BANJO
      A BATUCADA QUE MUDOU A HISTÓRIA DO SAMBA

47   CAPÍTULO 3
      O PAGODE DO CACIQUE DE RAMOS
      TEMPLO DO SAMBA
      O NOME FUNDO DE QUINTAL

65   CAPÍTULO 4
      A MADRINHA BETH CARVALHO
      A PRIMEIRA VEZ NO ESTÚDIO

75   CAPÍTULO 5
      OS PRIMEIROS COMPASSOS NOS SHOWS
      ENFIM, O LP DE ESTREIA
      SAEM NEOCI, ALMIR E JORGE
      A BOMBA DO RIOCENTRO

95   CAPÍTULO 6
      ENTRAM ARLINDO CRUZ E VALTER 7 CORDAS
      MÍLTON MANHÃES SALVA QUEBRA DE CONTRATO
      ENTRA CLEBER AUGUSTO
      NASCE A DUPLA COSME & DAMIÃO

107   CAPÍTULO 7
      CONQUISTANDO AS RÁDIOS
      SAUDADES DA TROPICAL FM

117   CAPÍTULO 8
      O MIUDINHO DOS IRMÃOS BIRA E UBIRANY
      REPERTÓRIOS EM TEMPOS DE CONSENSO

125 CAPÍTULO 9
DERRUBANDO O PRECONCEITO DA MÍDIA
TV GLOBO ABRE AS PORTAS PARA O SAMBA

137 CAPÍTULO 10
O PRIMEIRO DISCO DE OURO
A SAÍDA DO PRODUTOR MÍLTON MANHÃES

145 CAPÍTULO 11
O PRODUTOR RILDO HORA
O DISCO DE PLATINA E A CENSURA
A DESPEDIDA DE NEOCI DIAS

159 CAPÍTULO 12
PELOS QUINTAIS DO MUNDO
OS EMPRESÁRIOS CONDUZINDO A BATUCADA

175 CAPÍTULO 13
ENTRA ADEMIR BATERA
SAI SOMBRINHA, ENTRA MÁRIO SÉRGIO
SAI ARLINDO CRUZ, ENTRA RONALDINHO

187 CAPÍTULO 14
FAMÍLIA TAMBÉM BRIGA
MAIS DISCOS DE OURO E DE PLATINA

195 CAPÍTULO 15
A SAÍDA DE CLEBER AUGUSTO
SUA DOENÇA E SUA CURA

205 CAPÍTULO 16
OS PRIMEIROS DVDS
SAI MÁRIO SÉRGIO, ENTRA FLAVINHO SILVA

249 CAPÍTULO 17
RECORDISTA DO PRÊMIO DA MÚSICA BRASILEIRA
O DRAMA DE FLAVINHO SILVA
AS PASSAGENS DE ANDRÉ RENATO E MILSINHO

261 CAPÍTULO 18
ENTRA DÉLCIO LUIZ
O CD QUE NÃO SAIU
A VOLTA DE MÁRIO SÉRGIO

269 CAPÍTULO 19
O GRAMMY LATINO
A DESPEDIDA DE MÁRIO SÉRGIO

283 CAPÍTULO 20
ENTRA MÁRCIO ALEXANDRE
SAI RONALDINHO, ENTRA JÚNIOR ITAGUAY
FUNDO DE QUINTAL ENREDO DA MANCHA VERDE

295 CAPÍTULO 21
OS ANJOS DA GUARDA
UMA FACULDADE DE SAMBA E DE VIDA

303 CAPÍTULO 22
AS DROGAS FORA DO COMPASSO
O ABSURDO PRECONCEITO

317 CAPÍTULO 23
ALIÁS, É SAMBA OU PAGODE?

329 CAPÍTULO 24
ERA PROIBIDO BATUCAR NESTE RECINTO

343 CAPÍTULO 25
AS LIVES NO TERROR DA COVID-19
A DESPEDIDA DE UBIRANY
O FUTURO

351 CAPÍTULO 26
A SAIDEIRA

415 CAPÍTULO 27
ESTATÍSTICAS

419 CAPÍTULO 28
DISCOGRAFIA ATUALIZADA COM OS SOLOS DE CADA MÚSICA

443 CAPÍTULO 29
AGRADECIMENTOS

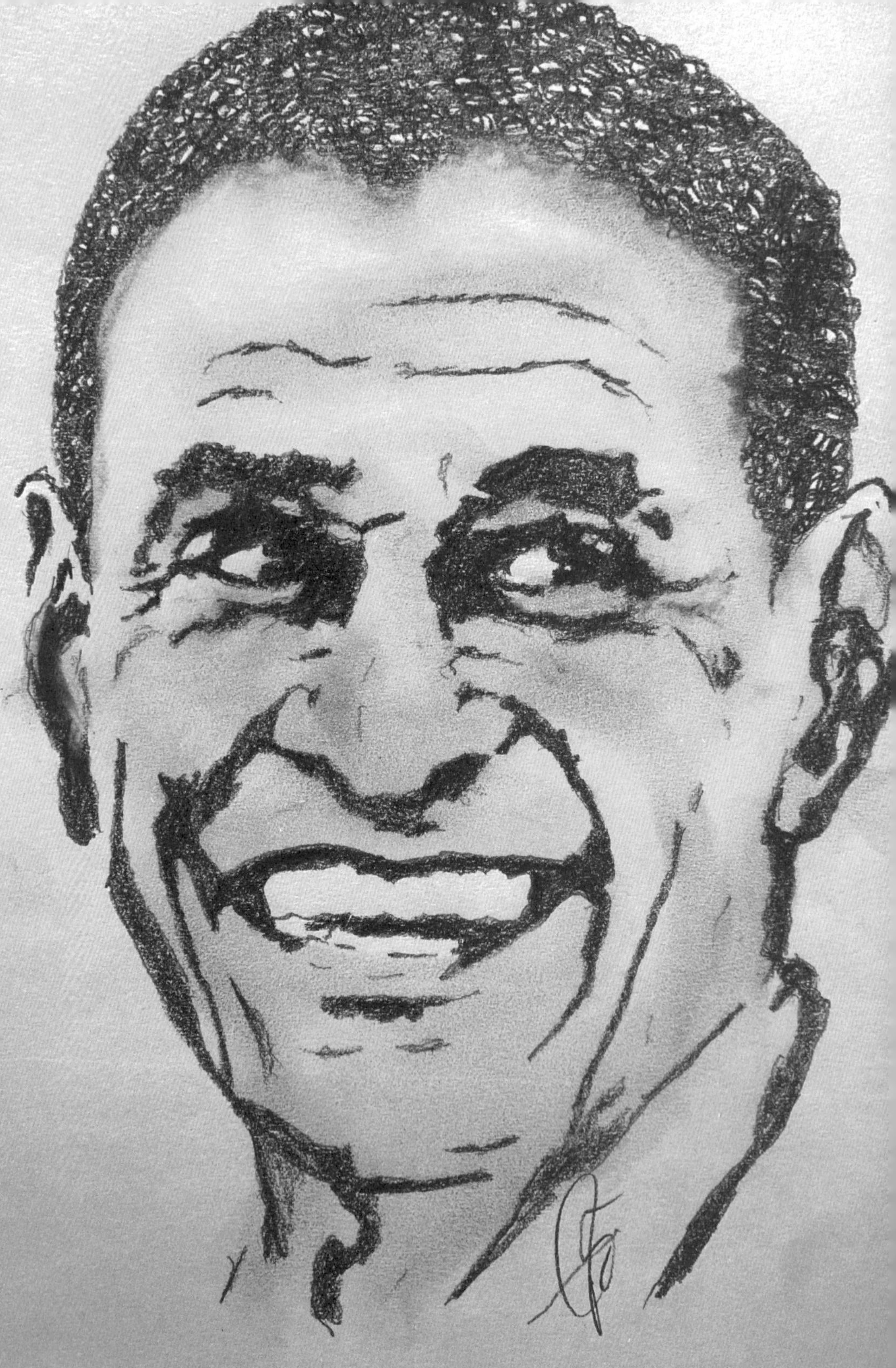

CAPÍTULO 1
SOB AS BÊNÇÃOS DAS TAMARINEIRAS
MÃE MENININHA DO GANTOIS E DONA CONCEIÇÃO

Rua Uranos, 1326, Olaria, Zona da Leopoldina, no Rio de Janeiro, onde fica a quadra do Bloco Carnavalesco Cacique de Ramos. A trajetória do Grupo Fundo de Quintal bem que poderia começar neste famoso endereço, onde aconteciam os inesquecíveis pagodes nas célebres noites das quartas-feiras. Ou então, começar com a gravação do seu primeiro LP, em 1980. Mas não. Ela começa bem antes. Antes mesmo do nascimento dos seus fundadores.

Esta página tão importante da história do samba começa com uma jovem beata mineira, de São João Del Rey, que viria a ser a mãe dos irmãos Ubirajara, o Bira Presidente, e Ubirany. Dona Conceição de Souza Nascimento nem imaginava, mas iria ter grande importância na trajetória não só do Grupo Fundo de Quintal, mas de tantos outros músicos, compositores, artistas, que iriam passar pela quadra do Cacique de Ramos. "Ela era uma mulher que só vivia na igreja, mas além do catolicismo, começou a desenvolver um lado espiritual muito forte, que veio da umbanda e do candomblé. Olha que situação! Muito novinha, com 12, 13 anos de idade, ela desfalecia e caía. Minha vó e madrinha Dona Albertinha a levava em vários médicos, mas nenhum dava jeito. Até que foram num médico espírita. Ele explicou que remédio normal não iria curá-la", conta Bira Presidente, que se emociona ao lembrar o que houve com sua mãe. "Me emociono muito com essas lembranças. Foi quando minha avó foi avisada para levá-la à Bahia. Para a Mãe Menininha do Gantois, no maior candomblé de todas as épocas. E, aos 15 anos de idade, foi uma das primeiras filhas de santo da Mãe Menininha. Começou a desenvolver seu lado espiritual e também se tornou uma mãe de santo." O centro de Dona Conceição está em Nova Iguaçu, hoje cuidado por sua filha, Conceiçãozinha, irmã de Bira e Ubirany.

Mãe Menininha cuidou também da cabeça do filho mais velho de Conceição, a quem chamava de Birinha. "Eu andei passando muito mal e, aos 13 anos, Mãe Menininha me colocou num quarto sozinho, fez assentamento da minha cabeça, cuidou do meu lado espiritual e disse que eu seria uma pessoa que iria criar um espaço para muita gente. Que tinha de cuidar espiritualmente deste lugar e que esta seria a minha vida. Eu não entendia o que poderia ser, só ouvia e respeitava", conta Bira. Filho de Ogum, ele diz não entender nada da religião e que nunca quis se envolver. "Sempre frequentei, sempre respeitei e sempre ficava na minha. Mas eu cuido. Uma vez no mês vou à minha irmã. E todo ano, antes e depois do carnaval, também. Nas dificuldades é Deus acima de tudo, depois minha mãe, meu pai, os orixás. E sou fervoroso. Quando acordo, agradeço por mais um dia de vida e toda noite agradeço de ter chegado bem em casa", diz Bira Presidente.

O irmão Ubirany também tinha o seu lado religioso. "Respeito muito. Até hoje uso uma guia que minha mãe me deu e disse para que eu não tirasse. Uso, acredito, levo muito a sério. Mas não tenho uma coisa fanática de estar no dia a dia, daquela pessoa que não dá um passo na vida sem antes perguntar o que vai acontecer. Gosto de acertar, de errar, mas por convicções próprias. Porém, quando preciso de ajuda, eu recorro à religião, ao espiritismo. Tem uma pessoa que cuida de mim, chamada Sílvia, indicada pela minha mãe", disse Ubirany, que não deixava de fazer a sua obrigação uma vez por mês. "É muito pouco, mas é o necessário, segundo o que minha mãe me dizia. E não tenho do que me queixar."

Os irmãos contam que Mãe Menininha chegou a ir ao centro de Dona Conceição e na casa deles. "Lembro muito dela, uma pessoa calma, tranquila demais. Nunca a vi falar alto. Era uma líder espiritual e queria ajudar a todo mundo, sem nenhum interesse. Sempre muito amiga, uma pessoa maravilhosa", recorda Bira. "Era uma senhora que inspirava respeito. O semblante, a maneira de falar, de se dirigir às pessoas, aquela calma, aquele jeito, sem alterar a voz. Tinha um grande carinho com todo mundo", reforça Ubirany.

O GRBC CACIQUE DE RAMOS

O tempo passou e, no dia 20 de janeiro de 1961, da união das famílias Félix do Nascimento (Ubirajara, Ubirany e Ubiracy), Oliveira (Walter, Chiquita,

Sereno e Alomar) e Espírito Santo (Aymoré e Conceição), nasceu o Grêmio Recreativo Bloco Carnavalesco Cacique de Ramos, sob as bênçãos de São Sebastião. Em pouco tempo tornou-se um sucesso no carnaval, com seus majestosos desfiles na Avenida Rio Branco. A nova agremiação passou por várias sedes, até que em 1970, quinze dias antes do carnaval, aconteceu a mudança para a Rua Uranos, 1326, em Olaria. "Era um terreno baldio com um grande matagal. Eu morava na Rua Antônio Rêgo, bem do lado. Deus que me perdoe, mas fiz muita coisa errada ali nos meus tempos de garoto. Levava as garotas pra pegar manga e goiaba, mandava subir e ficava lá debaixo olhando. Eu e meus amigos capinamos o terreno e fizemos uma espécie de taba de índio, pra fazer nossas sacanagens ali. Mas meu irmão Walter me caguetava e por isso levei muita porrada da minha irmã. Ela me procurava, não me achava, mas ele me entregava", conta Sereno. "Aí, o couro comia."

OS PRECEITOS NAS TAMARINEIRAS

O que eles não imaginavam é que este seria o cenário perfeito e histórico a entrar para as páginas do samba. E, mais uma vez, atendendo a um pedido de Mãe Menininha do Gantois, como conta um emocionado Bira Presidente: "Ela disse que arrumássemos um local com uma árvore que desse fruto, pediu a minha mãe que colocasse um preceito nesta árvore para abençoar o lugar, manter pro resto da vida e que todas as pessoas que pisassem ali e que tivessem um dom iriam desenvolver esta habilidade. Todo aquele que pisasse ali com fé, tudo iria fluir em sua vida. Tanto é que o Cacique, quando foi fundado, era para ser apenas um bloco para brincar no subúrbio e transformou-se num dos maiores redutos do nosso samba", assume Bira. "Aliás, o bairro de Ramos também deve ser considerado berço do samba, como o Estácio, Madureira e Vila Isabel."

O primeiro preceito foi colocado na tamarineira que fica à direita da entrada da quadra, e o segundo, na outra tamarineira. "Lembro-me de quando se tirou toda aquela mata e ficou o asfalto. Minha mãe esteve lá, fez um ritual, uma segurança para todos nós e, a partir daí, o Cacique de Ramos deu todos os frutos que poderia ter dado. No carnaval, na música, nas nossas vidas. O Cacique é abençoado e protegido pelo axé que minha mãe deixou e pelos deuses que acompanham e dão aval a tudo aquilo que a gente faz.

Esta proteção tem feito com que as coisas aconteçam, não de uma forma deslumbrante, mas respeitosa e digna. Isso, para nós, é a maior premiação que pode acontecer", reconhecia Ubirany. Entre tantos músicos, compositores e artistas que já pisaram naquela quadra, o respeito pela tamarineira é igual. "Nós todos nos consideramos afilhados daquela Rainha do Cacique. Eu não sou vidente, mas sei que existe algo importante ali dentro. Quem vai ali e segue a doutrina, os ensinamentos daquela preta linda, que eu não vejo, mas sei que ela existe, só tem a ganhar. Quem passa por ali é como se tivesse tomado um copo de água benta. Todos nós que tivemos a oportunidade e a felicidade de conhecer aquele Cacique, ainda sem estar com a quadra coberta e conviver com aquela manifestação espontânea, somos uns felizardos", diz o produtor Rildo Hora.

E assim, com esta bênção, a quadra do Cacique de Ramos estava pronta para ser o templo sagrado de tantas emoções no mundo do samba. Cantadas em prosa e verso, as famosas tamarineiras (sempre foram duas) têm sido homenageadas constantemente. Agora sim, nossa história pode começar.

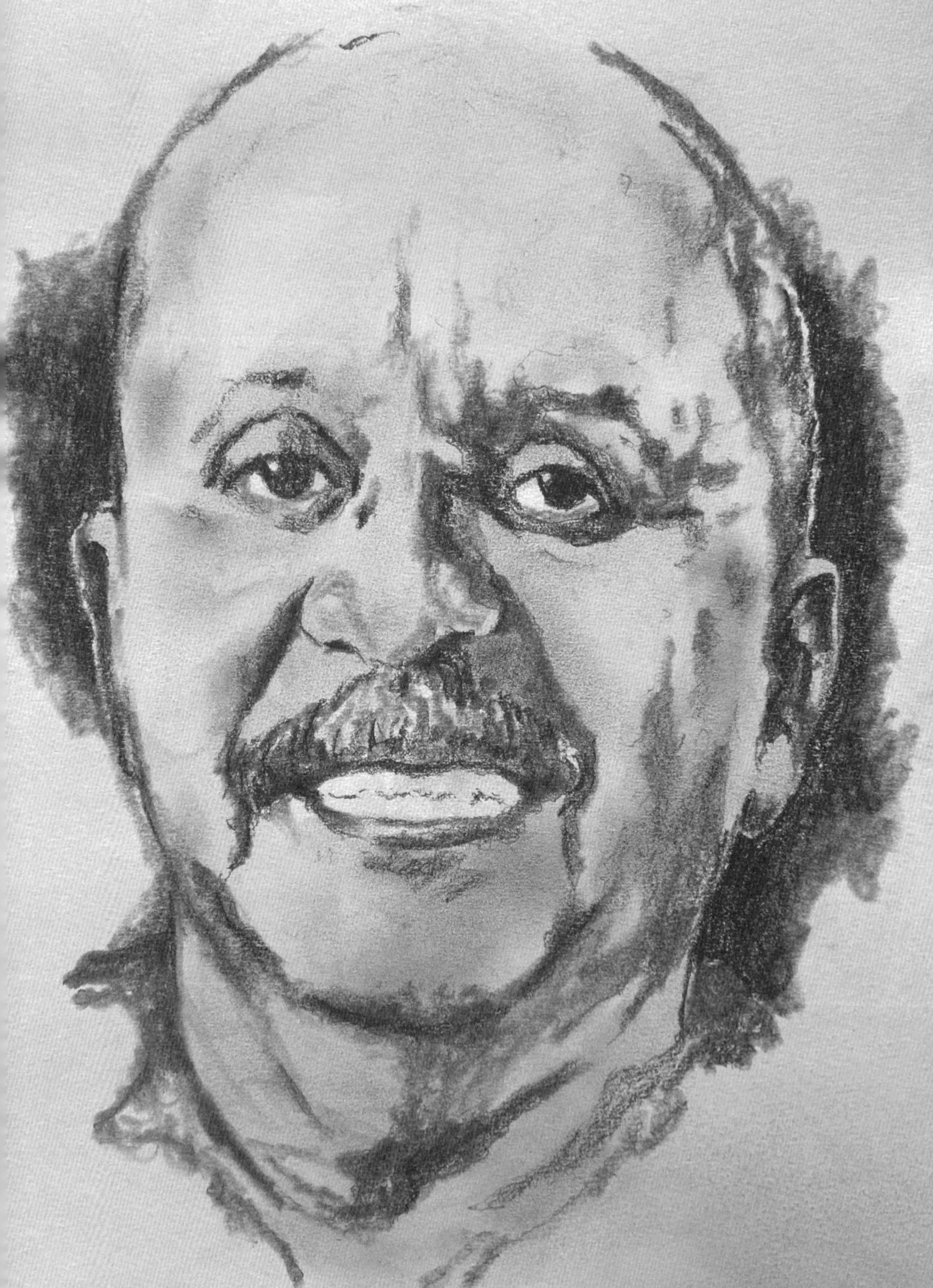

CAPÍTULO 2
TANTAN, CAIXINHA, REPIQUE DE MÃO E BANJO
A BATUCADA QUE MUDOU A HISTÓRIA DO SAMBA

Cavaco, violão de 6, violão de 7, surdo, pandeiro, tamborim, agogô, reco-reco, cuíca. Até o início dos anos 70, estes eram os tradicionais instrumentos do samba. Porém, a história começou a mudar a partir da curiosidade de dois vizinhos do subúrbio de Ramos: Jalcireno Fontoura de Oliveira e Ubirany Félix do Nascimento, além da visão de um mestre da percussão do morro do Salgueiro, Almir de Souza Serra.

Eles criaram uma irresistível batucada com um molho diferente, que passou a ter o tantan, o repique de mão e o banjo como instrumentos indispensáveis nas gravações de discos, nos shows ou em qualquer pagode, que simplesmente significa encontro de sambistas. E ainda veio o som sutil de uma caixinha, que se transformou em um instrumento musical.

O TANTAN

O primeiro a chegar foi o tantan, uma adaptação da tambora, que já era tocada de forma diferente e usada em grupos de bolero, como o brasileiro Trio Irakitan e o mexicano Trio Los Panchos, e também o MPB-4. "Sim, a tambora já existia. Eu que sequestrei e introduzi no samba, pra dar um chega pra lá no surdo. Coloquei o nome e o meu jeito de tocar", conta Sereno, que começou a tocar ainda garoto nas festas organizadas por seu irmão Walter, toda semana em sua casa. "Meus primeiros instrumentos foram os baldes e as bacias da minha mãe", lembra Sereno que, não satisfeito, continuava pesquisando algo que melhorasse o ritmo. "Via esses grupos de bolero usando uns tantanzinhos bonitinhos, que chamavam de tambora. Mas cadê o dinheiro pra comprar? Eu pegava um atabaque, mas era muito pesado. Fui num armazém e achei uma lata de banha de 20 kg. Molhava o papel de cimento e deixava secar. Molhava de novo com ele dobrado, passava fita, barbante e ficava um som maravilhoso." Não demorou muito e pediu a um amigo pra fazer um de madeira. "Achei um compensado, mas era muito mole. Então, ele curvou o compensado, botou outra tira de madeira, colou e botou um couro. Aí sim, deu certo. Foi em 1970. Inspirado no som da batida, coloquei o nome de tantan."

FERAS DO TANTAN

Sereno fez escola. Logo, seu sobrinho Mauro Braga e amigos como Tio Hélio e Neoci já tocavam o tantan, cada um com suas próprias levadas. "Tio Hélio tocava retinho, sem fazer graça", contava Ubirany. Para Beth Carvalho, a batida de Neoci era especial. "Ele tocava um senhor tantan." Beth, inclusive, levou Mauro Braga para tocar na sua banda. "Seu Tranca Rua que me ensinou a ser ogan, a tocar nos atabaques, aos 14 anos. A curimba era da minha Tia Chiquita, lá na Rua da Coragem, na Vila da Penha. Fui cambono do Seu Tranca Rua, da tia Chiquita, depois que comecei a tocar o tantan. Tocar todo mundo toca, aprende, mas tem que vir no sangue, de berço. E respeito muito meu tio. Foi minha mãe que criou o Sereno e tinha um amor muito grande por ele. Tomava conta dele, que fazia muita merda em pequeno. Jamais esqueço que, quando minha mãe estava pra morrer, de câncer, ele a colocou numa clínica e me ajudou muito. Tenho uma adoração por ele. Já tentaram nos jogar um contra o outro, mas não conseguiram", conta Mauro, que no início da carreira era chamado de Mauro do Cacique. "Toquei 25 anos com a Beth. Um orgulho ter tocado com ela, minha madrinha de casamento, junto com o Alcir Capita."

Famoso pelas pancadas no seu tantanzão, Mauro Braga sempre chamou atenção pelo suingue. "Às vezes, vejo o cara dar uma porrada no tantan com a mão dura, sem aquela suingada. Mas é aquilo, *né*? Cada um tem um estilo de tocar. O meu tantan era uma barrica e sou meio de palhaçada, dou uma pancada, levanto a mão, dou uma suingada. Antes de Fundo de Quintal, eu tocava com o Jorge Aragão em festas, ele de violão, eu de tantan. Ah, e coloca aí no livro: quem apelidou Bira e Ubirany de Presidente e Vice fui eu."

Entre os músicos que se especializaram no tantan, a partir dos pagodes das quartas no Cacique, dois tornaram-se referências internacionais. "Em

1980, ia gravar o LP *Samba Enredo*, do Martinho, quando vi um tantan amarelo que ele havia ganhado de presente", diz Belôba, que pediu, gravou o disco e, a partir daí, fez seu nome no instrumento. "Me espelhei muito no Mauro Braga, que via tocar no Cacique. E vim com a minha batida, que hoje tem muita gente imitando. Aquele tantan está comigo até hoje e, se ainda estivesse na casa do Martinho, não existiria mais", diverte-se Belôba, que ainda tocou por vários anos na banda de Beth Carvalho.

Outro grande nome do tantan e também cria do Cacique de Ramos é Nene Brown, que, aos dez anos de idade, foi levado na quadra da Rua Uranos pelo amigo Renatinho Partideiro, que viria a ser um dos grandes versadores de partido alto. "Sou muito fã do Neoci e gostava de ver a mão esquerda dele tocando. Aquilo ali me impressionou. A afinação e a sua maneira de tocar no couro eram diferenciadas de todos. Mas também prestava atenção no Sereno, no Mauro Braga, no Mílton Manhães, Baiaco, Adão, Acyr Marques. E minhas referências com Belôba e Esguleba. Então, me apeguei a esse instrumento. E hoje, tenho minha vida e agradeço a Deus e ao meu tantan." Ele ganhou um tantan de seu pai, o violonista Edinho da Viola, e ficou ensaiando em casa. "Fui me aperfeiçoando. Peguei o molho dos caras, juntei com o meu tempero e deu no que faço hoje. No início era sozinho, aquela coisa de criança. Depois comecei a ouvir os discos do Fundo de Quintal, da Beth, Dona Ivone e tentava sempre ouvir o tantan. Hoje sou muito grato quando encontro meus ídolos e dizem que *tô* no caminho certo. Então, vou continuar, *né?*"

Nene tem levado seu tantan aos palcos com nomes como Dudu Nobre, Marcelo D2, Seu Jorge, Alexandre Pires, Jorge Aragão, Dilsinho e tantos outros, mas o início foi aos 14 anos de idade, com sua madrinha Leci Brandão, que lhe deu o nome artístico. "Foi quando minha carreira musical começou a andar. Era chamado de Nene Pancadão, mas a Leci achou estranho e disse que ia mudar. Um dia, na passagem de som de um show no Teatro João Caetano, estava tocando James Brown e comecei a dançar. Ela viu e disse que meu nome seria Nene Brown. Pegou", explica o carioca Alexssandro Pereira da Silva.

E se Belôba e Nene Brown tiveram de ir ao Cacique para ter a inspiração, Henrique Hatischvili, o Banana, traz o dom de berço. Neto de João da Baiana e filho de Neoci Dias, já devia tocar na barriga da mãe, Dona Vitória. "Sempre fui um fã apaixonado pelo meu pai e vivia grudado nele. Ficava ali no Cacique secando ele, esperando uma oportunidade. E quando ele ia ao banheiro, pegava o tantan pra tocar, mas prazer mesmo era quando ele me dava o instrumento e dizia: 'Toca aí'. Imagina, eu tocar no meio das feras, Almir, Sombrinha, Aragão", recorda Banana, que aos seis anos de idade já ia pro centro de umbanda que sua mãe frequentava, em frente a sua casa, na rua Manoel de Moraes, em Bonsucesso, pra se iniciar no atabaque. "Eu queria era batucar. Batucava na parede, na porta e já tinha meu atabaque", lembra. Aos nove anos, ganhou um tantan de seu pai e uns toques preciosos para a levada. "Ele não explicava nada. Só dizia: 'Olha a canhota, solta essa canhota, Candiroba (seu outro apelido)'. Essa levada da canhota só ele mesmo. Eu faço, Brown faz. Esguleba também é referência. O dedo polegar do meu pai era foda. Ele também dava uns toques pra fazer a virada de bater com as duas mãos em cima do tantan. Caramba, levei uns dois meses pra pegar."

De lá pra cá, muitos músicos se especializaram no instrumento, como Marechal, Adriano Jovêncio, Leozinho Batuqueiro, Quininho, Thiago Kukinha, Wilsinho, Serrinha, Márcia Viegas, entre tantos outros.

A primeira mulher a tocar tantan de que se tem notícia foi Márcia Moura, filha de Maria Moura e do Maestro Paulo Moura. "Ela frequentou muito o Cacique. Eu dava umas dicas pra ela. E tocamos várias vezes juntos. Uma vez, na saída do pagode no Clube Pau Ferro, em Irajá, ela me disse que curtia muito o tantan e queria aprender", contava Ubirany. "Ela cresceu com grandes músicos dentro de casa, como Johnny Alf, Nana Caymmi, Elis Regina. E lá no Cacique, com uns 17 anos, sentava ao lado do Ubirany e ia repetindo o que os outros faziam no tantan. Ela tocava muito bem", diz sua mãe, Maria Moura.

O REPIQUE DE ANEL

Da introdução do tantan para a criação do repique de mão, a novidade também começou a nascer num bom pagode da família de Sereno. Mas a paixão de Ubirany pela percussão começou bem mais cedo, no terreiro de candomblé de sua mãe, Dona Conceição, em Nova Iguaçu. Os meninos Ubirajara e Ubirany já adoravam estar ali no meio dos atabaques. "Minha mãe nunca nos obrigou a seguir a religião, sempre nos deixou à vontade, daí que nos envolvíamos com o ritual e tudo que acontecia. Mas era a parte da percussão, dos atabaques, que me encantava. Eu, com cinco anos, sentava ali, tocava e respeitava muito. Este foi o meu primeiro contato com a percussão com as mãos, sem usar baquetas. E essa intimidade ficou. Aprendi muito vendo as pessoas tocarem, muito mesmo. Admirava muito os repiniques nas baterias das escolas de samba e achava lindo ver o Doutor tocando o seu repique de anel. Então, a partir deste som do repique do Doutor, fui criando o repique de mão, que é baseado no tempo forte do tantan", dizia Ubirany.

Então, por ter sido uma fonte de inspiração de Ubirany para criar o repique de mão, vale sabermos um pouco sobre Edmundo Pires de Vasconcelos, o Doutor ou Dotô, o criador do repique de anel. Foi baterista, criou o agogô de cinco bocas, foi um dos craques do repinique de baqueta da bateria do Império Serrano e também foi diretor de bateria do Grêmio Recreativo de Arte Negra e Escola de Samba Quilombo. Tinha tanta intimidade com o instrumento que, além de tocar o repinique de baqueta com as duas mãos, criou o repique de anel. Colocou pele de couro nos dois lados, o pendurava no pescoço com um talabarte e tocava com uma das mãos na parte de baixo e a outra com anéis ou dedais tocando na parte de metal, conseguindo um timbre mais agudo. Com seu repique de anel tocou e gravou com Candeia, Clara Nunes, Mestre Marçal, Nara Leão, Roberto Ribeiro, entre tantos outros. Entre seus discípulos estão nomes como Jorge Gomes, Jagunço do Repique, Trambique, Andrezão, Márcio Vanderlei, João do Sensação, Alex Almeida e Waltis Zacarias.

A CAIXINHA

A paixão pela batucada acompanhava o garoto Ubirany e, a partir dos atabaques, bem antes do repique de mão, ele chegou à caixinha, uma evolução da batucada na caixa de fósforos, como fizeram tão bem os sambistas Cyro Monteiro e Elton Medeiros. "Desde o início era gamado na caixinha, que começou de uma brincadeira. Engraçado, *né*? Tudo que aconteceu de bom pra mim e pra nós do Fundo de Quintal foi decorrente de brincadeiras que acabaram virando coisa séria. A caixinha vem do tempo do início da bossa nova, em 1959. Aconteciam umas reuniões na casa do Dr. Aloysio, na Praça Vargnhagen, na Tijuca. Uma roda com violão e voz, sem percussão. Quem me levou foi a Léa, uma amiga que fiz na Escola de Reabilitação, que tinha uma voz deliciosa. Lá se reuniam os grandes bambas da bossa nova, e eu ficava batucando com os dedos na mesa. O Dr. Aloysio ficava me observando, foi lá dentro e trouxe uma caixinha plástica de remédios pra obesidade. Comecei a batucar na caixinha e deu um som gostoso com os comprimidos." Ao fim da noite, o anfitrião deu a caixinha para Ubirany. As reuniões passaram a ser voz, violão e a caixinha. "Quando os comprimidos quebravam, eu comprava mais. Em 1963, o Tio Hélio me deu uma caixinha metálica de agulhas de vitrola (agulhas de 78 rpm). Até que criaram um aparelho de barba que vinha dentro de uma caixinha e é a que tenho até hoje, com a qual já gravei muito. Com o tempo, coloquei feijão dentro da caixinha. Está velhinha, mas está aí. Com essa consegui fazer muita história."

Boêmio de nascença, Ubirany sempre adorou a noite e, numa dessas boas noitadas, ele e o colega de turma de fisioterapia, compositor e violonista Lamounier Flávio Lessa encontraram-se com o cantor Agostinho dos Santos e foram a uma boate na Rua Rodolfo Dantas, em Copacabana. "A noite era nossa e o Agostinho também gostava de tomar uma, como eu. Depois do seu programa na TV Excelsior, fomos ver o show do Nanai, que recebia umas canjas dos amigos. Nessa noite o Agostinho cantou duas músicas." Tudo ia bem até que Agostinho disse: "Tem uns amigos que ficam no anonimato e também podem fazer uma apresentação. Tem um amigo que toca uma caixinha deliciosa. Vem tocar comigo, Ubirany". O boêmio estudante gelou e não acreditou. "Ele me botou na fogueira. Eu tremi e não levantei". Mas Agostinho insistiu: "Vai me decepcionar? Vou passar essa vergonha?" Pressionado, todos olhando, Ubirany tomou uma decisão. Literalmente. E subiu ao palco pela primeira vez. "Tomei mais umas duas doses bonitas e lá fui eu. Nanai fez um tema, ataquei na caixinha e aquilo pegou, ficou gostoso, todos aplaudiram", disse Ubirany. Entre os aplausos, alguns de João Roberto Kelly, que rapidamente levou Nanai, seu violão, Ubirany e sua caixinha para o programa Musikelly, na TV Rio. Foi assim que, numa quinta-feira à noite, em 1965, Ubirany estreou na televisão tocando sua caixinha. "Lá fomos nós, eu e Nanai, um violonista renomado, respeitadíssimo no meio. O programa trazia os negros que tinham se destacado naquele ano. Estavam a Vera Lúcia, Rainha do Renascença, o Maestro Erlon Chaves e eu ali no meio pra mostrar a caixinha. A partir daí, surgiram vários convites pra outros programas, numa época em que televisão pagava cachê. Era um dinheirinho a mais que entrava. E passei a ser o Ubirany da caixinha."

Entre os programas que se apresentou com a caixinha, Elza Soares, Miltinho e Samba, Um Instante Maestro, com Flávio Cavalcanti e Bossaudade, com Elizeth Cardoso e Ciro Monteiro. Neste, gravado em São Paulo, ele teve seu momento de marra. "Ah, mas eu fui me sentindo. Fui de avião, com direito a hotel, tocando junto com o Ciro e sua caixa de fósforos, e com a Elizeth. Nesse dia fiquei deslumbrado. Depois voltei a fazer o Bossaudade com o Niltinho Tristeza, ele cantando 'Tristeza'." Quanto ao primeiro cachê, ele lembra perfeitamente o que fez. "Eu tomei todas pra comemorar. Estava muito entusiasmado, fazendo aquela graça com a caixinha e aquilo pegou. O Nanai pediu para fazermos igual à noite da boate, com aqueles gestos malandreados." Bem mais na frente, quando começou a gravar com o repique de mão, a caixinha também passou a ser muito solicitada por produtores como Mílton Manhães, Ruy Quaresma, José Mílton, Ivan Paulo, Rildo Hora. "Lembro de ter gravado muitos jingles com ela no Estúdio Moinho e um comercial com João Bosco. Ficava pensando: *até onde essa caixinha pode ir?*", disse Ubirany, que nas gravações escondia a caixinha na mão, para desespero dos curiosos, mantendo o mistério do novo instrumento.

O REPIQUE DE MÃO

Mas voltando à criação do repique de mão, ele começou a surgir um pouco depois do tantan, em 1970. Foi na casa da Betinha, irmã do Sereno. "Eu sempre gostei de batucar. O Sereno já fazia uma marcação num tantanzinho e eu com aquela sede da percussão, tirando um som num balde, numa panela e o que tivesse por perto. Aí o baterista Edson, o Disinho, irmão mais velho do Sereno, pegou um tomtom velho de bateria e me deu. Coloquei em cima da perna, e ao invés de bater ou usar uma baqueta, comecei a tirar um som com os dedos. Gostei muito. O pagode foi até de madrugada e no final ele disse que eu podia levar o tomtom. Passou a ser o meu instrumento. Aonde eu ia que fosse ter um pagode, estava com o tomtom debaixo do braço", lembrava Ubirany.

Até que rolou uma festa na Rua Araguari, em Ramos. Mas nesse dia ele não levou seu tomtom. "Foi na casa da Elizabeth, que foi Rainha do

Cacique. Ela me deu um repinique de bateria de escola de samba. Aí sim, começou a nascer o repique de mão. Mas percebi que estava tirando um som preso. Aquilo ficou na minha cabeça." A partir daí, Ubirany criou seu novo instrumento. O primeiro passo foi pegar um repinique da bateria do Cacique, tirar a pele da parte de baixo e o som ficar mais solto. "O segundo foi rebaixar o aro superior, que machucava muito a mão. Pedi pro Edmar e o Russo, da Artcelsior, para rebaixar o aro. Deu certo. Mas ainda assim tinha uma sobra desnecessária no som que eu tirava. Pedi pra colocar abafadores de madeira por dentro e secou mais o som do instrumento. Esses detalhes foram se somando e fazendo com que se chegasse ao repique de mão", contava Ubirany.

Como se vê, não foi um instrumento planejado, pesquisado, cujo desenvolvimento tivesse durado anos até entrar no mercado. Até mesmo o passo a passo foi fruto apenas da espontaneidade e da criatividade de um músico com a vontade de ter um som melhor apenas para se divertir. Ele sequer patenteou o novo instrumento, que passou a ser fabricado intensamente no Brasil inteiro e no exterior. "Não tinha ideia do que eu estava criando e não patenteei. Tanto que não auferi lucro nenhum com a criação deste instrumento. Mas o lucro maior é o prazer de ver que fiz uma escola, com muitos tocando, músicos renomados. E essa é a melhor premiação que existe. Tudo bem, a vida continua", reconhecia Ubirany. "Eu não poderia patentear, pois a tambora já existia. Apenas coloquei o nome de tantan e introduzi no samba, do meu jeito. E deu muito certo o casamento do repique com o tantan. Passamos a deixar a harmonia na cara do gol", diz Sereno.

Para Ubirany, que poderia estar milionário, com mais de 50 anos de inúmeras peças fabricadas, mais vale o legado que passou a uma infinidade de músicos e ao próprio samba. "Poderia até ter esse arrependimento, mas ele vai embora quando vejo toda essa divulgação e o prazer com que as pessoas tocam o repique. A Beth Carvalho, nossa grande madrinha, dizia que o repique de mão tem de ser bem tocado para somar, senão, não toca não, que o mal tocado atrapalha. Por isso que, quando saí da sua banda, porque não dava mais pra conciliar com os shows do Fundo de Quintal, ela ficou um tempo sem botar ninguém."

OS DISCÍPULOS DE UBIRANY

Foi quando surgiu o Marcelinho Moreira e entrou como uma luva na banda da madrinha. "Lembro que lá nas quartas do Cacique ele ficava me olhando e se tornou uma pérola dentro do samba. Era menor de idade, e logo que entrou na banda tinha uma viagem pra Portugal. Já entrou internacional. Tive de conversar com o pai dele, pedir permissão, ver as autorizações para ele viajar. Este meu irmãozinho que adoro, gente boa e um músico talentoso."

O garoto Marcelinho conheceu o Pagode do Cacique levado pelas irmãs Márcia e Sueli. "O repique foi meu primeiro instrumento, pois no começo não tinha aptidão por nada e só tocava repique. Ele me abduziu. Eu já admirava o Ubirany, que sempre chegava cheiroso e sempre passou uma elegância a mais que os outros. Ele usava um de madeira e ficava costurando o tempo todo na batucada, aquilo me chamava muito a atenção. Ficava por ali, olhando." Porém; o jovem aprendiz não estava de bobeira e aproveitava as chances para tocar. "No Cacique tinha a Hora do Pato, em que todos largavam os instrumentos e iam dar uns bordejos. Era o momento dos amadores irem pra mesa e eu ali junto. Vendo meu interesse, ele me chamava pra tocar: 'Senta aqui, meu chapinha'. E só em me dar o instrumento pra tocar já *tava* apostando e, de alguma forma, me guiando."

Marcelinho Moreira não se esquece de seus primeiros momentos na Banda de Beth Carvalho. "Tinha 16 anos e foi surpreendente quando ele me indicou, em 1985. A estreia foi numa convenção de uma fábrica de automóveis, no Scala, com show da Beth e do Jô Soares. E a primeira vez que viajei na vida foi para Fortaleza."

Ao ser substituído, Ubirany pediu para o músico Gordinho, Mestre do surdo: "Dá uma olhada no meu chapinha". Coincidentemente, Gordinho era amigo do compositor Aderbal Moreira, pai de Marcelinho. "Ele me pegava em casa para viajar e nos shows me ajudava muito. Ainda era muito afoito. Ele segurava meu braço, minha mão e dizia: 'Calma, agora não', ou então: 'Vai, mete a mão'. Nessa viagem para Portugal, por exemplo, tive que ter autorização dos meus pais e ainda tive uma ajuda do Bira Presidente. Ele conseguiu adiar minha apresentação no Exército. O show foi na Festa do Avante, no Alto da Ajuda, em Monsanto e na viagem dividia o quarto com o Mauro Braga."

Além do repique de mão, Marcelinho Moreira foi se tornando um percussionista completo, e entre os nomes que já acompanhou ou gravou estão: Zeca Pagodinho, Martinho da Vila, Arlindo Cruz, Maria Rita, Mart'nália, Ivan Lins, Simone e Marisa Monte. O curioso é que seu pai era compositor do Bloco Bafo da Onça, o grande rival do Cacique de Ramos nos carnavais da Avenida Rio Branco. "Sinto-me um fruto da tamarineira, um filhote do Fundo de Quintal. Assim como o Esguleba é da Unidos da Tijuca, o Jaguara da Mangueira e o Ura do Império Serrano, sou oriundo dos pagodes, sou do Cacique de Ramos e do Pagode do Arlindo."

Ubirany gostava de mostrar as mãos e dizer que nunca teve calo. "Sabe por quê? O repique não é pra bater, é pra tocar. O importante é a levada, que eu criei dentro do samba, uma forma de tocar. É uma levada com o contratempo da mão esquerda (para os destros, claro) e a direita faz as brincadeiras, as repicadas. O que me emociona é a escola que se fez. Ver a garotada tentando pegar essa levada. Tem o Marcelo Pizzott, o Esgoleba, a Bianca Calcagni e meu irmão Jorge, que toca um repique de mão bonito. Tem algo melhor que saber que você fez escola? E não esqueço nunca dos meus toques no repique no Cacique de Ramos, porque nas quartas não tinha boca de ferro (microfone). Se não tivesse munheca, não ia não."

Com Marcos Alcides, o Esguleba, o Pagode do Cacique também foi a grande vitrine. Mas seus treinos aconteceram na Rua das Marrecas, no Centro do Rio, no escritório do grande amigo Aldir, que tocava um surdinho nos pagodes. Numa parte do seu escritório, montou um estúdio a fim de que os compositores gravassem suas músicas para mandar aos cantores. "Ele foi muito importante. Sabia que eu queria tocar repique de mão. Foi em Cordovil, comprou um pra mim e disse que eu podia ir para o estúdio aprender. Fui me aperfeiçoando. Antes já ia direto pro Cacique e tinha aprendido muito de tantan com o Sereno e o Neoci, que me falava pra usar a munheca da canhota em cima do instrumento, como ele fazia. Mas pra tocar repique fiquei esperando uma chance. Até que um dia o Ubirany foi ao banheiro e, quando ele voltou, eu *tava* tocando. Foi uma surpresa e uma alegria. A Beth *tava* lá nesse dia. Mas não parei de observar. Quanto mais eu ouvia o som que ele tirava, mais aprendia. E vim tocando por aí afora. Graças a Deus tive essa sorte." Integrante da Banda de Zeca Pagodinho, Esguleba é grato ao criador do repique de mão. "Treinei muito o repicado. O tapa não pode ser exagerado, mudando a característica do instrumento. Meu Chapinha ficava na madrugada com a gente. Comigo, o Marcelinho e o Roxo. E nos chamava de Pituquinha, Pituco e Pitucão. Só tenho a agradecer aos conselhos que me deram no Cacique de Ramos e quando ele falava de mim, porque o samba tem nome e sobrenome e as pessoas ficam querendo esconder essa história que é tão bacana. Agora que ele partiu, vou falar cada vez mais no nome dele, pois Ubirany deve ser sempre lembrado e reverenciado."

Marcelo Pizzott, integrante do Grupo Tempero Carioca e que também tocou na banda da madrinha por alguns anos, no lugar do Marcelinho Moreira, é outro que "cursou" a "faculdade das quartas" no Cacique de Ramos. "Ficava lá curtindo e olhando o Ubirany tocar. Prestando muita atenção na mão dele, pra depois fazer em casa, ouvindo o disco do Fundo. E tive a honra de estar no grupo que os substituiu no Cacique, na primeira vez que eles foram para o Japão, em 88", recorda Marcelo, que acabou se transformando num especialista em fazer pandeiros de 10 e 11 polegadas, de couro e de nylon. "É muito bom ouvir esses elogios do cara que criou o instrumento e mudou a história. Sinto-me muito honrado."

Outro discípulo de Ubirany é uma discípula, a hoje percussionista autodidata e produtora Bianca Calcagni. "Eu tocava pandeiro por causa do Negão da Abolição. Via e copiava os movimentos da mão dele. Mas já prestava atenção no repique de mão do Ubirany, que era meu vizinho na Tijuca, e no Marcelinho Moreira. E como era uma época em que não tínhamos as facilidades de abrir o Youtube e ter aulas de todos os instrumentos possíveis, a opção era ouvir os discos do Fundo de Quintal e tocar junto. Meu meio de estudo era esperar o lançamento do LP, correr na loja pra comprar e botar na vitrola pra ouvir a virada que o Ubirany tinha inventado", conta Bianca que, aos 19 anos, gravou pela primeira vez tocando repique de mão. Foi em 1993, no Estúdio 1 da Som Livre, na Rua Assunção, em Botafogo, no CD *Vou na Fé*, da Jovelina Pérola Negra, numa produção do Maestro Ivan Paulo. Eu estava na coordenação de produção, sugeri o nome dela, Ivan aprovou e ela arrasou. No final deste ano, a chamei para substituir o Trambique em um dos shows da última temporada de Mestre Marçal, no Casa Branca, na Lapa.

O PANDEIRO DIFERENCIADO

Na batucada do Fundo de Quintal, enquanto Sereno introduz o tantan e Ubirany cria o repique de mão, Bira Presidente toca o seu pandeiro de uma forma inusitada, mesclando o jeito de tocar dos antigos mestres. "Criei uma batida que todo mundo tenta copiar, mas modéstia à parte, é um pouco difícil, porque faço aquele lance com os dedos e acabei criando meu próprio estilo", explica Bira, que aos sete anos de idade ganhava seu primeiro instrumento, presente de dois bambas. "Ganhei do Gastão Vianna e do Honório Guarda, que faziam parte do grupo do Pixinguinha. Eram como se fossem irmãos do meu pai. E todos os dias que havia aquelas reuniões com samba eu ficava prestando atenção neles, no Donga e no João da Baiana. Via esses quatro tocando pandeiro e ficava olhando, tentando assimilar, com uma grande vontade de saber o que eles faziam com o instrumento. O que uso hoje é de 12 polegadas", diz Bira Presidente.

Quando prestava atenção em João da Baiana, o pequeno Bira sequer imaginava que um dia estaria junto com seu filho Neoci, na primeira formação do Fundo de Quintal. E Bira Presidente observava um pioneiro, pois foi João da Baiana quem introduziu o pandeiro no samba, quando ainda menino saía como Porta-Machado (o figurante que abria os desfiles dos ranchos) nos ranchos Pedra do Sal e Rio de Janeiro, como contava, e que aprendeu a fazer sua famosa batida no pandeiro com sua mãe, Tia Preseiliana de Santo Amaro, e também nas festas e nos grandes pagodes que aconteciam nos casarões de Tia Mônica, Tia Veridiana, Tia Amélia do Aragão e da famosa Tia Ciata, na Praça Onze. Com João começou também o que viria a ser outro instrumento de percussão: o prato raspado por uma faca, que dizia ter aprendido com as baianas. Seu filho Neoci também tocava prato e seu neto Henrique, o Banana, traz nas veias a herança rítmica no instrumento.

Neto de escravos, o garoto João da Baiana trabalhou na claque do Circo Spinelli e foi auxiliar de carpinteiro, mas era mais conhecido como um exímio pandeirista. Entre as muitas histórias que se contam, há uma em que João teve seu pandeiro apreendido pela polícia, fato que o impediu de tocar numa festa do Senador Pinheiro Machado. Mas ao saber do acontecido, o senador deu um novo pandeiro para João da Baiana.

O BANJO

Completando o kit de inovações dos instrumentos que trouxeram um novo molho ao samba, está o banjo tocado por Almir Guineto. Porém, ao contrário do tantan e do repique de mão, em que Sereno e Ubirany explicaram suas respectivas origens no samba, a chegada do banjo é envolta por um emaranhado de histórias, no qual a certeza e a palavra final se foram com Almir. Porém, eu o entrevistei em 1985 para o Jornal O Dia, e ele contou como foi que aconteceu a chegada do banjo no samba.

Mas antes, vamos à lenda, que acabou se popularizando como verdade. Entre tantas outras histórias, a de que Almir Guineto tocava cavaquinho nos Pagodes do Cacique de Ramos e, ao perceber que o som da percussão encobria o som do cavaco, por não haver microfone, e que não arrebentava tanto as cordas, como no cavaquinho, serrou o braço do banjo do country, colocou a afinação de cavaquinho (DGBD – ré, sol, si, ré) e resolveu o problema, lançando o banjo no samba. As únicas verdades aí é que ele realmente chegou ao Cacique tocando cavaco e que o som ficava abaixo da percussão e as cordas arrebentavam mais facilmente. Mas a parte de adaptar o banjo para o tamanho de um cavaquinho, com a sua afinação original, nunca existiu.

Apesar de ter sido um grande músico, Almir não tinha as habilidades de um luthier, que é o profissional que constrói instrumentos de cordas com caixa de ressonância, como cavaco, bandolim, violão e banjo, entre outros. "Essa informação de que alguém que não é luthier adaptou um instrumento retirando uma escala para afinar em clave de C (dó) para uma escala na clave de G (sol), que é menor, é pura lenda", afirma o luthier Márcio Vanderlei, que vai além e completa seu pensamento: "Além de ter de trocar o braço para uma escala de comprimento menor, terá também que fazer ajuste de cavalete, porque a posição muda. Esse corpo do couro é muito maior, por ser pensado num braço maior, logo o diapasão muda de lugar. Além de trocar a escala, tem que se pensar que tamanho terá esse braço para que fiquem satisfatórios a afinação e o timbre. Então, não dá pra dizer que o Almir serrou um braço e colou. É mesmo uma lenda que se propagou até os dias de hoje". Quanto à afinação, o banjo de Almir não tinha a mesma afinação do cavaquinho. "A multidão que chegava ao Cacique ouvia a harmonia pelo banjo.

Ele tocava com afinação de violão, ré sol si mi. Eu pensava que era ré sol si ré, mas percebi que ele fazia um ré igualzinho ao violão", conta Jorge Aragão.

A verdade é que Almir já tocava seu banjo nas noites de São Paulo e nos shows do conjunto Originais do Samba quando foi um dos seus músicos. "Nos Originais ele normalmente tocava cavaco e de uma maneira que pouca gente sabe fazer. E não afinava em DGBD (ré, sol, si, ré), como cavaco, mas em DGBE (ré, sol, si, mi) como violão. O que ele fazia no violão, fazia no cavaco e tinha uma facilidade maior que os outros. Devo muito ao Almir. Aprendi a tocar samba com ele. Ele dizia que quem me ensinou sabia", conta o Maestro Zé Carlos Adorno, que dirigia os músicos que acompanhavam os Originais do Samba. "Como era nosso músico, em algumas músicas ele tocava cavaquinho, em outras tocava banjo", diz Lelei, ex-integrante dos Originais.

O BANJO DE ALMIR

O próprio Almir Guineto, na entrevista que fiz com ele, desvendou este mistério com relação ao famoso banjo verde, que está com ele na capa do primeiro LP do Fundo de Quintal. "Aprendi a tocar com meu pai, que tinha um banjo. Nos Originais, a sonoridade do cavaquinho não cobria o ritmo no partido alto. E o banjo, além da sonoridade, não quebra a corda com tanta facilidade quanto o cavaquinho. A ideia foi minha e do Mussum, mas descobri por acaso, na loja da Del Vecchio, em São Paulo (na loja da Rua Aurora, perto de onde morava, no tempo dos Originais). Toquei e gostei. Comprei e levei para o Cacique."

O produtor Mílton Manhães conta que foi num pagode no Morro do Salgueiro, que pela primeira vez viu um banjo com braço de cavaquinho, em 1975. Mas não era Almir quem tocava. "Fui num sábado à tardinha, num pagode na quadra do Calça Larga, antiga quadra do Salgueiro, onde estavam Gracia, Geraldo Babão, Djalma Sabiá, o Louro, irmão do Almir. Cheguei lá, ouvi um som diferente e vi Seu Iracy Serra, pai do Almir, tocando um banjo com o braço mais curto. Achei uma sacada interessante", conta Mílton, que no mesmo dia encontrou com Almir num aniversário na quadra do Cacique e comentou com ele. "Ele reclamou que as cordas eram muito duras, que arrebentavam os dedos e que não seguravam a afinação. Eu disse que tinha visto o pai dele tocando o banjo e que era uma grande sacada, pra ele pensar. Na quarta seguinte ele chegou ao Cacique com o banjo verde e foi um sucesso."

Sílvio Serra, filho de Mestre Louro e sobrinho de Almir, conta que seu avô Iracy Serra tinha um banjo country. "Era aquele mesmo de braço longo, que ele tocava como se fosse um violão. Ele também tinha violão, guitarra, cavaquinho, mas não emprestava pra ninguém. Minha vó que deixava os filhos pegarem quando ele viajava. Meu pai e meus tios Chico, Almir e Georgete. Ele também não ensinava, não tinha paciência. Eles aprenderam no olho."

Quanto à participação do amigo Mussum, líder dos Originais do Samba, nesse processo do banjo, sempre foi considerada pelo próprio Almir como muito importante, por ter sido um grande incentivador para ele tocar o banjo. Impressionado com o banjo usado pela banda inglesa Mungo Jerry no Midem, festival de música realizado em janeiro de 1971, em Cannes, na França. No dia 20, Jair Rodrigues representou o Brasil e foi acompanhado pelos Originais do Samba. Regina Caetano conta que foi com Almir visitar Mussum, quando esteve internado, e ele disse a ela:

Mussum – Eu sabia que ele ia dar certo no banjo. Ele já mostrava uma habilidade de quem já tinha feito algum curso de harmonia em alguma escola.

O gaúcho Chico Brust, que foi assessor de imprensa de Almir, de 2005 até seu falecimento, em 5 de maio de 2017, diz o que ouviu dele: "A história do banjo é controversa. Dizer que o Almir foi um luthier e adaptou o braço do instrumento é querer romantizar a história. O que ele me falou algumas vezes e a versão que considero real é que ele e o Mussum passaram em frente a uma loja e o Mussum sugeriu a ele transformar aquele banjo em afinação de cavaquinho. Mas não foi dessa vez que ele comprou. Ele me disse que achou um banjo com o braço mais curto, o verde-água, e comprou assim na loja da Del Vecchio. Pra mim, a versão oficial é que a ideia foi do Mussum e o Almir a colocou em prática".

O músico Fred Camacho concorda de que a ideia foi de Mussum e ressalta a importância de Mílton Manhães, o qual o incentivou a assumir o banjo. Mas lembra que o tio de Almir, Seu Mazinho, também já tocava banjo. "Ele tinha um banjo preto cheio de durepox, mas tocava com outra levada, fazia um dedilhado diferente. Não era aquela levada cheia do Almir, que mudou a forma de tocar", lembra Fred.

O importante é que Almir Guineto é o responsável não só pelo lançamento do banjo no samba, como foi único na sua pegada no instrumento. Alguns músicos até sabem imitar, mas nenhum tem a levada que ele tinha. Para quem frequentou o Pagode do Cacique nos seus áureos tempos, fica a imagem emblemática do Almir tocando banjo sem camisa, com a bainha da calça dobrada, suando muito e cantando alto com seu vozeirão. "Ele dizia que a pior coisa do mundo era um homem com a barra da calça suja. Na verdade, ele tinha o dom de chamar a atenção pra ele, de roubar a cena", conta Regina Caetano, viúva do Almir.

De início, o banjo ficava no console do seu Passat ou da sua Brasília. Muitas vezes no banco do carona, como se fosse uma pessoa. O banjo parecia a extensão de seu braço, pois aonde ia, o banjo ia junto. E na hora de guardar, sempre desafinava o instrumento.

ALMIR ABANDONA O BANJO

Mas um dia o amor acabou, e Almir Guineto se afastou do banjo, voltando a se dedicar exclusivamente ao violão. E, mais uma vez, uma pergunta com muitas respostas é por que ele parou de tocar um instrumento tão importante e definitivo para a sua trajetória?

Seu sobrinho Sílvio diz que o tio sentia muita dor na mão. "Os dedos estavam atrofiando e ele não tinha mais paciência pra tocar o banjo. Não aguentava mais tocar por causa dos movimentos rápidos e repetitivos."

Regina Caetano confirma a história dos dedos. "Ele dizia que os dedos estavam dormentes, mas não ia ao médico", recorda, destacando um fato em um aniversário de Almir. "O bolo tinha o desenho de um banjo. Ele não gostou e pediu para nunca mais colocar nada de banjo. Uma vez, com os olhos marejados disse que tomou desgosto do banjo, que tinha muita gente tocando mal, que tinha uns banjos que não se escutavam o som e que as pessoas não estudavam, não investiam e depois reclamavam que só existiam as panelinhas na hora de gravar ou tocar nos shows. Lembro que antes ele tocava em tudo que era lugar, tocava muito Leilão, do Zeca. Acho que perdeu o prazer, o tesão de tocar banjo", diz Regina. "Ele dizia assim:

'Um banjo bem tocado é pra se ouvir de muito longe. Estes de hoje não se escutam. Eu não introduzi o banjo para não fazer barulho'. E quando ele atendia a um pedido de autógrafo no instrumento, antes perguntava para o fã: 'Major, você toca mesmo? Vamos fazer o teste?'."

Chico Brust também confirma o problema nos dedos, que sangravam ao tocar, mas ressalta o silêncio de Almir perto do banjo. "Não sei se ele tinha feito alguma promessa de não tocar mais banjo, mas ele fazia o sinal da cruz antes de empunhar o instrumento. Atendia aos pedidos de autografar o banjo, tirava foto segurando, mas não tocava nem falava nada. Ele tinha um grande respeito pelo instrumento. O vi tocar cavaquinho no camarim, violão em casa, mas do banjo tinha certo distanciamento."

OS DISCÍPULOS DE ALMIR

Almir Guineto deixou vários seguidores na arte de tocar o banjo, a começar por Arlindo Cruz, que em muito pouco tempo passou a dominar as gravações de discos, já apresentando uma nova levada, um balanço diferente, todo seu e tornando-se também uma referência no instrumento. "Eu já tocava cavaquinho, mas quando fui ao Cacique e vi o Almir tocando banjo daquele jeito, fiquei impressionado e fiz questão de aprender a tocar logo", me disse Arlindo uma vez no estúdio da Som Livre.

A partir dos anos 90, outro fiel discípulo de Almir Guineto e de Arlindo Cruz começou a se destacar no banjo e ser muito requisitado para shows e gravações. "Eles são as minhas referências, os dois grandes mestres. Cada um tem uma onda diferente na concepção da palhetada. O som do Arlindo é mais rouco, até pelo modo dele tocar, da sua compleição física. Ele toca abafado. Já o Almir tocava com a ponta dos dedos. A minha origem, a base da minha maneira de tocar é do grande músico Binha, do Morro de São Carlos. Eu passei a ser mais uma opção. Vim com outro caminho, com o caminho do morro, assim como o Almir, que teve o caminho do morro do Salgueiro", explica Márcio Vanderlei.

Ele foi além de tocar. Antes mesmo de se tornar um requisitado luthier de banjos e cavacos, Márcio conseguiu reproduzir o famoso banjo verde de Almir. "Pela foto da contracapa do primeiro LP do Fundo. Por ter trabalhado com desenho de prancheta na serigrafia, criei uma escala, medi e ampliei o banjo pro tamanho original, mas não consegui fazer e guardei a planta. Anos depois, o Rogério dos Santos, meu professor de luthieria, fez o banjo." E a ligação de Márcio com o mestre dos banjos se estende às gravações de estúdio. Sua estreia foi em 1995 no CD *Acima de Deus, só Deus*, de Almir, quando tocou os cavacos e alguns banjos. Na primeira música, "Coroné Endoidou" (Almir Guineto/Simões PQD), Márcio travou e não conseguia tocar nas convenções. Em meio à zoação dos outros músicos, Almir falou: "Ô Major, ele *tá* nervoso, deixa o cara, ele *tá* debutando, tem que errar é hoje, deixa ele errar! A primeira ele pode errar!". Rapidamente o nervosismo passou e Márcio mostrou a que veio, sob a regência do Maestro Ivan Paulo. O músico concluiu seu elo com Almir no seu disco derradeiro, *Cartão de Visita*, gravando banjo, cavaquinho e repique de anel. "Interessante como a vida nos reserva essas surpresas."

Para o também salgueirense Fred Camacho, o ídolo tornou-se amigo e parceiro de música. "Eu era como se fosse filho do Louro e do Almir, que me tratavam com todo carinho. Enquanto o Louro queria que eu fosse diretor de bateria, eu queria tocar banjo, completamente influenciado pelo Almir. Na bateria só não desfilei tocando surdo, até que fui para o carro de som, tocando cavaco. Quando ia fazer show com o Salgueiro em São Paulo, nem voltava. Ficava uns dois dias com o Almir. E nos tornamos parceiros."

Além de Márcio e Fred, outros músicos já escreveram seus nomes entre os bambas do banjo, como Marcelo Lombardo, João Martins, Vanessa Reis e Lisa Carvalho.

Neste emaranhado de histórias, de mestres e seus discípulos, a certeza de que o tantan, a caixinha, o repique de mão e o banjo entraram de vez para a história do samba e tornaram-se a referência do som do Grupo Fundo de Quintal.

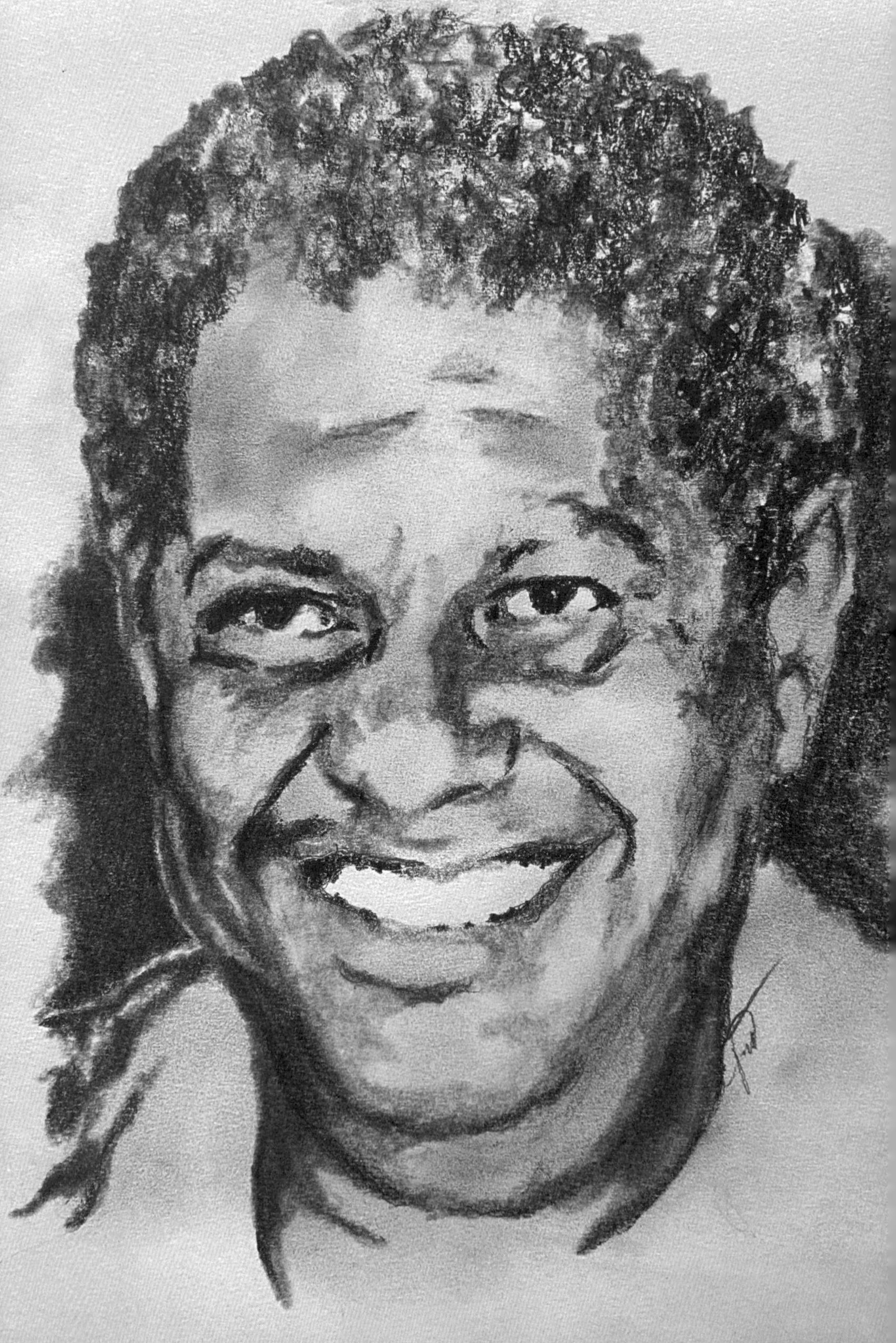

CAPÍTULO 3
O PAGODE DO CACIQUE DE RAMOS
TEMPLO DO SAMBA
O NOME FUNDO DE QUINTAL

O movimento que mudou a história do samba em plena era das *discotheques* começou sem a menor pretensão de se tornar um movimento ou um projeto ou sequer uma revolução. Nada do que aconteceu foi combinado ou planejado em reuniões com departamentos de marketing e investimento de grandes empresas. Nem o samba, que veio depois do futebol. O tantan e o repique de mão já existiam. Almir já tinha recebido de seu pai, Iracy Serra, as manhas do banjo. Mas faltava um cenário para que o samba pudesse, mais uma vez, renascer. Faltava buscar no passado a malícia da inocência e espontaneidade dos mais velhos para dar uma sacudida no bom e velho samba e torná-lo bem melhor, mais criativo e mais poético.

Mas espera aí, o cenário também já existia. Ali mesmo na Rua Uranos, 1326, em Olaria, onde já estava a quadra do Cacique de Ramos. Faltava era povoá-lo com as pessoas certas para que o novo samba pulsasse e tudo pudesse acontecer. O futebol foi o responsável por esse início, como contou o fisioterapeuta Ubirany Félix do Nascimento. "Em 1972, eu fazia administração na Faculdade Somley, na Penha, e já trabalhava em reabilitação no Hospital do IAPETEC, em Bonsucesso. Minha turma batia uma peladinha com o pessoal da ABBR e resolvemos levar este futebol pra quadra do Cacique. Jogávamos toda quarta-feira com o maior prazer do mundo. Só não podia cair, porque era asfalto. E ralava mesmo. Saíamos umas cinco da tarde da ABBR, no Jardim Botânico, e íamos direto pra lá. Levava o pessoal da Somley, o Gravatinha, Galho Fraco, Daniel, meu concunhado Antônio Carlos, um time bom. Da ABBR iam Paulo Cerry, Leóstenes, Dr. Coimbra, Dr. Khoury. Do Cacique jogavam Sereno, Valtinho, Ronaldo, Esquerdinha, Neca e eu. Minha mãe ou o Neoci fazia aquele bandejão de macarrão com salsicha, que alguém ia pegar de carro". Como futebol e samba sempre foram irmãos, não demorou muito para o pagode começar a rolar, de leve, após os jogos. "Sempre aparecia um violão, um cavaco, mas quem segurava a onda era o Aragua, que tocava um violão bonito, o Zezito no cavaco, Everaldo da Viola, eu, Bira, Sereno, Neoci, Dida e Tio Hélio", contou Ubirany, lembrando dos primeiros momentos, que além do futebol e da música, tinha a turma do carteado, jogando tranca, buraco ou sueca.

Era para ser apenas um encontro de amigos após o trabalho e o estudo. Não se vendia bebida. Eles iam bebendo, bebendo, colocando as garrafas numa caixa e no final calculavam quantas caixas tinham sido consumidas, dividiam o total entre eles e ficava tudo certo para a quarta seguinte. Mas nem tão certo assim. "Chegou um ponto que começávamos com uns quinze bebendo e, na hora da divisão, éramos apenas, sete, oito. Os mais malandros bebiam, curtiam o pagode e iam embora sem contribuir. Aí não estava certo. Armando brincadeira *pros* outros darem tapa no nosso bolso? Então, colocamos uma pessoa vendendo ficha no balcão", lembrou Ubirany.

Aos poucos, iam chegando nomes que seriam importantes no espontâneo movimento que começava a nascer, como Mílton Manhães, Dedé da Portela, Mauro Braga, e tantos outros que vamos descobrir mais à frente. O pagode ia ficando cada vez mais redondo e tomando uma proporção inesperada. "Começamos a tocar no cantinho, embaixo da tamarineira, sem compromisso, enquanto a turma do futebol batia uma pelada. Daqui a pouco o pessoal da carta foi chegando e o pagode foi crescendo, sem som, bem natural, com elegância e só podia cantar sambas inéditos. Lembro que alguém tentou colocar um som, mas não conseguiu. A ideia era o acústico, a batucada", diz Mílton Manhães, ex-diretor de bateria do Bafo da Onça, que foi levado para o Cacique de Ramos pelo Bira Presidente.

Em pouco tempo, vários craques da bola passaram a frequentar as peladas. Vieram Alcir Capita, Paulo Lumumba, Renê, Jairzinho, Galdino, Denílson, Miranda, Miltinho, Edinho, Nílson Dias, Brito, Marco Antonio, Marinho Bruxa, Carlos Roberto, Afonsinho, Manguito, Rodrigues Neto, Toninho Baiano, Vanderlei Luxemburgo, Nei Conceição, Luisinho das Arábias, Paulo Cesar Cajú e Alfinete, entre tantos nomes. Por conta dos jogos e das concentrações, o dia teve de ser trocado e os jogadores passaram a bater suas peladas nas segundas, que passaram a ser chamadas de Segunda sem Lei. "Era um tempo muito bom e que faz muita falta, pois fiz muitas amizades lá no Cacique. Hoje, infelizmente, você sai de casa e não sabe se volta. Naquele tempo não tinha isso. Eu morava em General Severiano e meu fusquinha verde, que ganhei pela conquista da Copa de 70, sabia o caminho de cor, ia no automático", conta o artilheiro Jairzinho. Ele não esquece das comidas preparadas pelo Neoci, que assumiu o comando da cozinha. "Era rabada, peixada, tudo muito bem feito. O Neoci tinha muito bom gosto e foi um grande homem, um agregador e que faz muita falta ao samba. Ele vigiava todo mundo e ensinava a gente a tocar. Pessoas como ele não deveriam partir. Neoci foi embora muito cedo."

Os portões da quadra do Cacique ficavam abertos, o som que saía daquela brincadeira foi ultrapassando seus muros e o boca a boca foi trazendo cada vez mais frequentadores, principalmente compositores que não encontravam mais espaço em suas escolas de samba. "De repente, nossa diversão passou a ser um ponto de encontro de sambistas, onde todo mundo podia mostrar um samba novo", diz Bira Presidente. "Com as escolas voltadas para seus ensaios com os sambas-enredo, não se cantava mais o samba de terreiro ou de quadra, também chamado de samba de meio de ano. Eles começaram a ir para o Cacique", disse Ubirany.

Eles e muitos outros nomes do samba passaram a frequentar e a crescer como músicos, compositores e cantores. Nomes como os de Beto Sem Braço, Mussum, Aloísio Machado, Geraldo Babão, Adilson Victor, Luis Carlos da Vila, Toninho Nascimento, Mauro Diniz, Marquinho PQD, Jovelina Pérola Negra, Niltinho Tristeza, Efson, Serginho Meriti, Guará, Bandeira Brasil, Adalto Magalha, Chiquinho Vírgula, Guilherme Nascimento, Henrique Damião, Roberto Serrão, Paulete, Fujico, Elaine Machado e tantos nomes que já vou pedindo perdão na falta de alguém, pois não cabem nas páginas de um livro.

As quartas-feiras no Cacique de Ramos passaram a ter os mesmos ingredientes dos bons pagodes que aconteciam nos quintais dos antigos, desde os primórdios das tias do samba, muito bem representadas pela Tia Ciata, na Praça Onze. No Cacique, o principal era a satisfação de cantar, tocar e provar uma boa comida, com o diferencial da pelada e do carteado que aconteciam antes do samba. Muito diferente do que se passou a fazer anos depois, em vários lugares, não se cobrava na entrada, nem tinha som com microfones e fones para os músicos. Não tinha uma atração convidada ou um DJ para tocar nos intervalos. "Foi tudo muito natural. Foi um amor pelo samba. Nós passamos a ser defensores do samba puro de nossos antepassados e não podíamos fugir das nossas origens", afirma Bira Presidente.

NEOCI DIAS DE ANDRADE

Porém, toda essa naturalidade tinha algumas regrinhas, bem comandadas por Neoci Dias de Andrade, o Mc Coy de Bonsucesso, também chamado de Véio Zuza, apelido que ganhou do amigo Mussum, por andar arrastando o pé, devido a um problema que tinha no joelho. Mesmo se estivesse na cozinha, Neoci ficava ligado e não deixava, por exemplo, cantar sambas que tocavam na rádio, os chamados sambas comerciais. "O policiamento do Neoci foi importante. Se chegava alguém pra cantar um boi com abóbora, ele cortava na hora", lembrava Ubirany. "O Neoci era um arregimentador, o cara que organizava tudo. Ele tinha uma postura que fazia o pessoal pensar e respeitar. Ele sabia todos os caminhos. E outra, na mesa não podia usar baqueta, só as mãos nos tantans, pandeiros e repiques. Só a baqueta do tamborim educado ou então teria de ser tocado com os dedos", ressalta Sereno. "Se tinha alguém tocando errado, ele saía da cozinha, vinha no meio do pagode e dizia na maior: 'Fulano, levanta, você não vai tocar aqui não'. Ou então, dizia: 'Não canta esse samba não', e todo mundo respeitava. Isso que deu a referência que o Cacique passou a ter", lembra o percussionista Banana, filho de Neoci. "Lembro do meu pai com a toalhinha pendurada no ombro pra secar o rosto. E fazendo aquelas comidas boas, macarrão com salsicha, galinha com quiabo, costela, carne assada. E muito ensopado, porque o dinheiro não era muito no Cacique. Era cata cata. Então tinha que criar. E não era tira-gosto não, era comida mesmo, sempre uma comida diferente", diz Banana. O diretor de harmonia Chopp conta que Neoci não era tão malvado assim e até dava chance para quem pedia pra tocar. "Era muito engraçado e todo mundo prestava atenção. O cara perguntava pra ele: 'Posso dar uma canja?', e Neoci, bem sério, dizia que podia. Mas quando via que o malandro não tocava nada, tomava o instrumento e mandava assim: 'Ô meu irmão, dá na mão de quem sabe!'. Isso no meio da música, nem esperava acabar. E nem dava pra discutir com ele, porque tocava muito", conta às gargalhadas.

Para Bira Presidente, esse cuidado do Neoci, tanto com o repertório quanto com a qualidade de quem tocava, foi importante para o que acontecia no Cacique. "Ele foi uma figura belíssima, um cara espetacular, que organizava, agregava, fazia uma boa comida, versava, pegava todo e qualquer instrumento de percussão e tocava com maestria. O samba não estava legal?

Na mesma hora ele tirava da mesa, fazendo aquela batida de velha guarda e terminava o samba. Todos paravam e já sabiam que algo não *tava* agradando. Todos ouviam e respeitavam. De vez em quando arrumava problema, mas era super querido. Fomos vizinhos, morando perto e até lado a lado, casa colada à outra, em Olaria. Foi um grande boêmio e saíamos muito, tirávamos onda e muitas noitadas foram nossas. Devemos muito a ele." Numa dessas noites, Paulo Moura levou um amigo percussionista, que tinha vários instrumentos e acabou sendo barrado pelo Neoci. "Ele ficou fazendo vários efeitos, meio jazz. Mas contornamos e ele acabou ficando e tocando uma cabaça. Era apenas o Naná Vasconcelos", conta Mílton Manhães.

"No início do Cacique, o único tantan que tinha era o meu, mas o Neoci passou a tocar também e a batida dele era gostosa. Todo mundo elogiava, e ele criava, dançava. Neoci gostava de cantar as músicas dos outros e levar *pros* artistas gravarem. Na cozinha, ele fazia e não podia comer, mas o primeiro prato ele tirava pra ele. A gente avisava: 'Ô cara, você vai se dar mal'. Não era pra ele morrer tão cedo. Era um camarada que ajudava os outros, quem *tava* começando. Se o samba fosse bom, ele fazia de tudo pra ser gravado. Hoje falta alguém como o Neoci no samba. Hoje o olho é muito grande, fica nesse fingimento de que é parceiro, parceiro nada, cada um quer é tratar de si, aí fica difícil", diz Sereno.

Mílton Manhães também reverencia a importância de Neoci. "Cabo Andrade sempre foi um cara articulado. Sabia das coisas, sabia o que era um samba de verdade, o que era um samba bom, com conteúdo. Foi um cobra, tanto tocando, quanto cantando, versando ou compondo. Um cara respeitado, que mostrava música dos outros e não entrava na parceria, o que normalmente não acontece. Era de ajudar, ajudou e muito. Foi uma perda muito grande. Infelizmente Neoci é muito pouco falado", afirma Mílton, outro grande nome que também deveria ser mais lembrado e reverenciado.

Outra inovação do Neoci, muito importante para a renovação, foi que toda quarta-feira os compositores tinham de trazer um samba novo para mostrar. "Naquela época a gente fazia na hora. Criava um partido ali e depois fazia a segunda. E levar samba novo era de lei. Eu fazia muitas músicas com o Arlindo, Beto Sem Braço, Ratinho. Às vezes, chegava na quarta com uns cinco, seis sambas novos. Não era um só não. Muitas vezes a gente terminava o samba lá. Eu e Ratinho fizemos muita música lá no fundo da quadra. A gente terminava e voltava pra cantar na hora, fresquinho igual pão.

'A Vaca', eu e Ratinho fizemos no botequim da direita de quem chega no Cacique. Ali mesmo, eu, Neoci e o Rixxa fizemos 'Chibatas do Destino', que minha irmã Ircéa gravou", conta Zeca Pagodinho, cuja chegada no Cacique, levado pelo irmão Meco, acabou entrando para o folclore por conta do cavaquinho que levava dentro de uma sacola das Casas Sendas. "É verdade, era um cavaquinho ruim pra caramba, eu também tocava muito mal, mas tirava minha onda. E não tinha capa. Hoje todo mundo tem case. Pode até tocar mal, mas tem um case", diz Zeca, que carrega na memória o som que ouvia ao chegar no Cacique. "O som dos tantans do Tio Hélio, do Sereno, do Neoci, do Mauro Braga, os violões do Nilton Barros, do Jorge Aragão. E lá do portão se podia escutar a voz de quem estava cantando. Podia estar cheio, muita gente com instrumento, mas todos tocavam na disciplina, ficava redondinho, não tinha essa correria de hoje. Hoje ficou muito diferente, é muito esporro, muito som", explica Zeca. A cada quarta-feira o samba só melhorava. "Tomou um vulto tão grande que acabaram o jogo de cartas e a pelada. Ficou só o Pagode do Cacique", diz Mílton Manhães.

Era tão bom que, muitas das vezes, o final não era muito bem o final. "Quantas quintas amanhecemos o dia tocando! Fazíamos um bloco, íamos pra rua e voltávamos. Coisas que, sinceramente, hoje em dia não tem mais", lembrou Ubirany. "Muitas vezes virávamos a madrugada, saíamos do Cacique e íamos até Bonsucesso tocando pelo meio da rua. E também parávamos nos botequins pra saideira. Se fechava um, íamos para outro. Era muito bom, um tempo muito gostoso", diz Sereno.

Em muitas das madrugadas, o final do pagode era com uma brincadeira que Mussum resgatou dos tempos de criança, o Tá com a Morte. "Ele começava. Tocava em outro e dizia: 'Tá com a morte'. Ninguém podia ir pra casa com a morte. Então, tinha que passar pra outro e começava uma correria", conta Bira Presidente. "Até que um dia colocaram a morte no Neoci, que era prejudicado do joelho e não podia correr muito. Já mamado, dia amanhecendo, corria atrás de um, de outro e não alcançava ninguém. Até que ele resolveu parar de correr. Pegou o seu Pica-Pau (revólver), apontou pro Mussum e disse: 'Tá com a morte e vai levar'. Aí acabou a brincadeira, todos rindo", disse Ubirany.

Quando se fala nos Pagodes do Cacique de Ramos, uma das perguntas é: como se formou o Grupo Fundo de Quintal? "Os pagodes das quartas foram mostrando quem era e quem não era. Então, a primeira formação foi com essas pessoas, mas podiam ter sido outras tantas!'". A resposta do Ubirany define realmente o que foi acontecendo naturalmente a cada quarta-feira, quando ele, o irmão Bira, Sereno, Neoci, Jorge Aragão, Almir Guineto e Sombrinha foram se juntando, se entrosando e, sem perceber, já estavam prontos para ser o Grupo Fundo de Quintal. E, por mais que não se tivesse a ideia de formar um conjunto de samba, como se falava na época, começaram a aparecer convites para que essa rapaziada do Cacique fosse tocar nas casas de amigos. Do primeiro time, já estavam Bira, Ubirany, Sereno e Neoci.

JORGE ARAGÃO

Até que em 1975 chegou um compositor com um violão diferenciado, um músico de conjuntos de baile da Zona Oeste, que foi morar justamente no prédio onde morava Alcir Portela, o Capita, capitão do Vasco da Gama. "Eu morava no segundo andar, e o Alcir, no terceiro. Ele sempre me cumprimentando e me vendo com o violão. Até que numa madrugada, ao voltar de uma boate na zona sul, ele também estava chegando, estacionando o carro com o Renê e o Galdino. Eu ficava babando com aqueles fuscas rebaixados. O Alcir me perguntou o que eu estava fazendo com o violão. Disse que fazia umas músicas e tocava na noite. Já estava atacando de voz e violão. Ele disse: 'Mostra aí'. Sentamos na calçada em frente ao nosso prédio, cantei uns sambas, e ele falou: 'Vou te apresentar a um parceiro meu, vou te levar na casa dele'", lembra Jorge, que apesar de animado com a promessa, não acreditou nem um pouco. "O Alcir Capita cheio de intimidade comigo? Fiquei esperando, mas sem acreditar. E não é que no dia seguinte ele me procurou? Saímos da nossa rua, pegamos a principal, era na rua seguinte. Me apresentou a um negão grandão, forte. Era Neoci Dias de Andrade, que falou: 'Canta aí'. Cantei e ele disse: 'Aí, Capita, vou levar lá na Tapecar'". E foi o que aconteceu. Atravessaram para o outro lado de Bonsucesso e foram na gravadora: Neoci, Jorge e seu violão sem capa. A diretoria estava de portas fechadas em reunião com o presidente Manolo Vaz Camero. Mas quem havia chegado era Neoci, o Mc Coy de Bonsucesso, a quem as portas sempre se abriam. Ou ele mesmo abria. "Já fiquei com vergonha, porque ele era muito invasivo. Bateu, abriu e entramos. Mas ele sempre foi desse jeito e ali já fui tratado por ele de meu canário. Ele disse: 'Meu presidente, trouxe aqui meu canário pra cantar três músicas. Se ninguém gostar de nenhuma das três, vou pagar o almoço pra todo mundo'". E Jorge cantou "Excelência", "Malandro" e um terceiro samba, que não lembra de jeito nenhum.

O sucesso foi total e já saíram festejando, porque rapidamente ligaram para Elza Soares, que disse: "'Malandro' é meu". O melhor da história é que a confiança de Neoci era tanta por seu canário, que apostou o almoço sem um níquel no bolso. "Por essas e outras que tenho tendência para infarto. Naquela época já *tava* com esses probleminhas e o coração pulava. Uma semana depois fomos à casa da Elza, que nos recebeu cantando 'Malandro'. Pra mim, só em chegar perto dela era alcançar o topo do samba, o topo do mundo. Tudo que um compositor podia esperar na vida era chegar perto da Elza Soares. Eu cheguei e nem sabia o que fazer. Hoje, abro a boca pra cantar 'Malandro' e desaba tudo. Parece que é um sucesso de agora, um privilégio. Fizemos para o Inácio, pra ele se tocar, se ligar. Teve uma época que toquei muito com ele, um percussionista bom, tocava bem um atabaque", diz Jorge.

Logo na quarta seguinte, Neoci levou seu canário para conhecer a quadra do Cacique de Ramos. "Eram umas dez, doze pessoas. Tinha os que jogavam buraco, outros na pelada, tipo quatro contra quatro. Como eu não sabia jogar, ficava no violão. Neoci e Sereno nos tantanzinhos, o Bira diferenciado no pandeiro, sempre suingando bacana, o que acabou dando uma identidade, um tempero. Estava pela primeira vez num ambiente de samba. Tocava músicas minhas e outras que já fazia na noite de voz e violão, uma bossa nova e naquela pegada gostosa com a caixinha do Ubirany ficava bom, super redondinho. Volta e meia eu solava. Era uma coisa nossa, solta, por isso que nunca foi um projeto, sempre foi espontaneidade. Nunca houve a pretensão de sermos artistas pra mudar ou escrever alguma coisa na história do samba. Sempre foi tudo tão espontâneo, tão bobo, tão simples...", afirma Jorge Aragão.

Em suas lembranças do clima que rolava no Cacique, Jorge não tem certeza se hoje daria certo daquele jeito, sem microfone. "Não sei se funcionaria, tudo no seu tempo. Naquele tempo era uma música mais baixa, mais intimista, era natural e para aqueles que não respeitavam e começavam a conversar um pouco mais alto, nós tínhamos o Neoci pra dar esporro. E um negão daquele tamanho, *né*? Calavam a boca. Ele dizia: 'Não tem educação musical, não? Assim a gente vai parar'. Ele resolvia, jogava a toalha no ombro e ia ver a panela. Era desse jeito", diz Jorge, reconhecendo que ali naquelas quartas, começou a gostar de samba. "Eu podia tocar o violão e as pessoas ouviam a harmonia, porque eu já estava com aquela harmonia complicada por causa da minha história, de onde eu vim, do jeito que aprendi, pra solo de guitarra. Eu não tinha nada a ver com o samba. Mas eu não era roqueiro. Minha formação era de conjunto de baile, ouvia muito George Benson. Era a minha forma de sentir o Cacique de Ramos. Ali, quando sentia a pulsação do samba, comecei a entender que eu gostava daquilo ali. Não sabia nem o que era (faz o som do batuque com a boca) e ficava admirado. Já estava espertinho no violão, autodidata como sempre. Ali, sem mais sem menos, nós éramos Fundo de Quintal. Eu já era Fundo de Quintal e não sabia."

O compromisso de trazer uma música nova a cada quarta também marcou Jorge Aragão, que se apaixonara pelo samba. "Era como um desafio, mas não era pra dizer que tinha sucesso. Era pra cantar pra nós mesmos. Tínhamos sorte porque aquela turma que ficava em volta da mesa aprendia mais rápido, daí um respeito pra não fazer qualquer coisa, não escrever qualquer letra. Ficava apaixonado quando ouvia Toco da Mocidade, Noca da Portela, Candeia e também os que eram engraçados, como o Gracia do Salgueiro."

Para uma época em que ainda não existiam as redes sociais ou o telefone celular, as quartas no Cacique foram enchendo muito rápido. Também não saía nos jornais, rádio ou TV, nem eram colocadas faixas nos muros, nos postes ou distribuídos panfletos divulgando o que acontecia ali. "Nossa mídia era humana. Era o boca a boca que arrastava a multidão para o Cacique", diz Sereno. Foi assim que muita gente passou a ter um novo lugar de encontro para se divertir, para namorar e também para trabalhar. "Foi muito rápido, e não era só o povão que estava indo, mas os artistas, os intérpretes: Emílio Santiago, Sandra de Sá (ainda era Sandra Sá), Ney Matogrosso, Elizeth Cardoso. E o que acontecia? Como cantávamos músicas inéditas e todos aprendiam, era abrir a boca pra cantar e todos vinham juntos. Parecia uma música já gravada. O meu lado de autor foi impulsionado mais uma vez. Papai do Céu olhou e os intérpretes foram levando as músicas", conta Jorge, que logo tratou de levar para lá seu parceiro em "Malandro" e do conjunto de baile TNT 5, o professor de português João Batista Alcântara. "Jotabê, você tem que ir lá no Cacique ver como é, nossa música *tá* tocando muito, o povo *tá* cantando, a Elza vai gravar."

Jotabê chegou ao Cacique quando ainda não tinham as mesas dos músicos. O pagode começava umas 22 horas, enquanto a pelada ia acabando, e rolava em um círculo de cadeiras embaixo da tamarineira que fica à direita de quem entra na quadra, com Jorge Aragão, Dida, Dedé da Portela, Tio Hélio, também chamado de Tartaruga Touché, Bira, Neoci, Sereno, Mílton Manhães e Ubirany com a caixinha e o repique. "Cheguei bem cedo e fiquei impressionado com o clima, que era tão educado que se conseguia ouvir os violões, com toda aquela percussão. E puxávamos muita bossa nova. Chegamos a tocar cavaquinho com afinação de violão, com a corda ré do cavaco afinada em mi, como o Almir fazia. E quando enchia, as pessoas prestavam atenção nas músicas. Era outro tempo. Fosse cantar quem fosse e sem microfone. Quando gostavam, pediam pra cantar de novo e pediam para levar o panfleto com a letra. Não gostavam? Ficavam em silêncio. Ali era o grande *test drive* do sucesso. A amplificação era a parede humana que ia se formando", lembra Jotabê. Como ele bem disse, era o tempo em que os compositores iam cantar seus sambas e levavam panfletos com as letras, rodados no mimeógrafo, para o povo cantar junto. E muitos sambas saíram dali assim. "Um sucesso, antes mesmo de serem gravados", diz Jotabê, que muitas vezes voltou para casa em Santa Cruz, batendo papo com seu carona Laudeni Casemiro, o Beto Sem Braço, que morava em Parada de Lucas.

ALMIR GUINETO

E assim, sem perceberem, o Fundo de Quintal ia se formando. O sexto componente, nascido no Morro do Salgueiro, ex-mestre de bateria da vermelho e branco da Tijuca, veio de São Paulo, onde estava morando. Nas primeiras vezes veio de cavaco, até trazer o banjo, que firmaria para sempre sua marca no mundo do samba. Foi a chegada de Almir de Souza Serra, o Almir Guineto. "Quem levou o Almir pro Cacique fomos eu e Neoci, que foi no treino do Vasco e me disse que ia me apresentar ao Almir Guineto e ao Chiquinho, irmão dele. Era uma terça-feira. Fomos pra favela de Manguinhos e o chamamos pra conhecer o Cacique", conta o ex-jogador Galdino, sobrinho de Sereno.

A convite do irmão Chiquinho e do amigo Mussum, Almir tinha ido para São Paulo e assumiu o cavaquinho no time de músicos que acompanhavam Os Originais do Samba, no lugar do amigo Luis Carlos Chuchu, que passou a tocar com Jair Rodrigues. "Meu pai amava o Almir, meio que adotou ele e fez de tudo pra levá-lo para os Originais", conta Augusto Bernardes, filho do Mussum. "Na minha concepção, sem desmerecer a qualquer sambista, ele é o Papa. Foi o professor e todo mundo foi aluno dele, o maior malandro de todas as épocas e o mais respeitado de toda essa turma. Para ele e para o Beto Sem Braço eu tiro o meu chapéu. O Almir já era um destaque escondido, quando tocava com Os Originais do Samba. Fui em São Paulo e o chamei pra ficar com a gente no Cacique", diz Bira Presidente. "Eu, Bira, Neoci e Dida chegamos a ir a várias festas no Morro do Salgueiro na casa dele, um dos sambistas mais completos do samba, uma pessoa que fez escola. Quantos não se espelharam em Almir Guineto? Um dos mais respeitados do meio do samba, nós do Fundo de Quintal quando falamos em Almir, falamos reverenciando, um dos mais importantes dentre tudo o que aconteceu nesse nosso movimento", completou Ubirany. "Conheci o Almir no Cacique, comecei a andar com ele pra cima e pra baixo naquele Passat verde dele e temos histórias impublicáveis. Muitas vezes ia me buscar em Del Castilho pra fazer música. Me levou pra São Paulo e fizemos sambas na Serra da Cantareira, como 'Lama nas ruas'", conta Zeca Pagodinho.

Almir Guineto, que no início dividia o cavaquinho com Zezito, se encaixou perfeitamente ao clima descontraído que rolava nas quartas-feiras do Cacique de Ramos. Seu vozeirão, sempre cantando em tons altos chamou logo a atenção de todos. "O Bira me viu em São Paulo e me chamou. Mas pra cantar ali no Cacique tinha que ter voz de crioulo, voz valente, desse meu jeito. Sei que minha dicção não era muito boa, fui muito criticado depois, mas ali tinha que ser assim e deu certo, né, Major?", me disse uma vez Almir, que adorava imitar o miudinho do Bira Presidente, apontando com o dedo e segurando o lencinho. "Ele foi o maior que passou pelo Cacique. Ele chegava cedo e, quando não tinha ninguém, tirava o banjo e tocava sozinho. Um fora de série", diz Chopp. Um dos primeiros fãs do Almir foi o folclórico Baú, que não deixava ninguém falar mal do ídolo. Como todos sabiam da sua adoração, inventavam qualquer coisa contra o Almir para verem o Baú nervoso, que defendia o ídolo e o imitava sambando. "Ele tinha um amor incrível pelo Almir. Até que um dia ele disse: 'Eu não sou mais Baú, sou o Jorge e tem que me chamar de Jorge'", conta Regina Caetano, viúva de Guineto.

Sua consagração veio quando levou o banjo, porém o Almir que muitos conheceram com aquela ginga de malandro, cantando com atitude e uma palhetada única, era apenas uma capa para sua timidez. "Sempre fui tímido, mas sempre que chegava num pagode e não via ninguém que eu conhecia, dava o meu jeitinho, saía fora e ia tomar meu chazinho de macaco pra tirar a timidez", dizia Almir. Para Sereno, ele foi o maior de todos. "Esse sabia tudo de samba. Malandro, um cara decidido, um grande talento. Era simplesmente o Rei do Pagode, mereceu o título com todos os méritos e o Fundo de Quintal teve o luxo de ter esse cara no grupo."

OS VERSOS DE IMPROVISO NO PARTIDO ALTO

A chegada de Almir fortaleceu o momento nobre e mais esperado no Pagode do Cacique: os duelos nos versos de improviso do partido alto. E, se nos tempos das famosas "tias" baianas, na Praça Onze, eram elas grandes versadoras, que improvisavam nas rodas de partido alto, agora no Cacique de Ramos, todos se encantavam com a rapidez no pensamento de feras como Baiano, Zeca Pagodinho, Marquinho China, Nelson Cebola, Deni de Lima, Jovelina Pérola Negra, Beto Sem Braço, Arlindo Cruz, Sombrinha, Fujico, Jorge Presença, Neoci, Darcy Maravilha, Renatinho Partideiro e Geraldo Babão, entre outros. "Lá no Cacique a gente só queria cantar, curtir, ficar com os amigos, mas chegar lá na frente da mesa na hora dos versos era difícil. Era uma hora falada e poucos se atreviam a entrar, porque lá era foda, só tinha nego bamba. Arlindo nem queria ir, a gente *tava* começando", lembra Zeca, que um dia convenceu Arlindo e foram. "A gente perguntou: 'Pode brincar um pouquinho?'. Eles deixaram porque viram que a gente tinha garrafa pra vender, *né*? Até que passamos a fazer parte do time da frente. Quando dava uma brecha, mandava um verso, mas tinha que ser bom", conta Zeca.

Ele afirma que verso de improviso não se aprende. "Ele vem surgindo. Os brabos eram Nelson Cebola, cantando com a mão na boca, Fujica, Almir, Beto Sem Braço, Marquinho China, eu e Arlindo. A gente fazia na hora, improvisava. Gosto de ver meu primo Beto Gago versando. E o Deni de Lima era Denis, o Pimentinha, meu parceiro, uma figura rara. Ao mesmo tempo em que ele chegava do nada, daqui a pouco ele sumia."

O horário era nobre, mas não existia hora certa para o início dos versos. Os bambas iam chegando e o partido alto começava bem de repente. Entre os grandes estava Jaílson Fernandes dos Santos, o Baiano do Cacique. "Não dava pra versar com ele, era *hors-concours*. Ele pegou toda a estrutura do partido alto, juntou com o repente e era de uma imaginação fora do normal", diz Marquinho China. "Baiano era o cara do verso. Ninguém sabia onde ele morava. Dizia: 'Eu moro andando'. Foi um dos primeiros do samba a usar brinco e era um cara estourado", lembra Nem, filho da Tia Doca, pastora da Velha Guarda da Portela. Nem estava no Teatro João Caetano quando Baiano versou com Arlindo Cruz e Sombrinha. "O detalhe é que ele estava sem microfone, versando da plateia."

Baiano do Cacique foi além dos versos de improviso. Fez um samba com Darcy Maravilha, que foi gravado em 1983 por Os Originais do Samba, no LP *Canta, meu Povo, Canta*: "Chinelo Traidor". "Cheguei ao Cacique com uma primeira, mostrei pro Zeca, pro Arlindo, pro Almir e ninguém quis fazer a segunda. O Baiano pediu, levou pra casa e na outra quarta trouxe a música pronta. Mandei pro Mussum, eles gravaram e virou clipe no Fantástico, com Os Originais voando em cima de um chinelão, mas uns meses depois ele foi assassinado", conta Darcy. "Baiano era um cara fechado, mas gente boa. Era fortíssimo nos versos, igual a ele não teve. Aliás, na hora dos versos só entrava bamba, otário não entrava. Versar tem que ser no improviso e responder na pergunta que veio, no tema, mas tinha uns que vinham com versos decorados. Quando alguém vacilava nos versos e não conseguia responder, ia embora e não voltava nunca mais", completa Darcy Maravilha.

Um dos que vacilaram na hora dos versos foi Marquinho China, em sua primeira vez. No entanto, se recuperou, voltou e tornou-se um dos feras no improviso. "Cheguei todo prosa e mandei um verso decorado, que começava assim 'cheguei na roda de samba, por favor, tira o chapéu...'. E não se manda esses versos numa roda. Aí, me pegaram pra esculachar. Que vergonha que passei, fiquei muito sem graça, mas era moleque. Quem foi? O trauma não deixa que lembre quem foi", reconhece Marquinho.

E como se versa? Ele dá uma dica: "Ou vai na previsibilidade das quadras, a primeira rima com a terceira e a segunda rima com a quarta, ou vai pra sextilha, aí sim é chamado de partideiro. E dá mais um sapateado no meio do verso, tipo: 'juro por Nossa Senhora, se ela foi embora, eu me suicido, pego o meu três oitão e com uma das mãos, dou um tiro no ouvido'. Aí é verso de gente grande. A Márcia Moura, que tocava tantan, de vez em quando mandava um verso. E tinha também uma hora em que todo mundo versava sem refrão. E ninguém corria não, cada um indo na metade do verso e todos riam muito."

O importante é seguir o tema, como ensinou Almir Guineto. "É se ligar na cabeça, no tema, se for porta, já tem que dizer que o cara entrou, se for comida, tem que falar em comida. Os bambas eram Beto, Zeca, Deni, Jovelina", me disse Almir.

Nesses duelos, vários refrões ficaram marcados, como:

"Ê barca, me leva pra Paquetá/ê barca me leva pra Paquetá"

"É hoje, é hoje, é hoje que eu tô querendo/tô mole que nem manteiga, o sol tá me derretendo, é hoje"

"Pra mim, pra mim/o samba é bom, quando é cantado assim"

"A necessidade obrigou você me procurar/você era orgulhosa, mas a necessidade acabou com a sua prosa"

"Dona Maria das Couve/o quê que houve/o quê que há"

"Uma vez, lá pras duas da manhã, *tava* rolando o refrão '*tô* mole que nem manteiga' e o Almir mandou essa pérola: '*tô* querendo, *tô* querendo/que isso fique entre nós/o amor é um silêncio, quer falar, mas não tem voz'. Vim pra Santa Cruz com esses versos na cabeça, uma pena que não tinha gravador. Na outra quarta falei com ele, que nem se lembrava de ter dito o verso", conta Jotabê. "Eu não sabia o que era um sambista versando, improvisando. Uma pessoa brincando com a outra, instigando a outra. Aprendi isso muito bem vendo o Guineto e o Zeca fazendo de uma forma muito natural. Me sentia feliz por ser amigo deles e poder saber como eles faziam com tanta leveza. Como é que falam em cima da bucha com as pessoas? Eu, dentro do meu mundo limitado, não entendia como eles conseguiam sacanear um ao outro, rimando direitinho no final. Como era possível?", diz Jorge Aragão.

Para uns, Almir Guineto foi o melhor. Para outros, *o fera foi* Baiano do Cacique, mas muitos prefeririam Zeca Pagodinho, Deni de Lima ou então o folclórico Nélson Reis Conceição, o Nélson Cebola, que cantava com a mão no ouvido. "Lembro que uma vez juntaram quatro cabeças pensantes contra ele nos versos: Zeca, Almir, Baiano e Beto Sem Braço. Ele foi se virando até que uma hora começaram os palavrões. Foi covardia, *né?*", conta Chopp.

O apelido Cebola vem de sua adolescência, na Penha Circular, quando matava passarinho, rã, fazia o tempero com bastante cebola, mas na hora da divisão para os amigos, ficava com a maior parte do tempero. "Sou versador de nascença, mas sempre respeitei o Baiano, Almir Guineto, Neoci, Beto Sem Braço, Marquinho China, Geraldo Babão, Aniceto, versei com esses caras todos. O Baiano era original, ruim de quebrar, e o velho Aniceto era uma encrenca. Mas eu era abusado. Na Portela versei com Candeia, com Picolino, mas meu professor foi Ataliba de Jesus, que botava a mão no ouvido pra ter o retorno. Aprendi com ele", diz Nelson. "Tudo que Deus me deu tem muito valor, mas o verso é a riqueza maior da minha vida. O maior presente que o poeta recebeu foi o verso e a criatividade do improviso. Aproveito para deixar o primeiro mandamento do bom versador: jamais fugir da rima e responder o final do verso no tema", me disse Nelson Cebola, caminhando pelas ruas do Irajá, zona norte do Rio.

Deni de Lima, outro grande nome dos versos de improviso, era sobrinho de Osório de Lima, o Poeta da Piedade. "Deni estudou no Colégio Piedade, na Gama Filho e era um dos nadadores nos torneios do colégio. Seu andar cambaleante e desengonçado deve-se ao fato de ter trabalhado numa loja de tintas, onde entregava as latas usando um triciclo. Após ter sofrido vários atropelamentos, enquanto se recuperava de um, sofria outro. Por isso, recebia pensão como deficiente", conta o artista plástico Da Penha, que afirma seu sucesso com as mulheres. "Ele tinha facilidade com elas e vi muito malandro esperto perder mulher pro Deni". Da Penha tem razão, pois até brigas de suas namoradas aconteciam em plenos pagodes.

O BAILE DO PAULO MOURA

Em alguns meses de 1976, outra programação chegou a acontecer na quadra do Cacique de Ramos nas noites de quinta-feira: o Baile do Paulo Moura. "Foi um combinado do Paulo com o Bira e o Ubirany para ajudar na preservação da gafieira e do choro. Era uma mistura de choro com samba de gafieira que trazia a Zona Sul pra dentro do Cacique. Era lindo, todo mundo dançava e não tinha hora de acabar. Muitas vezes víamos o dia amanhecer com a participação de vários músicos importantes como Zé da Velha e Oberdan tocando com o Paulo", lembra Maria Moura, na época casada com o Maestro Paulo Moura, que faleceu em 2010. Nesse mesmo ano de 1976, o casal trocou Copacabana por Ramos, vindo morar ao lado da quadra da Imperatriz Leopoldinense numa casa indicada por Neoci, grande amigo de Maria, que acabou sendo nomeada por Luisinho Drummond a Presidente da Ala das Baianas da escola. "Ele fazia questão de ouvir os solos dos nossos instrumentos. De repente ele parava e eu tinha que fazer um som no repique e o Bira no pandeiro. Fizemos um círculo de cimento pro pessoal dançar, entre o bar e o banheiro. Era muito gostoso. Uma vez fomos à Gafieira Estudantina tocar com ele, que mandava um tema, parava e dizia: 'Vai, Ubirany'. Eu tinha que inventar, rufafa, repicava. Ai, meu Deus do céu, não era mole. Ele botava a gente nessas fogueiras, mas era gostoso. Foi um cara que era apaixonado pelo nosso som e respeitou muito o nosso trabalho. E também nos dirigiu no Teatro Zaquia Jorge, em Madureira, ao lado da linha do trem, próximo a Portela", disse Ubirany.

O NOME FUNDO DE QUINTAL

Nas quartas o pagode crescia e, fora dali, Almir Guineto passou a integrar o grupo que ia tocar nas festas de amigos, como por exemplo, nas casas de Mussum, na Freguesia ou em Angra dos Reis. O samba acontecia enquanto Neila, mulher do comediante, preparava pratos como ossobuco e rabada com agrião. Era um tempo em que ainda eram vários amigos que se juntavam pelo puro prazer de fazer um pagode aqui ou ali. Os mais frequentes eram Bira, Ubirany, Neoci, Sereno, Jorge Aragão, Jotabê, Tio Hélio, Dida, Dedé, Mauro Braga, Mílton Manhães e Almir Guineto. Não se falava em gravar um disco ou fazer um show. Era a pura farra, a alegria de tocar e cantar. Mas a visão de Neoci Dias foi além e, como lembra Sereno, já pensava no futuro. "Ele falou: 'Vamos formar logo esse grupo, definir um nome'. Antes, nós dois fizemos parte do grupo Os Autênticos, com o Mendes (autor de 'Água na Boca', sucesso do Cacique de Ramos no carnaval), o Marcílio, o Everaldo da Viola, mas durou apenas um ano e não vingou. Ficamos sem o cantor, que foi trabalhar em Brasília." Até que no dia 23 de junho de 1976, no aniversário da cantora Elza Soares, em sua casa em Jacarepaguá, o Waldomiro João de Oliveira, da Tapecar, disse que eles deveriam ter um nome. E como estavam sempre tocando nas festas, nos quintais, sugeriu Fundo de Quintal, nome logo aprovado por todos. "Ele estava todas as quartas com a gente no Cacique e também nos acompanhava quando as pessoas nos chamavam para tocar em suas casas e íamos sem cobrar. Quando ele deu o nome Fundo de Quintal, fomos unânimes em aceitar. Que Deus o tenha em bom lugar. Como esse cara foi importante para a nossa história! Esse nome enobreceu aquilo que a gente se propôs a fazer, que era cantar os nossos antepassados, pessoas de grande influência na nossa música", agradece Bira Presidente. "Eu tenho um respeito por esses caras... realmente o samba *tá* lá, o samba *tá* aí, Jorge, o samba *tá* aí, Ubirany, o samba *tá* lá com essa turma toda, nem sei explicar. Fazer parte dessa história é um orgulho muito grande. Estou orgulhosa", disse Elza Soares, emocionada, ao saber que foi em sua casa que foi definido o nome do grupo.

Porém, mesmo após o batismo, nada havia mudado na intenção de continuarem se divertindo e tocando nas quartas do Cacique de Ramos ou nas festas em casas de amigos. Até que, no ano seguinte, Alcir Portela, apresentado por Mílton Manhães à cantora Beth Carvalho, resolveu levá-la para conhecer o Pagode do Cacique. A partir dessa visita, tudo começou a mudar...

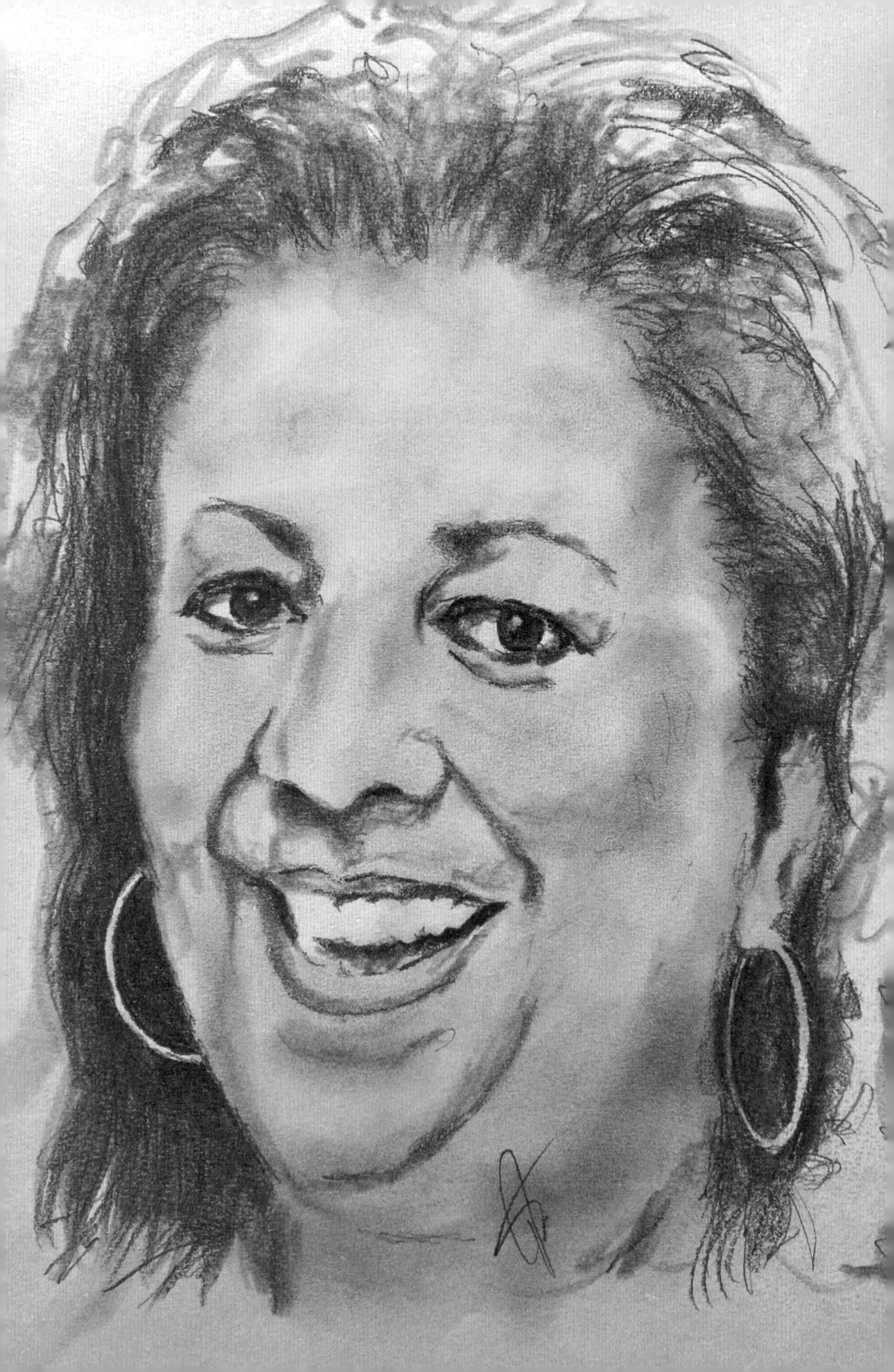

CAPÍTULO 4
**A MADRINHA BETH CARVALHO
A PRIMEIRA VEZ NO ESTÚDIO**

Corria o ano de 1977, quando o Alcir Portela convidou a cantora Beth Carvalho para conhecer o pagode que rolava na quadra do Cacique, nas quartas. "Ele disse assim: 'Vou te levar num lugar que você vai gostar, lá no Cacique de Ramos'. Eu já adorava o bloco. Quando criança, via os desfiles, que eram um espetáculo, diferente de todos os blocos, com os tamancos, as flechas, os índios, as roupas de napa", lembra. "Eu ia pra vários lugares com o Alcir, por isso ele me chamou, porque já íamos a outros sambas nas quadras das escolas ou em rodas de samba e bailes no Rena (Renascença Clube)", lembrou Beth.

Jorge Aragão, vizinho do Capita, não levava fé. "Lembro-me dele dizer: 'A Beth tem que ver isso aqui, *tá muito gostoso*'. Mas não acreditava. Até que um dia saímos da quadra, atravessamos a rua e fomos pro orelhão. Todos embaixo do orelhão, eu, Neoci com a toalhinha pendurada no ombro, Dida e o Alcir, ligando pra ela: 'Não se preocupa. Ninguém vai te chamar pra cantar. Vamos jogar um buraco, comer uma comida'. Não demorou muito, ela veio", conta Jorge.

Ela foi e se apaixonou por tudo que viu naquele lugar simples. "A primeira vez eu fiquei encantada, paralisada com o que eu vi. Só vi músico bom, música boa, sambas lindos. E pensei: *aqui é um paraíso*. Tinha um som diferente, com o repique de mão do Ubirany e o tantan do Sereno, que não eram usados no samba. E o banjo com o Almir Guineto. Eu comecei a ir toda quarta-feira. Pensei até em me mudar pra Ramos", lembra a cantora, com o mesmo entusiasmo de sua primeira vez no Cacique. "Comecei a ficar apaixonada. Eu cheguei e fiquei sentada na mesa com eles. E eles impressionados comigo lá, porque já era uma cantora famosa. Mas eu não *tava* nem aí, *tava* em outra, em pé de igualdade com todos."

Jorge ressalta que nada foi feito de diferente só porque era a cantora Beth Carvalho que iria chegar. "A gente continuou brincando daquele mesmo jeito que fizemos sempre, tocando o que vinha na cabeça. Ela jogou buraco, bem mais tarde foi pra mesa do pagode, o dia amanheceu, ela cantou muito, mas todo mundo respeitou, do jeito que o Alcyr disse pra ela. Outros dias amanheceram e lembro-me dela falando: 'Vocês não podem perder isso aqui, que vai crescer muito'". Ela tinha razão. E Ubirany concordava. "Ficávamos ali brincando, mas ninguém falava em disco, até que a Beth Carvalho foi assistir à brincadeira das quartas e achou que aquilo não era uma brincadeira, mas um movimento que estava se realizando, instrumental, de letra, de música, percussivo. Ela ficou maravilhada. Foi a primeira vez, foi a segunda, levou o Rildo, que também se apaixonou e achou que realmente ela *tava* certa."

A partir desse dia, Beth ia todas as quartas, muitas vezes sozinha, em seu puma conversível. "Ia cheia de joias, mas eram outros tempos. Eu chegava ao final da tarde, ainda na pelada. E ficava jogando biriba com o Edson, o René. E tinha também o Caixão, o Afonsinho, o Jairzinho, o Marinho, o Paulo Cesar Lima." Quando acabava o pagode, a farra continuava, e Beth ia com os novos amigos fechando vários botequins das redondezas. "Era muito bom. De botequim em botequim. Quando todos eles fechavam, o Arlindo me levava para um bar na Rua Piauí, no Cachambi, pra saideira, um barulho danado e íamos até o sol raiar", recordou feliz. Zeca Pagodinho também era do time que ia fechando os bares depois do Cacique. "A Beth gostava e Ubirany estava sempre com a gente. Já tomamos a saideira às 9h da manhã. Uma vez Ubirany foi me levar em Del Castilho e ainda deixou o Deni na Abolição. Era um tempo que se podia andar na rua, já hoje em dia..."

Sereno também se lembra desses bons tempos. "A Beth ficou maluca com aquele som. E era uma mulher simplesmente maravilhosa, inteligente, linda, um chuchu e muito agradável. Passou a nos acompanhar na madrugada. Saíamos para comer no Chega Pra Cá, um barzinho que fazia um arroz com ovo. O bar enchia e a gente ficava na calçada. Era muito gostoso." Para Beth, era tão gostoso que até mesmo após um momento tenso, ela preferiu ir para o Cacique. "Tenho boas lembranças dessas nossas paradas nos bares. E com ela, qualquer bar era nosso. Mas teve uma vez que, voltando de um show, em vez de ir pra casa, foi pro Cacique. Parou na esquina de Democráticos com Uranus, foi a um orelhão e ligou para o Cacique. Eu atendi e ela perguntou se ainda estava rolando o pagode. Chegou apavorada. Disse que havia sido assaltada. Levaram roupas, joias, mas deixaram o carro. Falamos com alguns amigos e devolveram", conta Ubirany.

O Cacique virou sua melhor mania. Era a sua diversão, onde ouvia boa música do jeito bem descontraído, como sempre gostou, sem privilégios, sendo mais uma frequentadora no pagode. Vale lembrar que, a partir do momento em que o estacionamento lotava, o portão era fechado e o único carro que entrava era o da Beth, pois sua vaga estava sempre guardada. "Eu me sentia em casa, ria muito com eles e, quer me ganhar, me faz rir. Fiquei enamorada de todos. Uma vez pedi pro Bira fazer um banheiro pra gente, pras mulheres, porque o banheiro era um só e um terror. Aí ele perguntou: 'Posso botar o nome do banheiro de Beth Carvalho?'. 'Ah, não, Bira, pelo amor de Deus, não faça isso!' Depois corrigi a parede, onde estava escrito Samba Também É Cultura. Falei: 'Tira esse também'. Demorou, mas tiraram. Eu dava muito palpite, me metia nas coisas deles", disse rindo.

Porém, por mais que assumisse "se meter", ela não se aproveitou de estar bem perto deles para emplacar como compositora. "Em meio a tantos poetas? Eu componho muito pouco, porque tem tanto compositor bom que eu *tô* nem aí. É uma turma de responsa. Eu sei julgar se a música é boa ou não e se tem chance de sucesso. Tenho olhar pra isso", dizia Beth, que tem entre suas composições duas parcerias com Paulinho Tapajós: "Canção de Esperar Neném", que gravou, e "Acalanto de Luana", gravada por Lucinha Lins. E em parceria com Paulinho Tapajós e Edmundo Souto, fez "Afina meu Violão", gravada por Emílio Santiago, e "A Velha Porta", que ela gravou.

Além da batucada e da recepção à vontade que teve, o próprio lugar atraía a famosa cantora, que afirmou nunca ter tido preconceito de cor. "É um lugar bonito, com aquela tamarineira. Eu gostava de tudo aquilo, mas olha, dei uma geral, comecei a pressionar o Bira pra melhorar o aspecto lá da quadra. Já me vesti no quarto do Irineu, que ficava ao lado do bar. Foi meu camarim pra uma gravação de TV. E sempre gostei de conviver com os negros. A alegria deles é diferente. Tenho um lado meu muito negro", contou.

Cada dia mais enturmada com os novos amigos, Beth nunca teve aquela máscara que determinados artistas colocam ao alcançar a fama. Pelo contrário. Quanto mais conhecia, mais à vontade ficava. "Aí é que eu ia mesmo. Acabei descobrindo outros pagodes, que eles me levavam. E quando voltava dos shows, do aeroporto já tinha programa e nem passava em casa. Ia direto. E eu não gostava de sair cedo não, tem esse problema. Gostava de ficar. Tem gente que já *tá* dormindo e eu acesa, porque não bebo, lembra disso?", diz

Beth, que confessou ter bebido, mas não gostava. "Já fiquei de porre. Uma vez, no Cacique, bebi além do que podia e passei mal. Bati com a cabeça na mesa, mas veio o Bira, me deu um pouquinho de sal e fiquei boa na mesma hora. Eu bebia, mas não gostava. Às vezes, bebia pra ficar alegrinha. Dois copinhos e já achava tudo lindo. Então, passei a levar refrigerante e deixava embaixo da mesa. Uma vergonha, *né*? Bebia, mas não gostava. Gosto de vinho seco, de champanhe, licor, mas não tomo nada disso. O vinho é o mais provável", contou Beth, que brincava com o fato de o samba recomeçar quando ela chegava como em um aniversário da produtora Renata Corado. Nós dois saímos discretamente de sua casa, fomos ver o Botafogo jogar no Maracanã, onde tiramos uma onda e assistimos da Tribuna de Honra, e voltamos. A festa estava acabando, mas recomeçou. "Aí, alguém falava: 'Ih, chegou a mulher. Vai começar tudo de novo'. Inconveniência total, meu Deus!", disse Beth, se divertindo.

Até no lado amoroso Beth Carvalho também tem uma forte ligação com o Cacique de Ramos. O cupido foi Neoci, que já conhecia o jogador Edson Cegonha, de seu início no futebol no Bonsucesso. "Eu conheci o Edson num churrasco em Paracambi, no sítio da família dele. Mas eu estava em outra, ligada no Alcir, com quem tive um caso. E quem se ligou no Edson foi minha irmã: 'Beth, olha esse cara'. Aí que eu vi e realmente ele era muito bonito. O Neoci levou o Edson lá em casa. Aí, foi amor à primeira vista, ele mexeu comigo. Ele era muito do safado, pegou aqui na minha cintura. Aí a Elizabeth tremeu. Tremi mesmo. Ele adorava jogar cartas e tocava tantan bem direitinho. Ficamos três anos juntos e foi uma grande paixão", contou Beth sobre o pai de sua filha Luana.

Um ano depois de já estar frequentando o Pagode do Cacique, a ficha caiu e Beth resolveu levar aquele novo som para o estúdio. "Ali era o meu lazer, era um bálsamo. Ir pra lá toda quarta era muito bom, estava adorando. Não pensava em nada, além de ir e levar os amigos. Esqueci completamente do lado profissional. Mas acordei e pensei: *peraí, aquilo ali é uma joia preciosa, tenho que gravar esses caras.* Aí chamei o Rildo."

O produtor Rildo Hora foi para a quadra, gostou e voltou várias vezes. "Um dia ela me falou que eu tinha de conhecer uns caras do Cacique de Ramos. 'Eles fazem um samba e me sinto tão bem lá!' Ela me levou e realmente achei que o ambiente era uma maravilha, aquela coisa rústica, ao ar livre. E a qualidade dos batuques, dos sambas, tudo muito interessante.

Adorei e fiquei voltando, sozinho, pra pegar sambas pra Beth. Aliás, eu e meu gravador, que era chamado de tijolão e colocava bem perto da boca do cara."

Ela também chamou o técnico de gravação Luis Carlos T. Reis, o Mãozinha, apelido que ganhou da própria cantora. "Era por causa da emenda. Naquele tempo não existia o *pro tools* e na hora de emendar a voz, pegar só uma palavra no verso, eu conseguia fazer. Ela disse: 'Você é um mãozinha'. E ficou. Beth era uma visionária, era danada. Olhava e já sabia quando uma coisa era boa, fosse na música ou na percussão. Uma verdadeira revolucionária e tinha um olhar aguçado pro sucesso. Até quando estava em casa, sem poder fazer muitos shows, tinha excelentes ideias", contou T. Reis, que esteve em grande parte dos discos da cantora. "Ela dava palpites direto, até em acordes na harmonia ela falava. Dizia assim: 'Rildo, pode mudar esse acorde?'. Se a percussão estivesse tocando fora, reclamava e mostrava certo como queria. Nos shows tocava cavaco, mas no estúdio nunca gravou." O técnico foi mais um a frequentar as já famosas quartas-feiras. "Ela elogiava muito e dizia que era muito sério o que tinha lá no Cacique. Quando cheguei e olhei, meu Deus do Céu! Não queria vir embora, pois estava acostumado com outra batida. Fui cedo pra pelada e saí quase de manhã. Toda quarta ia pra lá."

A PRIMEIRA VEZ NO ESTÚDIO

Desde seu primeiro disco que Beth tinha o costume de fazer um bate-bola, gravando cerca de 40 músicas e dali tirar as 12 que iria gravar. "Mas era precário, apenas eu e meu violão, colocando as músicas no meu gravador de rolo." Porém, após uma conversa com Rildo, ficou acertado que a rapaziada do Cacique de Ramos iria para o estúdio e gravar o bate-bola do então novo disco. E foi para o então estúdio da RCA, na Rua Barata Ribeiro, 181, em Copacabana, o mesmo que passou a se chamar Cia dos Técnicos anos depois. "O Rildo apostou comigo numa história nova do samba. E eles ficaram vibrando, felizes da vida, porque na verdade estavam esperando isso de mim. Eu que demorei. A ficha não caía porque fiquei muito encantada. Ficava nas nuvens quando ia pro Cacique, era um dia de felicidade para mim."

Assim que soube da gravação, T. Reis começou a pensar em como iria captar o áudio daquele som tão diferente e fez uma lista dos microfones que poderia usar. "Era uma época em que não tinha muita gama de microfones à disposição. Eram três ou quatro e acabou. Hoje são uns 30. Então, usei um D12 no tantan, um sunrise 421 no repique de mão e já estava acabando. Eram frequências muito diferentes. O tantan tem muita energia, o grave vem muito poderoso e poderia saturar a cápsula do microfone. Tem que ter um microfone bem duro para um instrumento assim. E um mais docinho pode ter um microfone com mais qualidade, pra pegar a captação melhor. A caixetinha do Ubirany era com o microfone Neumann", explica T. Reis, que colocou uma fita crepe para melhorar a ressonância do tantan do Sereno, que soava muito e misturava com o violão do Jorge Aragão. "A fita crepe fez o tantan soar menos. E também passei no pandeiro do Bira e um pouquinho no repique pra secar o som. Até que eles se adaptaram rápido aos fones, todos eles. Ninguém reclamou, tocaram *relex*. E colocaram umas mesinhas ali fora da técnica, pra manter o clima de Cacique de Ramos."

Foi um dia para entrar na história da nossa música, no simples gesto de levar para o estúdio uma nova forma de tocar o samba com os novos instrumentos. "Foi uma coisa de louco, a gente vendo aquela parafernália toda no estúdio. Não sabíamos o que ia acontecer. Mas depois de tudo armado, o Rildo contou 2, 3, todo mundo se encaixou e ficou bonito, virou uma bola de neve. A Beth ficou maluca", diz Sereno. "Todos ficaram muito impressionados no estúdio. Quando começamos a tocar e a cantar, foi uma festa. Parecia que estávamos no nosso Cacique de Ramos", completa um orgulhoso Bira Presidente. Já Ubirany jamais se esqueceu da alegria do produtor Rildo Hora. "Ele pensou que não ia dar certo, mas não foi difícil a adaptação no estúdio, tudo se encaixou como uma luva e ele dizia que parecia uma sinfonia. Eu estava que nem uma criança que ganhou o primeiro brinquedo que desejava há muito tempo."

Todos aprovados, Beth e Rildo não tiveram dúvidas de que a rapaziada do Cacique poderia gravar à vera no próximo LP, que já estava para chegar. E gravaram o *De Pé no Chão*, em 1978. "Nós percebemos que tinha algo diferente ali. Era a combinação de Bira, Ubirany e Sereno. Em todos os batuques que assisti no samba, não vi nada mais delicioso que eles. A química dos três era maravilhosa. Sempre foi", conta Rildo Hora. Ao lado dos craques do violão, Manoel da Conceição (Mão de Vaca) e Dino 7 Cordas, estreava o violão de Jorge Aragão. Como está no encarte do disco, entre o pessoal da cozinha, a batucada de Bira Presidente, Ubirany, Neoci, Mauro Braga, Pesão, como era chamado Mílton Manhães, e Hélio Careca, o Tio

Hélio. Neoci, Ubirany e Jorge Aragão também gravaram fazendo coro entre os experientes vocalistas do Coral do Joab. Ainda no encarte, a presença de nomes que ela conheceu nos pagodes das quartas, como Caixão, Amaral, além de um agradecimento especial ao Bloco Cacique de Ramos. Na foto da capa, ela está cantando e dançando em plena quadra do Cacique. Na contracapa, aparece sentada contemplando instrumentos da bateria do bloco. E no encarte, de um lado a mesa do pagode com Beth, Ubirany, Neoci, Mauro Braga, Dida, Bira Presidente, Tio Hélio, Jorge Aragão e Amaral, entre outros frequentadores do bloco. E do outro, Beth aparece ajoelhada em frente à imagem de São Sebastião, padroeiro do Cacique de Ramos.

Para que os estreantes pudessem receber o cachê pela gravação, precisaram da ajuda de um trio de feras da percussão, que na época gravava muito nos discos de samba. "O único que tinha carteira da Ordem dos Músicos era o Sereno. Então, recebemos pelos músicos Eliseu, Luna e Marçal", diz Bira. "Eles nos apoiaram muito. Sentiram que não estávamos chegando com historinha, com mentirinha, mas com uma verdade dentro do samba. Mais na frente, Mestre Marçal me disse: 'Tiro o meu chapéu. A batucada de vocês é espetacular, é diferente'. Ouvir isso de um dos caras que vinham dominando o meio percussivo nas gravações foi muito importante. Jamais esquecerei", contou Ubirany.

A alegria era geral. Mas ninguém se dava conta de que estavam entrando para a história com o primeiro disco gravado com este novo som do samba. "A Beth era uma felicidade só e gritava: 'Lindo, lindo!'. Dentro da técnica todos pulavam, vibravam com a base do 'Vou Festejar'. Foi como se eles estivessem no Cacique. Ficou excelente, tudo no lugar", recorda T. Reis.

No repertório, apenas um samba de todos que ouviu nas primeiras idas aos pagodes do Cacique. Mas "Vou Festejar" (Jorge Aragão/Dida/Neoci) bastou para carregar o LP que tem clássicos como "Agoniza, Mas Não Morre" (Nelson Sargento), "Lenço" (Monarco/Francisco Santana), "Passarinho" (Chatim) e "Goiabada Cascão" (Wilson Moreira e Nei Lopes). "Eu imaginava que ia dar certo, mas o sucesso foi estrondoso. 'Vou Festejar' enlouqueceu esse país, confesso que nem esperava tanto. Tocava em todos os bailes de carnaval, nos blocos que passavam na rua. E virou música de muitas torcidas de futebol. Por causa dela fiz muitos programas de televisão e muito mais shows pelo Brasil". Beth tinha certeza de que foi um divisor de águas em sua já bem-sucedida trajetória. "Foi uma reviravolta na minha carreira. Eu estava muito bem, já tinha vários sucessos, como 'As Rosas Não Falam', '1.800 Colinas', 'Folhas Secas'. Tinha prestígio, mas esse disco me fez ficar bem mais popular, me fez ficar com o povão. E lá no Cacique, ia pra casa deles, do Bira, do Ubirany, do Neoci, conhecia as esposas, a família, a vizinhança. Aí, não tem ninguém que ganhe disso", afirmou Beth.

No LP seguinte, *No Pagode* (1979), gravou mais quatro sambas dos seus novos afilhados: "Coisinha do Pai" (Jorge Aragão/Almir Guineto/Luis Carlos Chuchu), "Tem Nada Não" (Almir Guineto/Luverci Ernesto/Jorge Aragão), "Senhora Rezadeira" (Dedé da Portela/Dida) e "Pedi ao Céu" (Almir Guineto/Luverci Ernesto). A partir daí, seu repertório passou a ser baseado nestes novos nomes do samba e ainda Sombrinha, Arlindo Cruz, Zeca Pagodinho, Luis Carlos da Vila, Beto Sem Braço, Marquinho China e Marquinho PQD, entre tantos outros.

Em seguida, Beth levou Bira Presidente, Ubirany e Mauro Braga para tocarem na sua banda. "O show Beth Carvalho no Pagode que fizemos no Cine Show Madureira foi antológico. E ainda tinha o Almir Guineto e o Jorge Aragão no coro. Às vezes, tínhamos de fazer duas sessões, de tão cheio que ficava. Botei o Bira e o Ubirany para dançar no palco e até hoje eles dançam nos shows do Fundo", disse Beth.

Madrinha do Grupo Fundo de Quintal, de Zeca Pagodinho e tantos outros afilhados, ela gostava de ser chamada assim. "Esse negócio de madrinha se espalhou de tal maneira que paro o carro num posto de gasolina e já ouço: 'Ô madrinha'. Virei madrinha do Brasil. Meu codinome é Beth Madrinha", disse feliz.

A cada pagode que chegava, era sempre muito bem recepcionada. Nunca faltou para ela uma cadeira na mesa dos músicos, que ficavam em completo êxtase só em saber da possibilidade de sua chegada: "A mulher *tá* chegando", diziam. Era a hora de tocar e cantar mais alto, além de mostrar um samba novo, na esperança de "a mulher" gravar. "Eu ficava muito feliz e muito lisonjeada com esse tratamento carinhoso com que me recebiam. Isso me cativava muito", agradeceu Beth, que em 1987 foi conhecer o Pagofone, pagode que existiu no Cachambi, na calçada do Bar do Dódi, na esquina das ruas Honório e Silva Mourão, ao lado de um orelhão. E quando soube que "a mulher" iria aparecer, o Dódi mandou deixar o até então horrível banheiro como se fosse novo, o que virou um folclore do pagode. Ela se divertia muito quando lhe contavam essa história. Porém, sua saudade maior eram as noites das quartas na quadra do Cacique de Ramos. "Sinto muita falta. Hoje não tem mais nada parecido. O detalhe é que não tinha microfone, mas havia muito respeito. Quem não tocasse direito saía da mesa ou então todos paravam de tocar. Eles tinham uma disciplina danada, eram duros. E tinha uma tremenda organização com o Neoci."

Conversei com Beth em seu quarto, alguns meses antes de ela nos deixar, em 19 de abril de 2019. Vestia a camisa do Botafogo e estava deitada, por conta de problemas na coluna. Foi uma tarde emocionante em que rimos muito e ela estava satisfeita em lembrar-se do início do Fundo de Quintal. E se não temos mais a presença da Madrinha do Samba, fica seu legado de que o samba deve ser respeitado e muito bem cuidado, conforme fez por toda sua carreira, desde quando reverenciava mestres como Cartola e Nelson Cavaquinho, passando pelos baluartes portelenses como Monarco, Chico Santana, até mudar sua própria história e a do samba ao levar para o estúdio o som novo do banjo, do tantan, do repique de mão e de uma galeria de fantásticos compositores. "A importância da Beth no Fundo de Quintal, no samba, é toda. Não é mito! É fato que se deve à Beth Carvalho tudo isso que aconteceu. Ela foi fundamental e já era a Beth Carvalho! Chegou, deu um *upgrade* e aí não teve jeito!", conclui Sombrinha.

E, como se fosse um roteiro de filme, madrinha e afilhados se reencontraram 40 anos depois em alguns shows para comemorar o aniversário do LP *De pé no chão*. Beth já estava acamada e, após tentar cantar de pé ou sentada na cadeira de rodas, preferiu cantar deitada numa espécie de divã. "Vocês não queiram saber como eu adoro cantar. Então, se vou cantar em pé, sentada ou deitada, não importa. Eu quero é cantar, meu maior prazer é cantar", disse ela nos bastidores do primeiro show, na casa de shows KM de Vantagens Hall. E quando ouviu Márcio Alexandre cantando alguns sambas de seu repertório lá do fundo do baú, ficou impressionada e o samba não parou. Voltou no tempo e cantou mais e mais, naquele dia de ensaio.

Para terminar este capítulo, volto à noite da quarta-feira de 20 de janeiro de 1982. O pagode rolava normalmente na quadra do Cacique, quando de repente a Beth levantou. O samba parou. Ela pediu que todos dessem as mãos e começou a cantar, à capela, "O Bêbado e a Equilibrista" (João Bosco/Aldir Blanc). Como se fosse um hino, todos cantaram num coral maravilhoso, numa justa homenagem a Elis Regina, que havia nos deixado no dia anterior. Essa era a Beth Carvalho.

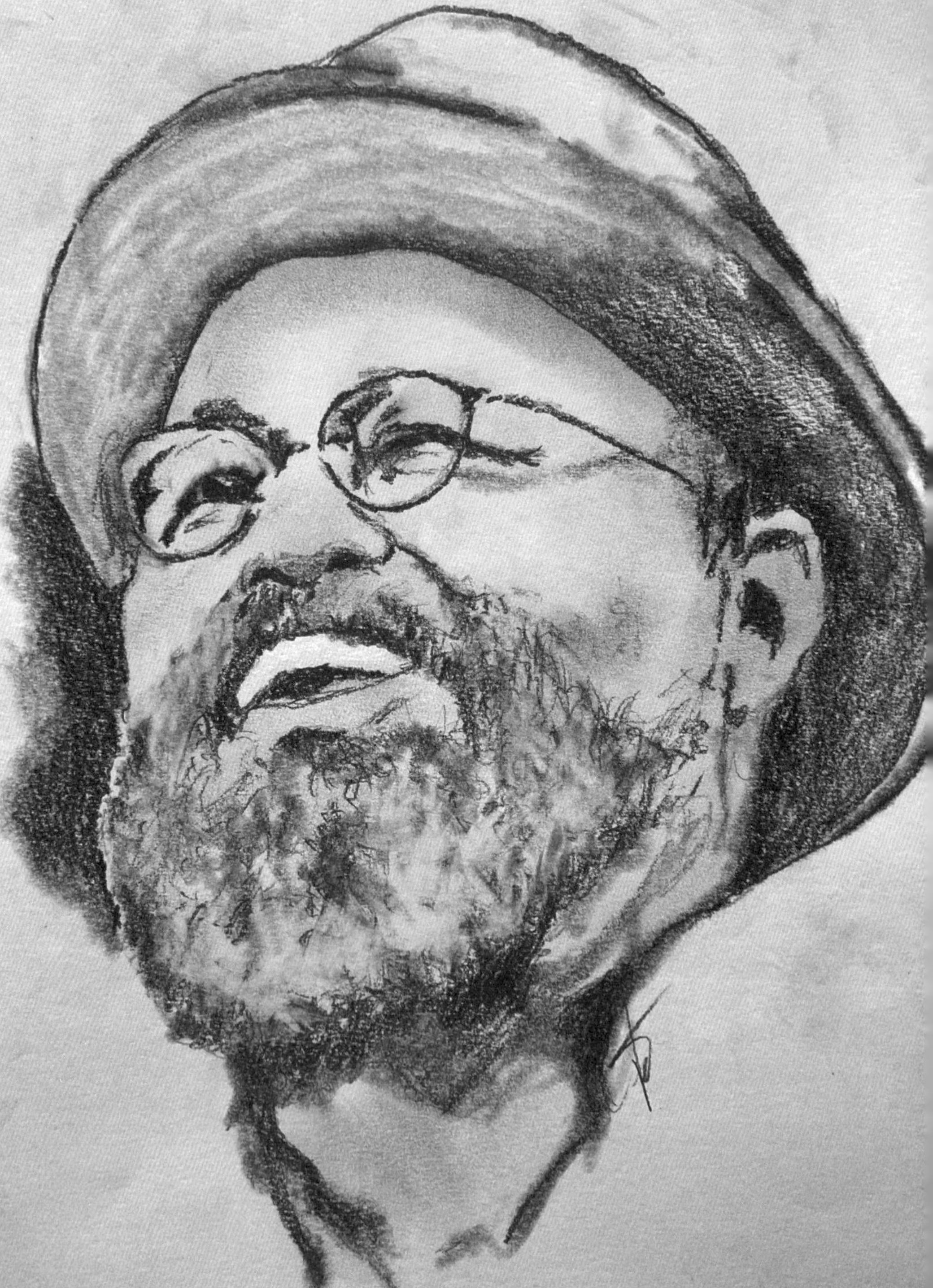

CAPÍTULO 5
OS PRIMEIROS COMPASSOS NOS SHOWS
ENFIM, O LP DE ESTREIA
SAEM NEOCI, ALMIR E JORGE
A BOMBA DO RIOCENTRO

As noites das quartas na quadra do Cacique de Ramos continuavam crescendo. E, mesmo após terem entrado em estúdio para gravar como músicos nos discos de 1978 e de 1979 da Beth, não se falava em um LP para o Grupo Fundo de Quintal. Mais e mais compositores, músicos, artistas passaram a frequentar aquele ambiente tão receptivo e tão recheado em poesia e de um novo modo de tocar e cantar o samba, tão maltratado por tantos que poderiam dar maior visibilidade. Enquanto fora dali a famosa placa com os dizeres "É Proibido Batucar Neste Recinto" enfeitava diversos bares e restaurantes, ali naquelas noites o samba não agonizava, mas renascia e se preparava para um salto muito maior, por mais que não se planejasse isso.

Porém, o ano de 1978 rendeu para Jorge Aragão. Após ter gravado "Malandro" com Elza Soares, agora foi a vez de Emílio Santiago, que também já frequentava os pagodes das quartas no Cacique. Ele gravou "Cabelo Pixaim", outra parceria de Jorge com Jotabê, no LP *Emílio*, pela Philips. É a dupla de parceiros no mesmo disco de nomes como os de Gonzaguinha, Djavan, Jorge Ben (ainda não era Ben Jorge), Ivan Lins, Carlos Colla e Rildo Hora, entre outros. Nesse mesmo ano, Jorge Aragão estreou cantando, num compacto simples pela Tapecar. "O Geraldo Vespar e o Ed Lincoln comandaram o compacto", diz Jorge sobre o disco que tem o mesmo "Cabelo Pixaim" no lado A e "Excelência", também de Jorge e Jotabê, no lado B. O resultado é bem diferente da regravação que Jorge iria fazer em 1993 no seu CD *Um Jorge*, agora com a batucada à la Cacique, com direito a banjo de Arlindo Cruz.

Voltando aos caminhos do Fundo de Quintal, ainda de uma forma amadora, os convites chegavam e o recém-criado Fundo de Quintal intensificava suas apresentações fora dos bons e descompromissados pagodes das quartas. Das casas e dos quintais dos amigos e familiares para os palcos foi um pulo. De 1 a 6 de maio de 1979 o grupo fez uma temporada no emblemático Teatro Opinião, que antes se chamava Teatro de Arena, no Shopping Center Copacabana. Com produção e direção de Gérson Pereira, direção musical de Mílton Manhães e o nome de Samba no Fundo do Quintal, a cada noite, além de se apresentarem, receberam os seguintes convidados: Beth Carvalho, Martinho da Vila, Emílio Santiago, Giza Nogueira, Vânia Carvalho, Rildo Hora, Beto Sem Braço, Aloísio Machado, Haroldo Santos e Ary do Cavaco. Lá estavam Jorge Aragão (violão com a corda ré afinada em mi), Almir Guineto (banjo), Jotabê (violão), Sereno, Tio Hélio e Mauro Braga (tantans), Ubirany (repique de mão), Bira Presidente e Mílton Manhães (pandeiros), Neoci, Dida, Dedé da Portela e Baiano do Cacique (os cantores), seguindo um roteiro de alguns dos sambas que já faziam no Cacique, como por exemplo: "Pedi ao Céu" (Almir Guineto/Luverci Ernesto), "Agoniza, Mas Não Morre" (Nélson Sargento), "Logo Agora" (Jorge Aragão/Jotabê), "Senhora Rezadeira" (Dedé da Portela/Dida), "Samba no Quintal" (Toninho/Everaldo Cruz), "Coisinha do Pai" (Almir Guineto/ Luis Carlos Chuchu/Jorge Aragão), "Vou Festejar" (Jorge Aragão/Dida/ Neoci), os sambas-enredo "Os Cinco Bailes da História do Rio" (Silas de Oliveira/Dona Ivone Lara/Bacalhau), do Império Serrano (1965), e "História da Liberdade no Brasil" (Aurinho da Ilha), do Salgueiro (1967). Neoci, Guineto, Dida e Baiano versaram nos refrões "Mole que nem Manteiga" (Bidi) e "Ê camarada" (já me disseram que você não *tá* com nada). Um momento especial foi quando os dois amigos Neoci Dias e Jorge Aragão cantaram "Amigo é pra essas Coisas" (Aldir Blanc/Sílvio da Silva Jr.). Sem um único ensaio, para acompanhar os convidados eles tiravam os tons de cada música momentos antes do show.

Aliás, foi ali que Emílio Santiago recebeu a fita cassete com a nova música: "Logo Agora". "Ele conheceu lá no Cacique e queria gravar de qualquer jeito. Eu e Aragão gravamos numa salinha lá no Opinião para entregar a ele", conta Jotabê, que teve a inspiração para compor a primeira parte numa das quartas no Cacique. "Uma noite chegou um casal. Uma mulher bonita chama a atenção, *né*? Admirei com todo o respeito, mas os dois sumiram. Tipo meia-noite ela voltou sozinha, olhei e ela abriu o sorriso pra mim. Aí fiz essa reflexão: *poxa, logo agora que tô me preparando pra ir embora, você aparece e me sorri?* Fiquei com isso na cabeça. Na outra semana, depois do Cacique fui dormir na casa do Aragão, pra no dia seguinte colocar a letra em 'Recompensa' (Pra que derramar as minhas lágrimas...). Contei pra ele o que aconteceu e que tinha feito a letra até '... pensando quem sabe nos beijos que você me deu', gravada numa fita cassete. Fomos pra Santa Cruz no meu fuscão marrom e ele foi ouvindo até aprender. Como no toca-fitas não tinha auto reverse, ele pegava a caneta e voltava a fita pra ouvir de novo por várias vezes, nesta uma hora de viagem", conta Jotabê, que na quarta seguinte ao chegar ao Cacique, ouviu o samba na boca do povo. "Fiquei maravilhado. O Jorge tinha feito a segunda parte e fui o último saber. Aí que você vê o que era o Cacique."

Ainda em 1979, o maestro Paulo Moura os levou para uma temporada de shows na Sala Funarte, no centro do Rio de Janeiro. Numa reunião no Cacique, ele perguntou se alguém escrevia partitura. Após um silêncio, Jotabê falou que sabia escrever cifras. "O Paulo disse: 'Está ótimo, você vai escrever todas as músicas'. E lá fui eu vários dias pra Ilha de Guaratiba, passar as músicas para o baixista Jorge Degas, que o Paulo levou para o show", recorda Jotabê.

SOMBRINHA

Em outubro de 1979, o violonista Montgomerry Ferreira Nunis, o Sombrinha, veio de São Vicente, em Santos, passar as férias no Rio de Janeiro, na casa da mãe do bandolinista Walter Bambú. "Não conhecia nada no Rio. Parei na rodoviária e peguei outro ônibus para o Irajá. Na casa da mãe do meu amigo, tinha um centro de macumba onde a gente ficava. Nós dormíamos junto com Exu, Ogum, tem tudo a ver." Porém, ele não era um estranho para Neoci e Beth Carvalho, que o conheceram um ano antes tocando numa casa chamada Perequê, em Santos. Daí que Neoci soube que Sombrinha estava no Rio. Pegou um táxi, saiu de Bonsucesso e foi para Irajá bater no portão: "Sombrinha, *tá aí?* (Sombrinha aparece). Porra, o que você *tá* fazendo aí? Vamos lá pra casa, passa uns dois dias lá comigo". "Me despedi da rapaziada, peguei meu saco, porque nem mala eu tinha, meu cavaquinho e fui pra casa dele, na Rua Ferreira Chaves, em Bonsucesso. E fiquei quatro anos", conta Sombrinha.

"Ele era um bom amigo, um *bon-vivant*, sabia das coisas. Sabia se portar, sabia comer, aprendi muito com ele. Conhecia profundamente a música, em particular o samba. Também conhecia a cidade dele e São Paulo como ninguém. Ele que ensinava as ruas para os motoristas", diz Sombrinha, que teve em Neoci uma espécie de irmão mais velho. "Sim, irmão, um pai, *né*? Me dava esporro em qualquer lugar. Quando o pagode *tava* bom e eu não queria ir pra casa com ele, dizia: 'Olha só, vou deixar você na rua, vou trancar a porta, vai se fuder, que lá não é puteiro não!'. E trancava mesmo. Eu tinha que bater. E lá vinha Dona Vitória com sono abrir a porta. Ele era foda, não deixava a chave comigo, pra eu poder ir embora com ele. A gente discutia, brigava. Aí, ele era rude, maldoso, pegava pesado. Na frente de todo mundo mandava: 'Tu é foda, veio pra passar dois dias, *tá* dois anos aí na minha casa, comendo e bebendo, vou mandar Vitória tirar o café da manhã, sem pena'.", contou Sombrinha.

Por momentos como esses, em querer impor suas vontades, é que alguns diziam que Neoci era um mal necessário. Sombrinha não concorda e o defende: "Nada disso. Neoci era necessário, porque ensinava a todos nós. A relembrar, a cantar. Tinha astral, tinha vontade, agregava. Tocava muito bem um tantan, mas tinha outro lado que era difícil, que as pessoas não entendiam. Eu entendia quando ele era rude, quando era maledicente, mas ele tem bônus. Ele foi a grande semente do Fundo de Quintal".

Aos poucos, Sombrinha foi se acostumando com o jeito Neoci de viver. Por volta das 9h30, colocava a bolsa atravessada, com o revólver dentro, chamava o novo parceiro, pegavam um táxi e iam para o Planalto do Chopp, pertinho de casa. "Juntávamos as mesas para uns 12 bebendo tipo uns 300, 400 chopps. Eu, ele, Balalaika, Roberto Piada, Baiano, Seu Monteiro, o advogado Dr. Bittar, Amaral, Oberdan, íamos até umas 3h da tarde e voltávamos para almoçar em casa. Ele me apresentava assim: 'Esse aqui é o sete cordas lá de Santos. Não mexe no menino, o menino é meu. Toca aí pra eles verem'. Também íamos pra sauna que tinha em Bonsucesso e de noite tinha sempre uma festa. Já me perguntei se Neoci não tivesse ido me chamar lá em Irajá, o que teria acontecido comigo. Acho que poderia ter voltado pra casa depois das férias, mas também acho que teve a mão de Deus ali, dizendo: *vai lá buscar aquele menino que eu tenho um futuro pra ele aqui no Rio.*"

Se o destino de Sombrinha já estava traçado, começou a firmar quando Neoci o levou uma quarta-feira ao Cacique de Ramos. "Fui entrando e escutando o som dos tantans, o tantanzinho do Tio Hélio e um maior do Mauro Braga. Era gostoso demais. Parece que aquele som era propício para aquelas músicas. Cantar 'Pedaço de ilusão' com aquela batucada, aquele molho, aquele banjo, era bom demais", lembra Sombrinha. "Luis Carlos da Vila nem chegava na mesa, tinha vergonha, com aquela peruquinha. Depois de largar a peruca, ele se libertou." Encantado com aquele novo som, acabou por se destacar também no horário nobre dos versos de improviso. "Quando cheguei, o grande cara era o Almir, que tinha todo aquele conceito do Geraldo Babão, que também versava muito. Ele era o professor dos versos. Outros grandes eram o Baiano e o Marquinho China. Em 84 passaram a ser o Zeca e o Deni. Eu e Arlindo estávamos entre os mais fracos, mas versávamos. Verso é muito de exercício, se você parar, fica difícil. Hoje não verso mais nada, só aqueles versos decorados, mas puxar de cabeça? *Tá* maluco! Era um tempo maravilhoso. E quando juntava com o pessoal da Portela, como o Casquinha e o Argemiro, ficava bem interessante, com versos mais inocentes e com mais criatividade. O mais enjoado de enfrentar era mesmo o Baiano. Ele sabia disso e não parava. Começava a sacanear quem *tava* perto. Às vezes, eram cinco, seis da manhã, ele versando".

Aos poucos, Sombrinha foi se envolvendo pelo clima do samba que rolava no Cacique. "Tinha a segunda sem lei que o Neoci fazia com os boleiros e eu ficava doido. Samba em dia de semana com churrasco. Mas pegou mesmo foi nas quartas. Era impressionante, de não conseguir entrar! Só música boa, um astral *fudido*. E a gente tinha sempre que trazer uma música na manga, cantar uma música inédita, porque nós não íamos pra lá cantar música da rádio, de jeito nenhum. Claro que a gente cantava Paulinho, Martinho, mas não ficava nisso não, tinha muita música inédita. Quando a Beth chegava, era uma saraivada de músicas novas. Era lotado de gente e uma educação musical que nunca tinha visto. Sem microfone, tudo no peito. E quando o Almir trouxe o banjo, foi a grande novidade, porque ele sobressaía na percussão. Se escutava perfeitamente. Eu já acompanhava o Almir na noite de São Paulo, onde ele começou a tocar o banjo."

As noites das quartas no Cacique de Ramos continuavam de vento em popa. Era comum o público chegar cada vez mais cedo, tanto para conseguir colocar o carro dentro da quadra, quanto para ficar mais perto da mesa onde rolava o pagode. Com o sucesso dos primeiros shows e das participações com Beth Carvalho em programas de televisão, começava a crescer entre eles a vontade de terem seu próprio disco, sua própria carreira, sua própria trajetória.

Enquanto não chegava a hora, a rapaziada do Cacique de Ramos ia pegando experiência nos estúdios. Foram fazer um som num estúdio em Bonsucesso, possivelmente o Estúdio Rancho, já que nenhum deles lembra o nome. E fizeram, como se falava na época, uma fita demo. "Um dos que estavam na tal reunião com o Manolo, que o Neoci invadiu pra me apresentar, nos levou pro estúdio com o Waldomiro. Para mim, foi como se estivesse ensaiando nas bandas que toquei na noite. Não senti muita diferença nem fiquei com medo. Para todos nós, não foi nada complicado. Era só pra registrar o que já fazíamos no Cacique", recorda Jorge Aragão. O resultado foi um primor, com a mesma fantástica batucada dos pagodes das quartas sob as harmonas dos solos do Jorge, as baixarias do Sombrinha e o banjo perfeito do Guineto. Sob o comando do Neoci, gravaram nove sambas, entre eles "Sexto Sentido" (Talismã/Raimundo Prates) e "Coisinha do Pai" (Almir Guineto/Luis Carlos Chuchu/Jorge Aragão), que seriam gravados pela Beth no LP *No Pagode*, de 1979. E "Cabelo Pixaim" (Jorge Aragão/Jotabê), já gravado pelo Emílio e pelo próprio Jorge. Estavam tão à vontade que até Ubirany e Dida versaram com Neoci e Almir Guineto como se estivessem no Cacique, nos refrões "Fui Passear no Norte" e "Mole que nem Manteiga". Entre os versos, Almir disse: "Juro por Deus que não minto/ontem briguei com a Judith/ela queria novela/eu queria Chico City". Além dos sambas, tiraram onda em dois incríveis instrumentais, um dolente e outro com uma levada de rock com a batucada do Cacique, em solos de Jorge e baixarias de Sombrinha.

No final de 1979, um importante personagem entrou na trajetória do Grupo Fundo de Quintal. Pernambucano de Timbaúba, sua vida já dá um samba. Aos cinco anos, aprendeu a tocar piano e, aos 19, já militante político, foi preso e ficou três meses detido, para logo depois estar incluído numa espécie de lista negra como um dos 13 "perigosos" estudantes que não poderiam estudar em nenhuma universidade no Brasil. O feitiço virou contra o feiticeiro, pois o jovem resolveu ir para a Europa, onde morou em Londres, na Inglaterra, e em Paris, na França, e o mundo das artes se abriu para ele. Na volta transformou-se num dos grandes diretores de shows de nossa música e passou a assinar os shows de teatro e roteiros dos DVDs do Fundo de Quintal. E a história deste inquieto jovem chamado Túlio Feliciano com o samba começou justamente quando chegou, numa quarta-feira, na quadra do Cacique de Ramos, levado pelo maestro Paulo Moura. "Me viciei e continuei indo toda semana. Aquelas quartas tinham algo de sobrenatural e que jamais senti na vida. Era uma pulsação, um tocar bonito, um compor bonito como eu nunca tinha visto. Era um jeito de fazer diferente, um jeito de receber diferente. A cada noite conhecia três, quatro compositores novos e hoje muito conhecidos. Eu esperava chegar cada quarta-feira com uma ansiedade danada. Lembro que fiquei amigo do Luis Carlos da Vila até o último dia. Era uma coisa mágica", diz Túlio.

O PRIMEIRO CONTRATO NA GRAVADORA

Até que chegou a hora da verdade, a hora de entrarem no estúdio e gravarem o primeiro LP. "Muitos diziam que íamos gravar, mas não acontecia nada", lembra Bira Presidente, já calejado de tantas promessas e elogios. Entre essas promessas e convites, um teria sido da gravadora K-TEL. "Foi quando surgiu minha oportunidade para começar a produzir. O Maestro Ivan Paulo não aceitou o convite do dono da gravadora, o Gabriel O'Mehara, para ser o produtor da casa, preferiu continuar com os arranjos e a regência e me indicou. Levei o Gabriel ao Cacique, mostrei a rapaziada, ele se interessou. Mas o grupo queria uns dólares para assinar com a gravadora. Não assinaram e levei o Exporta Samba no lugar deles", conta Mílton Manhães.

Para o disco se realizar, foi preciso mais uma intervenção da dinda Beth. "Eu sou mesmo a madrinha. E os levei pra gravadora. Consegui no telefone. Liguei pro Durval Ferreira, disse que conhecia um grupo maravilhoso chamado Fundo de Quintal e queria que ele ouvisse." Músico e compositor de alguns clássicos da bossa nova, Durval era o novo diretor artístico da gravadora RGE no Rio de Janeiro. Ele confiou na Beth e foi rápido na resposta. "É aquele pessoal que estava tocando contigo na TV? Então, *tá* tudo certo, estão contratados, vou falar com eles". Na gravação seguinte, Durval chamou Ubirany e marcou uma reunião sobre o disco. "Ele ficou encantado com o som deles. Fui à reunião, trouxe o contrato, li e fui a 'advogada' deles. Consegui até aumentar um pouquinho o percentual. Disse que assinava embaixo como músicos, com a maior tranquilidade. Não tinha erro. Podia ser que eles tremessem na base por ser estúdio, isso é natural, todo mundo treme. Mas não tremeram não, mandaram ver. Aquilo era um som novo e imaginava que seria um sucesso, como foi", disse Beth. O diretor Durval Ferreira foi ao Cacique de Ramos na quarta-feira seguinte conversar com o grupo e acertar tudo. "Eu assinei o primeiro contrato. Já no segundo, o Ubirany disse para todos assinarem. Concordei com ele e assim fizemos", conta Bira Presidente.

A PRIMEIRA FORMAÇÃO

E como ficou decidida a real formação do Fundo de Quintal para gravarem o primeiro disco e seguirem? Eles são unânimes em dizer que foi uma decisão natural, os que chegaram primeiro, como diz Sombrinha: "Ficaram os que tinham a ver. Deus colocou". Ou como diz Ubirany: "Foi tudo muito espontâneo, o time foi se reunindo e muita gente poderia ter feito parte. Os instrumentos se casaram, definiram e tudo fluiu naturalmente". E o Fundo de Quintal estava formado com Bira Presidente, Ubirany, Sereno, Neoci Dias, Jorge Aragão, Almir Guineto e o caçula Sombrinha. Dos que fizeram parte dos primeiros shows, enquanto Mílton Manhães já iniciava a carreira de produtor, Dida organizava e apresentava as rodas de samba do Bola Preta, do Renascença. Dedé estava na Portela e Tio Hélio, o Hélio Carvalho, era divulgador em várias gravadoras e, na hora de escolherem o tantan, Sereno ficou. "O Tio Hélio, que estava sempre com a gente, passou a não ir às apresentações e eu sem saber de nada. Depois fiquei sabendo que ele soube que eu o tirei do grupo. Eu jamais faria isso. Adorava muito o Tio Hélio, tinha o maior respeito e uma grande admiração por ele. Um senhor maravilhoso que não complicava em nada e sempre deu a maior força para o Fundo de Quintal. Nem sei como ele se afastou. Culparam a mim porque eu organizava as coisas, mas não tive culpa naquilo", conta Mílton Manhães.

Já o violonista e compositor Jotabê acabou perdendo a vaga para o recém-chegado Sombrinha. "O Neoci trouxe o Sombrinha e fui barrado no baile. Ele chegou com quatro qualidades e eu só tinha duas. Ele chegou tocando o 7 cordas bem pra caramba, tocando bem o cavaquinho, cantando bem, compondo bem e ainda era bem mais profissional que eu. O Neoci escolheu e com certeza todos concordaram, mas entendi perfeitamente, até porque eu já era professor de português do município e não teria condições de seguir no grupo, pois tinha uma vida econômica bem resolvida", conta Jotabê, que depois fez parte dos grupos Cravo na Lapela, Samba e Água Fresca, e seguiu sua trajetória tocando seu violão e compondo.

O PRIMEIRO LP

Como mandava a tradição dos grupos de samba da época, todos estavam com a roupa igual na capa do LP *Samba é no Fundo do Quintal Vol. 1*, de 1980: calça e sapatos brancos (menos Sombrinha, usando tênis), e a camisa listrada com as cores do Cacique de Ramos, vermelha, preta e branca. Todos sentados, cantando e tocando atrás de mesas com copos e garrafas de cerveja, em frente à sede do bloco, embaixo de uma das tamarineiras, como se fosse numa das noites de quarta-feira. Era a velha história de ilustrar o samba com cervejas ou num boteco. "Eu só tinha esse tênis, que ficou comigo uns cinco anos. Usava, lavava e colocava atrás da geladeira do Neoci. O povo falava: 'Mas você só tem esse tênis?'. 'É, só tenho esse.' Tipo o Cleber, que andava com o violão numa sacola das Casas Sendas", diz Sombrinha.

A música de trabalho que os levou para os programas de televisão foi "Sou Cacique, Flamengo e Mangueira" (Luis Carlos), mas não demorou muito e mais faixas do disco estouraram nos pagodes, como "Gamação Danada" (Neguinho da Beija-Flor/Almir Guineto), "Bar da Esquina" (Jorge Aragão/Jotabê), "Voltar a Paz" (Sereno) e "Você Quer Voltar" (Pedrinho da Flor/Gelcy do Cavaco). "Para montarmos o repertório não teve discussão. Nenhum de nós tinha essa pretensão de estar com uma música no disco. Não se imaginava uma longevidade. Depois que tomou corpo, tomou vulto, mas ali não foi uma escolha de temos que arrebentar ou escolher as melhores. Era como fazíamos no Cacique. Canta essa, canta aquela. Parecia uma brincadeira, soava naturalmente", conta Jorge. Já Sereno lembra-se de certa disputa na escolha das músicas. "Achávamos que era mais um pagode, mais uma quarta-feira. O Durval Ferreira que acreditava e achava que ia dar certo. Mas confesso que estávamos meio deslumbrados. Estava pintando uns convencimentos e teve até um início de briga pra saber quantas músicas iam entrar, mas era uma briga boa, uma briga sadia. Entrei com a primeira música que fiz, 'Voltar a Paz'. E minha inspiração foi a minha separação, tomei um flagrante em plena terça de carnaval."

Na contracapa, uma dedicatória de Beth Carvalho: "Ao público querido eu digo: comprem este disco que estarão levando uma mostra do mais autêntico samba. Como sambista, amiga e madrinha Eu assino embaixo". No alto da capa e da contracapa, está o símbolo do Cacique de Ramos. O LP segue o formato padrão da época de 12 faixas. Mas, infelizmente não traz nenhum solo das vozes de Neoci Dias e Almir Guineto. Todas as músicas com o coro de todos, salvo o partido "Prazer da Serrinha" (Tio Hélio dos Santos/Rubens da Silva), em que Neoci e Almir versam, e "Bar da Esquina", com solo de Jorge Aragão. Neoci e Almir fazem também as chamadas nos outros sambas, ou seja, ficou um gostinho de quero mais, principalmente de Neoci, que teve poucos registros em disco cantando. No mesmo ano de 1981, Neoci versa com Everaldo da Viola e David Correia em "Muito Embora Abandonado" (Mijinha), no LP *Lição de Malandragem*, de David Correia. Dois anos antes, ele e Almir participaram do LP *Tendinha*, de Martinho da Vila. Os dois versando com Martinho. Almir em "Mulata Faceira" (Martinho da Vila) e Neoci em "Zé Ferreira", parceria sua com Jorge Aragão. Já em 83, o Véio Zuza viria a fazer uma participação no segundo LP de Mussum, versando no partido "Chiclete de Hortelã", uma parceria sua com Zeca Pagodinho.

O recém-chegado Sombrinha lembra-se de uns detalhes dessa estreia. "Estávamos todos tão empolgados que chegou a ter uma discussão entre o Jorge e o Almir. Eu ainda não entendia nada e queria mais era ser o Dino 7 cordas, fazer minhas baixarias no violão. Aliás, as cordas do meu violão eram pyramid, iguais às do Dino. Com minha dedeira de aço roubei muita baixaria do Dino. Muita mesmo, não foi pouca não. Lembro que o Waldomiro, que deu o nome do grupo, ficou na mesa de gravação com o Norival Reis. Mas a nossa mixagem sempre foi uma bosta e diziam: 'Deixa sujo assim pra dizer que é Fundo de Quintal'. Mentira, era incompetência mesmo. Quando acabamos de gravar, fomos ouvir na casa do Neoci."

A polêmica aparece no nome do produtor desse primeiro LP, gravado no Estúdio Transamérica, que ficava na Rua São Francisco Xavier, no Maracanã. Na contracapa vem o nome de Norival Reis, um dos grandes engenheiros de som da nossa música. Pai do técnico Luiz Carlos T. Reis, ele também era compositor e, entre suas obras, alguns sambas-enredos históricos como "Ilu-ayê Terra da Vida" (com Cabana) e "Macunaíma, Herói da Nossa Gente" (com David Correa), ambos da Portela, da qual integrava a ala de compositores. Nessa época, já produzia discos. "Ele viajou pelo Brasil gravando as escolas de samba em São Paulo, Belém, Manaus", conta seu filho. Mas existe outra versão sobre a produção do LP. "O Durval e o Esdras falaram comigo no Cacique, e eu disse que a ideia era que fosse como fazíamos ali nas quartas. Ficou decidido que ele ficaria na coordenação e eu na concepção das bases. E assim foi feito, mas nem colocaram o meu nome. Eu fazia as contagens: 'Entra fulano, sai beltrano, banjo entra'... Não tinha nada escrito. Eu dava a ideia: 'Vamos começar essa com tantan e repique, essa só com pandeiro e vou chamando'. O Durval era o diretor e o Norival foi o técnico, mas também dava várias sugestões", conta Mílton Manhães. "Tinha, sim, o Mílton arrumando a casa junto com a gente, mas todos com cabeça de liderança. O Neoci mandava, o Bira mandava, o Sereno já dava esporro naquela época e o Guineto com sua autonomia. Parecia que qualquer um podia mandar. A gente sabia disso. Tinha muitos com força de liderança, era uma reunião de pessoas que faziam a diferença. E uma música que até hoje não consigo ouvir é 'Bar da esquina'. Durante a gravação, caiu um cinzeiro dentro do estúdio. Quando acabamos, queríamos tocar de novo, mas o Mílton disse que estava bom, que era o clima", lembra Jorge Aragão. E o produtor confirma: "O Jorge estava tocando e fumando. Foi colocar o cigarro no cinzeiro, esbarrou, caiu, fez aquele barulhão e ele olhou pra mim. Lá da técnica eu gritei: 'Segue, segue, é o clima'. A gravação continuou. Aí perguntaram: 'E o cinzeiro?'. Eu disse: 'Faz parte, é como se fosse ao vivo'. E o Norival também gostou". Sombrinha também lembra do famoso cinzeiro: "Era daqueles grandes, tipo uma lixeira. A tampa saía toda hora, até que uma hora caiu".

A conclusão que se faz dessa polêmica quanto ao nome do produtor é que até pode ter havido uma produção conjunta, com várias opiniões ou então um erro de quem escreveu a ficha técnica, pois assim como não entrou o nome do Mílton, também não tem o nome de Gordinho, que tocou o surdo, nem de Zeca da Cuíca e das mulheres que estavam no coro: Dinorah, Zenilda e Naná. Porém, dos que estavam no estúdio, quem conhecia as manhas e o jeito de tocar do Fundo de Quintal era mesmo o já produtor Mílton Manhães. "A primeira gravação em estúdio deles foi comigo no disco da Beth, mas veja bem, não fiz o disco deles. Quem tem este crédito e deve ser com C muito grande é o meu amigo Mílton Manhães, o Pezão, que teve a oportunidade de fazer o início destes grandes artistas na RGE.

Ele, na época um produtor iniciante, meu percussionista favorito, trabalhava muito comigo", atesta o produtor Rildo Hora. "Também acredito que efetivamente tenha sido o Mílton. Além de já ser um produtor, era ele que conhecia todos eles e a manha da batucada do Cacique", reforça Décio Cruz, gerente do departamento de A&R Nacional da Warner Chappell Music.

Quanto ao tal barulho da queda do cinzeiro, pode ser ouvido na volta do samba, logo depois do verso "...melhor é dizer adeus...", um barulho que entrou para a história. "O meu nome saiu, mas saiu errado. Está Nemézio. O Mílton que saiu com isso. Em vez de Memere, como eu também era chamado, colocou Nemézio. E ficou porque eu era novo, até que em 81 a Beth disse: 'Melhor Sombrinha que Memere, *né?*'. E ficou Sombrinha. O único disco com Nemézio foi esse, graças a Deus", diz Sombrinha.

Sem dúvida, um disco para ficar na história do samba, não só pela chegada do tantan, do repique de mão e do banjo com braço de cavaquinho, mas pela união de raros e geniais compositores e cantores. "Neoci era muito inteligente e ainda tínhamos o Jorge e o Almir. A primeira formação era uma verdadeira seleção", conclui Bira Presidente. "Cada um vinha de uma história, era muito sério. Todos tinham uma escola, o Bira e o Ubirany vêm de Donga, O Neoci de João da Baiana, o Jorge dos bailes, eu do choro, o Almir do Salgueiro, o Sereno com a percussão forte. Quando juntou isso tudo, virou uma receita, uma bula", diz Sombrinha.

A VOLTA AO TEATRO

Um ano depois de sua primeira ida ao Cacique, Túlio Feliciano preparava-se para estrear um show na Sala Funarte Sidney Muller sobre a obra do grande compositor do Império Serrano Silas de Oliveira, chamado "Os Cinco Bailes da História de Silas", com Dona Ivone Lara e o Samba Som Sete, com participação de Fernando Pinto e Hélcio Brenha. "Já tínhamos começado os trabalhos, quando fui avisado que o Samba Som Sete não poderia fazer o show porque iria viajar com o Martinho da Vila para uma turnê pelo Brasil. Eu caí! Não acreditei, pois faltava um mês para a estreia! E como era uma quarta, fui para o Cacique pra chorar, pra desabafar. Não fui pensando em nada, fui arrasado. Fiquei ali tomando uma cerveja, que nem é minha bebida preferida, sem saber o que dizer pra Dona Ivone. E, de repente, me veio uma luz. Lembro-me muito bem da cena: Sereno chegando no seu táxi, o Bira veio falar comigo e saiu da minha boca: 'Vocês não querem fazer um show assim, assim, assim?'. Mas eu falei aquilo, juro por Deus, já esperando um não, porque eles estavam lançando um disco. O Bira quase se ajoelha e diz: 'Esse homem *tá* chamando a gente para o teatro'. Só de lembrar me arrepio todo. E todo mundo quis. No dia seguinte liguei pra Dona Ivone e falei com ela, que aprovou a ideia." Na quarta seguinte, Túlio e o Fundo de Quintal foram ao apartamento de Dona Ivone, no Conjunto dos Músicos, em Inhaúma, passar o repertório. Tudo correu bem, mas o melhor viria depois do ensaio, quando todos foram para o Cacique, incluindo Dona Ivone Lara. "Foi uma noite de rainha para ela, que reinou de uma forma linda. Ela ainda não era a Dona Ivone Lara do ponto de vista midiático, mas foi uma noite em que ela não parava de cantar. Foi a noite mais linda que passei no Cacique, para não mais esquecer. O dia amanhecendo, todos cantando e ninguém ia embora", conta um Túlio emocionado.

Era janeiro de 1981 e, no roteiro, clássicos de Silas como "Meu Drama", "Aquarela Brasileira", "Pernambuco Leão do Norte", "Apoteose ao Samba", "Heróis da Liberdade" e a parceria dele com Dona Ivone e Bacalhau, "Os Cinco Bailes da História do Rio", incluindo ainda alguns sambas de Ivone que iriam se tornar sucesso, como "Alguém me Avisou", "Tiê" e "Sonho meu". "O show teve uma página inteira da crítica mais feroz de todas, Maria Helena Dutra, do *Jornal do Brasil*. Era só elogios a mim, ao Fundo de Quintal, à Dona Ivone. Foi eleito o melhor show do ano e estava sempre lotado. Era para ficar duas semanas e ficou quatro. A Beth estava grávida da Luana, foi assistir e passou a me conhecer. Num dos dias, Jorge e Dona Ivone ficaram sentados lá no final do teatro e fizeram 'Tendência' ('Não pra que lamentar...')", conta Túlio.

A SAÍDA DE NEOCI

Temporada elogiada, casa lotada, os shows começando a acontecer. Mas, por mais incrível que possa parecer, apesar de todo o sucesso, esta seleção durou apenas um disco. Logo depois, Neoci, Almir e Jorge, cada um com seus motivos, conversaram com todos do grupo e disseram que pretendiam sair. "Foi tudo resolvido pela maioria, até hoje é assim. Sempre respeitamos as decisões e nunca prendemos ninguém. Em vários grupos quando sai um, é difícil de continuar, mas o Fundo de Quintal não é um grupo, é uma marca. Nós fizemos uma revolução na música popular brasileira e, graças a Deus, ao ficar sem alguns componentes, conseguimos dar uma guinada", explica Bira. A seu lado, Ubirany concordava com as palavras do mano: "Nunca queremos que ninguém saia. Se está no grupo, é por mérito. Mas são decisões tomadas e que temos de respeitar. Graças a Deus, absorvo bem, porque ninguém gostaria de estar num lugar pensando em outro. Como vou ficar aqui pensando que ali é melhor pra mim? Não vai funcionar e vou começar a cometer excessos, tratar mal as pessoas, vai ficar um clima ruim. Mas eu sempre tento evitar a saída. Não teve um que tenha saído que eu não tivesse conversado antes, levar aquele papo pessoal no cantinho. Mas aí sinto que o cara quer aquilo mesmo e não tem jeito". Para o então novato Sombrinha, a primeira grande mudança no Fundo de Quintal não abalou quem ficou. "Nunca pensamos que o grupo fosse acabar com as saídas do Almir, do Neoci e do Jorge. Entrou o Arlindo e ficou muito bom. Começávamos uma fase de compor, de trabalhar, uma verve de música, de melodia, de poesia, de contar histórias e de representar um passado que a gente tinha. Além do incentivo da Beth, que gravava a gente. Não parávamos de trabalhar e começava uma fábrica de sucessos."

Dona Vitória Hatischvili, viúva de Neoci Dias, lembra como foi a saída dele: "Ele estava chateado com o grupo por algumas desavenças, *tava* cansado. Ele falava e não o ouviam. E me disse: '*Tô* me aborrecendo muito, vou sair deste grupo'. Foi quando recebeu uma proposta da editora Intersong (hoje Warner Music) e foi trabalhar lá. Mas ficou muito triste quando saiu do grupo".

Mílton Manhães atesta: "Era um senhor partideiro, um senhor versador, mas eles começaram a ter umas divergências. Ele tinha a maneira dele de pensar e preferiu trabalhar sozinho lá na editora". Para Ubirany, só agradecimentos ao Mc Coy de Bonsucesso: "Devemos muito a Neoci, esse cara espetacular. Foi uma passagem rápida, mas muito importante no Fundo de Quintal. Uma pena que ele tenha saído. Ele falou da proposta que tinha recebido e que era um bom negócio pra ele. Continuamos convivendo sem problema nenhum". Bira também elogia Neoci: "Era um cara muito inteligente pra escrever, um filósofo. Apesar de ter saído logo no início, foi uma das peças chave na história do Fundo de Quintal". Sereno se lembra que Neoci também se fez importante para os compositores na editora. "Ele às vezes brigava com o Loureiro, dono da editora, em prol do compositor."

A SAÍDA DE ALMIR GUINETO

Com Almir Guineto a carreira solo falou mais alto, ao receber um convite de Gabriel O'Mehara para gravar seu primeiro disco pela gravadora K-Tel ainda em 1980. Quando Mílton o levou ao Cacique, Gabriel já havia ficado muito impressionado com o jeito de Almir cantar e tocar o banjo. "O Gabriel veio falar comigo sobre o Almir, que foi sincero, me disse que estava pintando uma oportunidade para ele e perguntou se a gente o liberava. Ele não queria sair, mas sempre foi um dos mais corretos no grupo, ninguém pode falar ao contrário. Éramos muito amigos e a postura dele foi de lealdade. Não podíamos ser contra e o apoiamos", diz Bira Presidente. Porém, antes de gravar, Almir já havia feito sucesso com o samba "Saco Cheio" (... tudo que se faz na terra/se coloca Deus no meio/Deus já deve estar de saco cheio...), de sua mãe, Dona Fia, com Marcos Antonio. "O José Carlos Machado foi numa quarta ao Cacique e gravou no seu gravador o Almir cantando 'Saco cheio'. Dali foi para a Rádio Nacional e colocou a fita cassete no seu programa, que ia da meia-noite às três da manhã. A igreja não gostou e quis tirar a rádio do ar. Foi a maior confusão. Então, resolvi gravar um compacto simples com ele. Chamei o Ivan Paulo, que fez o arranjo, fiz a voz guia e o Almir foi só botar a voz. Lembro perfeitamente, como se fosse hoje. Peguei ele em casa e lá no Estúdio Transamérica perguntei: 'Sabe como usa o fone?'. Ele já chegou arrasando e colocou a voz de prima. Cantou como se estivesse no Cacique e foi um sucesso. E sem *pro tools* e melodyne pra afinar a voz", lembra Mílton Manhaes, que colocou no Lado B o samba Tudo Acabou, parceria de Almir com Luverci Ernesto e Di Grupo.

A BOMBA DO RIOCENTRO

No dia 30 de abril de 1981, em plena ditadura, o Fundo de Quintal acompanhou Beth Carvalho no histórico Show do Trabalhador, realizado no Riocentro. Uma grande festa para celebrar o dia 1º de maio, em que uma bomba explodiu no colo do Sargento Guilherme Pereira do Rosário (codinome Agente Wagner), que estava num Puma GTE, no estacionamento do Riocentro, ao lado do Capitão Wilson Dias Machado (codinome Dr. Marcos). O sargento morreu na hora e o capitão ficou gravemente ferido. Ninguém assumiu a autoria do atentado. "A ditadura militar fez isso. Ia matar todos nós artistas, a maioria da música popular brasileira estava lá e mais de 20 mil pessoas assistindo à gente. Por sorte, a bomba estourou no colo de quem ia jogar na gente e o desastre não foi maior", disse Beth Carvalho em 2011. No palco a nata da música popular brasileira da época, como Chico Buarque, Clara Nunes, Roberto Ribeiro, Gal Costa, Paulinho da Viola, Dona Ivone Lara, Ivan Lins, Simone, Gonzaguinha, Elba Ramalho, Alceu Valença, entre outros. "Pra mim foi um ato terrorista contra o show de 1º de maio, contra o povo brasileiro, independente da música que se toque, independente de tudo", falou Chico Buarque, que fez o roteiro e a coordenação do evento. Já sem Almir e Neoci, o Fundo de Quintal tinha Jorge Aragão no banjo e Valter 7 Cordas no cavaco, além de Sombrinha, Ubirany, Sereno e Bira Presidente, junto com músicos da banda da Beth, como Nílton Barros (violão), Papão (bateria), Juca (surdo), Mauro Braga (tantan) e Eliseu (tamborim). As declarações de Beth e Chico Buarque foram retiradas do programa *Arquivo N*, da Globonews, que mostrou ainda partes do espetáculo, em que Beth Carvalho canta "Andança", "A Chuva Cai" e "Vou Festejar". "Depois da explosão, nós fomos olhar o carro em que estava a bomba, um fato lamentável. E que eu lembre ninguém da ditadura nos perturbou nas quartas do Cacique", disse Ubirany. No relatório preliminar Caso Riocentro Terrorismo de Estado contra a População Brasileira, publicado pela Comissão da Verdade, em 2014, diz: "além da bomba que explodiu no Puma, ocorreu uma segunda explosão no interior do Riocentro, na miniestação elétrica responsável pelo fornecimento de energia do centro de convenções. A bomba foi jogada por cima do muro da miniestação, mas explodiu em seu pátio e a eletricidade do pavilhão não chegou a ser interrompida".

A SAÍDA DE JORGE ARAGÃO

Voltando às saídas de Neoci, Almir e Jorge, se as desavenças começaram a afastar Neoci e a carreira solo atraiu Almir Guineto, com Jorge Aragão uma junção de susto com os muitos shows e sua vontade de querer apenas ser um compositor o fez optar pela saída. "Pra mim, foi até melhor sentar com Bira, Ubirany e Sereno e dizer que eu queria sair por não estar preparado para aquilo que estava acontecendo com o grupo. Já tinha um monte de programas de TV e de shows marcados. Eu queria continuar compondo, não pensava em seguir carreira solo. Queria escrever, criar. Não queria os shows, todos nós arrumadinhos iguais. O grupo cresceu muito rápido e me assustei com o *boom*. Eu não queria viajar, ficar fazendo shows, programas de televisão, não *tava* me fazendo bem tudo aquilo. Eu não estava conseguindo ficar com o tempo que eu sempre sonhei. Em ficar sozinho pra escrever", explica Jorge. E, como diz Bira Presidente, Jorge Aragão era mesmo o mais devagar da primeira formação do Fundo de Quintal. "Eu nunca joguei bola, nunca fui de tomar cerveja e de sair com o pessoal pra me perder na noite, a não ser para tocar. Então sempre foi a música me alimentando, do meu lado, grudada comigo dia e noite, com o prazer e a liberdade de a qualquer momento, a qualquer hora que eu quisesse poder pegar meu violão e tocar. Poder viver só pra música, pela música é muito bom. Falei com eles, que entenderam porque fui bem claro. Disse que queria continuar compondo, até pra eles mesmos, como realmente fiz", conta Jorge, que reconhece ter sido fundamental seu início no Fundo de Quintal. "Fico muito contente sim porque vejo que tudo valeu a pena. Foi muito bom ter feito, ter participado e ver hoje a representatividade do que nós fizemos sem saber. E o tempo todo vou falar isso. Não tem ninguém que venha me convencer que a gente acreditava nisso ou que apostávamos, que investimos tudo. Quem fez, fez sozinho, quem acreditou, acreditou sozinho. Naquele início nunca senti isso, de dizer sou artista", diz Jorge, que tem certeza que a essência do que acontecia nas quartas é que foi primordial para marcar o que foi vivido. "O que perpetua é o nome que a gente criou em volta, uma melodia que a gente deixou aí pra ficar todo mundo cantando. O nome da gente vai sendo esquecido aos poucos. O que importa é que vivemos o nosso tempo bacana. Vivi isso no Fundo de Quintal. Cantar 'Bar da esquina', por exemplo, é um privilégio. É pra dizer que realmente eu estive ali. Aí sim, dá orgulho. Fico muito feliz, porque tenho foto ali começando e tenho uma música ali que as pessoas cantaram e ainda cantam", diz Jorge.

Mas o seu destino era mesmo seguir a carreira de cantor ao lado do compositor. E nem demorou muito. Em meados de 1981, foi convencido pelo produtor Marco Mazzola a entrar em estúdio e gravar um LP pela nova gravadora Ariola, tendo seu nome como título. "Falei pro Mazolla que pelo amor de Deus me deixasse ir embora, e que se ele arrumasse alguém do *cast* da Ariola pra gravar minhas músicas, ia ficar feliz da vida. Até gravei com o Ney Matogrosso ('Alegria Carnaval', parceria com Nílton Barros), mas não teve jeito." Para se sentir em casa, Jorge teve entre os músicos uma cozinha com a manha dos seus tempos de Cacique de Ramos: Neoci, Bira Presidente, Ubirany e Mílton Manhães. Entre as dez músicas, todas de sua autoria com parceiros, o Cacique continua: "Concentração" (com Sereno), "Arvoredo" (com Luis Carlos da Vila), "Guerra e Paz" (com Almir Guineto e Luverci Ernesto), "Resto de Esperança" (com Dedé da Portela) "Borboleta Cega" (com Nílton Barros) e "Malhas do Tempo", com os grandes parceiros Neoci e Alcir Capita. A partir daí, Jorge Aragão continuou compondo, assumindo seu lado cantor e ainda passou a ser chamado de Poeta do Samba, título que não gosta. "Nunca gostei e ser chamado assim sempre me deixou desajustado. Nem quis isso nem considero isso. Saíram falando e, de repente, ficou. E é difícil ficar falando não toda hora. Parece que é desfeita, mas nunca foi uma coisa que eu tivesse curtido e nem de escutar eu falar. *Tá* doido? Poeta é Aldir Blanc, é Toco da Mocidade, é Sombra", conclui Jorge Aragão.

Com as saídas de Neoci Dias, Almir Guineto e Jorge Aragão, fechava-se um ciclo da trajetória do Grupo Fundo de Quintal. Mas a caminhada estava apenas no seu início e muitas emoções ainda passariam por debaixo das frondosas tamarineiras.

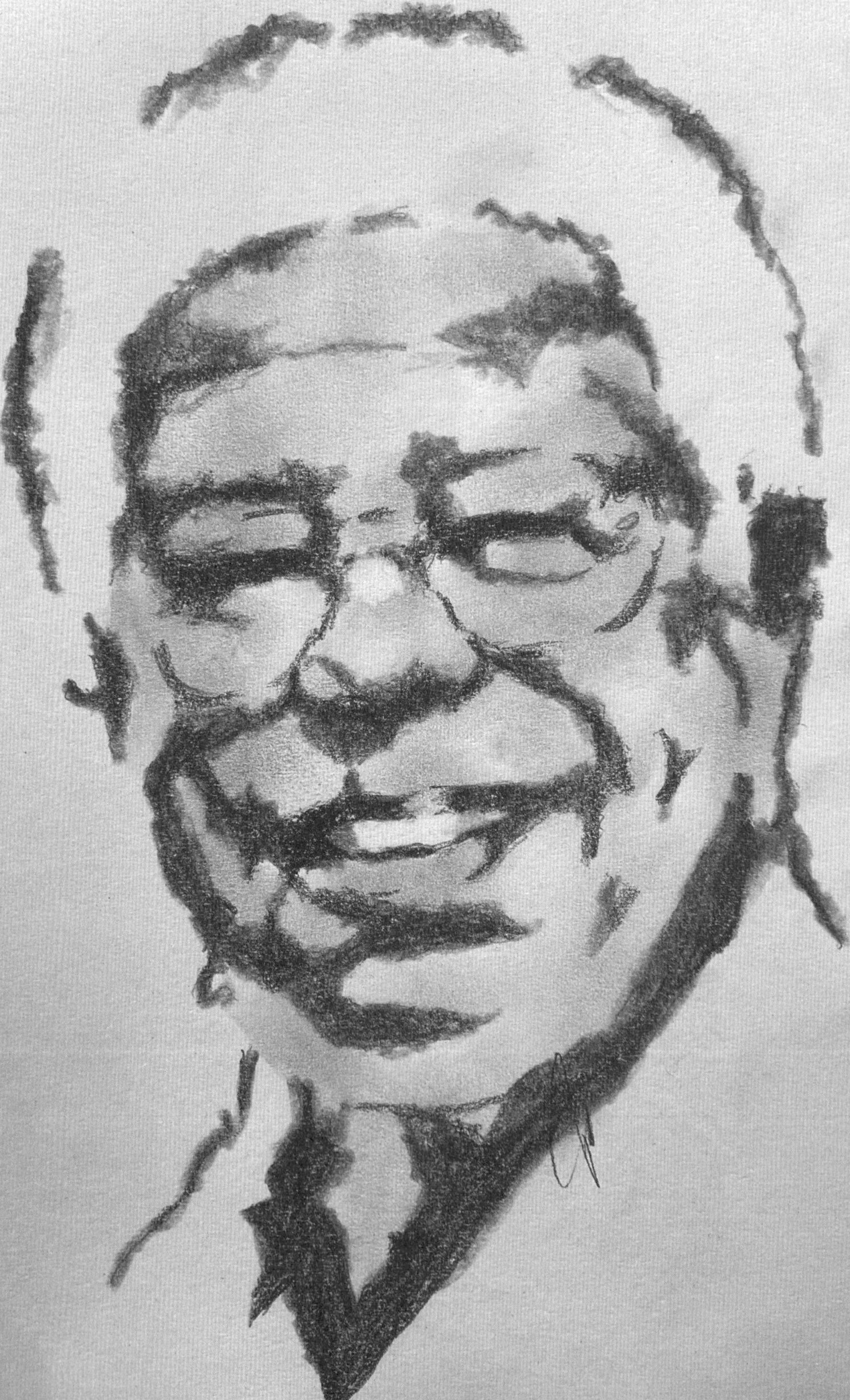

CAPÍTULO 6
**ENTRAM ARLINDO CRUZ E VALTER 7 CORDAS
MÍLTON MANHÃES SALVA QUEBRA DE CONTRATO
ENTRA CLEBER AUGUSTO
NASCE A DUPLA COSME & DAMIÃO**

As primeiras mudanças começam a acontecer na formação do Fundo de Quintal. Para o segundo LP, entram Arlindo Domingos da Cruz Filho, o Arlindinho, e Valter de Paula e Silva, o Valter 7 Cordas, que já frequentavam o Pagode das quartas no Cacique de Ramos. Arlindo é primo distante dos irmãos Bira e Ubirany. O violonista Joni, tio de Arlindo por parte de sua mãe, Dona Aracy, é casado com a Cléia, prima deles, filha da tia Leontina, irmã de Dona Conceição, mãe de Bira e Ubirany. "Nós o conhecemos ainda um moleque e nos tratávamos de primo. Tinha um regional que tocava nas festinhas da família, com o Arlindão, pai dele, no cavaco. A mãe do Arlindo tinha a voz mais aguda que já ouvi, um timbre que impressionava a todos. Ela cantava nas festinhas, na casa da tia Leontina. O Arlindo foi para a Escola Preparatória de Cadetes do Ar, em Barbacena, e já voltou tocando muito bem", contou Ubirany.

E voltou querendo música, disposto a apostar na sua veia de compositor. Em 1980, participou do Festival do Sambola com "Lição de Malandragem" (com Rixxa) e "Meu Samba" (com o irmão Acyr Marques), com a qual venceu. Começou a frequentar o Cacique de Ramos, mas como conta Rixxa, não foi fácil chegar até a mesa do pagode e mostrar um samba, pois além das feras tocando e cantando, iam se formando várias rodas em volta da mesa com compositores ávidos por caituar (mostrar, cantar) seus sambas. "Era um sufoco. Tinha a primeira turma em volta da mesa, a segunda, a terceira e a gente ficava na quarta volta. Eu, Arlindo, Zeca, Marquinho China, os novos que não tinham vez. Só ficávamos escutando. Até que um dia o Beto Sem Braço, que soube da gente pelo Neoci, deu um corte no samba e falou: 'Olha aí, tem uns garotos que querem mostrar uns negócios deles.

Chega pra cá, vamos ouvir'. A Beth estava nesse dia. Aí que fomos mostrar alguma coisa. Cantamos 'Lição de Malandragem', 'Fingida', outro samba meu com ele e começamos a ficar mais na frente, perto da mesa. Passaram a nos respeitar, porque viram que tinha qualidade. E o Arlindo ainda não estava de banjo, mas já palhetava bem o cavaco", lembra Rixxa, que tocava pandeiro com Candeia. "Neoci falava: 'Esses moleques aí são bons'.", conta Zeca Pagodinho. Seu talento como compositor chegou junto com seu jeito de tocar. "O grande fodão do banjo era o Almir, que parou de tocar, e o Arlindo trouxe uma outra palhetada de grande valor e começou a gravar com todo mundo", diz Sombrinha, que já prestava atenção no novato. "Ele ficava vendo a gente tocar, já cantava alguns sambas, ele chegou firme e foi fácil se integrar." Rildo Hora, que também estava no Cacique nas primeiras vezes do Arlindo, já o conhecia. "Lembro do Arlindo muito tímido, muito ético. Chegou e ficou de longe, não chegava na roda pra mostrar música. Vê como a vida é, conheci o Arlindo tocando atabaque com Candeia."

O ano de 1981 foi especial para o jovem Arlindinho, que era conhecido assim por ser filho do Arlindão, que tocava cavaquinho com Candeia. Ele passou a ser chamado de Arlindo Cruz anos depois já na fase da dupla com Sombrinha e com a chegada de seu filho Arlindo Neto, que ficou sendo o Arlindinho. Mas voltemos a 1981, quando ele teve dois sambas gravados. Aqueles do Festival do Sambola, lembra? Enquanto o grupo Sambrasil, que tinha entre outros integrantes Mauro Diniz, Bira Hawaí e Claumir Gomes, gravou "Meu Samba", o compositor David Corrêa lançou-se como cantor e o nome do disco era *Lição de Malandragem*, primeira gravação da dupla Arlindo Cruz e Rixxa. Um disco com a manha do Cacique de Ramos, com produção de Mílton Manhães e uma cozinha da melhor qualidade com Bira Presidente, Ubirany (na ficha técnica está Birany Colírio), Mauro Braga e Almir Guineto, que também estava no coro ao lado de Jorge Aragão, Neoci e vários coristas de estúdio. "Cheguei na casa do Arlindo com a cabeça do samba, que tinha feito por causa do Seu Honório, meu vizinho, que sempre contava uma história diferente lá na minha rua e havia falecido. Escrevi: 'foi andar na corda bamba escorregou caiu/teve gente que chorou/teve gente que sorriu/todo mundo a espiar e ninguém o acudiu/e o malandro levantou/sacudiu a poeira e o caminho seguiu'. Aí o Arlindo leu e, como nessa época tínhamos uma identificação de alma, juntou com a história do pai dele, que estava preso, e fez ali, na hora, com o cavaquinho no colo: 'malandro não pode se intimidar/se o destino derruba/mesmo sem ajuda tem que levantar'. No final fizemos assim: '...hoje é ele quem sorri do azar/pois sofreu e lutou pra na escola da vida se formar e se formou'."

Um detalhe importante nessa chegada de Arlindinho ao Cacique de Ramos e ao Fundo de Quintal é que ele e Sombrinha não se davam muito bem. Aliás, os dois chegaram ao Rio de Janeiro no mesmo ano. Arlindo voltando de Minas Gerais, e Sombrinha, de São Vicente. "A gente não se gostava. Ele me achava marrento porque eu usava as cordas pyramid no meu violão. Aliás, a verdade é que todos eles acham que eu sou marrento, e não sou, só gosto do que é bom. E eu também não gostava dele, porque ele bebia uísque, ficava bêbado, era chato. Até que um dia, do nada, na porta do Cacique, de dia, eu falei: 'Eu te amo', e ele me falou: 'Eu também te amo'. Choramos, nos abraçamos e foi bonito. A gente sentiu vontade de falar um pro outro, aconteceu", conta Sombrinha. Essa declaração de amor entre dois irmãos iria marcar o futuro do Fundo de Quintal e deles próprios, que passaram a ficar sempre juntos. "Em nossos tempos de Fundo de Quintal, saíamos juntos, íamos pros morros juntos, pras festas juntos, se saíamos com mulher, estávamos juntos e ainda trocávamos! A gente comia da mesma comida, bebia da mesma bebida, isso todos os dias, não tinha jeito. Era que nem casal mesmo, só não tinha sexo. Às vezes, eu aconselhava, às vezes, ele que me aconselhava...", conta Sombrinha. E Sereno atesta o valor da dupla: "Essa dupla Arlindo e Sombrinha caiu como uma luva no Fundo. Dois cracaços. Eles pintavam o sete, no bom sentido, sempre com composições maravilhosas. E no palco davam o recado". Arlindo Cruz dividia a música com a Caixa Econômica até que... "Eu e Zeca tiramos ele da Caixa. Conseguimos! Lembro dele dizendo: 'Sombrinha vive de música, por que eu não posso viver?'. Aí saiu e virou esse talento", lembra Sombrinha. "Ele tem um ensinamento das coisas negras que é fundamental para o processo de criação, pra bandeira do samba. Ele sabe das coisas, do maracatu, das tradições brasileiras, do samba duro, da chula raiada."

VALTER 7 CORDAS

Valter 7 Cordas, que na época morava em Ramos, na Rua Lígia, atrás do mercado, entrou no final de 1980. "Primeiro fiz amizade com o Sereno, que é uma joia de pessoa. Depois o Bira me convidou pra fazer parte do grupo. Fiquei um ano e meio. A gente ensaiava muito e tocamos em muitos aniversários, nas casas da Beth, do Martinho, sem ganhar dinheiro. Mas também fizemos muitos shows, viajamos bastante e fizemos o Projeto Pixinguinha", lembra Valter, que nas viagens dividia o apartamento com Sombrinha e o resultado dessa convivência não era bom. "O Valter tocava demais, mais que eu, mas ele tinha aquelas manias de homem que já estava ficando coroa e eu, muito novo, estranhava. Às oito da noite, ele apagava a luz do quarto e eu chiava". A partir daí, um diálogo digno de uma briguinha de dois garotos de colégio.

Sombrinha – Ah, mas já vai apagar a luz?
Valter – Claro, eu vou dormir.
Sombrinha – Ah não! Você *tá* brincando comigo! Vou acender a luz, ainda *tá* cedo! *Tá* maluco?
Valter – Rapaz, mas tu é chato pra caralho!
Sombrinha – Ué, você apaga a luz oito da noite e eu que sou chato? Então, tu é um velho, vai se fuder pra lá! A luz vai ficar acesa!

A discussão foi rendendo, rendendo, mas Sombrinha resolveu descer para jantar e, minutos depois, teve uma surpresa. "*Tô* no restaurante jantando, passa ele carregando travesseiro, lençol, cobertor e diz: 'Não quero mais ficar contigo, não'. Trocou de quarto. A gente só se dava bem na música", conta Sombrinha às gargalhadas.

QUEBRA DE CONTRATO

Em meados de 1981, o Projeto Pixinguinha, que durante anos uniu artistas consagrados com novos que começavam carreira, levando essas duplas a viajar pelo país, convidou Beth Carvalho, que escolheu seus afilhados do Fundo de Quintal para a dupla. Porém, enquanto madrinha e afilhados viajavam, a gravadora RGE exigia a rescisão do contrato com o Fundo de Quintal. Segundo o produtor Mílton Manhães, o contrato era para duas obras, com 12 músicas em cada uma. E dizia que eles deveriam estar em todas as ações promocionais, sem ônus, em lojas de discos e emissoras de rádio e TV, sob pena do contrato ser rescindido caso não comparecessem. E foi o que quase aconteceu. "Eu li o contrato e vi que o negócio era muito sério. O departamento de divulgação da gravadora os procurou com uma grande programação pra eles cumprirem e estavam viajando com a Beth, que pra complicar, ainda era de outra gravadora, a RCA (Hoje BMG). Me ligaram para uma reunião, que fui com o Dílson Santos, me apresentaram a rescisão do contrato, por causa da tal cláusula e dizendo: 'Não queremos mais eles'. Tentei explicar que eles viajaram porque tinham de trabalhar, mas a direção não aceitou e pediu que eu levasse a rescisão até eles para assinarem e assim dar baixa no contrato. Depois de dois meses, eles chegaram de viagem, foram procurar a RGE pra saber do novo disco, mas o Durval Ferreira já tinha saído. Marquei uma reunião com eles no Cacique e levei a rescisão. Disse o que estava acontecendo, me perguntaram o que eu podia fazer e fui tentar reverter a situação. Falei com o Zé Luis, que era o gerente comercial, e pedi que relevassem e me dessem apenas o dinheiro para pagar o estúdio e gravarmos o novo disco. E que não precisava me dar mais nada, que abria mão da verba da produção. Ele foi levar minha proposta", conta Mílton, em fato confirmado pelo então gerente comercial José Luis Ferreira. "Foi exatamente assim que aconteceu, por isso tenho o maior respeito pelo Mílton Manhães, um cara que sempre foi super correto e superprofissional. O Marcos Silva não queria abrir mão da rescisão nem dar dinheiro e, quando fui consultado, disse que tinha de manter o contrato. E renovar. Eu acreditei e comprei a briga junto com o Mílton, porque senti que a coisa ia virar, já vinha virando, e foi o que aconteceu. O movimento tinha tudo pra virar, independente de ser na RGE. Quem abraçasse a ideia ia se dar bem, mas acabou sendo bom pra todo mundo", explica José Luis. "Soube desse fato que eles estavam no Pixinguinha e não fizeram a divulgação do disco, correndo o risco de serem mandados embora da RGE", lembra Décio Cruz, na época começando na então editora Intersong, onde trabalharia com Neoci.

Mílton Manhães conta que José Luis voltou com a resposta de que Marcos Silva aceitava a proposta para cumprir a segunda obra do contrato, apenas com a verba para o estúdio. "Me reuni com eles, expliquei tudo e fomos pro pau. Chamei o José Sobral, por ser uma pessoa importante da Nacional FM, para dar uma força e usei o nome dele na ficha técnica como produtor executivo para dar peso ao disco. Mas ele sabia disso e sempre fui muito correto com o Sobral, que não entendia nada de produção de disco. Entendia de rádio. Com o disco pronto ele ainda ajudou muito na execução, colocando pra tocar na Nacional FM e no programa do Reginaldo Terto, da Rádio Ipanema. Foi um sucesso." A atuação do Mílton com o José Luis foi fundamental para que tudo fosse resolvido e o segundo LP do Fundo de Quintal fosse gravado. "Não saíram por culpa nossa mesmo e comprei a briga com o Mílton, esta é que é a verdade. Mas, se eles saíssem, também iam se dar bem, porque viraram mania nacional", afirma José Luis. Ele vai além e revela que foi mesmo difícil emplacar os discos de samba na gravadora RGE na administração do Marcos Silva. "Para ser muito franco e sincero, por ele nós não tínhamos nem começado a lidar com o samba. Era difícil vender uma ideia, mas se ela começava a andar, ele puxava a bandeira e ia na frente", conclui José Luís.

O SEGUNDO LP

No final deu tudo certo e, em novembro de 1981, Bira Presidente, Ubirany, Sereno e Sombrinha voltavam ao Estúdio Transamérica agora com os novos integrantes Arlindinho e Valter 7 Cordas para gravar o LP *Samba é no Fundo de Quintal Vol. 2*. Foi um disco que estourou nos pagodes que já sonorizavam em várias cidades do país, liderado por sambas emblemáticos como "Bebeto Loteria" (Tião Pelado), "Resignação" (Dona Ivone Lara/Tio Hélio dos Santos), "Amarguras" (Zeca Pagodinho/Cláudio Camunguelo), "Ser Poeta" (Zeré/Rivelino/Ibraim), "Vai por Mim" (Sombrinha e Adilson Victor) e "Doce Refúgio", uma homenagem de Luis Carlos da Vila ao Cacique de Ramos, que se transformou numa espécie de hino.

"Bebeto Loteria", a primeira faixa do lado A, começa com o que passaria a ser uma das características principais do Fundo de Quintal: a chamada do repique de mão de Ubirany. Um disco para marcar a estreia dos cantores, com Sereno, Arlindinho e Sombrinha, com direito a chamadas de Almir Guineto em "Sá Janaína" (Almir Guineto/Luverci Ernesto/Wilder). Os solos do bandolim de Niquinho, os tamborins de Mílton Manhães e Pirulito, e a conversa da percussão com a entrada do surdo de Gordinho em "Minha Arte de Amar" (Zé Luis/Nei Lopes) são destaques. Já em "Resignação", a introdução com o coral feminino de Tia Doca, Branca, Zélia, Nana e Francinete marcou e foi copiado pelas pastoras nos pagodes.

Na capa eles já não usam a mesma roupa como no primeiro LP e, na ficha técnica, Sombrinha (que antes era Nemézio e agora Nemério) assume os arranjos de cordas, enquanto que na produção já aparece o nome de Mílton Manhães como coordenação de base e estúdio e a produção e direção com José Sobral Silva. O texto da contracapa é do jornalista Luiz Carlos de Assis, da *Revista Amiga*. E o banjo ainda é tocado por Almir Guineto. O novato Arlindo Cruz dividiu os cavacos do LP com Sombrinha, que também tocou o violão de sete cordas.

Começa a nascer o entrosamento entre Arlindinho e Sombrinha em "Doce Refúgio" (Luis Carlos da Vila), tanto nos versos quanto nos papos ao final. Uma história à parte que passa a dar o tom do Fundo de Quintal nos discos e nos shows. "A entrada do Arlindo foi fundamental. Ele tem uma página muito importante no Fundo de Quintal, não só pelo talento, mas pelo poder de liderança. Ele já sabia das coisas e também ensinou muito pra gente, como por exemplo, aquele formato de partido alto que trouxe do Candeia e que no final fica versando. Era fantástico. A sua percepção rápida de tocar. E também aprendeu muito com a gente. Juntou tudo no liquidificador e deu o Fundo de Quintal", diz Sombrinha.

Mas nem todos ficaram satisfeitos durante as gravações desse segundo disco. Após gravar algumas faixas, Valter 7 Cordas pegou seu violão, colocou na capa, foi embora para casa e não voltou. "Foi por causa do Mílton Manhães. Eu e ele não chegávamos juntos. Ele não gostava de mim, não sei por quê. Gravei umas seis músicas, e ele disse que quem ia gravar o resto era o Sombrinha. Podia ter combinado antes, mas falar em cima da hora foi um choque. Errar as músicas não errei. Pra mim, foi mamão com açúcar. Foi um troço que me deixou bolado, mas nem tanto porque já sabia que o Mílton sempre me olhava de cara feia, às vezes nem me cumprimentava. Achei que era melhor eu ignorar e foi o que eu fiz. Fiquei triste e saí sem ninguém ver. Me mandei. Peguei meu ônibus e fui embora!", conta Valter, numa versão diferente de Mílton Manhães. "Estou surpreso, porque isso não aconteceu. A troca não foi por causa da execução dele, mas para mudar o som e ele ia voltar a tocar para gravar as mais românticas, mas foi embora. E como assim não gostava dele? Sempre gostei muito dele e do irmão dele, o Valdir. Valter é um músico fera de regional, muito importante no mercado. Trabalhamos muito juntos e sempre o respeitei", se explica Mílton.

Valter 7 Cordas não voltou para o estúdio nem para o Fundo de Quintal. Saiu do grupo. "Cheguei em casa chorando, porque não fiz nada, não me aborreci com ninguém, pelo contrário, todos eram meus amigos, eu era amigo de todo mundo. Eu estranhei aquilo. Pra mim, eu ia gravar o disco todo. Saí nesse dia e não voltei mais. E ninguém veio me chamar, ninguém veio me procurar, ninguém quis saber de mim. Até hoje! Nem pra dizer: 'Oi, Valter, tudo bem?'. Nunca mais vi o grupo, só pela televisão", diz o músico, que, no entanto, revela não ter guardado mágoa. "Adoro o Sereno, adorava o Ubirany, todos eles. Não voltei porque não me chamaram mais. Eu voltaria com muito prazer, mesmo morando na Bahia. Me mudava pra cá de novo, pois é um grupo que eu gosto muito pela harmonia entre eles e pela harmonia musical", diz Valter.

Porém, para Ubirany a razão para a saída de mais um integrante foi outra. "A explicação que ele nos deu foi que recebeu uma proposta muito boa e foi para Salvador. Tanto que saiu numa boa com todo mundo." Já Bira Presidente diz que chegou a aconselhar para que ele não saísse. "Eu disse a ele: 'Não sai, porque vai dar caldo, aqui vai dar fruto', mas ele não soube esperar. E até hoje se arrepende."

Com a saída do Fundo de Quintal, Valter foi tocar num restaurante que um amigo abriu em Porto Seguro, uns 15 dias depois. "Um advogado meu amigo disse: 'Você vai ser meu artista'. Morei lá uns oito anos e minha vida desandou. Quando eu entrava sozinho no palco, cantava serestas, músicas românticas, mas levava vaia e quase apanhei. O público queria música baiana, lambada. Virei as costas e voltei pro Rio."

A ENTRADA DE CLEBER AUGUSTO

Com a saída de Valter 7 Cordas, o Fundo de Quintal precisava de um novo violonista. Entrou no time um carioca de Ramos, que já havia tocado sua guitarra com a dupla Leno e Lílian e, aos poucos, foi chegando ao pagode das quartas, no Cacique. "A família do Bira e do Ubirany morava em frente onde nasceu meu pai, já nos conhecíamos e lembro muito do Seu Domingos, pai deles. Uns amigos da rua me falaram do Cacique e em 78 já estava por ali. Morava na Ilha, colocava o violão debaixo do braço, pegava o ônibus e toda quarta era Cacique. Vi todo aquele movimento da Beth. Ela alavancou todo mundo e eles também alavancaram a carreira dela. Uma mão sempre lava a outra. Ela era de outro segmento e deu tudo certo, com uma boa projeção para todos", diz Cleber Augusto da Cruz Bastos, que já estava no samba, fazendo shows com Nei Lopes e gravando muitos jingles. "Era da Banda Fita Isolante. Só tinha negão e o slogan era a única banda preta que colou." O convite relâmpago para estrear no Fundo de Quintal foi numa temporada no Cine Show Madureira. "Lembro que era um show com a Leci Brandão no projeto Sete em Ponto. Eu estava tomando uma cerveja com o Adilson Victor ao lado do teatro. O Valter não foi e o Sombrinha e o Ubirany foram lá me buscar, perguntando se eu sabia o repertório deles. Perguntei se tinha um roteiro, preocupado porque eu não tinha ensaiado. Como iria chegar e sair tocando? Eles insistindo: 'Vamos lá, vamos lá'. Fui, vi o roteiro, contaram três, deu tudo certo e já me convidaram pra vir no dia seguinte." Aprovado, foi logo chamado para ser integrante do grupo. "Falei pra eles: 'Vocês já têm dois discos gravados e agora quero saber como será minha participação, até onde começam os meus direitos e termina os de vocês'. Acertamos tudo e comecei a assumir a minha camisa, a dar a minha contribuição de músico. Comecei a me dedicar para poder estar sempre dentro do time. Mas a gente não lia nada de partitura e também não ensaiava, nosso sincronismo era no olhar", lembra Cleber. Com sua entrada, Sombrinha passou para o cavaquinho, Arlindo Cruz assumiu o banjo e o Fundo de Quintal ganhou um violonista diferenciado, um toque de elegância, não só no dedilhar das cordas, como nas composições e na sua fina interpretação. "Muita gente pensa que *tô* tocando o 7 cordas, mas é o 6. É que sempre fui muito fã do João Bosco, meu ídolo. Ficava ouvindo as harmonias dele, os acordes, as diminutas e gostava muito. Outro que também sempre ouvi foi Baden Powell. E tenho praticamente tudo de Beatles. Comecei a tocar guitarra através deles. Na época a gente comprava botinha e calça Lee pra tirar aquela onda", diz Cleber Augusto, que já chegou mostrando serviço, dividindo os arranjos de cordas com Sombrinha e Arlindo, além de solar "Guadalupe e Sulacap", seu primeiro samba gravado pelo Fundo, em parceria com Nei Lopes. Ao final, ele solta seu famoso grito: "Cabou, cabou!".

Foi no terceiro LP, *Nos Pagodes da Vida*, que ainda traz uma numeração na capa, Volume 3. Alguns sambas estouraram rapidamente nos pagodes cariocas: "Te Gosto" (Adilson Victor/Mauro Diniz), "Canto de Rainha" (Arlindo Cruz/Sombrinha), "Enredo do meu Samba" (Dona Ivone Lara/

Jorge Aragão), "Momento Infeliz" (Julinho/Moysés Santana), "Boca sem Dente" (Almir Guineto/Gelcy do Cavaco), "Fases do Amor" (Chiquinho/Marquinho PQD/Fernando Piolho) e "Saber Viver" (Sereno/Guilherme Nascimento), que foi a trilha sonora da mensagem de Natal/Ano Novo da Rádio Nacional FM, desse ano de 1983, com um texto de José Sobral. Além de Arlindo, Sombrinha e Sereno, já conhecidos como as vozes do grupo, Ubirany surpreende com seu vozeirão grave e é o solista em "Nossas Raízes" (Sombrinha/Ratinho). A faixa "Encrespou o Mar, Clementina" (Walmir Lima/Roque Ferreira) tem a participação de Mílton Manhães, que além de imitar Clementina de Jesus, versa com Arlindo, Sereno e Ubirany. Mílton, aliás, já assina a direção e produção com José Sobral. Outro destaque para os solos de Alceu Maia no cavaquinho em "Primeira Semente" (Noca da Portela/Toninho Nascimento) e para "Caciqueando" (Noca da Portela), que viria a ser sucesso do Cacique de Ramos em vários carnavais.

A DUPLA COSME E DAMIÃO

Em "Boca sem Dente", a dupla Sombrinha e Arlindo começou a se soltar: "Aí, meu compadre Arlindo, vamos mandar aquele pagode que fala na ingratidão daquela nega", dizia Sombrinha. "Vamos sim, Sombrinha, só se for agora", respondia Arlindo. A ótima parceria começava na amizade, transcendia nas composições, ensaiava nas gravações dos discos e explodia nos palcos. "Quem sacou isso muito bem foi o Mílton Manhães. A gente batia essa bola muito fácil, eu e Arlindo. A gente concatenava bem, no olhar. Parecia que era tudo ensaiado. Uma época em que fazíamos sambas em 20, 30 minutos", diz Sombrinha.

Ali os dois já se entendiam perfeitamente e essa união deixava o Fundo de Quintal na cara do gol com seu público que aumentava a cada disco. Levar para os palcos o que faziam no disco era o mais fácil. "Não tinha ensaio, era na hora. Um detalhe interessante no Fundo era o olhar. O olhar pra tudo, pra gente se entender. Um olhava pro outro e já sabia o que fazer. Se o show era no teatro, dávamos uma passada geral e estávamos prontos. No início fazíamos aquelas adálias (roteiro escrito em cartolinas presas no chão), mas com o tempo era o que vinha na cabeça, era o nosso entrosamento. E o povo gosta é de sucesso", diz Sombrinha, que se empolga ao se lembrar das temporadas em teatros. "Fazer show várias vezes no João Caetano lotado, com as filas rodando o teatro foi lindo. E quando chegamos em São Paulo? Não teve mais jeito, explodiu. Uma vez, num teatro, teve de vir pelotão de choque. A gente parecia os Beatles, os Beatles de Ramos. Tudo isso envaidece a gente e, de 83 pra cá, aprendemos a ser artistas", conta Sombrinha. "Com esta formação, o bicho pegou. Era tudo maravilhoso. A divisão era assim: os três bandidos éramos eu, Cleber e Arlindo. Os três mocinhos eram Bira, Sereno e Ubirany. Nos dias de hoje, nós seríamos os de esquerda e eles, os mocinhos, os de direita", brinca Sombrinha.

O entrosamento entre Arlindo e Sombrinha foi fundamental nesta trajetória do Fundo de Quintal. Um capítulo à parte nos shows. "Era muito bom porque no palco a gente abafava, já sabia o que ia fazer, já sabia o nosso serviço e nem precisava um conversar com o outro. Já sabíamos o que ia rolar. E era um sacode, era bonito. O povo vinha todo na palma da mão. Tinha nego que chorava, cansei de ver. Era lindo como o Maracanã cheio num Fla x Flu na década de 70 ou um Morumbi lotado com São Paulo x Corinthians. Mas eram os shows do Fundo", recorda Sombrinha. Dessas andanças em hotéis chiques, lembra de uma temporada no Maksoud Plaza, em São Paulo. "Foram três semanas. Cada um de nós recebia um ticket que dava direito a tudo, até lagosta. Menos camarão, que tinha de pagar por fora. Ah, e o ticket valia só praquele dia. O Arlindo pedia, pedia e o carrinho vinha lotado. Era o dia todo comendo, eu e Arlindo. E vinham duas tortas de banana, três de tapioca, churrasco, pudim, quando o cara ia pro elevador já sabiam pra quem era. Era um derrame. Pedíamos 12 refrigerantes, 12 maçãs, quatro pudins, era tanto prejuízo que, quando terminou a temporada, deram graças a Deus", lembra Sombrinha, chorando de rir.

Brincadeiras à parte, o Grupo Fundo de Quintal foi se tornando cada vez mais uma realidade no mercado fonográfico e também na sua agenda de shows, nacionais e internacionais, rumo a uma afirmação na música brasileira.

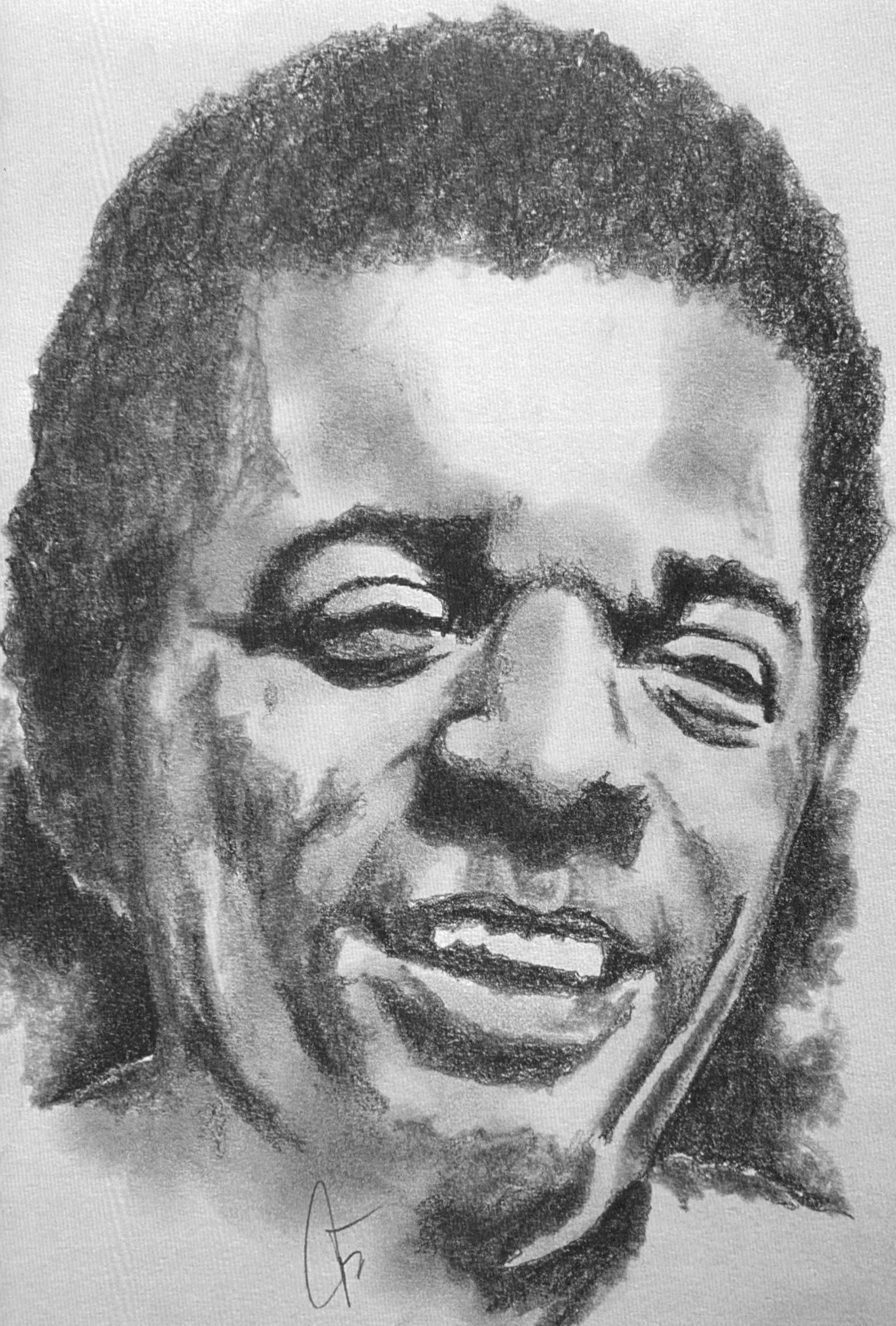

CAPÍTULO 7
CONQUISTANDO AS RÁDIOS
SAUDADES DA TROPICAL FM

A passagem da ditadura para a abertura política e a tão sonhada democracia nos anos 80, incluindo fatos decisivos como as Diretas Já, foi o cenário perfeito para a explosão do rock nacional, que tomava conta do mercado fonográfico. Novidades como Blitz, Paralamas do Sucesso, Barão Vermelho, RPM, Titãs e Legião Urbana, entre tantos nomes, enlouqueciam a juventude, como nos anos 60 já havia acontecido com a Jovem Guarda, de Roberto, Erasmo, Wanderléa e Cia. As letras contestadoras e de liberdade invadiram de vez as rádios FM.

Para os sambistas cariocas restavam alguns programas de verdadeiros amantes e defensores do samba nas rádios AM. Entre eles, os de Adelzon Alves, o Amigo da Madrugada, na Rádio Globo; de Reginaldo Terto, na Rádio Ipanema; e da dupla Arlênio Lívio e Rubens Confetti, na Nacional. "Quem dera um dia o samba tivesse uma máquina de propaganda como o rock tem", afirma Adelzon Alves, um dos fãs do Fundo de Quintal. "Considero que o trabalho do seu grupo de compositores é o mais importante e a maior coleção de sambas de qualidade que já surgiu na área musical. Claro que temos também as obras do Martinho, Paulinho, Cartola, Nélson Cavaquinho, Candeia, mitos que começaram bem antes. E depois vem essa nata de compositores que, sem dúvida nenhuma, é o melhor acervo de samba na voz de um grupo. Acervo que projetou o nome do conjunto. Vale ressaltar também a importância do Alcir Portela nisso tudo, além da liderança carismática do Bira, do Ubirany e do Neoci, filho do João da Baiana, que faz parte da Santa Trindade do Samba, com Donga e Pixinguinha", diz Adelzon.

MOISÉS DA ROCHA E SUA MISSÃO DIVINA

Porém, como santo de casa não faz milagre e o samba precisava sair dos quintais cariocas, foi em São Paulo que o Fundo de Quintal começou a virar o jogo. Mais uma vez sem planejamento. O grande nome desta virada foi o ex-crooner Moisés da Rocha, que depois de integrar o Quarteto Sinai, grupo vocal baseado no Negro Spiritual, foi ser o programador e logo depois o apresentador do programa O Samba Pede Passagem, na Rádio USP. "Tenho o samba na veia desde criança e me inspirei em Moraes Sarmento, que tinha o programa Almoço à Brasileira, ao meio-dia na Band AM, onde só tocava sambão com a velha guarda, quando ainda não existia FM. O Samba Pede Passagem é o primeiro programa FM no Brasil, especificamente de samba, lançado em 1978, primeiro das 12h às 13h30 e depois indo até 14h, onde falo com as comunidades e toco a nata do samba", conta Moisés, que até o final deste livro, em 2022, ainda tinha o programa no ar.

O samba rolava normal, com seus surdos, pandeiros, recos, agogôs e tamborins, até que certo dia, o músico Nelson Mecha Branca, do grupo Samba Lá de Casa, comenta para o Moisés: "O meu primo Beto, que cuida do acervo da gravadora RGE, na Barra Funda, achou esquisito um disco com uns instrumentos diferentes e ele não está tocando no Rio nem aqui em São Paulo. Está encalhado e todo mundo de cara torta pro grupo, você não quer ouvir?". O LP era *Samba é no Fundo do Quintal Vol 1*. Moisés levou o disco para a rádio e, como fazia com todos que recebia, disse no ar: "Recebi aqui um novo disco. Vou tocar e, se for bom, toco todos os dias. E se não for, não toco nunca mais".

Moisés colocou a primeira faixa "Você Quer Voltar". "Toquei sem ouvir antes. E falei: 'Vou tocar todos os dias'. Aí, fudeu! Estourou e passei a tocar faixas diferentes. Muitas vezes num dia tocava o disco todo e também ligavam muito pra pedir várias músicas do LP. Nosso namoro começa aí." Foi a partir desse dia que o Fundo de Quintal começou a se tornar uma realidade em São Paulo, não só em execução nas rádios, como por exemplo, Transcontinental, Manchete, Band, América, Imprensa, Gazeta e Líder, entre outras, e também em vendas de disco e nos primeiros shows. "O surgimento do Fundo marca a renovação do samba. Virou uma coqueluche, uma febre. Lembro-me de muita gente pedindo demissão de seus empregos para pegar o dinheiro e gravar um disco com banjo, tantan e repique de mão", diz Moisés.

A partir daí, este pioneiro abraçou o movimento vindo a partir desse LP e seu programa passou a ser um local de encontro para os cariocas que iam fazer show em São Paulo. Todos passavam por lá para bater um papo com o grande Moisés da Rocha. "Encaro como uma missão divina. Sinto-me abençoado por Deus e por ter sido instrumento no momento certo. Eu falava por acaso fui numa rádio, por acaso recebi o disco, mas era muito por acaso. Não, isso é bênção e é missão. E missão cumprida, por ser defensor da cultura popular, do samba tão discriminado", conclui Moisés da Rocha.

Ele se lembra de quando, no início dos anos 80, a Rede Católica de Rádio resolveu que no Rio de Janeiro a Rádio Carioca tocasse 24h de samba. "Eu fazia a programação na mão a noite inteira e a cada 15 dias eu ia ao Rio e levava na Rua México, ou então meu filho ou um amigo levava. Durante um tempo, nessa época, gravava o programa e era transmitido no Rio. Até que Seu Armando Campos montou a Tropical FM e foi foda, tomou conta."

AS AVENTURAS DE LUDMILLA DE AQUINO E SÉRGIO BARBOSA

A Tropical FM teve início em 1981, mas só começou a ter a famosa programação de samba em 1987. Antes disso, a gravadora RGE formou uma dupla de divulgadores de rádio que conseguiu quebrar em vários momentos a resistência das principais emissoras em tocar samba. "Era muito difícil colocar samba nas rádios, como por exemplo, na 98 e na 105, duas FMs que preferiam rock nacional e música internacional. Mas eu acreditava tanto que era a minha verdade e eles acreditavam em mim, que conseguia quebrar com o Fundo, o Almir, o Raça Brasileira, e em seguida com o Zeca e a Jovelina", conta Ludmilla de Aquino, que formava a dupla com o Sérgio Barbosa, de 1985 a 1992. "A relação do divulgador da RGE com os artistas era diferente das outras gravadoras. Era além de ser só o trabalho. Era poder dizer eu trabalho com ídolos, com os meus ídolos. Era um prazer tão grande, que reconhecia e reconheço hoje o valor deles pra música, pra consolidação do samba. E o melhor era que eu fazia parte daquilo. Então, o fato de chegar atrasado, ou até mesmo não gostar de estar ali, não importava.

Eu contornava tudo e fazia com que fosse prazeroso. Era independente de qualquer coisa, o prazer de estar ali com eles, com aqueles poetas, aqueles músicos tão talentosos e poder ouvir aqueles sambas lindos. Qualquer falha que acontecesse não superava nada disso", afirma Ludmilla.

Filha do boêmio, sambista, mangueirense e radialista Leonardo Lenine, que teve um programa de jazz e depois de samba na JB AM, Ludmilla era a pessoa certa no lugar certo. Com o samba na veia, também já tinha trabalhado com Giza e Didu Nogueira no Clube do Samba e nas rádios Globo e Nacional. Morava na Abolição, frequentava o Pagode do Arlindo, já o conhecia e tinha amigos em comum como Giba e o folclórico Roberto Piada, dois nomes que estavam sempre nas gravações da nova geração do samba. Roberto Piada, por exemplo, era presença certa nos primeiros discos de Almir Guineto pela RGE. E a gravação de cada base só começava depois que ele contasse umas duas ou três piadas. Mas, voltando à Ludmilla, seu jogo de cintura foi fundamental na dura tarefa de incluir o samba na programação das rádios. Sim, pois não era simples lidar com os atrasos de Sombrinha, Arlindo Cruz e Cleber Augusto.

Os encontros eram marcados no prédio da RGE, que ficava na Rua Visconde de Ouro Preto, 75, em Botafogo. E iam juntos para as rádios, de Kombi ou Furglaine, a mãe das vans. Os pontuais eram Bira Presidente, Ubirany e Sereno. "Eles chegavam na hora porque trabalhavam ou já tinham tido empregos com horário certo, tinham disciplina de horário, cumpriam carga horária. Já os outros eram poetas por natureza. Então, era uma luta por eles não serem acostumados com rádio. Isso remetia a certa indisciplina, por não terem costume desses horários. De estar cedo, ter hora marcada. Mas, por outro lado, tinham a disciplina de saber que era necessário pro samba ocupar o seu lugar. Naquele momento estávamos lutando por isso e todos os seis entendiam."

Eram tempos sem telefone celular. E lá iam Ludmilla e Sérgio para os telefones fixos saber deles. A sempre simpática Dona Aracy, mãe do Arlindo, dizia: "Minha filha, ele já está indo". "O Cleber sempre foi o quarto a chegar, enquanto Arlindinho e Sombrinha disputavam quem chegava por último. Mas quando chegavam, ganhavam na qualidade das entrevistas que davam. Os dois têm muito conteúdo e os radialistas gostavam", lembra Ludmilla. "O programa do Haroldo Andrade, por exemplo, começava às 9h e tínhamos de estar na Rádio Globo às 8h30, mas não conseguíamos. Arlindo,

Sombrinha e Cleber iam chegando ao longo do programa. Lembro do Sombrinha dizendo: 'Cheguei, Ludmilla, o importante é chegar'."

Apesar da tensão dos atrasos, os dias de divulgação de rádio sempre foram muito divertidos. "Com Sombrinha era muitas risadas o dia inteiro. Mexia com os outros na rua, sempre inventava um apelido engraçado. Era trabalho, mas com muita pilha e zoação", conta Ludmilla, que não se esquece do famoso episódio da Furglaine que enguiçou na Praça Tiradentes. "Foi na porta da Rádio Tropical FM. E desceu todo mundo pra empurrar. O Sereno era o mais ativo, empurrando de verdade. Os outros faziam os loucos e disfarçavam que empurravam."

A tarefa era árdua, pois as grandes rádios FM (98, 105 e Cidade) não aceitavam colocar o samba na programação, sempre frequentada pelo rock nacional e as músicas internacionais. Preconceito? Racismo? Puro folclore? Eram perguntas sem respostas. Daí que, até a metade dos anos 80, as AM foram fundamentais na trajetória do Fundo de Quintal e do próprio samba. "Era muito difícil colocar discos de samba na programação das rádios. Porém, a qualidade do samba deles, a qualidade dos discos, a história que eles tinham com o Cacique de Ramos que traziam na bagagem, era um diferencial. A Rádio Tropical FM foi a principal responsável para o samba invadir as FMs. Foi quem abriu a porta para o Fundo e para o samba. E com isso, assumiu o primeiro lugar tocando esse repertório diariamente", conclui Ludmilla.

A VITÓRIA DO SAMBA COM A TROPICAL FM

Ela está certa, pois a explosão do samba nos anos 80, a partir do natural movimento do pagode das quartas do Cacique de Ramos, deve muito ao radialista Armando Campos e sua iniciativa em abraçar o samba. Mas, para isso, ele teve de voltar à mineira São João Del Rey, sua cidade natal, e ouvir de uns colegas: "Não entendo como vocês no Rio, terra do samba, não tocam samba nas rádios". Ele não pensou duas vezes. E resolveu tocar samba-enredo, das 6h às 8h da manhã, todos os dias. O sucesso foi tão grande, que não demorou muito e esticou o horário até às 11h. "A nossa audiência, principalmente nas favelas, cresceu muito, pois não tocávamos só as escolas famosas, mas também as nem tão conhecidas", lembra Seu Armando, que logo foi convidado para almoçar com diretores de uma determinada gravadora. O que eles não imaginavam é que o feitiço viraria contra o feiticeiro. "Eles achavam que eu iria tocar samba-enredo o ano todo e tentaram me convencer a tocar rock, mas eu não era ligado ao rock. Pra ser sincero, nunca gostei de rock. Não se falou em dinheiro, mas eles diziam que tocando rock a rádio teria mais audiência e mais patrocinadores também. Ouvi tudo e disse que ia pensar, pois nunca digo não, e estou pensando até hoje", conta Armando, que ao sair do almoço, num restaurante no bairro das Laranjeiras, caminhou até uma loja de discos no Largo do Machado e comprou cinco LPs: Raça Brasileira, Almir Guineto, Zeca Pagodinho, Beth Carvalho e Fundo de Quintal. "Fiz uma programação em cima destes discos, pra tocar diariamente. Foi o maior sucesso e a rádio estourou. Eram dois programas de funk e o resto era samba. A rádio estava em oitavo lugar e, com essa mudança, em 15 dias chegou ao terceiro. Passamos a Rádio Cidade, que era a líder de audiência, e nunca mais ela passou a Tropical. E de terceiro fomos para primeiro em uns seis meses."

A partir daí, a Tropical FM começou a tocar samba por conta própria, sem influência das gravadoras, ou seja, ali não existia o que é chamado de música de trabalho, que é a faixa escolhida pelas gravadoras para puxar o disco e tocar nas rádios e nas TVs. Assim, a mesma música tocava onde tivesse que tocar. Menos na Tropical. "Comprávamos os discos e eu selecionava as faixas pra tocar. Não tocava só a de trabalho. Peguei Fundo de Quintal, Almir Guineto, Zeca Pagodinho e Jovelina Pérola Negra e, de 15 em 15 minutos, tocava um deles, intercalando com um artista que estava começando. Sempre tive a preocupação de que as músicas pudessem conversar entre si. Abria a sequência com um ritmo mais lento, ia subindo e terminava em cima pra entrar o comercial. E não adiantava a gravadora me pedir pra tocar tal faixa que eu não tocava. Oferecer jabá também não. Nunca teve isso lá na rádio, jabá nunca aconteceu na Tropical. Às vezes, uma gravadora tentava colocar um comercial de um produto. Colocava, mas a rádio não tinha a obrigação de tocar o disco."

Sua aproximação com o produtor Mílton Manhães também ajudou muito na execução dos discos de samba. "Comecei a divulgar o trabalho dele. Aliás, a Tropical e o samba devem muito a este grande produtor. O mérito nunca foi meu, mas de quem fazia música boa. E tinha um detalhe, se não agradava, não tocava", afirma Armando, que revela, pela primeira vez, uma estratégia para ter músicas novas no início da rádio. "O Wilmar (que depois foi ser diretor da rádio) trabalhava na loja de discos do tio dele. Na época os divulgadores de loja das gravadoras levavam discos pra ficar tocando, antes de lançar. O Wilmar levava o cara pra almoçar, mandava os discos pra mim, eu copiava em uns 40 minutos e devolvia. Quando eles voltavam do almoço, já estava tudo copiado, tínhamos músicas novas e ninguém descobria. Estou falando isso pela primeira vez. Como o Wilmar já morreu, eu posso contar."

Além de ter se tornado a rádio do samba, a Tropical FM ampliou seu domínio realizando vários shows com sambistas em quadras lotadas, como as da Portela, Viradouro, Imperatriz Leopoldinense, Beija-Flor e Salgueiro ou de clubes também sempre cheios, como Pavunense e Municipal, incluindo Festas Juninas de rua, nos bairros da zona norte e os Pagodes da Praia, no verão, em praias como Copacabana, Ipanema, Leme, Ramos, Leblon e Barra da Tijuca, entre outras. Levado pelo Mílton Manhães e pelo Bira Hawaí, fiz parte dessa programação semanal e me tornei o diretor musical da banda da rádio Tropical, quando o Bira saiu. Acompanhávamos os artistas que iam sozinhos, sem banda, tínhamos uma furglaine só nossa e até segurança. E todos nós que participaram dessa fase do samba, incluindo os ouvintes, continuam sonhando com uma nova Tropical FM. "O trabalho realizado pelo Fundo de Quintal é muito importante pela qualidade das músicas, das letras. O grande mérito está aí. Com eles é tudo diferente, ninguém conseguiu fazer igual. Passei a tocar a partir do quinto LP, mas depois peguei os anteriores. Apesar da lacuna que ficou com as saídas do Arlindinho Cruz e do Sombrinha, todos os que entraram mantiveram a qualidade", conclui Armando Campos.

ROXO E O SAMBA SUL

Em Porto Alegre, o nome que representava a resistência do samba nos anos 80 era Carlos Alberto Barcellos, o Roxo, um líder nato. Jornalista, músico, mestre de bateria e um ativista da cultura popular gaúcha, foi um dos responsáveis por começar e fortalecer o intercâmbio dos sambistas do eixo Rio-São Paulo com Porto Alegre. Exatamente nos anos 80, quando era o cara na rádio Princesa e abriu um campo de trabalho para os negros nas rádios, Roxo, Pedro Borba, Vanderlei Rosa, Roque Fachel e Fernando Vieira criaram um Festival de Samba, que se transformou num megaevento anual em homenagem ao aniversário da rádio. Era o Samba Sul, realizado de 1985 a 1996 no Gigantinho, ginásio do Internacional de Porto Alegre, com participações de nomes como os de Leci Brandão, Martinho da Vila, Negritude Júnior, Só Preto Sem Preconceito, Molejo, Mestre Marçal, Neguinho da Beija-Flor, entre tantos nomes do samba.

Roxo faleceu no dia 1º de agosto de 1989, de câncer, e foi logo homenageado pelo amigo Lourenço, que fez "Roxo, Alma Brilhante". Alcione gravou em seguida e, como Roxo gostava de agregar, ela chamou para cantar a homenagem: Mestre Marçal, Marquinhos Sathan, Grupo Raça, Neguinho da Beija-Flor, Reinaldo, Dominguinhos do Estácio e o próprio Lourenço, num refrão que diz "...é o Roxo/é o Roxo/é o Roxo/meu irmão/é o Roxo/é o Roxo/É o Roxo/Nosso irmão...". O líder se foi, mas seu legado ficou na voz do sobrinho Juliano, filho de sua irmã, a também jornalista Vera Daisy. Ele é um dos cantores do Grupo Puro Asthral e tem o Fundo de Quintal como forte referência, embora o Fundo não tenha participado do Samba Sul.

A DISCRIMINAÇÃO COM O SAMBA

Diretor de programação que passou por diversas emissoras FM, como Liberal, no Pará, e ainda 98, 105, JB e a própria Tropical, entre outras, Djalma Mello explica a dificuldade que era tocar samba nas rádios FM: "O samba era muito discriminado. Geralmente o brasileiro costuma renegar a própria cultura e não admite que gosta. Existia, sim, este preconceito. O samba nunca teve o proibidão do funk, só que veio do morro, da favela. As pessoas consumiam, mas tinham vergonha de assumir, preferindo dizer que ouviam o Paralamas. Mas ouviam o Fundo e caíam no samba. Diretores e consumidores. Além das gravadoras que não investiam. Muitos vieram de fora pra dentro, como o Fundo de Quintal, que estourou em São Paulo, veio pro Rio e conquistou esse conceito com muita luta".

No início dos anos 90, Djalma levou o Fundo de Quintal ao Sala de Visitas, da 105 FM, conceituado programa ao vivo apresentado pela Ana Flores, ao qual já tinham ido estrelas da música como Roberto Carlos,

Xuxa, Djavan, Lulu Santos e João Bosco, entre outros. "Tive uma participação muito rápida, mas ajudei a colocar uma cerejinha no bolo pra ratificar o sucesso que eles já eram no Brasil, com todo merecimento. Quando os levei, tinha certeza que já eram consagrados, só quis enaltecer. Achava que era um presente que eu tinha que dar para o samba, pra minha carreira e para o próprio Fundo. Mas tenho que respeitar os mais velhos, que tocaram na minha frente. E Seu Armando Campos e a rádio Mundial AM foram muito importantes para o Fundo de Quintal e para o samba em geral. Seu Armando foi o propulsor do samba na capital. Temos de escrever a história como ela foi."

Uma pena que o programa não existe mais. "Em 1995, o Bispo Macedo comprou a rádio, fomos mandados embora e queimaram tudo. As gravações eram em fita rolo e foi tudo pro saco", conta Djalma.

O reconhecimento do Djalma Mello ao pioneirismo de Seu Armando ao tocar uma rádio tendo o samba como prioridade reforça sua importância. Foi a partir dessa junção da força da rádio Tropical FM, tocando e produzindo especiais de samba em sua programação com a força dos pagodes que surgiam em cada esquina, cada quintal, cada bar, que o samba foi se alastrando por todo o país a partir dos anos 80. E se alastrou numa boa velocidade para bater de frente com o preconceito, que infelizmente ainda existe neste começo de século XXI. Deus queira que no momento em que você esteja lendo estas páginas, tudo isso já tenha se tornado um capítulo de museu, com o fim deste irracional preconceito ao samba, à nossa cultura, em nosso próprio país. Exatamente como bem disse o Djalma, de gostar, mas fingir que não gosta e não assumir sua preferência.

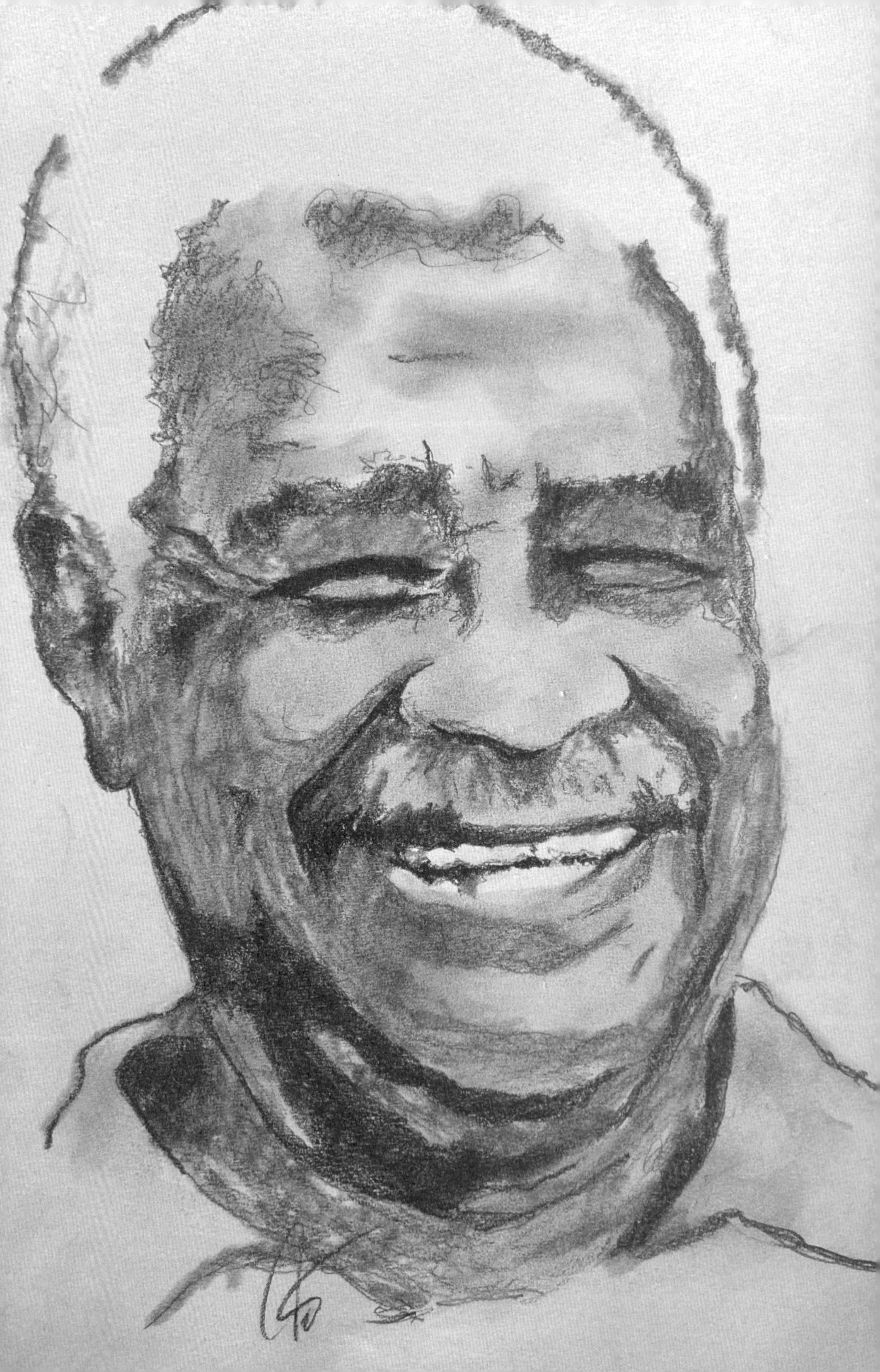

CAPÍTULO 8
O MIUDINHO DOS IRMÃOS BIRA E UBIRANY
REPERTÓRIOS EM TEMPOS DE CONSENSO

Sombrinha – ...Pisa manso nessa dança/pedaço de mau caminho/faz passinho de criança/embalança com carinho/que vale um vintém/miudinho, meu bem, miudinho...
Arlindo Cruz – Presidente, cisca ali pro povo ver como é o miudinho. Olha o cruzado, olha o único cruzado que deu certo.
Todos – ...miudinho, meu bem, miudinho...
Arlindo Cruz – Agora o primeiro bailarino do corpo do baile do Fundo de Quintal. Vai lá, Ubirany. Olha o trenzinho, olha o trenzinho! Faz aquela que você ensinou pro Michael Jackson. Desliza pra direita, desliza pra esquerda...

Podia faltar qualquer música nos shows do Fundo de Quintal. Valia até chamar todos os integrantes para dizer no pé lá na frente. Não podia era faltar o ponto alto que era o momento do miudinho dos irmãos, mantendo a filosofia do grupo em seguir a tradição na hora de dançar o partido alto. Assim como Ubirany, Bira, Neoci e Sereno levaram para a quadra do Cacique o pagode que viram acontecer dentro de suas casas, amigos e de bambas do início do samba, a dança veio no pacote desta descontração do tocar e cantar o samba. Desde os primeiros shows que o ponto alto era quando Bira e Ubirany largavam seus instrumentos, iam para frente e mostravam como se dançava o miudinho. "Depois de alguns shows, fomos ficando mais soltinhos e começamos. *Tá* no sangue", dizia Ubirany. E, mesmo irmãos, desde o início que sempre foi cada um no seu estilo, exibindo a herança dos antigos. "Me arrepio todo quando lembro desse tempo. Eu, um garoto, vendo Donga, Ismael Silva, Heitor dos Prazeres, Xangô da Mangueira, João da Baiana, Aniceto, fazerem uma roda de partido alto pra sambar. Um negócio diferente, elegante, meu Deus do Céu, que lindo! O Ubirany era mais fechadinho, ficava quietinho, mas sempre observador. Eu era o mais assanhado pro negócio. Era o samba duro. Vimos as rodas dos verdadeiros malandros. O cara plantava os dois pés no chão, vinha outro, dava aquela rodada, dava a banda e o cara tinha de saber sair das pernadas sem cair no chão. Se caísse, era um derrotado." Bira Presidente para de falar, a emoção o abraça e seu olhar se perde nas lembranças. "É falar nisso e começo a me emocionar. Lembro que a gente ficava só assistindo. Meu pai não deixava a gente participar porque era um negócio muito sério. Não tinha briga, mas era uma roda de samba da pesada, o samba duro. Ficávamos olhando e aprendendo. Era a nossa escola, o nosso primário, ginásio, científico e a faculdade do samba, da dança. Fomos alunos deles. De vez em quando chamavam as patroas deles pra sambar. Elas vinham com as mãos nas cadeiras. Minha mãe sambava muito bonitinho, vinha toda acanhada, mas acabou entrando no negócio também e fazia bonito. Ter visto tudo isso e poder passar para os mais novos. Como Deus tem sido bom pra mim", diz Bira.

Com o tempo, os irmãos já eram solicitados a mostrar a arte da dança. "Naquele momento aquela sensibilidade foi entrando na gente. Prestávamos atenção, íamos pra casa e começávamos a sambar. Fomos crescendo, chegávamos aos lugares e todos já sabiam que a gente sabia fazer o que os antigos faziam. Eles próprios diziam: 'Mostra aí o que vocês aprenderam com os mais velhos, vai lá, Bira'. O Ubirany era meio caladão, meio devagar, mas eu atiçava ele pra ir, porque ele tinha a mesma condição minha de sambar. Forçava e ele ia. Acabou acontecendo que o Fundo de Quintal nasceu e levamos essa beleza, essa maestria de sambar com elegância para os palcos, numa homenagem aos mestres de outrora, aos catedráticos da elegância que tinham o partido alto no pé. Mas sempre com uma postura. Nada de pula-pula, de malabarismos. Era aquela dança clássica", explica Bira, que colocou um charme a mais no seu solo do miudinho: o famoso lencinho vermelho. "Aí já foi um detalhe meu. Via os mestres-salas e os malandros, que também tiravam um lenço vermelho, como Donga e João da Baiana, pai do Neoci. Achei interessante e passei a usar, modéstia à parte, como um representante deles, uma homenagem a estes mestres", conta orgulhoso por brilhar no esperado momento do show do Fundo. "Fico muito feliz sim, porque ninguém faz o que a gente faz. Outros podem até dançar o partido alto, mas não com o estilo que a gente tem. Não fugimos às nossas origens de nossos professores."

O outro atento aluno, Ubirany dava um sorriso ao voltar aos tempos de menino e lembrar-se das festas onde o miudinho estava sempre presente. "Meu pai, um grande boêmio, era o grande responsável por essas festas. Ele e minha mãe eram muito festeiros e recebiam este time que nós chamávamos de tios: Bide, Gastão Viana e Honório Santos, o Honório Guarda. Tinha sempre um regional tocando, e eu e Bira nos metíamos lá no meio pra dançar. E meu pai não podia ouvir um chorinho que já pegava minha mãe e saíam dançando, era muito bonito de se ver." Era como se fosse um rodízio de festas, cada dia na casa de um bamba. "Eram muitas festas que meu pai participava e nos levava, como na casa do Pixinguinha, na casa do Bide. De repente eles faziam uma rodinha e sambavam desse jeito, sem tirar o pé do chão. Isso ficou enraizado na gente. Era Gastão Viana, Honório Guarda, João da Baiana, Donga, todos dançando o partido alto. E não tinha essa de dar salto não, era tudo no miudinho, o negócio é não tirar o pé do chão, dar o passo arrastado, sem pulos. E que tiveram seguidores como Dona Ivone Lara, Wilson das Neves, Aloisio Machado, Paulinho da Viola."

Sempre muito crítico, com a opinião na ponta da língua, Sombrinha é um dos fãs do miudinho dos irmãos. "Pra mim é inesquecível este sapateado do Bira e do Ubirany. E nem sei dizer quem dança melhor. O Bira dançando colado é mestre. E vinha o Ubirany, nosso Michael Jackson, o Sorriso da Leopoldina, como dizia o Neoci, com o trenzinho. E vem o Bira com o seu lencinho. Tudo isso deu certo e é muito importante, porque mostra exatamente como é o miudinho." Neste momento, suas feições ficam mais duras e lamenta: "A pior coisa é saber que estamos perdendo isso, que o samba *tá* perdendo o morro, *tá* perdendo a malandragem. Você abre uma roda na Velha Guarda da Portela, todos eles dançando, é maravilhoso, é lindo demais. Temos de cuidar para não acabar".

Fiel seguidor da verdadeira forma de dançar o miudinho, Ubirany sempre agradeceu as "aulas" que ele e seu irmão tiveram nas festas. "Aprendemos vendo essa turma da antiga dançar, daí essa maneira muito peculiar minha e do Bira, dizendo no pé. E assim apresentamos o miudinho, que as pessoas pediam e não podia faltar nos shows do Fundo. Nunca paramos para ensaiar, sempre foi instintivo e natural. Agora, se me mandar sambar desse jeito atual, não vou saber. Só sei daquele jeitinho da antiga. No final, faço uma reverência, dou aquele salto e agradeço, inclinando o tronco", dizia Ubirany. E, se o mano ganha aplausos ao tirar o lencinho e gesticular para lá e para cá, o Chapinha tinha em seu repertório o famoso trenzinho e o *grand finale* com o passo à *la* Michael Jackson. "Tem que ser um sapato confortável para fazer o deslizamento do pé que vai lá atrás, volta na frente e mexendo o quadril", ensinava.

Dois craques no miudinho, Bira Presidente e Ubirany também já fizeram sucesso rodando os salões nos bons tempos dos bailes. "Eu virei um boêmio nato. Ia para os bailes e era um dos maiores dançarinos daquela época, participando de tudo quanto era concurso. Dancei na Banda Portugal, no Dancing Brasil, nas gafieiras Estudantina, Elite. E quando chegava, eu não pagava não, era convidado a entrar. Só chegava em casa de manhã pra tomar banho, trocar de roupa e ir pro meu serviço, eu nem dormia. Não era muito de beber, mas tinha minha cerveja e minha mesa. Sempre na minha filosofia de saber respeitar o próximo", conta Bira.

Junto com eles nessas tardes e noites dançantes estava outra fera da arte da dança, Maria Moura. "Nos conhecemos nos bailes, dançando na Banda Portugal, no Carioca, no 13 de Maio, na Gafieira Sedofeita, em Oswaldo Cruz. A nossa maneira de se divertir era muito complicada porque branco dançava de um lado e negro do outro. Uma vez fui no Astória, no Catumbi, um clube de brancos, com um grupo de moças pra tarde dançante. E nos barraram dizendo que lá não tinha lugar pra gente, que éramos negras." Maria conta como eram esses momentos nas gafieiras: "Dançávamos gafieira com as grandes orquestras, como as dos Maestros Cipó e Astor Silva, com grupos de negros que se juntavam. Bira e Ubirany eram de Ramos, o meu grupo, do Estácio. Na Banda Portugal tinha um velho na porta, que se a mulher não fosse de vestido de seda e sapato alto, era barrada. Então, íamos todos sempre muito bem-vestidos. Passavam parafina e fubá nos assoalhos, pra ver se as damas eram boas mesmo em cima do salto Luis XV. Se a dama caísse, era expulsa. Ali dançamos a nossa mocidade toda, éramos uma família", diz Maria Moura. "A Maria adorava dançar e dançamos muito naqueles bailes. Ela lembrou bem, pois íamos todos muito bem-arrumados. Naquela época o grande lance era a elegância e a gente caprichava. Eu e Bira tirávamos onda. Éramos tidos como os que melhor se vestiam. Era a época daquele blusão plissadinho na frente e nós colocávamos e chegávamos nos trinques, sempre muito bonitos", contou Ubirany.

SEJA SAMBISTA TAMBÉM

Bonito também ficou o disco Grupo Fundo de Quintal Volume 4, com o nome *Seja Sambista Também*, gravado em agosto e setembro de 1984, no Estúdio 2 da Som Livre, em Botafogo, estúdio que já não existe mais. O título é uma ideia minha. Fui convidado pelo Mílton Manhães para escrever o texto da contracapa e sugeri esse nome, logo aprovado. Aproveitei a maré e escrevi os textos do encarte, contando as histórias das músicas e os destaques nas gravações. Relendo agora este encarte, que me ajuda em registrar alguns detalhes deste disco: ao colocarem a voz em "Cantei pra Distrair/Cadê Ioiô", Arlindo e Sombrinha dançavam; já na voz em "Nova Esperança", Arlindinho gravou num dos corredores da Som Livre, pois os estúdios estavam ocupados. Este samba, aliás, começou a ser feito em Rio Branco, no Acre, durante o Projeto Pixinguinha, em que a saudade de casa inspirou Ubirany e Mauro Diniz. Jorge Aragão e Cleber Augusto começaram a fazer "Minhas Andanças" na festa de aniversário da Luana Carvalho, filha da Beth, em 1983, enquanto Sereno fez a letra de "Realidade" para o velho companheiro de quartel Macedo, que reclamava da idade. Quanto ao sucesso "Parei", os irmãos Arlindo e Acyr fizeram depois que Zeca anunciou que ia parar com tudo...

O LP é dedicado aos seus pais, num texto que termina assim:"[...] e são responsáveis por nosso astral, por nossa vontade de chegar lá e, quem sabe, até mesmo por nosso ritmo. Uma homenagem sincera para Seu Domingos e Dona Conceição (Bira e Ubirany), Seu Raimundo e Dona Aramira (Sombrinha), Seu Arlindão e Dona Aracy (Arlindo Cruz), Dona Elza Soares e Seu Galdino Xavier (Sereno) e Seu Ari e Dona Odeth (Cleber Augusto)". Durante as gravações o clima família foi além da homenagem. Na batida da meia-noite de 13 para 14 de setembro, o estúdio virou uma festa. Todos entrando e cantando parabéns para o aniversariante Arlindo Cruz. E foi tão bacana que me lembro de a surpresa ter emocionado o Felipe Nery, técnico que comandou a gravação e a mixagem. Na ficha técnica aparece apenas o nome de Mílton Manhães como produtor, trazendo ainda o técnico Luis Carlos T. Reis na supervisão. Entre os músicos, uma estreia. O Fundo passa a usar uma bateria no disco, mesmo que em partes. Waltinho, que na época era o baterista da banda da Beth, gravou usando apenas o bumbo e o contratempo (chimbau). Outros destaques são os solos do bandolim do

Niquinho e a terça da grande vocalista Dinorah em "Amor, Agora Não" (Sombrinha/Luis Carlos da Vila), que tem a flauta do Cláudio Camunguelo brilhando na introdução e no final.

CONVERSAS DA DUPLA

Arlindo Cruz – Sombrinha, vamos cantar aquele pagode que a gente aprendeu na Serrinha?
Sombrinha – Só se for agora, meu compadre.

As conversas entre os dois cantores se intensificaram, eles foram ficando mais descontraídos e a dupla virou uma marca do Fundo de Quintal. A partir desse disco, além dos versos do partido alto, os fãs começaram a decorar também suas falas. E eles foram inventando bordões, como em "Castelo de Cera" (Arlindo Cruz/Zeca Pagodinho), que Arlindo diz: "essa é pra moçada ciscar no tapete", e Sombrinha responde: "se for partido alto, não pode esquecer do primo". Já em "Parei" (Arlindo Cruz/Acyr Marques), Arlindo solta: "fala tu que eu tô cansado", que Jovelina Pérola Negra adorava dizer. E teve ainda outros como: "negócio de chefe" e "facão vai pegar vovô". "Esses bordões pegaram de tal forma que todo mundo usou, outros grupos inclusive. Criamos muita coisa. O 'não pode esquecer do primo' era uma conversa que o Martinho da Vila tinha e a gente achava engraçado. Lembrei na hora, falei e não tinha nada a ver com o contexto. Mas pegou", conta Sombrinha.

Um dos melhores discos do início da trajetória do Fundo de Quintal traz um hino chamado "Seja Sambista Também", a primeira parceria entre Arlindo e Sombrinha. "Começamos com o pé na porta, *né?* Ficávamos no mesmo quarto e estávamos em Recife. Lembrei lá de casa, quando minha irmã Zuleika esbarrava no violão e ele caía no chão. Eu dizia: 'Cuidado, tem um violão atrás da porta'. Ela dizia: 'Tira isso daqui, *tá* atrapalhando a máquina de costura da mãe'. E jogava o violão. Eu tinha um ódio daquilo! Então, comecei com 'não, negligência não, se for apanhar meu violão'. Arlindo foi completando e terminamos o samba", lembra Sombrinha.

O FAMOSO CONSENSO

Participei da reunião que definiu o repertório e comecei a aprender como se faz. Vi como era difícil escolher apenas 12 músicas em um grupo com compositores do quilate de Arlindo, Sombrinha, Sereno e Cleber. Neste disco tem quatro do Arlindo, três do Sombrinha, duas do Sereno e uma do Cleber. Para compositor de fora entrar tinha que mandar uma pérola. E na hora de explicar para os que não entraram? Quem tirou a música do disco? A produção? Algum integrante do grupo? Nenhum deles! Para amenizar os ânimos, todos diziam que o repertório havia sido escolhido pelo "consenso", que no *Aurélio* significa concordância de ideias, de opiniões, mas que para alguns significava uma pessoa. É sim, teve gente que ficou injuriada com "esse tal de consenso" que havia limado a sua música. Reza a lenda que teve compositor que queria bater no tal do consenso. E por um bom tempo o consenso seguiu como a melhor desculpa nas definições de repertório. Ninguém ficava mal e seguia o baile.

Porém, ao lado do tal do consenso, estava o produtor, que não escapava de ser o vilão da história. "Era muita música boa pra decidir apenas 12. Os compositores mandavam, as editoras mandavam, eu escutava em casa, separava, levava pra eles e juntava com as que eles tinham. Mas o consenso era um problema sério. Eu deixava a critério deles e vinha depois. Mas no final o culpado sempre era eu, *né*? Era eu que cortava, nunca eram eles. O compositor reclamava e diziam: 'Foi o cara que tirou'. Ia tudo pra minha conta, o que é normal, porque o produtor é sempre o culpado. Uns compositores me detestavam, outros me agradavam. Não batia muito de frente com eles não porque eu tinha outros discos pra fazer também. Mas o consenso era brabo. Poucos entendiam", diz Mílton Manhães que, no entanto, usava suas manhas para que essa ou outra música entrasse no repertório. "Às vezes, eles não queriam uma música. Eu dizia: 'Ah, vocês não querem?! Outro vai gravar e vai acontecer'. Eu botava pilha neles assim: 'Daqui a pouco vai ouvir na voz de outro'. Mas no final dava tudo certo."

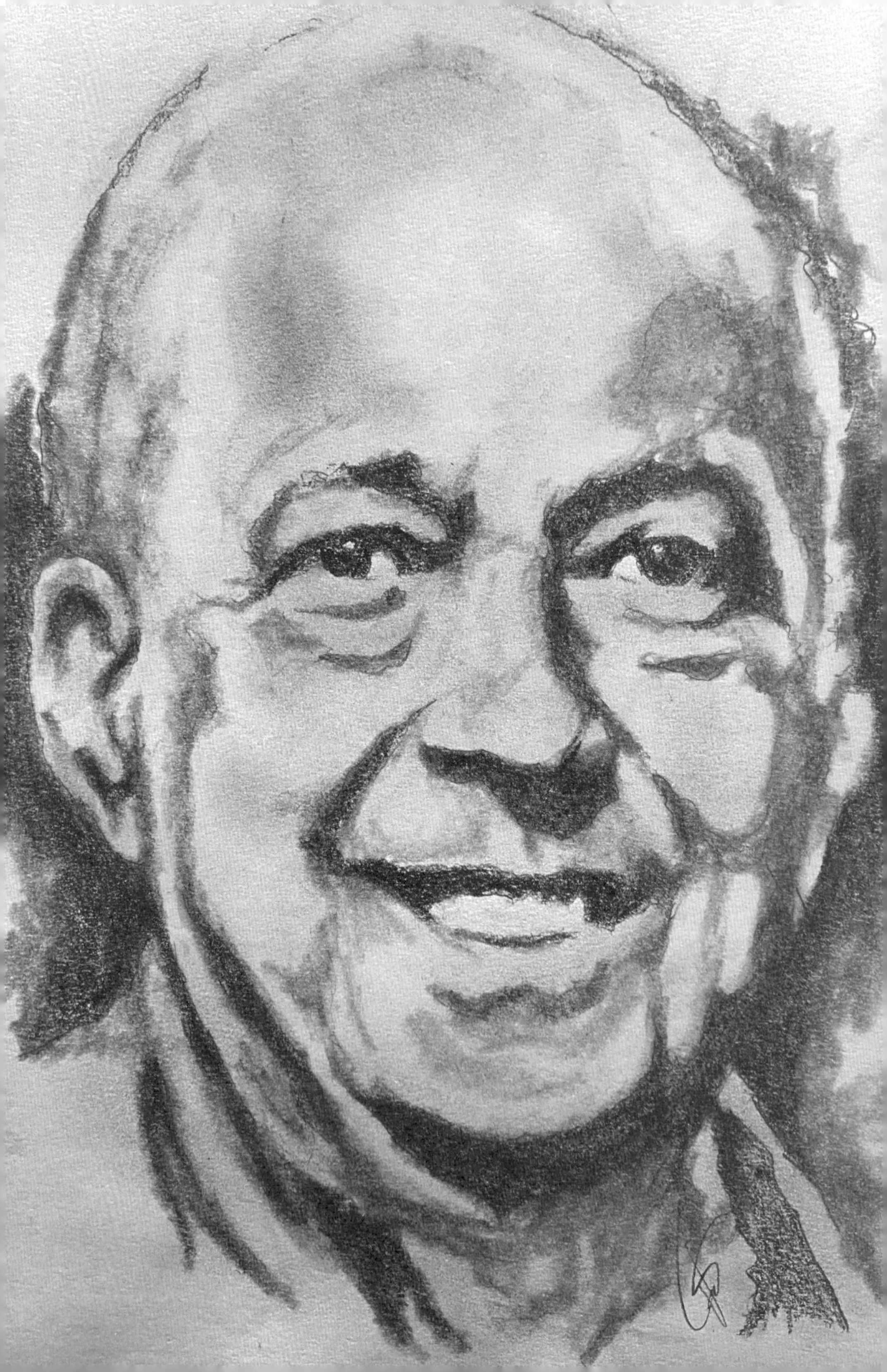

CAPÍTULO 9
DERRUBANDO O PRECONCEITO DA MÍDIA
TV GLOBO ABRE AS PORTAS PARA O SAMBA

Que o samba sempre sofreu de preconceito, inclusive na mídia, não é novidade para ninguém. E o Grupo Fundo de Quintal tem um papel importante numa virada de mesa que aconteceu nos anos 80. Como se fosse uma ação ensaiada e planejada, o samba passou a frequentar mais as rádios, como já vimos, e a principal emissora de TV do país. Tudo por conta, mais uma vez, de amantes do samba, que deram seu jeitinho para driblar o preconceito. Mas, e na mídia impressa? Como o samba era tratado nessa época nos jornais? "O samba, se por um lado tem toda uma grande popularidade, infelizmente na área de imprensa não era muito favorecido. Os grandes sambistas, os mestres, as divas sempre foram muito respeitados, mas mesmo assim tinha uma diferença. Uma coisa era o prestígio da Gal Costa, outra coisa era o da Beth Carvalho. Uma coisa era a Maria Bethânia, outra a Alcione. Era diferente. Depois foi ficando mais equilibrado, mas era bem diferenciado. Era assim: MPB é uma coisa, samba é outra, quando na verdade o samba é a pura música popular brasileira", explica a conceituada assessora Eulália Figueiredo, que em 1980 era a responsável pelo departamento de imprensa na recém-criada equipe de divulgação da gravadora RGE, que ficava numa cobertura, na Praia de Botafogo. Com ela estavam: Rizete Garcia (rádio), Luis Adolfo (TV), e a produtora Solange Boeke, que trabalhava diretamente com o diretor artístico Durval Ferreira. "O Fundo estava nascendo e tivemos de batalhar muito para conseguir um espaço nos jornais. Porém, eles vieram com vários elementos que ajudaram muito na divulgação do lançamento do primeiro LP, como ter Beth Carvalho como madrinha, os novos instrumentos que trouxeram para o samba, além de virem do Cacique de Ramos, um bloco de muito prestígio no carnaval. Sabia que estava nascendo ali um produto para ficar. Tanto é que deram muitos filhotes que chegaram ao sucesso, como Almir Guineto, Jorge Aragão, Sombrinha e Arlindo Cruz. Depois, estive com eles na gravadora Indie Records, onde começaram a gravar os seus DVDs", ressalta Eulália, que tinha um funcionário chamado Agenor de Miranda Araújo Neto, que no futuro seria um dos grandes poetas do rock brasileiro. "Era o Cazuza, que antes de gravar era divulgador. Escreveu vários releases para mim e passou a acompanhar os artistas nos programas de TV."

Uma profissional conceituada que tem trabalhado com grandes nomes da música, principalmente em sua passagem pela RCA Victor, hoje BMG, Eulália Figueiredo é só elogios e agradecimentos ao Fundo de Quintal. "Além de serem extremamente talentosos, são pessoas de uma educação e de uma simpatia difíceis de encontrar. Muito gentis, sempre me dedicaram um carinho, um afeto muito grande e sempre me escutaram. Pessoas de fino trato. Cativaram não só as pessoas das gravadoras, como o resto do povo. Eles são cavalheiros de uma forma invejável, à moda antiga, o que não deveria ser qualidade, mas obrigação de todos. E sempre me senti muito especial perto deles, em todas as formações que conheci. Pra mim, é o maior grupo de samba que já existiu nesse país. Eles souberam escrever seu nome na história e fico muito feliz de ter participado dessa história. É muito bom lembrar que existe um grupo como o Fundo de Quintal", reverencia a famosa Lalá.

De 1986 a 1996, o departamento de imprensa da RGE ficou sob a responsabilidade de Ângela Victório. Filha do popular Djalma Cachimbinho, que foi presidente da Unidos de Vila Isabel nos anos 70, Ângela chegou a desfilar no Cacique de Ramos, nos históricos carnavais da Avenida Rio Branco. Antes de ir pra RGE, morava no Grajaú numa casa com muito samba e frequentada por Martinho da Vila, Ruça, Agostinho dos Santos, Bira Presidente, Ubirany, entre tantos sambistas. "Eles eram do convívio da minha família antes mesmo de gravarem seus discos. Meus pais frequentavam o Cacique, e o Bira era muito amigo do meu pai. Então, para eles eu era a filha do Cachimbinho. O Bira e o Sereno sempre brincavam comigo: 'Te vi, menina, hein! Me respeite, vou puxar tua orelha'", lembra Ângela, que ainda tinha de ouvir as confidências das amigas nos shows. "Elas eram apaixonadas pelo Ubirany, que já era o queridinho das fãs. Muito abusadas, tinha uma que dizia: 'Na hora do miudinho, vou pedir pra ele fazer esse trenzinho e vou ser a Maria Fumaça, pra ele encaixar em mim'." Mas também guardou um segredinho dos irmãos. "Eles sempre tiveram carisma. O Bira me dizia que o segredo dele era o mingauzinho que a sua mãe, Dona

Conceição, fazia. E que ele e o Ubirany passavam na casa da mãe pra tomar esse mingau", revela.

Ângela conta que, na hora das entrevistas, nunca teve problemas com os integrantes do grupo. "Eram todos muito certinhos e comigo deu tudo certo. Sempre educados, alegres e bem cheirosos, eles demonstravam que gostavam de fazer parte do Fundo de Quintal. Lembro do primeiro Prêmio Sharp, em 1987, quando o Cazuza, na cadeira de rodas, fez questão de ir aos bastidores falar com eles, que ganharam o prêmio de melhor grupo de samba", lembrando que nesse ano, Sombrinha também ganhou, em parceria com Adilson Victor, o prêmio de melhor samba, "Nas Rimas do Amor", gravado pela Beth Carvalho.

Quanto à rejeição da imprensa, ela afirma que não se lembra de ter enfrentado. "Por mais restrições que pudessem existir dos donos dos jornais, os críticos recebiam muito bem cada lançamento. E o Fundo de Quintal tinha uma porta aberta por toda a sua história no Cacique de Ramos, por serem afilhados da Beth Carvalho e pela bem cuidada produção de seus discos. Do repertório até as capas e encartes, onde tudo se encaixava, o que influenciava muito." Outro fator decisivo era com o tratamento dado aos críticos, todos sempre convidados para as audições e lançamentos dos discos em condições de igualdade. "Não havia distinção. Convidávamos repórteres e críticos do jornal mais novo ao grande Tárik de Souza. E outra, a RGE nunca ofereceu jabá aos jornalistas. O espaço que conseguia era no papo", define.

O hoje conceituado colunista Mauro Ferreira confirma as palavras de Ângela, lembrando exatamente do início de sua carreira, quando ainda terminava a faculdade em 1987 e já escrevia no *Jornal O Municipal*, de Caxias. "Tinha uma página de música e foi muito bom, graças a Ângela Victório, pois o acesso aos discos era através da gravadora e a RGE foi a primeira que abriu as portas para mim. Ainda não tinha portifólio pra mostrar e era a Ângela, a quem sou realmente muito grato, quem colocava as sacolas com os lançamentos de discos na minha mão. Era muito bem recebido e o jornal onde trabalhava era um veículo que falava com o público do samba." Mauro destaca a importância do Fundo de Quintal para o samba e dos anos de 1985 e 1986 terem sido fundamentais. "Em 1985, a mídia descobre o pagode carioca. Apesar do Fundo de Quintal já possuir uma trajetória fundamental desde o primeiro álbum, que acompanhei como público, só vai emergir fora do nicho do pagode com o LP *Divina Luz*. Esse ano foi muito favorável e ampliou com a chegada do Plano Cruzado, o povo com dinheiro e, em 1986, acontece o *boom* do pagode com todo mundo estourado, como o Zeca e o Fundo, com o LP *Mapa da mina*. A discografia do Fundo é uma das bases do samba carioca", atesta Mauro.

ENQUANTO ISSO, NA TELEVISÃO...

Era uma época em que o samba não tinha muito espaço na principal emissora do país, como explica o então divulgador de TV da RGE, Carlos Alberto Portella. "Fui gerente da divisão de televisão, de 1985 a 1991. Éramos eu e o Dílson Santos, o Dico, que conhecia os sambistas na intimidade. Ele sabia quem era pai, mãe, cachorro e papagaio. A televisão, nessa época, principalmente a TV Globo, tinha uma restrição terrível com samba. Nenhum produtor ou programador de TV queria os sambistas: Augusto César Vannucci na linha de shows, o Leleco no Chacrinha, o Legey e o Netinho no Fantástico. E o diretor José Itamar também não queria." Portella conta que um dia conseguiu conversar com José Roberto Marinho. "Ele travava o samba até o dia que consegui falar com ele e desenrolei. Disse: 'Você pode até não gostar, respeito a sua opinião, mas é uma realidade'. Ele disse que tinha uma responsabilidade com o público cativo da TV Globo. Aí, eu disse: 'Você me perdoe, mas nunca vi nada parecido. Está trabalhando contra você?'. Ele disse que não estava entendendo. Aí eu falei: 'Sim, contra a sua família. A RGE é do teu pai!'. Acredita que ele disse que não sabia que a RGE era do pai dele e que fazia parte do sistema Globo? Bom, a partir daí a dureza mexeu um pouquinho, porque ele era um dos contrários ferrenhos. Ora, por que o Billy Paul era bonito e o Bira e Ubirany não?"

Portella lembra que ao chegar à RGE, logo percebeu que não era uma gravadora de samba. "Ela era direcionada pra São Paulo, tanto que toda a diretoria era paulista e não viam o samba com bons olhos. Era o rock, o sertanejo e as novelas do SBT, como *Chispita*. Quando o Marcos Silva viu o estouro, aí sim ele acreditou e apostou todas as fichas no samba." Quanto à manha para levar o Fundo de Quintal para as gravações, diz que, apesar do sufoco com horários, no final dava tudo certo. "Era dividido meio a meio.

Bira, Ubirany e Sereno eram os tranquilos, cumpriam horário e chegavam todos bonitinhos. Agora, Sombrinha, Arlindinho e Cleber, meu Deus do Céu! Era um problema sério. Com eles era sem hora marcada. Mas fora isso, eles não davam trabalho. E os três certinhos, por serem os mais velhos tinham um jeito de segurar a onda do grupo. Além da ajuda dos empresários, como o Marinho e o Fernando Bastér, que sempre ajudaram, arregimentando todos eles."

Até que chegou o ano de 1986 para mudar esse difícil cenário do samba na TV Globo. Mas não foi em nenhum programa de entretenimento, como recorda Portella: "A Globo foi furada pelo seu próprio departamento de jornalismo. O Manoel Alves deu o pontapé inicial".

Um apaixonado pelo samba, o produtor Manoel Alves foi realmente um dos pilares nessa abertura da TV Globo ao samba. Ele morou em Ramos, frequentou o Cacique no início dos anos 60 e também as noites das quartas nos anos 70 e 80. Com ele à frente, o jornalismo da TV Globo passou a ter samba. Imperatriz Leopoldinense de coração, Manoel não se separou do samba nem após a morte, como conta seu grande amigo Paulo Nobre: "Ele exigiu da mulher dele, a Paula, que fosse cremado e suas cinzas fossem jogadas na Marquês de Sapucaí, o que foi feito".

Portella não segura as lágrimas, pede um tempo e retoma suas lembranças: "É, me emocionei mesmo, voltei no tempo. O Manoel foi ajudado pela Tereza Cavalheiro e pelo Jorge Pontual. Eles gostavam de samba. Daí, que começamos a fazer musicais dentro do jornalismo, até que veio o Globo Repórter".

O GLOBO REPÓRTER

Apresentado por Eliakim Araújo, este Globo Repórter, de 1986, foi um programa sobre a explosão do pagode. "Primeiro, vamos ao pagode. Este é o nome popular das festas de fundo de quintal, onde os pagodeiros comem feijoada, bebem cerveja e improvisam o samba. São 2000 pagodes, só no Estado do Rio, um movimento espontâneo que traz de volta as raízes do samba", dizia Eliakim, após algumas imagens do Pagode do Arlindinho, na época realizado num Clube Piedade lotado e todos cantando o sucesso "Cadê Ioiô" (César Veneno).

Daí, cortava para a imponente tamarineira, na quadra do Cacique de Ramos, onde Bira, Ubirany, Sereno, Sombrinha, Arlindo Cruz e Cleber Augusto cantavam "Doce Refúgio" (Luis Carlos da Vila). A repórter Sandra Passarinho entrou em cena para explicar que "o pagode nasceu há muito tempo nos fundos de quintais de casas no Rio de Janeiro, mas cresceu mesmo aqui debaixo dessa tamarineira...". Após a boa entrevista, o Fundo cantou "E Eu Não Fui Convidado" (Zé Luis/Nei Lopes), e as imagens passaram a ser novamente do Pagode do Arlindinho, em que Sandra disse: "...O povo que vem aqui não vem pra ver um espetáculo. Ele faz o espetáculo". Todos cantam "Vai por Mim" (Sombrinha/Adilson Victor), "Insensato Destino" (Chiquinho/Maurício Lins/Acyr Marques) e vão aparecendo personagens desses pagodes, como os compositores Sapato, Acyr Marques, irmão de Arlindo, Gisele, filha de Acyr e sobrinha de Arlindo, Sandra Martins e Pedrinho da Cuíca.

Um Globo Repórter produzido pela Luciana Savaget, com direção de Tereza Cavalheiro e articulação do produtor Manoel Alves, já parceiro da rapaziada do Cacique, mostrou também o radialista Clóvis Monteiro falando no sucesso do LP Raça Brasileira, que lançou Zeca Pagodinho, Jovelina Pérola Negra, Mauro Diniz, Pedrinho da Flor e Elaine Machado, produzido por Mílton Manhães. Da rádio vai para o Ballroom, no Humaitá, onde Almir Guineto recebeu seu primeiro disco de ouro, pelas 100 mil cópias vendidas, das mãos de sua mãe, Dona Fia. E na mesa da equipe da RGE, lá estava ele, o Portella.

O programa, marca do início da abertura na TV Globo para o samba, terminou nos versos de improviso de Almir Guineto, Zeca Pagodinho e Cleber Augusto em pleno Maracanã, numa homenagem à Seleção de Telê Santana, que seria desclassificada pela França, na então Copa do México, do ano de 1986.

O ESPECIAL DO REI ROBERTO CARLOS

Foi muito bom, foi ótimo. Mas faltava o gol de placa, para escancarar de vez a porta para artistas que já estavam com seus sucessos na boca do povo e eram ignorados por parte da mídia. Era como se a galera estivesse pedindo um jogador para a Seleção Brasileira, como foi com Romário em 1994, que por pouco não foi à Copa do Tetra, nos Estados Unidos. E o golaço aconteceu no Especial mais tradicional dos finais de ano. Então, entre convidados como Gal Costa, Erasmo Carlos, Chitãozinho e Xororó e Tom Jobim, estavam Fundo de Quintal, Almir, Zeca e Jovelina versando com o Rei Roberto Carlos, que dançava alegre ao lado de um garoto. Era Anderson Leonardo, filho do então músico Bira Hawaí, que se tornaria um grande produtor anos depois, enquanto ele viria a ser o líder do Grupo Molejo. "Eu tinha 13 anos e foi inesquecível, um mundo novo se abrindo pra mim. Ele é o Rei não é à toa. Sabe tratar as pessoas muito bem. Antes da gravação, ficou brincando de versar. Ele não é muito bom de verso de improviso, mas entrou no nosso clima. Eu fiquei de coreógrafo dele, que me imitava", conta Anderson, que em 1978, já ia para o Pagode do Cacique. "Eu já era um molequinho chato e ia escondido do meu pai. Pegava um bonde com o Carlitinho Cavalcanti (compositor) e ia pra lá aprender."

O responsável por Anderson estrear na TV? Foi ele, o Carlos Alberto Portella. "Muito por causa do movimento dentro do jornalismo e do sucesso de todos eles, chegou a vez do Especial do Roberto. E precisava de um menino, simbolizando a nova geração. Era tímido, meio gago, mas bem esperto. Ao encontrar com o Roberto Carlos, a gagueira piorou. No início, pra sair alguma coisa foi difícil. Eu sugeri e o Roberto aceitou de primeira. Se apaixonou de cara pelo carisma do menino."

Com direção geral de Augusto César Vannucci e textos de Wilson Rocha e Ronaldo Bôscoli, o tão esperado Especial de Roberto Carlos, que tem como tradição levar os que se destacam durante o ano na música, começou a parte do samba ao som de uma batucada, com imagens de uma favela. Ao fundo, a voz de Roberto: "É assim que moram tantos brasileiros. Talvez por isso essa gente seja tão musical e tenha uma alma tão rica. E é das favelas que saem agora os pagodeiros para invadir os palcos de todo o Brasil rumo aos continentes. É o Brasil se curtindo musicalmente". Após um ato falho no texto, generalizando os pagodeiros como vindos das favelas, o que não é verdade, a cena é com Roberto conversando com os feras que assinaram as caricaturas do cenário: Lan fez Jovelina, Ique fez Almir, Chico Caruso fez Zeca e Ramade desenhou Roberto Carlos. Na cena seguinte, cada um em um praticável e Roberto com Anderson Leonardo. Arlindo versou com Jovelina, Sombrinha com Zeca e Almir com Zeca e, logo depois, com Roberto. O refrão? Quem lembra? "No tempo da Jovem Guarda fui Rei/E até hoje não tem pra ninguém/Sonhei, sonhei que o Rei cantava pagode também..."

"Foi lá no Teatro Fênix. O Roberto tinha a mania de esterilizar as mãos com álcool. Não sabíamos o que ia acontecer e a direção pediu para fazermos um samba que todos cantassem. Eu, Zeca, Almir e Arlindo fizemos esse 'boizinho com abóbora' rapidinho no camarim pra todo mundo versar e os versos pra ele cantar. Ficou muito bom", lembra Sombrinha. Depois dos versos, todos aplaudiram e Roberto finalizou: "Os reis do pagode no Brasil nessa revolução musical maravilhosa". Desta vez, um texto perfeito. Foi mesmo uma maravilhosa revolução musical.

Os preciosos quase dez minutos do samba no Especial do Rei terminaram com ele e Anderson Leonardo conversando num Sambódromo vazio. E Roberto falou sobre a emoção que iria sentir no carnaval seguinte, quando seria o enredo "Roberto Carlos na Cidade da Fantasia", da Unidos do Cabuçu, que daria o sétimo lugar à Escola. Entraram imagens dos ensaios na quadra, das alegorias no barracão e também de dois campeonatos da Mangueira, que homenageou os compositores Braguinha, em 1984, e Dorival Caymmi, em 1986.

A partir desse especial, a situação do samba na TV Globo mudou muito. Portella lembra com muito orgulho, pois a equipe de divulgação da RGE no Rio tornou-se conhecida dentro da empresa. "Antes, éramos apenas mais um na história. Estávamos meio desacreditados. E foi um *boom*! Antes, eu tinha que correr pelo Jardim Botânico, onde estava cada produção, ficar pedindo e ouvindo não."

Ou seja, bastaram os famosos quase dez minutos no especial para tudo mudar. "Antes, cansei de ouvir da boca de influentes diretores coisas assim: 'Ô Portella, o padrão Globo de qualidade não permite esses negões aqui'. Depois, o tal padrão de qualidade sumiu e nunca mais ouvi isso. Passei a ouvir: 'O Fundo está no Rio? Dá pra vir gravar?'. Inverteu tudo. Passei a ficar no telefone dizendo: 'Vou ver na agenda' ou 'Vou ver se dá pra gravar o teu programa'. No Xou da Xuxa, por exemplo, era só ligar pro Zé Roberto e dizer que essa semana o Fundo poderia. Chegaram a gravar duas vezes na semana, para aproveitar um espaço que aparecia na agenda de shows. Para o samba e para o Fundo, por exemplo, foi uma guinada de 360 graus. O samba virou tudo de ponta cabeça e o Fundo, que não tinha status de puxador de catálogo, passou a vender muito mais. Foi a minha consagração como profissional. O telefone não parava e aí tudo que eu pedia para o Marcos Silva, o chefão da gravadora em São Paulo, se tornou possível."

Para Sombrinha, a vitória foi do povo. "A verdade é que o Fundo de Quintal nunca foi reconhecido como deveria. O povo todo *tava* querendo isso e o desejo foi tão forte que a Globo teve de abrir as pernas e não pôde mais segurar. Se pudesse segurar, segurava, pra meter os rocks dela, as coisas dela. Mas aí vieram Globo Repórter, Roberto Carlos, Chacrinha e tudo mais."

E Portella vai lembrando-se deste novo momento do samba na TV, em particular, do Grupo Fundo de Quintal: "O Fundo assumiu o status, e é verdadeiro, de precursor. Pois, até então, eram até confundidos como músicos da Beth Carvalho. Suas participações na TV eram quase sempre fazendo a escada para a Beth. Eles estavam em produções do SBT, da Band, da Manchete, mas ter mudado o panorama dentro da TV Globo é que foi o grande lance. Eles assumiram o papel da importância que já tinham no samba. De coadjuvantes passaram a ser a atração principal. Eram recebidos como superstars e na Globo gravaram tudo, absolutamente tudo. Xuxa, Chacrinha, Globo de Ouro já acabando, Fantástico. Um dos últimos a aceitar foi o Boninho, no programa Clip Clip". Sombrinha lembra dessa época: "Era muito bom fazer os programas do Velho Guerreiro, fizemos muito. Lembro que era meio taradinho, agora não sou mais, sou tarado só pela vida. Mas quando íamos ao programa do Chacrinha, antes de entrar eu ficava olhando as calcinhas das Chacretes e das estudantes que iam de minissaia. Adorava aquilo, ficava cheio de tesão. Ia pro Chacrinha só pra fazer isso e depois entrava pra cantar. E lembro também ter gravado Sílvio Santos, Bolinha, Rouxinol, Hebe, Raul Gil, Xuxa...".

Portella recorda que muitos dos musicais foram gravados na quadra do Cacique de Ramos. "O Zé Mário comprou a ideia com o Manoel Alves e a Tereza Cavalheiro e, como gostava de fazer clipe de samba, dirigiu todos os clipes do Fundo. Ele vibrava, pedia pra ser ele. E quando havia algum atraso, entendia e não cancelava a gravação. Era amigo dos caras e tinha uma predileção pelo Fundo, um respeito pela trajetória. O Zé falava a linguagem da rapaziada."

Por fim, Carlos Alberto Portella ressalta a importância do Fundo de Quintal na sua carreira de divulgador de TV e no samba. "O Fundo abriu as portas para o samba, já no Globo Repórter, mas o antes e o depois do

Especial do Roberto Carlos foi fundamental. E trabalhar virou uma grande brincadeira. Era só agendar. O Fundo foi a mola propulsora para furar a barreira. Os que antes proibiam e reclamavam dos atrasos, foram vencidos e depois viraram amiguinhos de infância, de colégio. Todos engoliram o samba. Como foi nas rádios que abominavam o samba e tiveram que aturar. Era muito sucesso, não teve jeito", conclui.

Portanto, nestes 46 anos de trajetória, completos neste ano de 2022, o Grupo Fundo de Quintal tem participado de muitos programas na televisão. Na TV Globo, por exemplo, em programas como: Chico e Caetano (com Beth Carvalho), Esquenta, Fantástico, Caso Verdade, Som Brasil, Globo Esporte, Armação Ilimitada (tocando na laje de uma favela com Zelda Scott – Andréa Beltrão – e Ronalda Cristina – Catarina Abdalla), Programa Legal – Samba (um pagode no Cacique de Ramos com Beth Carvalho, Jovelina, Leci Brandão, Beto Sem Braço e Almir Guineto, entre outros convidados), Big Brother Brasil, Show da Virada, Domingão do Faustão, Programa do Jô, Estrelas, Altas Horas e várias novelas.

No Mais Você, Bira Presidente sambou com Ana Maria Braga. Já no Bom dia Brasil, Bira e Ubirany mostraram o miudinho no Morro da Urca. Foi numa matéria especial chamada "Carnaval no Céu", conduzida por Marcos Uchoa, em 2008, quando a nata do samba esteve presente. Um dos pontos altos foi o momento em que Arlindo Cruz e Almir Guineto versaram. Arlindo estava no Morro da Urca, e Guineto, no bondinho.

E também estiveram na TV Cultura (Ensaio, Bem Brasil), na Rede Manchete (Tantos Carnavais, Esquentando os Tamborins, Agita Brasil, Botequim do Samba), na Rede TV (Noite Afora, Ritmo Brasil), na Record (A Fazenda, Raul Gil, Barros de Alencar, Ratinho, Especial Sertanejo, Note e Anote), no SBT (Jô Soares Onze e Meia, Hebe, Programa Livre, Almoço dos Artistas, The Noite), na TV Gazeta (Mulheres, Ligação, Todo Seu), na TV Brasil (Samba na Gamboa) e na Band (Clube do Bolinha, Perdidos na Noite), entre tantos outros canais de TV e seus respectivos programas.

DIVINA LUZ
GRUPO FUNDO DE QUINTAL

CAPÍTULO 10
O PRIMEIRO DISCO DE OURO
A SAÍDA DO PRODUTOR MÍLTON MANHÃES

O ano de 1985 foi de muitas emoções para o Grupo Fundo de Quintal. Para começar a censura interna bateu às portas da rapaziada do Cacique de Ramos e o tal do consenso assinou uma séria determinação. Não se podia mais falar nomes de integrantes do grupo nos shows. Como se fosse uma lei e houvesse uma cláusula, nos discos até estaria liberado, mas nas apresentações ao vivo estava proibido falar "meu compadre Sombrinha" ou "meu compadre Arlindo", entrando no lugar "diz aí, Fundo de Quintal". Não durou muito tempo, mas vi acontecer, por exemplo, num show no Bar Arcos da Velha, uma casa que ficava embaixo do último arco dos Arcos da Lapa, no centro do Rio. Quem proibiu? Quem se sentiu incomodado com as conversas entre os dois cantores? Ora, foi ele, o famoso Consenso.

ISSO É FUNDO DE QUINTAL

Deixando as polêmicas de lado, um presente chega às rádios e passa a tocar em todo o país, no LP que traz Leci Brandão de volta ao mercado fonográfico. "Foi mais uma boa parceria com o Zé Maurício, feita bem rapidinho lá em casa, na Tijuca. Eu tinha essa letra na cabeça: 'o que é isso/meu amor venha me dizer/isso é fundo de quintal/é pagode pra valer'. Como o Zé sempre teve muita facilidade com melodia, achou o caminho e o samba foi vindo bem naturalmente", lembra uma emocionada Leci, que começa a segunda faixa do lado A mandando o recado: "Aí, se você é de pagode, esse aí é pra arrebentar a boca do balão". E arrebentou mesmo. "Não tínhamos ideia de que essa música fosse cair na boca do povo, como aconteceu. Foi coisa de Deus. E nem gravei no ano seguinte, de tanto que ela tocou no Brasil inteiro, chegando a ser prefixo de vários programas de samba pelo país. Aonde eu chegava só se falava nesse samba. Agradeço muito a meu parceiro e a Deus, por nos ter dado inspiração pra fazer esse samba. Eu tenho muita honra e muita gratidão por ter feito esse samba junto com o Zé Maurício", diz Leci Brandão.

A ENTRADA NAS RÁDIOS FM

Enquanto isso, o Fundo de Quintal estava prestes a romper com uma barreira até então intransponível: tocar nas rádios FM. E isso aconteceu no mês de setembro, quando as rádios começaram a tocar o samba "Parabéns pra Você" (Mauro Diniz/Sereno/Ratinho), na voz de Sereno. Era o Fundo de Quintal mantendo suas raízes com um ar de modernidade, com a revolucionária batucada recebendo o reforço de um trio até então renegado por seus integrantes: teclado, baixo e uma bateria completa. Mas, para chegar a essa nova fórmula, o produtor Mílton Manhães usou a estratégia do silêncio.

Era meu ano de estreia nas produções de disco, a convite do Mílton, em que assinava a coordenação de produção, escrevia os textos dos encartes e, mais à frente, coordenava o coro e era responsável por boa parte do repertório, sempre com a palavra final do Mílton e do artista. Já tínhamos feito os LPs do Almir Guineto, do Raça Brasileira e do Dominguinhos do Estácio e chegou a vez do Fundo de Quintal. Normalmente as gravações do Fundo aconteciam no período da noite, das 21h às 3h. Numa segunda-feira de julho, no Estúdio 2 da Som Livre, foram gravadas seis bases e na noite seguinte faríamos as outras seis. Mas já estava marcada uma gravação secreta para o dia seguinte, às 15h, no Estúdio 1. Do Grupo, apenas Sereno foi convocado e convencido pelo produtor de que este samba teria uma roupagem diferente para tocar nas FMs e tentar acabar de vez com a tal barreira que existia, em que samba só tocava em rádio AM e de madrugada. Na terça estávamos Mílton Manhães, eu, Sereno, Mauro Diniz, que fez o arranjo, a regência e tocou o cavaco, o tecladista Julinho Teixeira, o baixista Luca e o baterista Jorge Gomes, uma formação que naquele momento seria uma heresia às raízes tão bem conservadas pela rapaziada do Cacique de Ramos. Até então, fora os instrumentos do grupo, apenas o contratempo do Waltinho ou um instrumento de sopro e um bandolim nas introduções eram permitidos. Sereno entendeu a proposta e estava tão emocionado ao fazer a voz guia, que não resistiu e chorou. Lembro que a gravação foi de primeira e todos nós vibramos, porque ficou uma pedrada.

Logo após o Julinho colocar as cordas com seu teclado, fechamos o estúdio e fomos embora, para voltar às 21h, como se nada tivesse acontecido. "A nossa preocupação era não tirar a essência do Fundo de Quintal. E deu tudo certo. Também me lembro de quando comecei a fazer o samba, da hora, de como ele veio. Eu namorava uma menina em Oswaldo Cruz e fiquei chateado porque a gente desmanchou. E veio a música. Até então eu não sabia, mas foi coisa de Deus. Porque é impossível. Não, impossível não é a palavra certa. É menos viável você fazer uma música assim. Veio tudo junto. E ela ficou sambando pra lá e pra cá até ser concluída. O Adilson Victor foi a primeira pessoa a quem mostrei. Tenho a fita cassete até hoje. Ele disse: 'Legal', mas não sentiu e eu nunca fui de ficar forçando barra. Mostrei pro Sereno, que gostou e terminamos com o Ratinho", conta Mauro Diniz. "É uma época que deixa saudade. Aliás, o produtor Mílton Manhães foi muito importante dentro disso tudo. Infelizmente as pessoas não dão o devido valor que ele tem. O Mílton é um diamante bruto e foi Deus quem o colocou na minha vida. Ele me deu todas as oportunidades. Não posso esquecer nunca e sou muito grato a ele, que me colocou no mercado. E eu também soube aproveitar."

Todos felizes com a gravação, pairava no ar uma dúvida: qual seria a reação de Bira, Ubirany, Arlindo, Sombrinha e Cleber ao ouvir a novidade? Estávamos ansiosos. "O Fundo estava muito autêntico, com muita mesmice e quis criar uma diferença na harmonia numa música só. Não era para mudar o ritmo, mas acrescentar na harmonia, botar uma bateria, um baixo e um teclado fazendo cordas. Mas quase me mataram. Disseram que não, que iria fugir da autenticidade deles. Aí partimos pra gravação secreta", diz Mílton.

À noite, como geralmente acontecia nas gravações do dia seguinte, todos já chegavam querendo ouvir o que foi gravado no dia anterior. O técnico Jorge Teixeira, o Garrafa, apertou o play, entraram as cordas da introdução e a voz do Sereno. Um silêncio tomou conta do estúdio. Todos muito sérios, ouvindo. Ainda mais após identificarem a voz do Sereno no samba que eles conheciam, estava no repertório do LP e que não tinha sido gravado na noite anterior. Um suspense no ar, até que Arlindinho, Sombrinha e Cleber vibraram. Os irmãos Bira e Ubirany ainda tentando entender, até que Ubirany falou:

– É. *Tá* bonito.

Ainda sério, Bira Presidente deu o braço a torcer, mas soltou um...

– É! Mas não sabíamos dessa gravação!

Para quebrar o clima, Mílton entrou em ação e soltou:

– Presidente, isso é sucesso. É Pra tocar nas FMs. Não tem erro, é tiro certo!

E tocou de novo, e de novo, até que todos entenderam e festejaram como se fosse um gol. Um golaço. Um passaporte para entrar nas rádios de todo o país. E foi exatamente isso que aconteceu. Um estouro da boiada, um samba que virou um clássico e se tornou eterno, para ser cantado por muitas gerações. "Foi emocionante porque percebemos que aquela gravação estava atingindo um nível para que pudéssemos alçar voos bem mais altos, sem perder a nossa autenticidade", diz Bira Presidente. "Este disco *Divina Luz* deu uma qualificada, uma visibilidade maior pra eles. O som passou a ser mais radiofônico, mais comercial, nos ajudou muito a colocar as músicas nas rádios", diz Ludmilla de Aquino.

Gravado de julho a setembro, o LP *Divina Luz* é dedicado a Seu Raimundo, pai de Sombrinha, que faleceu em meio às gravações. Além do sucesso "Parabéns pra Você", outras músicas estouraram rapidamente nos pagodes e tocaram nas rádios, como "E Eu Não Fui Convidado" (Zé Luis/Nei Lopes), "Morena Partiu" (Arlindo Cruz/Acyr Marques/Sombrinha), "Ópio" (Cleber Augusto/Bandeira Brasil), "Poesia de Nós Dois" (Sombrinha/Adilson Victor) e o Pot-pourri de Sambas de Roda da Bahia, com "Samba Quente" (Arlindo Cruz/Sombrinha), "Olha o Samba" (Candeia) e "Sambas de Roda da Bahia" (Adaptação do Grupo Fundo de Quintal). Os solos continuaram por conta de Arlindo e Sombrinha, que nesse disco dividiram mais músicas com Sereno e Cleber. Quem voltou a cantar foi Ubirany, em "Minha Alegria" (Luiz Grande). Ele e o irmão Bira conduziram Homenagem à Velha Guarda com Sereno cantando "Amor Proibido" (Cartola) e Sombrinha no solo de "Chega de Padecer" (Mijinha).

Em "Voto de Confiança", Arlindo, Acyr e Franco abordaram o tema da entrada da Nova República. No dia 15 de janeiro, Tancredo Neves derrotou Paulo Maluf e foi eleito o primeiro presidente do Brasil após a Ditadura. Porém, um dia antes de sua posse, passou mal e foi internado com fortes dores abdominais e muita febre. O seu vice, José Sarney, tomou posse no dia 15 de março e, em 21 de abril, morreu Tancredo. Era um momento conturbado no país, com muitas greves e, neste samba, era dado um voto de confiança, acreditando em novos tempos, mas sabendo que o mal estava por ali, com gente "envolvida, escondida e camuflada". "Não podemos cobrar nada imediatamente, pois os que teriam que pagar não o fizeram, ou seja, como sempre acontece, quem erra não paga o preço", me disse Arlindo.

A SAÍDA DE MÍLTON MANHÃES

E quando tudo parecia estar às mil maravilhas, com mais um disco de sucesso, este tendo recebido o primeiro Disco de Ouro, pela vendagem de mais de 100 mil cópias, e a entrada de uma música nas FMs, mais uma saída na trajetória do Fundo. "Eles me chamaram na RGE, agradeceram e disseram que, por questão de opção, queriam mudar. Entendi e dei a maior força pra eles, que seguiram pra gravar com o Rildo, um cara muito bom, meu companheiro", conta o produtor Mílton Manhães, que estava com eles desde o início e saiu com a certeza de ter feito um bom trabalho. "Naquele início se não fosse eu, outro não ia entender a jogada deles, a afinação de um repique, de um tantan. Tinha que entender muito daquela pegada, daquele batuque deles. Pegar aquilo do ao vivo e levar para o estúdio e fazer ficar aconchegante." Um dos grandes responsáveis por esta mudança no samba, Mílton Manhães não guardou mágoa pela decisão tomada pelo Fundo de Quintal. "De forma alguma. Eles foram legais comigo, me explicaram direito. Achei válido. Eles pelo menos me explicaram, pior foram outros que nem me explicaram nada quando escolheram outro produtor. Claro que senti um pouco, mas os registros ficaram. Os discos são eternos e todos sabem que fui eu que fiz. Muito modéstia à parte, sei perfeitamente quem sou eu. Sei do meu potencial no meio, mas sempre fui na minha, não sou um cara de aparecer, meu negócio é ficar no bastidor. Quando chego em algum lugar e me anunciam, eu me escondo, mas quando estou lá no meio do trabalho, daquilo ali eu entendo. Sei fazer samba de qualidade, samba com elegância, samba samba", diz Mílton, que vai além, reforçando sua importância nesta revolução que começou ali na quadra do Cacique de Ramos. "Tenho a consciência da minha importância em toda essa nova trajetória do samba, pois levei exatamente aquilo que acontecia no Cacique de Ramos para o disco. E, sinceramente, não era qualquer um que podia levar. Porque não ia saber fazer. Sempre torci muito por eles e torço até hoje. Mas tenho uma coisa que me gabo muito, meu nome ficou e não tem nada melhor do que isso. Meu nome ficou pela pessoa que eu sou. Se eu fosse um canalha, não ficava. Em qualquer lugar que eu chego sou reverenciado. A única coisa que fico chateado é quando alguém diz que sou uma lenda viva do samba. Eu não sou lenda viva porra nenhuma. Eu sou isso que *tá aí*, não adianta. Ninguém tira mais, eternizou."

Com a troca de produtor chegou ao fim mais um ciclo na trajetória do Fundo de Quintal. Uma nova fase com mudanças estava para chegar já no próximo disco, em que o grupo reafirma sua condição de referência no samba.

Grupo Fundo de Quintal

O Mapa da mina

CAPÍTULO 11
O PRODUTOR RILDO HORA
O DISCO DE PLATINA E A CENSURA
A DESPEDIDA DE NEOCI DIAS

A alma do grupo Fundo de Quintal pode ser dividida em três partes: a revolução na união da batucada do tantan, repique de mão e pandeiro diferenciado com a sonoridade do banjo; as vozes de todos os cantores que já passaram até os que estão no grupo; e o repertório. Este tripé vem ditando a sua trajetória na música. E o LP O *Mapa da Mina*, de 1986, é um bom exemplo disso. Até porque garantiu o primeiro Disco de Platina do grupo, com mais de 250 mil cópias vendidas.

"Um bom pagode começa assim." A chamada do Arlindo, como se fosse um recado para os "entendidos" entenderem que pagode é apelido de samba e que os dois são a mesma coisa (mas isso é assunto para outro capítulo), abre o disco, logo após a tradicional repicada de Ubirany, para uma boa seleção de pagodes. No final da faixa, Bira Presidente, Ubirany, Cleber Augusto, Arlindo Cruz e Sombrinha versam à vontade, como se estivessem numa daquelas quartas. Quanto ao repertório, o termômetro continua sendo os pagodes que então já sonorizavam em várias e várias cidades do país. As que logo caíram no gosto do povo, além da Seleção de Pagodes, foram: "Só pra Contrariar" (Almir Guineto/Arlindo Cruz/Sombrinha), "Ô Irene" (Beto Sem Braço/Geovana), "Sorriu pra Mim" (Sereno/Mauro Diniz) e "Primeira Dama" (Arlindo Cruz/Marquinho China/Sombrinha/Zeca Pagodinho), esta uma homenagem a Paulinho da Viola, em que Sombrinha, além de cantar, toca o violão de 6 cordas. Já em "Cansei de Esperar Você" (Dona Ivone Lara/Délcio Carvalho), com solo de Sereno, brilham os laraiás e contracantos na participação especial de Dona Ivone Lara, que não aparece na ficha técnica, apenas nos agradecimentos. Em "Receita da Sorte" (Arlindo Cruz/Acyr Marques/Franco) os versos ficam para Arlindo e Ubirany, enquanto Cleber sola "Nem Lá, Nem Cá" (Cleber Augusto/Nei

Lopes), com a caixinha de Ubirany presente. A surpresa fica por conta de Bira Presidente, que cantou bem seu solo em "Mais uma Aventura" (Jorge Aragão/Dedé da Portela/Dida). Os irmãos Analimar, Martinália e Martinho Antônio, filhos de Martinho da Vila, fazem parte do coro, enquanto os repiniques e o tarol em "No Calor dos Salões" (Guilherme Nascimento/ Roberto Serrão) e "Mais uma Aventura" ficam por conta de Fujico, Trambique e Paulinho da Aba. Em "Força, Fé e Raiz" (Arlindo Cruz/Sereno), atabaques de Mestre Pirulito, que também está nos efeitos de percussão desta faixa com Rildo Hora e os integrantes do Fundo. "Os barulhos da floresta que nós fizemos, o apito, o agogô, foi tudo ideia do Arlindo. Eu toquei o apito, imitei um pássaro, no meio da música fiz o agogô e ele que dizia como fazer. Tocava e mostrava. Ficou lindo", lembra Ademir Batera.

A ilustração da bem bolada capa é de Mário Bag, com inspiração de Cleber Augusto e Ubirany. Eles estão num mapa da mina, com direito a caravela, rosa dos ventos, que representa os pontos cardeais e seus intermediários. O ponto de chegada é num baú do tesouro, que está aberto e guarda seus instrumentos musicais.

Na contracapa os agradecimentos a várias pessoas que estiveram no estúdio, incluindo nomes importantes dos bastidores de divulgação da RGE, como Neno, Ludmilla, Portela, Dílson, Ramos, Sérgio, Sergino e a competente secretária Sara. O ponto fraco fica na falha de alguém que colocou a música "Nem Lá Nem Cá" fazendo parte da primeira faixa, Seleção de Pagodes. E a revisão passou batida, ou seja, tem o nome da música e dos autores duas vezes na contracapa.

O *Mapa da Mina* marca a estreia do pernambucano de Caruaru Rildo Alexandre Barreto da Hora na produção dos discos do Fundo de Quintal. "Quando recebi o convite, levei muito a sério e me propus a fazer um grande disco, um negócio diferente. E consegui, mas pra se fazer um grande disco, precisa do principal do regime capitalista que é o dinheiro. Nem gosto de falar nessa palavra, mas precisa ter o recurso, o tempo no estúdio para poder criar com calma. Lembro que na época o Marcos Silva liberou uma verba muito grande e nós usamos muitas horas no estúdio. Considero este o melhor de todos os discos que fiz com eles. Esse e o *Tendinha*, do Martinho da Vila, são um marco na minha história. Discos completamente diferentes, mas que têm um negócio muito especial", diz Rildo. Neste novo momento do Fundo de Quintal, fica a análise de Sombrinha: "Os dois são muito importantes na história do Fundo. Cada um na sua característica. O Pezão é um cara do Cacique, tem um veneno, com o seu lado percussivo muito forte. Ele foi fundamental. Deixava os arranjos dos arames pra mim, Arlindo e Cleber, enquanto fazia as "comidas" da percussa, o molho daqueles tamborins e somou muito. E vem o Rildo com seu lado harmônico muito forte, ousando nos violinos, com uma visão mais ampla e que ainda tinha a mídia a seu favor".

Com o aval de seu sucesso em discos importantes do samba como Martinho da Vila e Beth Carvalho, o produtor Rildo Hora trazia uma característica que sempre o ajudou muito: a manha de um bom suburbano carioca. "O cara pra cuidar de sambista tem de ter uma vivência de subúrbio. Fui criado em Madureira. Quando veio de Caruaru pro Rio, meu pai teve a felicidade, pra mim, de ir morar perto da Portela, na Rua Romário Martins. E fui criado ali ao som dos tamborins da Portela. Lembro do Chico Santana novinho, paquerando as pretinhas. Lembro do Seu Manacéa e cheguei a conhecer o Paulo da Portela. Então, para produzir samba, precisa ter isso que o Mílton tem, que vive lá dentro do ambiente do samba. Não basta colocar o pessoal pra batucar e contar dois, não é isso", explica Rildo, este nordestino fascinado pelo subúrbio carioca. "Em Madureira vi muita coisa interessante. Vi os mestres do bilhar, Aya, Amorim, as estudantes do Carmela Dutra. Madureira é uma espécie de faculdade da vida pra mim. Até hoje é o lugar mais interessante do subúrbio. Um centro cultural praticamente do interior do estado. Uma mini metrópole que tinha de tudo, intelectuais, bandido, jogador de futebol".

A CHEGADA DOS VIOLINOS

No disco seguinte, em 1987, *Do Fundo do Nosso Quintal*, Rildo não economizou a boa verba da gravadora, chamou Pascoal Perrota para arregimentar as cordas e enfim os violinos uniram-se com a batucada do Fundo. "Cheguei com a vontade de inovar e achei encantador colocar as cordas (violinos, violas e cello) no Fundo de Quintal. Quando falei pro diretor da RGE que faria assim, ele perguntou: 'Você *tá* maluco?'.", conta Rildo, cuja única preocupação era engrandecer ainda mais o que já era bonito. "Quando se adiciona cordas num disco de samba, você está dando a nobreza para o sambista. Está dando a oportunidade do sambista se apresentar pra plateias mais sofisticadas. Mas o segredo está em saber como colocar. O arranjo não pode aparecer mais do que a batucada. Quem manda no disco de samba, o rei do disco de samba, o dono da boca é o pessoal da percussão. Isso *tá* em primeiro plano. A música culta no disco não pode querer roubar a cena do samba. Acho que consigo na maioria das vezes. Repare que eu não faço com que o arranjo seja mais importante que a música e que o cantor, mas procuro botar bastante elegância para que eles possam cantar no Municipal, nos lugares chiques e serem bem recebidos", explica o produtor, afirmando que não foi difícil levar as cordas para o universo do grupo. "Não foi não, porque todo mundo gosta de cordas. Um dia o Paulinho da Viola me falou a frase do Maestro Gaya que define tudo isso: 'Paulinho, nós estamos conseguindo suprimir em vez de adicionar'."

O LP, com 14 faixas, traz a elegância das cordas em dois lindos sambas dolentes: "Pra que Viver Assim" (Sombrinha/Adilson Victor), na primeira participação da madrinha Beth Carvalho num disco dos afilhados, em dueto com Sombrinha, e "Conselho Amigo" (Sereno/Noca da Portela), na voz de Sereno. A outra participação especial é de Martinho da Vila, em "Mama la la" (cantiga popular angolana), com direito a toques de atabaque e efeitos de percussão de Armandinho Marçal. Outras participações importantes são de Neoci, tocando prato de cozinha em "Eu Não Quero mais" (Tio Hélio dos Santos), de Chiquinho e sua sanfona em "Chora, Menina, Chora" (Sombrinha/Luis Carlos da Vila) e em "Pra Não Te Magoar" (Jorge Aragão/Cleber Augusto/Franco), e do Mestre Zé Menezes com seus solos incríveis de bandolim, cavaquinho e violão tenor.

As fotos da capa e contracapa, após três discos, voltam a ser feitas no Cacique de Ramos. Vivendo em clima de democracia, todos já cantam mais, como em "Eu Não Quero mais", com os seis versando. Entre os compositores do grupo, uma estreia: é Bira Presidente, autor, ao lado de Roberto Serrão e Noca da Portela, em "Andei, Andei".

FUNDO DE QUINTAL VENCE A CENSURA

Outra estreia no Fundo de Quintal neste disco foi a da censura, que proibiu a execução do samba "Já Foi uma Família" (Sinal dos Tempos) (Arlindo Cruz/Marquinho PQD/Franco) nas rádios e TVs, autorizando apenas para ser cantado em recinto fechado. Foi a única música censurada do Fundo nesta trajetória de 46 anos. Um dos primeiros a saber foi Arlindo Cruz, que ligou para o parceiro Marquinho PQD: "Poxa, compadre, nossa música foi censurada. Acharam a letra abusiva e disseram que estamos mexendo com a instituição chamada família". Anos depois, Marquinho PQD ainda discorda da decisão, afirmando que a ideia do partido alto não era desmoralizar a família. "De forma alguma. Eu, Arlindo e Franco queríamos ter uma lembrança bonita daquela família que almoçava junta. Antigamente o domingo era sagrado e a tradição do encontro acontecia com todos comendo aquela macarronada em casa com os pais e os avós. Era essa saudade de coisas que já não aconteciam mais naquela época, da família não almoçar mais junto, de cada um colocar seu prato no micro-ondas e comer sozinho no quarto, de ninguém sentar à mesa. Acharam que queríamos ridicularizar a família atual porque falamos nos avós, no primo que era gay, que a gente quis desmoralizar a família, o que em momento algum passou pela nossa cabeça", diz Marquinho.

O samba começa assim: "Sinal dos tempos/tudo mudado/O que é hoje nem é sombra do passado/como era lindo/todo domingo/sentar à mesa e aguardar a sobremesa/ouvindo um papo bem animado/o avô do lado ensinando a tradição...". E vem o refrão: "Como era bom/que criação/tão acabando com essa instituição".

Porém, no dia 21 de junho de 1988, foi publicada do Diário Oficial a liberação do samba. Tudo começou com a censura em novembro de 1987: "face à temática e tratamento, malicioso e irreverente, que a composição encerra", como podemos ver nas fotos dos documentos da Censura. Até que no dia 5 de fevereiro de 1988, os compositores mandaram um recurso, também assinado por todos os integrantes do Fundo de Quintal, para o presidente do Conselho Superior de Censura num requerimento muito bem elaborado, solicitando a liberação total da música. Em 27 de abril, o compositor Franco enviou outro pedido, agora para o diretor da divisão de censura de diversões públicas, para que a obra fosse reexaminada.

Segundo os censores em parecer de 12 de maio, "as implicações foram centralizadas em dois versos: "...o pai que era homem bom/foi e voltou com batom na virilha..." e "...a prima moça recatada/no fundo é tarada por uma braguilha...". Para eles, estes versos estavam "insinuando prática de felação", prática esta também conhecida popularmente como boquete ou ato de sexo oral que envolve a boca de uma pessoa no pênis de outra. Já no dia 18 de maio, em outro documento, uma sugestão para que os autores mudassem estes versos citados "na tentativa de adequar a obra à liberação irrestrita". E no dia seguinte a Divisão de Censura enviou um comunicado ao compositor Franco, mantendo a liberação com restrição à radiodifusão.

Nos versos do samba, a crítica dos autores era real e incomodou os censores:"E a vovó/vejam só/arrumou um garoto que é uma maravilha" ou "Hoje o irmão solta a franga/usa tanga e seu nome de guerra é Cecília" ou "Ela é beque central da pelada/mas fica invocada se chamam de filha" ou então "O tio que era executivo/agora é um nocivo chefe de quadrilha" ou "E a tia que é boa aprendiz/já meteu o nariz e segue a mesma trilha" ou "E o primo que era de fé/tá dançando ballet de collant e sapatilha" ou ainda "O pai que era homem bom/foi sair e voltou com batom na virilha". E no final vem "...mudou bastante/mas já foi uma família".

Porém, para sorte do Fundo de Quintal, entrou em cena um dos maiores pesquisadores da música brasileira. Um dos membros do Conselho Superior de Censura (um tribunal que tinha 50% de pessoas do governo e 50% da sociedade civil), o historiador Ricardo Cravo Albim, que representava a ABERT (Associação Brasileira de Emissoras de Rádio e Televisão), recebeu o recurso dos compositores da música. Um alívio, pois naquela época de lutas contra a censura, já se sabia que ele iria liberar, daí que a torcida para que os processos caíssem em suas mãos era grande."Os censores não eram intelectuais, mas policiais aposentados com um nível de conhecimento cultural muito baixo. Eles achavam tudo pornográfico, imoral e vetavam tudo", conta Ricardo.

Era um embate entre representantes do governo e da sociedade civil. No plenário seu parecer foi para liberar a obra para radiodifusão."Estudei o recurso e encontrei a brecha pra música poder ser, enfim, ouvida. Mas neste caso, quando o processo chegou às minhas mãos, fiquei espantado porque foi o primeiro do Fundo de Quintal que foi objeto de censura. E com um detalhe, que sou muito amigo do Presidente Bira. Desde sempre", ressalta o historiador, porém afirmando que não foi esta amizade que o fez pedir a liberação da música."Não foi. O meu julgamento era monolítico, contra a censura. Foi um relatório em que gastei muitas páginas, de cinco a sete laudas, para defender e louvar o Fundo de Quintal, que jamais poderia ser proibido pelos benefícios que prestou ao país no sentido de injetar alegria, por respeito ao povo. Eu caprichei no meu relatório por conta de toda minha estima pelo Bira Presidente. Mas insisto, minha decisão não foi pela estima. Não deixei claro no meu relatório a minha amizade pessoal, de estar protegendo um amigo, e sim pelos argumentos de respeito ao que o Fundo de Quintal representava, ao amor que o povo devotava a eles, pelas dezenas de sucessos, de discos e tantas interferências benéficas ao cancioneiro popular. O argumento foi o respeito e o agradecimento que o Brasil tinha de reverenciar ao Fundo de Quintal", afirma Ricardo Cravo Albim. E assim "Já Foi uma Família" foi liberada para execução nas rádios. E, para fechar com chave de ouro esta sua relação com a censura, Ricardo e o político Pompeo de Souza assessoraram o revisor da Constituição, promulgada no dia 5 de outubro de 1988. "A Constituição pulverizou a censura. Nós assessoramos o Senador Bernardo Cabral no artigo mais polêmico, que diz fica extinta a censura no Brasil."

O REALEJO DO MAESTRO

"Eu Não Quero mais", "Pra que Viver Assim?", "Do Fundo do Nosso Quintal" (Jorge Aragão/Alberto Souza), "Amor Maior" (Arlindo Cruz/Ubirany/Franco) e "Conselho Amigo" foram as músicas que logo caíram no gosto da galera, primeiro nos pagodes e depois nas rádios. Já se tornava um costume esperar o novo disco do Fundo de Quintal para os fãs aprenderem logo os versos dos partidos e saírem cantando por aí, como se estivessem versando de improviso. Outra marca dos discos do Fundo trazida por Rildo foi o realejo, instrumento que tem como seu xodó desde os tempos em que era uma das atrações do Festival de Gaitas, apresentado por Paulo Gracindo todos os domingos às 9h30, na rádio Nacional, com a seguinte apresentação: "Bom dia, ouvintes, aqui domingo. E domingo não é um dia, é um sentimento. Com vocês: Rildo Hora". "Fui procurar saber como era pra tocar, toquei, fiquei titular e tocava toda semana. Ainda não tinha noção do que ia ser o meu futuro e tocava de tudo, música americana, bolero, Lucio Gatica, Gregório Barros, Anísio Silva...", lembrou Rildo.

Em 1988, chega o LP *O Show Tem Que Continuar*. Na capa, todos muito elegantes, comemorando dez anos de estrada e doze anos com o nome Fundo de Quintal. Na contracapa um texto do diretor de seus shows, Túlio Feliciano, e um repertório com pérolas que serão cantadas por muito tempo, como: "O Show Tem Que Continuar" (Sombrinha/Arlindo Cruz/Luis Carlos da Vila), "A Oitava Cor" (Sombrinha/Sombra/Luis Carlos da Vila), "Rosalina" (Serginho Meriti/Luisinho Toblow), "Banho de Fé" (Arlindo Cruz/Sombrinha/Sereno), "Romance dos Astros" (Cleber Augusto/Luis Carlos da Vila/Bandeira Brasil) e uma linda homenagem às mulheres, "Se Chama Mulher" (Arlindo Cruz/Arly Marques). Entre os músicos, o jovem Ademir Batera passa a gravar sua bateria, ainda dividindo com outro baterista, Papão. Os dois ainda terão uma história definitiva em suas carreiras, relacionada com o Fundo de Quintal.

A cada gravação o produtor Rildo Hora vai se tornando cada vez mais fã desta formação do grupo. "Eles têm a carteira com número baixo da ordem dos músicos. Não conheço ninguém que tenha a criatividade do Bira pra tocar o pandeiro. Não tem que dizer para ele como é, tem que deixar tocar e administrar o que ele faz. O Ubirany com aquele repique maravilhoso e aquela caixinha, aquela elegância. O Sereno interessantíssimo, que não é muito firuleiro, que marca o samba. Sim, porque existem músicos que gostam de transformar o instrumento de marcação em solista. A criatividade do Arlindo e do Sombrinha, geniais. E o Cleber, que particularmente não é um sambista tradicional como os outros. É refinado. Cada um tem o seu jeito, mas o que prevalece no Fundo é aquela alma afro-brasileira, das tradições, da maneira de batucar, como o Bira sempre fala do partido alto, do miudinho, no jeito de dançar, de compor e de se posicionar em relação aos outros na sociedade."

A DESPEDIDA DE NEOCI DIAS

Em meio a tantas alegrias desse ano de 1988, a má notícia foi a despedida de um de seus fundadores. No dia 23 de novembro, em decorrência de complicações da diabetes e de um AVC, o samba perdeu o Mc Coy de Bonsucesso, o Véio Zuza. Morreu, aos 51 anos de idade, Neoci Dias de Andrade, um dos fundadores e principais articuladores do início do Grupo Fundo de Quintal. Um sambista talentoso como poucos, que faz muita falta, perdeu a trajetória da vida para a sua própria teimosia. "Ele era teimoso e diabético, mas comia linguiça, torresmo, pé de porco, orelha, tomava sua cachaça", conta o amigo Darcy Maravilha. "Deu uma topada, mas não ligou.

Começou a doer, teve de tomar antibiótico, mas não deixava de ir para o botequim comer carne seca e beber cerveja. Não podia usar sapato, mas usava e não acreditava que ia dar merda. Morei na casa dele pra cuidar dele. Meu fusca virou ambulância e o levava pra tudo que era lado."

Com a glicose muito alta e uma grande dose de rebeldia, sua situação foi se complicando. Perdeu o dedão do pé esquerdo. "Eu que assinei pra ele cortar o dedo. Alcione que dava o cheque. Foi a única artista que ajudou a pagar as contas, os curativos", conta Darcy. "Ele dizia que era aleijado e não queria ir para o hospital, mas já estava gangrenando. Operou na clínica do Doutor Aluan, em São Cristóvão, e no mesmo dia foi convidado a se retirar. Antes de completar 24 horas de uma delicada cirurgia, ele não podia comer. Mas queria porque queria. Por gentileza, as enfermeiras colocaram uma sopa coada pra ele. Só o caldinho. Ele não quis saber e xingou as enfermeiras. Aí o Doutor Aluan pediu para tirá-lo", contou a produtora Sheila Hatischvili, filha de Neoci. "Cheguei pra visita, ele estava de pé, arrumado e gritando: 'Vitória, me tira daqui, não quero ficar aqui'", lembra Dona Vitória desse dia 15 de novembro, quando Neoci assinou um termo de responsabilidade para poder sair.

Da mesma forma que no samba preferia cantar as músicas inéditas de outros compositores ao invés de também cantar as suas para tentar gravar, Neoci também não cuidava de sua saúde. "Eu cuidava dele em casa e ele não se cuidava na rua. Quando os amigos iam lá em casa e viam o que eu fazia pra ele comer, aquelas comidinhas controladas, muito legume, chazinho, diziam: 'Mas, Vitória, pra que tanta coisa? Na rua ele come de tudo!'", lembra Dona Vitória, que ainda dançou com Neoci numa festa, após a operação. "Meu pai era terrível. Operado, foi pro bar fazer um pato, que é remoso. Fumava e estava bebendo vinho com soda. E aí, por conta da diabetes, começou a complicar a operação e foi internado de novo. Ele era muito ranzinza e não ouvia ninguém. Dava patada nos outros, xingava...", disse Sheila.

O resultado da rebeldia de Neoci ao voltar pra casa foi um AVC. No dia 19, rosto muito inchado, passou mal e teve de voltar a ser internado. "Fui na esquina chamar alguém para me ajudar. Encontrei o Cleber Augusto e o chamei para ir comigo levar o Neoci para o Hospital da Polícia Militar, mas ele disse que não podia, que estava ocupado. Voltei, liguei pra ambulância da polícia militar, que chegou bem rápido e fomos", conta Dona Vitória. No mesmo dia ele entrou em coma, recebeu a visita de Ubirany e faleceu.

"Foi muito triste o fim do meu irmão. Ele não se cuidou, se autodestruiu. Para colocá-lo na ambulância, foi preciso cinco homens. Ele não queria ir para o Hospital da Polícia. Lembro que uma vez que teve problema no pé, quem pagou foi o Mussum. Na hora da doença todos correm. Vi muito amigo que comia e bebia na casa dele se afastar. Ele ajudou a muita gente que hoje em dia tem nome e que não fala nele. Gente que sei que não era ninguém e que foi meu irmão que ajudou. E quando ele precisou...", contou Beth, irmã de Neoci.

Porém, apesar da teimosia e da rebeldia, Neoci também teve muitos créditos, como diz Sombrinha. E a saudade foi o sentimento que ficou em todos. "Tenho, sim, da pessoa que ele era, sempre alegre, positivo, apesar de ser muito bruto. Não sabia falar, não sabia conversar, mas nós gostávamos de ficar perto dele. Não passava Natal nem dia 31 de dezembro com a gente. Depois que gravou 'Vou Festejar' que passou uns dois anos com a família. Ele viveu muito a vida dele, viveu aquilo que ele queria viver", diz Dona Vitória. "Em tudo ele faz falta. A gente só dá valor depois que perde. Eu reclamava muito que ele me mandava ir ao açougue e explicava como queria as carnes: 'Ô Sheila, manda o Roberto moer duas vezes'. Aquilo me dava uma raiva, pra que isso tudo? Lembro dele pedindo pra fazer massagem nele e hoje estou com as mesmas doenças que ele 'tem' (emocionada, ela falou como se o pai ainda estivesse aqui), vejo que as pernas doem, o couro cabeludo dói, eu sou diabética hipertensa como ele. As mesmas dores na batata da perna que ele sentia eu sinto", contou Sheila. Ela também não se esqueceu das broncas e dos excessos do pai nas festas. "Era muito esporro que eu levava e lembro-me das festas que ficávamos revoltados dele gastar dinheiro em excesso com os outros, pra satisfazer ele mesmo. Se ele estivesse aqui com esses netos, ia ter festa todo dia. É impressionante como eles tocam tantan com a educação que ele tinha e nem o conheceram. Todos com as qualidades musicais do jeito do avô, o Matheus Henrique, o Danilo e o Nathan. Como é que pode? Meu pai fazia a diferença, tinha sabedoria. Ele não era um mal necessário, como uns dizem por aí. Se ainda estivesse aqui, seria responsável por muita coisa boa no samba. Difícil ver alguém como ele hoje em dia", contou Sheila, que assim como o pai, teve um AVC. Nove meses depois teve outro e faleceu no dia 6 de dezembro de 2020, com suspeita de Covid-19.

Jorge Aragão concorda com ela sobre a importância de Neoci. "Sinceramente não conheço alguém que tivesse captado mais de tudo o que estava acontecendo ali e fazendo com que se respeitasse, com que se ouvisse e sempre abrindo portas. Era através dele, pedindo pra calar a boca e ouvir. Ainda bem que ele esteve aqui entre a gente, e por ser birrão, é que deixou a gente muito cedo", afirma o amigo, que também tem a consciência dos erros de Neoci. "Com ele era assim, não pode comer isso, bora comer, não pode beber isso, bora beber, não pode fazer isso, vou fazer. Arriscava tudo pra viver 100% do que ele queria. E, sem dúvida, deixou um legado. Seu nome está marcado e será sempre lembrado, quando se falar alguma coisa dessa era pra cá. Considero que ele seja o responsável por essa transição um pouco mais suave de uma velha guarda para o que se passou a fazer de samba. Certamente não tem ninguém dentro dessa transição que fale e não chegue ao nome do Neoci, muito responsável por essa forma de se fazer samba, podendo falar de uma forma mais natural com um tom poético, ou fugir um pouco do gorjear da passarada. A seu modo, a seu jeito, ele chancelou o Fundo de Quintal", diz Jorge, que se lembra das enchentes que tanto prejudicaram a família de Neoci. "Sofremos muito quando o rio Faria Timbó transbordava. Na casa dele a água ia pra dentro dos quartos. Eu e o Alcyr morávamos no segundo e terceiro andar, mas com o Neoci, em cima do Natal ele comprava um sofá, mas a enchente vinha e levava tudo."

O produtor Rildo Hora, que não gosta de ir a enterros, dessa vez fez questão de ir. "Peguei no braço do filho dele e falei assim: 'Você é filho de um grande brasileiro'. É um cara importantíssimo na cultura brasileira, até diria como colecionador por sua memória afetiva em conhecer tantos sambas. Ele me chamava de centera. Achava que eu tinha o porte de um Center Alf matando a bola no peito como o Príncipe Danilo. Mal sabia ele que sou um cabeça de bagre jogando bola. Considero o Neoci um dos grandes amigos que fiz na vida, nesse mundo do samba."

Outra de Neoci que Rildo não esquece foi do carnaval de 1987, quando a Mangueira foi campeã com o enredo "O reino das palavras, Carlos Drummond de Andrade" e estava naquela célebre comissão de frente, entre nomes como os de Carlos Cachaça, Aldir Blanc, Hermínio Bello de Carvalho, João Nogueira e Chico Buarque. "O Neoci estava assistindo o desfile. Eu do lado do Chico e quase ninguém me via, só viam o Chico. Mas Neoci me viu e gritou: 'Centera, Centera, você está lindo!'. Foi tão bonito...", se emociona Rildo, que gosta de falar de Neoci. "A Beth, quando quis me levar ao Cacique, deve ter falado o nome Neoci umas cem vezes, que eu tinha de conhecer e que ia gostar muito dele. Sabe de uma coisa? A madrinha *tava* certa."

Hoje, seu nome está imortalizado no Espaço de Desenvolvimento Infantil Compositor Neoci Dias de Andrade, na Rua Antonio Rego, 383, em Olaria, bem ao lado da quadra do Cacique de Ramos, inaugurado no dia 6 de fevereiro de 2013. "O sonho dele era fazer uma creche. Todo dia 12 de outubro dava festa pras crianças, com bolo de metro, roupas, e também dava doce de São Cosme e São Damião, mas tinha que ser na mesa", conta Dona Vitória. Porém, foi ainda em 1988 que o Véio Zuza se despediu dos estúdios. Fez sua última participação cantando. Foi versando na faixa Seleção de Sambas da Antiga, do disco *Alma do Brasil*, de Beth Carvalho. Como se fosse uma despedida, o Mc Coy de Bonsucesso versou junto com sua turma de Cacique: Arlindo, Deni de Lima, Zeca, Marquinho China, Luis Carlos da Vila e a madrinha, em "Beberrão" (Aniceto do Império/Molequinho). E Neoci versou "você já começa a beber/Parati com hortelã".

EM 1989...

Ciranda do Povo, uma parceria top de linha entre Cleber Augusto e Aldir Blanc, dá o nome ao LP de 1989. Um samba que não tocou o que deveria, mas que merece ser ouvido por todos. O poeta Aldir também escreveu com maestria o texto da contracapa, que diz, entre outras palavras: "...a virada veio da raiz, gostem dessa palavra ou não, da cor, da raça, lá do fundo. De quintal...". E Aldir fala exatamente sobre o renascimento do samba, em meio à enxurrada de músicas internacionais que sonorizavam no país como se estivessem em sua própria casa. E chegou o Fundo de Quintal, com tudo o que já sabemos.

O disco é dedicado, como está escrito no encarte, "ao grande sambista Neoci Dias de Andrade". Na capa, uma arte com a foto do povão dentro da palavra Grupo, retratando a realidade da multidão que já acompanhava o Fundo em suas apresentações pelo país e fora dele. Nas fotos da contracapa, eles aparecem tocando, cantando e, numa delas, estão o produtor Rildo Hora e o técnico de gravação e mixagem Jorge Teixeira, o popular Garrafa, figura importante que deu qualidade ao samba nos discos que trabalhou. E não foram poucos. Ele foi homenageado no disco Raça Brasileira com o samba "Garrafeiro", que o Zeca começou a fazer na frente dele, zoando com seu apelido, e terminou com o Mauro Diniz.

Quanto às músicas que despontaram deste disco do Fundo, estão: "Miudinho, meu Bem, Miudinho" (Arlindo Cruz/Franco), "Nascente da Paz" (Adilson Victor/Sombrinha), mais conhecida como Bororó, "Valeu Raoni" (Arlindo Cruz/Franco), "Se Você Me Der a Mão" (Arlindo Cruz/Chiquinho/Marquinho PQD), "E Fez-se a Luz" (Sombrinha/Sombra/Luis Carlos da Vila) e "Não Valeu" (Marquinho PQD/Arlindo Cruz/Franco).

E como será que nesse tempo andava a questão do famoso consenso? Como Rildo resolvia a escolha do repertório entre os compositores do grupo? "Antigamente, se não tivesse certo cuidado, fazia um disco Fundo de Quintal interpreta Arlindo Cruz. Sim, porque era um problema. Ele é bom demais e apresentava uma fita com 12 músicas e todas elas poderiam entrar no disco, mas eu só colocava quatro. Aí, ele me perguntava assim:

Arlindo – Maestro, por que aquela música não entrou?
Rildo – Arlindo, ela pode entrar, mas troca por uma das quatro, senão o disco fica sendo só seu!

"Ele sorria e entendia", lembra Rildo, que imprimiu no Fundo a sua maneira de como definir um repertório difícil por tanta qualidade. "Sou um cara muito politizado e a primeira coisa que tem de se aprender é respeitar a opinião dos outros. Muito embora às vezes você não concorde, tem de procurar entender. Então, pra fazer o disco do Fundo de Quintal, primeiro eu ouvia as músicas junto com eles. E depois ia pra casa com todas elas, umas trezentas, quatrocentas. Eu e minha esposa íamos para o nosso sítio em Maricá, ouvíamos e eu decidia as 14. Fazia um cassete, com as letras batidas e entregava pra cada um deles. Como tinham confiança em mim e como eu usava muitos critérios políticos e artísticos, que eles gostavam, delegavam esse poder pra mim, porque se fossem decidir, eles brigavam. Eu procurava botar músicas dos compositores do grupo, apresentava a eles e levava na manga umas cinco, seis, mas nunca me pediram pra trocar." Depois de uns cinco, seis discos, a forma de fechar o repertório mudou. "Faço uma reunião e eles votam no papel, ao ouvir, igual concurso de miss, e depois o voto é contado. Mas eu não voto. Se empatar alguma, eu decido. Só dou o voto de minerva. E ficou assim, bem mais fácil."

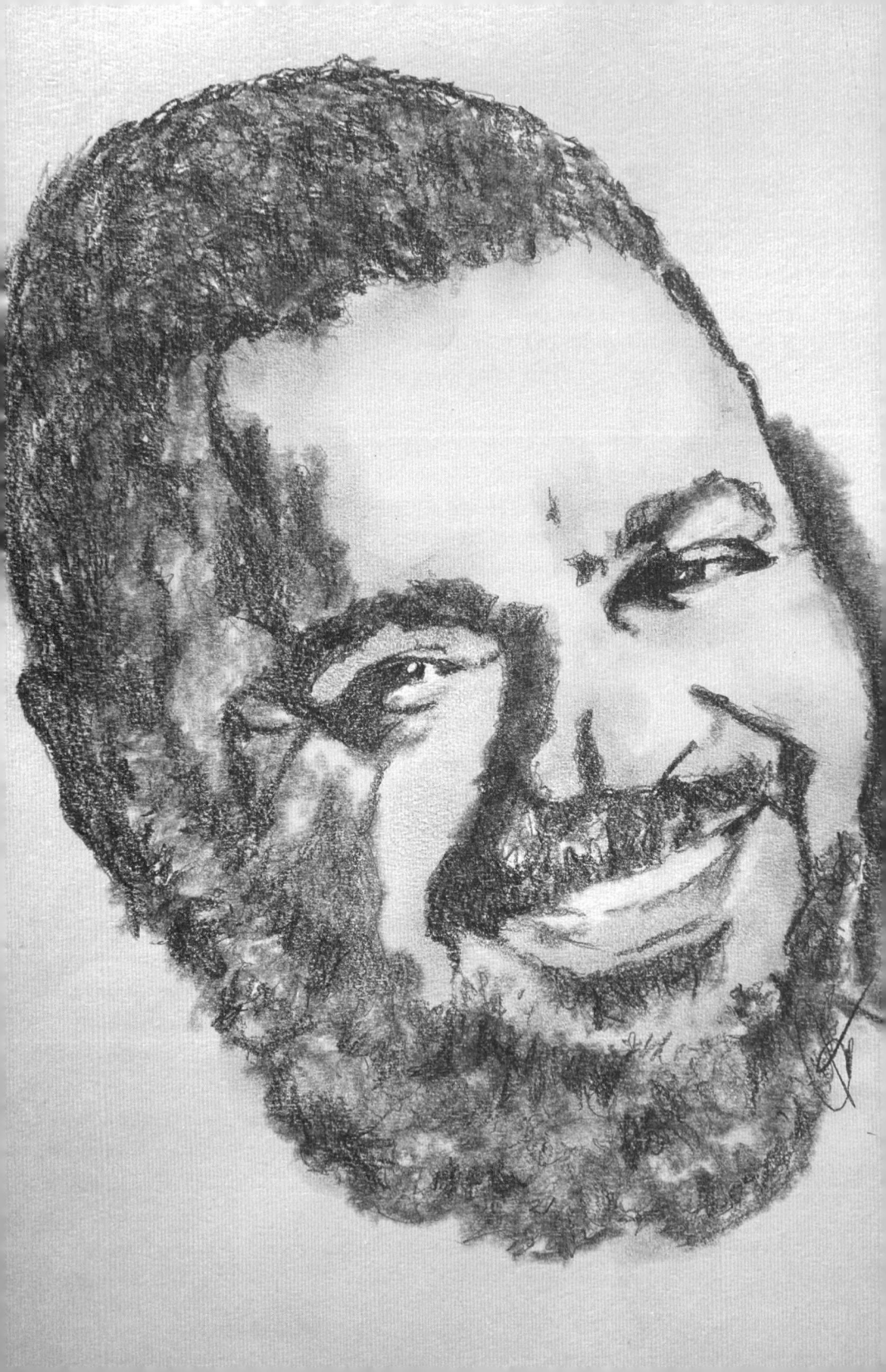

CAPÍTULO 12
PELOS QUINTAIS DO MUNDO
OS EMPRESÁRIOS CONDUZINDO A BATUCADA

No início era apenas uma diversão de um grupo de amigos. O prazer pelo simples fato de estarem juntos, tocando, cantando, compondo. Nos encontros na quadra do Cacique ou em festas nas casas e nos quintais de amigos e familiares, o que valia era apenas o momento. Porém, uma hora o prazer ganhou nome, sobrenome e passou a ser também um trabalho, o ganha-pão dos amigos. E o então novo Grupo Fundo de Quintal precisava de um empresário que se responsabilizasse pelas vendas dos shows e sua respectiva logística. Nesses anos de estrada, alguns nomes estiveram pilotando suas turnês pelo mundo. Por aqui, temporadas lotadas em lugares de prestígio como Teatro Opinião, Sala Funarte, Cine Show Madureira, Teatro João Caetano, Teatro Carlos Gomes, Teatro Suam, Teatro Rival, Cidade do Samba, em vários teatros da rede Sesc e casas como Canecão, Butecoteco, Asa Branca, Metropolitan, Imperator, Vivo Rio, Terra Brasil, Tom Brasil, Terraço, várias quadras de Escolas de Samba, feiras agropecuárias, entre tantos palcos do norte ao sul do Brasil. E pelo mundo, das Américas ao Oriente, incluindo os continentes africano e europeu.

Nomes como os de Devanil da Silva, José Carlos Marinho, Fernando Bastér, Dulcério Lima, Clayton Lazzarini, Carlos Lincoln, as duplas Dermeval Coelho/Dudu Nobre e Vanda Lúcia/Malú Borges estiveram à frente dos negócios, André Tomassini e, desde o final de 2021, a X-Entretenimento.

DEVANIL DA SILVA

Mineiro de Além Paraíba, compositor e radialista, Devanil da Silva tem boas lembranças de seu tempo à frente do Fundo de Quintal. "Eles explodiram na baixada santista e na grande São Paulo a ponto de na maioria dos shows fecharem a bilheteria, pois não cabia mais ninguém. São Paulo era o dono da bola e não me preocupava muito com o Rio. E nunca tive problema com eles." Devanil lembra fatos inusitados, como de um show em Vitória, quando o contratante Chico Banha levou o dinheiro do show numa bolsa e fez o pagamento numa Sala VIP do Aeroporto ou de um show no Clube Fluminense, em Niterói, quando ouviu do contratante: "Segura os meninos mais um pouco porque parece que Niterói toda veio ao show e acabou a cerveja. Estão indo buscar". Já em 1985 levou o Fundo e Jovelina Pérola Negra para uma de suas primeiras viagens internacionais: um Festival em Angola, que estava em plena guerra civil. "Passamos uma semana e foi fantástico. Todo dia tinha show e festa pra gente. Mas tinha o toque de recolher às dez da noite. Quem não obedecia ia preso."

JOSÉ CARLOS MARINHO

A visibilidade chegou com José Carlos Marinho, que esteve com o grupo por duas vezes no Japão, quando inauguraram o Clube do Samba de lá, e ainda nos Estados Unidos, Monte Carlo, Paris, além de norte a sul do Brasil. Antes, porém, nos anos 70 ele foi auxiliar dos técnicos Celinho e Luis Paulo nos shows do Canecão, indo depois ser produtor executivo de estrada no escritório de Benil Santos, acompanhando Clara Nunes. Até que Beth Carvalho abriu a BC Produções, o levou e logo fez um convite decisivo para sua carreira: "Vou ao Cacique de Ramos, vamos comigo?". Ele foi. "E fiquei maravilhado. Não me esqueço da tamarineira e da cordialidade do Bira, que não sabia o que fazer pra nos receber tão bem. E o diferencial era o som. Ubirany e Sereno eram um caso à parte e tinha o Almir brincando no banjo. Foi maravilhoso. Ah, e como se esquecer daquela culinária de primeira linha preparada pelo inesquecível Neoci, marido da Dona Vitória? Ele também se tornou uma referência no mercado do samba. Tinha o dom, o *feeling* em descobrir grandes sambas. Tinha o Toque de Midas, era um exímio garimpador." A partir daí, iniciou-se uma grande amizade entre o José Carlos e a então rapaziada do Cacique. "Comecei a frequentar aquelas quartas com e sem a Beth. Quando ela estourou com o 'Vou Festejar', o Bira me convidou para ser o relações públicas do Cacique. Aceitei e fiquei uns três anos. Ele e o Ubirany eram da banda da Beth, e quando ela ia mudar de roupa, era o momento dos irmãos irem pra frente sambar."

Numa dessas quartas, Ubirany fez o convite para que assumisse a frente do grupo. "Eu estava na BC e já envolvido com o Roberto e o Erasmo. Disse que não sabia até que ponto poderia contribuir com eles, porque estava indo para outro segmento. Mas ele disse que era justamente essa diversidade que eles precisavam. Não queriam ninguém do samba. Resolvemos tentar e deu super certo", lembra Marinho, que conseguia entender o jeito de cada um deles. "Aprendi muito com todos eles, que também me ouviam muito. O Arlindo, um gênio, um cara muito autêntico e quando tinha que falar alguma coisa, chamava num canto e falava mesmo. Extremamente culto, nas viagens mandava o inglês e se virava muito bem. Já o Sombrinha sempre foi um poeta maravilhoso, mas era um sacana com suas irreverências. Vivia o tempo todo brincando, mas se chutava o pau da barraca, ficava embaixo. O Sereno não era de falar e se manifestava de uma maneira autêntica. É aquele cara que se tiver de te elogiar, dá um sorriso, te dá um tapa nas costas e, se tiver que te criticar, te chama num canto e te dá um sabão de tu perder o rumo. E o Cleber sempre foi muito especial, mais caladão e soltando aquelas pérolas. Mas o grande equilíbrio chamava-se Ubirany e Bira, de maneiras diferenciadas. Ubirany com um estilo completamente elegante. Ele nasceu no país errado, tinha que ter nascido em Londres. Até na maneira de se colocar atingia os seus objetivos no diálogo, conversando muito. Com a sua categoria dava um esporro que a pessoa nem percebia. O Bira já é mais pavio curto, mas tem liderança, tipo eu não gostei disso aqui e aqui não tem desse negócio não! Ele coloca ordem na casa." Para Marinho, a vaidade de Ubirany era um capítulo à parte. "Era o mais vaidoso. Chegava se ajeitando, todo engomadinho, abria a bolsinha, tirava o pente, dava uma penteada na costeleta e na barbicha. E sempre muito perfumado. Vivemos uma época em que se usava roupa de linho e ele sempre se apresentava na elegância."

Foi em sua passagem pelo Fundo que o baterista Ademir passou de músico a integrante do grupo. "O Ademir caiu como uma luva, encaixou perfeitamente e foi muito justo se tornar integrante, pois sempre se portou muito bem. Ele deu um toque de grande qualidade ao Fundo de Quintal. E a maneira dele de tocar é muito especial pra forma deles executarem as suas obras. O seu entrosamento com a percussão é perfeito e o Ademir finaliza de um jeito que chega a ser emocionante."

Em sua época o Fundo tinha uma agenda com uma média de 18 shows por mês, com no máximo dois por dia nos finais de semana. "Alguns deles reclamavam, mas dizia pra eles: 'Vamos devagar e sempre, se vocês começarem a ficar muito expostos, o preço de vocês vai cair, e caindo vão perder muito mais. Vão fazer três, quatro shows pra fazer o cachê de um'. Então, evitava os dois, três por noite e fui muito criticado por isso. Comigo era um por noite, pra manter a qualidade e o prestígio", diz Marinho, lembrando que em São Paulo, onde o Fundo sempre fez muitos shows, já existia a tradição de o artista ter vários na noite, muitas vezes subindo ao palco às 5, 6 horas da manhã, com as quadras das Escolas de Samba lotadas.

Num tempo em que as renovações de contrato com as gravadoras eram muitas vezes definitivas na vida de cada artista, José Carlos Marinho foi peça fundamental em algumas dessas negociações. "Sou desse tempo e tive oportunidade de fazer três grandes renovações contratuais, financeiramente falando, o que é um ponto de orgulho que eu tenho. E bem generosas, que mudaram a vida deles. Era com o Marcos Silva, da RGE. E não fazia sozinho, tinha participação. Eles se falavam, até porque não podia fechar nada sem a anuência deles, que diziam: 'Tá falando sério? É isso mesmo?'. É isso mesmo, claro que é!".

Após já ter ido ao Japão, com Clara Nunes, onde viu fotos gigantescas da cantora estampadas em prédios, José Carlos Marinho voltou com o Fundo de Quintal em 1988 e em 1989. "A primeira vez foi através do Marco Aurélio Luz de Mello, da equipe do Projeto Pixinguinha, da Sala Funarte na época em que também era representante da *Revista Latina*, especializada em música da América do Sul, editada em Tóquio. Daqui do Brasil, em tempos sem internet, recebíamos as notícias depois, como quando chegaram lá, com todos os ingressos, que tinha a foto deles, já esgotados. Os vagões do metrô eram envelopados com fotos do Fundo", conta Ângela Victório, então assessora de imprensa da RGE. Na primeira vez, oito shows com direção de Túlio Feliciano, divididos com Dona Ivone Lara, com a participação de dançarinos do Bloco Afro Agbara Dudu, nas cidades de Tóquio, Sendai, Nagasaki, Nagoya, Saporo, Kyoto, Yokohama e Hiroshima. No ano seguinte, voltaram com a participação da cantora Rosângela, novamente com o Agbara Dudu e fizeram 13 apresentações de 21 de julho a 12 de agosto, tendo voltado às cidades de Tóquio, Nagoya, Kyoto, Yokohama, Hiroshima e também se apresentaram nas cidades de Osaka, Kanasawa, Narashino, Ota,

Kagawa, Omuta, na ilha de Hokkaido e na província de Miyagi. "Lembro de uma passagem muito especial, que retrata a honestidade do povo oriental. Estávamos na Estação de Narita, em Tóquio, indo de trem-bala para Sendai. O Arlindo esqueceu uma bolsinha de papel com o seu passaporte e o dinheiro de toda sua diária de alimentação num banco. Fizemos o show e voltamos no dia seguinte apavorados. Por incrível que pareça, a bolsinha estava intacta no mesmo banco e na mesma posição. Por isso é que, em se tratando de civilização, os japoneses dão um banho."

Outra história é de um almoço que foi oferecido a eles no Bar Praça Onze, em Tóquio. "Estávamos todos muito ansiosos, pois seria uma feijoada que fizeram em nossa homenagem. Só que sonhamos com a nossa feijoada e encontramos uma feijoada japonesa doce. Mas a elegância de todos e o jogo de cintura livraram o mal-estar. Uns provaram um pouquinho, um olhava para o outro, mas foi uma situação difícil, até que alguns começaram a dizer: 'Vou ali e volto já'." Sombrinha, hoje um fã da comida japonesa, na época não era nem um pouco. "Gastei todo o meu cachê com carne, porque em 88 eu não suportava comer peixe cru e hoje eu adoro. Uma lembrança bem engraçada foi trazer o prefeito de Kyoto pra dançar com a Dona Ivone no palco, foi muito engraçado ver um típico japonês sambando." Sereno foi outro que sofreu pela ausência do feijão bem brasileiro. "Foi brabo. Passei a turnê toda comendo spaguetti e frutos do mar, com saudade do nosso feijão."

No Japão, muitos dos shows eram em teatros de sete mil lugares, todos lotados e com o público extasiado. A grande surpresa ficou por conta da incrível pontualidade de todos. Se o horário marcado para sair do hotel era oito horas, às sete o produtor local já ligava para Marinho. "Eles faziam isso já sabendo que o brasileiro não é tão pontual. Mas em dia nenhum atrasamos. Quando ligavam, já estávamos no lobby do hotel aguardando." Aconteceu até uma roda de partido alto bem brasileira. "Foi em Sendai. O Arlindo foi versar com um deles, que respondeu o verso em português, decoradinho do LP. Muito bacana ver um fruto da semente que lançamos no Japão nestas duas turnês, quando lançamos dois CDs lá. E mais tarde essa garotada chegou aqui no Rio cantando nosso repertório com uma maestria impressionante. Ficou a nossa semente", contou Ubirany.

"Nos virávamos com muita mímica e um pouco de inglês. O Arlindo falava um pouquinho, eu arranhava e no japonês usávamos o tradutor e tudo ficava mais fácil, mas um dia eu e Arlindo saímos às sete da manhã pra tomar café numa daquelas vielas em Sendai. Ficamos uma meia hora até acertar o pedido, nem na mímica *tava* resolvendo", diz Sombrinha. Já Ademir lembra de uma boa com Sombrinha. "Estávamos no elevador. Entra um japonês com uns 2m de altura. Sombrinha diz: 'Lutador de sumô'. Ao sair o cara fala: 'Você é muito abusado'. Ele era brasileiro." Em outro dia a dupla Sombrinha e Arlindo saiu para passear pelas ruas de Tóquio. "O Arlindo com aquela barba de urubu, cabelo tipo Michael Jackson. Daqui a pouco veio uma turma de colegiais pequenininhos. Quando viram o Arlindo, saíram gritando e chorando pela rua. O Arlindo gritava: 'Vem aqui, vem aqui que eu vou pegar vocês'", lembra Sombrinha.

Os fãs cantavam as músicas nos shows e, entre eles, o grupo de samba Balança Mas Não Cai, formado em Tóquio, por japoneses tocando cavaco, banjo, violão, tantan, repique de mão e pandeiro. Não demorou muito e vieram gravar no Rio de Janeiro, sob o comando de Túlio Feliciano, o disco *Feijoada com Sushi*, nome do samba de Sombrinha, Arlindo Cruz e Franco. Quase todo o repertório é cantado em português. O clássico "Sukiyaki", único cantado em japonês, foi gravado em ritmo de samba, enquanto "Tristeza", muito famoso no Japão, foi gravado em japonês e português. Fãs declarados do samba e da bossa nova, os japoneses mostraram-se fascinados pelo Fundo de Quintal, a ponto de colocarem um sucesso da cultura pop japonesa cantando "Cantei pra Distrair" e "A Batucada dos Nossos Tantans". É jogar na internet o nome Hatsune Miku e ver um grupo de mulheres tocando tantan, repique, entre outros instrumentos, cantando em português (as legendas em japonês) e sambando. Hatsune Miku é um software que permite qualquer pessoa criar músicas apenas com a letra e a melodia, desenvolvida pela empresa de tecnologia digital e de licenciamento Crypton Future Media, localizada no Japão.

Em seu trabalho não só com o Fundo de Quintal, mas com todos os artistas que tem empresariado, José Carlos Marinho se orgulha de ser, além de um empresário, vendedor de shows. "Na Marinho Produções a intenção sempre foi muito mais de criar e utilizar conteúdo para projetar o artista, e aí sim, o conteúdo fazia virar o show e o telefone tocava. Este já era o diferencial na época do Fundo, de ser um empresário produtor." E ressalta a importância de ter uma equipe. "Ninguém faz nada sozinho e nesses tempos o escritório tinha um time de primeira linha com entrosamento perfeito: a secretária Malú, a Sônia no atendimento, e na produção o jornalista Marcílio Freire e o André Tomassini, meu primo, que já foi o empresário do Fundo de Quintal. Ele não só foi um bom aluno, como foi dedicado, empenhado. Se chegou onde chegou, foi pelos seus méritos, pelos seus valores", conta Marinho.

FERNANDO BASTÉR

Com Fernando Bastér, que era compositor e já conhecia os integrantes do Fundo e tinha sido empresário de nomes como Elza Soares e Jovelina Pérola Negra, foram vários anos de muitos shows e muitas viagens, incluindo Peru e Equador. Seu filho Guto, hoje instrutor de asa-delta, em São Conrado, trabalhava como assistente, na verdade um faz-tudo. "Naquela época não tinha a estrutura que se tem hoje em dia. Então, eu fazia de tudo. Fui roadie, técnico de som, reservava hotel, recebia e pagava todos eles. Era uma correria total. Chegávamos cansados depois de três shows, muitas vezes pela manhã, ainda ia aos quartos pagar cada um", conta Guto, que, no entanto, adorou tudo aquilo. "Conviver com todos eles era muito bom e meu pai falava sobre isso, da gratidão que tinha pelo Fundo, pois éramos um família. Íamos viajar na quinta e só voltávamos na segunda. Pra mim então, que era mais jovem, foi muito prazeroso. Quanto ao final, foi pelo desgaste do relacionamento, o que é normal, mas paramos numa boa", diz Guto, que lembra do sempre perfumado Ubirany. "Ele só usava Azaro. Era só sentir o cheiro e saber que ele estava por ali. Aliás, o ônibus do Fundo era o mais cheiroso do samba."

DULCÉRIO LIMA

Outra boa fase, com muitos shows, foi sob o comando de Dulcério Lima. Português da cidade de Angra do Heroísmo, da Ilha Terceira do Arquipélago dos Açores, Lima chegou ao Brasil com 15 anos de idade, foi dono de alguns bares e se tornou um maitre renomado da noite carioca e paulistana. Em São Paulo foi sócio de casas como Telecoteco na Paróquia e O Boteco, e empresário de vários artistas como Wando, Lobão, Sidney Magal, Peri Ribeiro, Elymar Santos, até ser apresentado ao Fundo de Quintal pelo boa praça Toninho, um dos gerentes do famoso Hotel Jandaia, conhecido como a Casa do Samba, pois quase todos os sambistas do Rio ficavam por lá. "Foi uma época maravilhosa e fazíamos uns sete shows por semana. Sempre muito divertidos, em cada lugar que chegávamos era uma festa e as casas todas lotadas. Foi muito importante trabalhar com eles, que são os papas deste som do samba. Eles são especiais, me respeitavam e comigo era um grupo muito educado, muito fino. E como nunca tive contrato com artista, com eles também não tinha. Era tudo de boca e confiança total", diz o empresário, que é conhecido apenas por Lima. "Meu nome foi um erro. Ia ser Dulcídio, que também é uma merda, mas ficou Dulcério. E só os íntimos me chamam assim. Então, ficou Lima."

Um desentendimento com Mário Sérgio foi o motivo de sua saída. "Foi uma intriga, uma guerra de empresários enciumados. Fizeram um veneno com o Mário Sérgio. Ele começou a implicar comigo e eu com ele, que veio tirar satisfação comigo. Achei que não podia e o mandei praquele lugar. Todos ficaram a favor dele e, como já estava um desgaste natural, preferi sair."

CLAYTON LAZZARINI

Estados Unidos, Portugal e Espanha foram alguns dos lugares fora do país que o Fundo realizou turnês com Clayton Lazzarini, que deixou seu cargo de Gerente de Divulgação da RGE, em São Paulo, para ser seu empresário. "Lembro de uma participação do Fundo de Quintal no Festival de Música da Baía das Gatas, na Ilha de São Vicente, em Cabo Verde. Foi um show numa praia superlotada, em homenagem a Cesária Évora, em 24 de agosto de 1996", conta o baixista Paulinho Oliveira.

DUDU NOBRE E DERMEVAL COELHO

Um aperto de mão em cada um dos integrantes numa churrascaria marcou o início da rápida passagem de Dudu Nobre e Dermeval Coelho como empresários do Grupo Fundo de Quintal. "Eles estão nas minhas lembranças de garoto. Convivo com eles desde pequeno, nas festas lá em casa, nos pagodes da minha mãe, na casa da Beth Carvalho, no Cacique e no bar em que o Bira Presidente foi sócio dos meus pais. E poder trabalhar com eles foi um aprendizado e a realização de um sonho. Uma forma de retribuir o tanto que eles me ensinaram. O Sereno me ensinou a tocar tantan, Ubirany no repique de mão, o Bira me ensinou a tocar pandeiro e o Arlindo afinando meu cavaquinho. O Fundo de Quintal é uma marca que tem identificação com todos os públicos", diz Dudu Nobre. Ele conta que foram cerca de 130 shows em um ano, com direito a turnê em países como Portugal, Itália, Suíça e Bélgica, incluindo ainda participações nos programas Altas Horas, Estrelas e Hebe. "O que fiquei chateado foi de não ter tido a oportunidade de trabalhar um CD deles, que é o cartão de visita do artista. Chegamos a fazer uma pré-seleção, mas não rolou. E no final não teve nem briga nem confusão. Não teve multa contratual. É vida que segue e a admiração fica a mesma."

Nessa gestão de Dudu Nobre, quem acompanhava o Fundo era seu sócio Dermeval Coelho. Nesse período ele pôde confirmar a importância do Bira Presidente. "É mesmo impressionante o carisma dele. Bira é uma pessoa emblemática. Comigo, quando o Fundo de Quintal chegava aos lugares, todos queriam conversar com ele. Uma vez fomos fazer um carnaval em Recife. Ele não foi porque tinha o desfile do Cacique de Ramos no Rio e ele não larga o Cacique de jeito nenhum. Quando chegamos, a pergunta era: cadê o Bira? E pra contornar? Foi difícil." Em outro show, na cidade de São Luís, no Maranhão, a coisa ficou tensa. "O contratante nos hospedou num hotel afastado, no meio do nada. E o dinheiro não aparecia. Tive de tomar uma atitude e disse que ninguém sairia do hotel até o dinheiro chegar. Daqui a pouco chega ele com uns quatro jagunços pedindo pelo amor de Deus para irmos fazer o show e que já tinham ido falar com a família do Sarney. O resultado é que o dinheiro não veio, não fomos, não teve show e quebraram o clube todo. No dia seguinte viemos embora, sem problemas, sem nenhuma sequela. Afinal de contas estava no contrato que receberíamos no hotel." E, por fim, Dermeval só tem a agradecer: "Foi uma honra trabalhar com o Fundo de Quintal, essa referência para o samba, esse celeiro de craques. Sem dúvida foi a minha pós-graduação estar com esse ícone do samba".

VANDA LÚCIA E MALU BORGES

Em seguida, pela primeira vez duas mulheres comandaram a agenda de shows do Fundo de Quintal: Vanda Lúcia e Malu Borges. "A Vanda me convidou para abrirmos o escritório e enquanto eu cuidava do marketing e contato com gravadoras, ela ia pra estrada", diz Malu, que logo no início, aproveitando uma turnê já fechada pela dupla Dudu e Dermeval para a Europa, conseguiu incluir o Fundo de Quintal no Brazilian Day, realizado em Londres no dia 31 de julho de 2010, após uma reunião na TV Globo, produtora do evento com o empresário Daniel Rodrigues. Já Vanda Lúcia conhecia Bira e Ubirany desde os 13 anos de idade. "Nunca me senti uma empresária. Eu vivia dentro do Cacique de Ramos com minha mãe, Maria da Penha Protásio, que desfilava no bloco. Ela me vestia de índia e comecei a desfilar também."

Carioca de Bonsucesso, Vanda Lúcia, assim como Marinho, também frequentou muito as célebres noites das quartas do Pagode do Cacique. "Era o melhor do Brasil. Eu 'rezei' muito embaixo daquela tamarineira. Ali namorei, noivei e casei."

Sua entrada no meio artístico foi com Leci Brandão. Ela tinha 15 anos e trabalhava no salão de cabeleireiro para negros, na Tijuca, de sua mãe de criação Emi Cruz, quando Leci apareceu. "Ela pediu para minha mãe que deixasse trabalhar com ela. Fui ser secretária e depois passei a produtora. Foram dez anos e só tenho a agradecer, pois sem ela não seria a produtora que eu sou. Até que conheci o Negritude Júnior e tive a oportunidade de trabalhar com eles. Pedi e ela me liberou", diz Vanda.

De seus tempos com o Fundo, traz boas lembranças. "Eu nunca tive problemas com eles. A começar pelo respeito que sempre tive por todos. Nunca deram trabalho. Eles me atendiam e não chegavam atrasados. E os coloquei para trabalhar muito. Muitas vezes eram três, quatro shows na noite. E ninguém reclamava. Chegamos a ir para Bruxelas, Milão, Lisboa, Porto e Londres. Quando tinha algum assunto a resolver, falava com o Ubirany e chamava todos pra conversar lá em casa. De vez em quando rolava uma confusãozinha, mas sempre conseguimos resolver."

Por falar em confusãozinha, aconteceu uma entre Vanda e Bira Presidente, num show em São Paulo, quando uma fã tentou entrar no camarim e foi barrada por ela. Bira não gostou e disse que a fã poderia entrar. Vanda bateu o pé e manteve o não. Aí, o tempo fechou.

Bira – Olha só, garota, você tem idade para ser minha filha. Você me respeita! Eu sou fundador desse grupo!

Vanda – E eu sou a tua produtora!

Bira – Você é produtora, mas quem manda no Fundo de Quintal sou eu.
Vanda – Mas eu também mando.

Entre os que estavam na turma do deixa disso, Sereno falou com ela: "Deixa isso pra lá, minha filha, vai ficar tudo bem". Mas a confusão já estava formada. "Eu já estava chorando. Fomos pro hotel, não falei com ele nem ele comigo. Vim pro Rio, passei mal e fui internada. Mas quando ele soube, foi o primeiro a ir me visitar. Conversamos, ele pediu desculpas, disse que estava nervoso e também me desculpei, porque também tinha ficado nervosa. Ele é uma pessoa de idade, eu não podia fazer o que eu queria, tinha de respeitar. Então nos abraçamos, nos beijamos e a vida continuou. Todo dia ele ia me ver, até que resolveu me levar para uma clínica, com tudo pago. Depois voltei a trabalhar e ele passou a ter todos os cuidados comigo."

Ao deixar o Fundo de Quintal, Vanda e Malu seguiram seus caminhos individualmente, mas reconhecem a importância de estarem na história do Fundo. "O mais importante é que estão no meu curriculum, que ficou mais forte. E, a partir deles, todo mundo passou a me respeitar muito mais por causa disso. Tenho muito que agradecer a eles", diz Vanda. Para Malu, lembranças que ficam na mente. "Foi uma honra poder trabalhar com eles, o marco zero no samba. Tive um aprendizado muito grande em profissionalismo e disciplina. Duas lembranças que jamais vou esquecer foi um show deles com participação do Seu Jorge no Vivo Rio, um show muito chique, e ter ido ao Teatro Municipal representando o Fundo com o Bira Presidente para receber o troféu de Melhor Grupo de Samba, no 23º Prêmio da Música Brasileira, pelo CD *Nossa Verdade*, que levamos para a gravadora Biscoito Fino", diz Malu.

ANDRÉ TOMASSINI

André entrou em 2013 e, mais uma vez, o Bloco Cacique de Ramos se faz presente como um forte elo. O carioca André Henrique Marinho Tomassini seguiu os passos de seu pai, que frequentava o Cacique, passou a ir ao Pagode das quartas e a desfilar no carnaval. "Fui da ala da napa, depois da Ala Marajoara, que o Neca fazia e que hoje não tem mais. Gostava muito."

Neto de Severino Marinho e sobrinho e afilhado do baixista Tião Marinho, que chegou a tocar com Beth Carvalho, André Tomassini pensou em ser músico. "Tentei tocar baixo, mas não dava pra mim. Optei então por outros caminhos." Passou em terceiro lugar na prova do III COMAR (Terceiro Comando Aéreo Regional) e quase realizou o sonho de entrar para a Aeronáutica. Mas tinha um circo no seu caminho que mudou sua vida. "Meu primo, José Carlos Marinho, me chamou pra ver um show do Erasmo Carlos no Circo Tihany, na Praça Onze. Fui e fiquei encantado com aquilo tudo. Na saída me perguntou se havia gostado, pois estava precisando de alguém pra trabalhar com ele. Fui e comecei em produção", conta André, que na época tinha 16 anos de idade e estava no escritório quando seu primo passou a ser empresário do Fundo de Quintal. "Eu era o auxiliar de tudo, um boy tipo o Severino. Batia contrato na máquina de escrever, passava Sedex foi um grande aprendizado. Depois comecei a viajar, dividia os apartamentos deles nos hotéis, passava o som, aos poucos ia ganhando experiência. Eu já era fã deles e poder viajar com aquelas pessoas, pelas quais tinha um vínculo de amizade e carinho, pra mim era tudo."

Porém, apesar da adoração que tinha pelo Fundo, André Tomassini se mostrou muito profissional ao recusar o primeiro convite para ser empresário deles, assim que terminou o compromisso do Fundo de Quintal com José Carlos Marinho. "Eles me fizeram uma proposta lá no Cacique para eu assumir. Mas, por respeito, optei por não aceitar. Porque, se estou vestindo uma camisa, vou com ela até o final. Optei pela proposta do Jorge Aragão, de quem sou fã até hoje. Fiquei uns cinco anos com ele, depois voltei pro Marinho e ainda trabalhei com o empresário Pedro Jaguaribe, com Blitz, Ritchie, Regininha Poltergeist, Pato Banto, um outro aprendizado, mas quando o samba *tá* na veia, não tem jeito. Retornei com Razão Brasileira, Pirraça, 100%, Clarão da Lua e montei o escritório onde um dia foi a rádio Tropical FM, na Praça Tiradentes, 10/1705", conta André, que ainda trabalhou com Imaginasamba, Sociedade do Samba, Gustavo Lins, Molejo e Bom Gosto.

André Tomassini e Fundo de Quintal não perderam o contato e, já à frente da Show & Cia, em 2013 foi chamado para conversar. "O Ademir e o Ubirany me chamaram e voltei pra casa. Foi uma satisfação de fazer algo que comecei em adolescente, acertar o que eu achava que estava errado e eles me ouvirem. Não foi difícil. Eles me tratavam com o carinho do adolescente do passado, mas me respeitavam como o profissional de hoje. O Bira, por exemplo, quando discordava, me puxava a orelha e dizia: 'Eu te vi, garoto, você tem idade pra ser meu filho'. E eu brincava: 'Filho não, Bira, seu neto'."

Ele se orgulha de ter trazido na época para o Fundo de Quintal a modernidade do mercado musical. "E sem perder a identidade, que é o principal. Eles não podiam ficar lá atrás, parados. Se adaptaram bem, entenderam esse novo linguajar das mídias sociais, e o Fundo tem cada vez mais uma vida ativa nas redes sociais. Também voltamos a ganhar o Prêmio da Música Brasileira, ganhamos o Grammy Latino com o CD *Só Felicidade*, trouxemos o Rildo Hora de volta e fiz ver a eles que em time que está ganhando não se mexe. Afinal de contas, o Fundo de Quintal é um ícone da nossa música, do samba e tem muito a mostrar. Portanto, foi abrir a porta pro novo, pros novos compositores, sempre com um trabalho em equipe."

Sua primeira ação nessa volta foi sugerir e pilotar o retorno de Mário Sérgio. "Para fortalecer a marca e conseguir quebrar a famosa regra do grupo, de quem sai não volta. Mostrei a eles que a volta do Mário seria interessante, e eles aceitaram. Mas não foi um mérito só meu. Nas primeiras reuniões o Rodrigo Araújo, meu sócio na época, estava junto."

Por conhecer Mário Sérgio, não mediu esforços em trazê-lo de volta. "Quem conviveu com o Mário sabe quem ele era. Um cara com cabelo pro alto, com tiara, que muita gente achava que era metido e arrogante, mas nunca foi. Era sim um puta de um profissional, um cara extremamente correto, com uma pontualidade britânica. Se o horário marcado era 10h, às 10h ele chegava. E sempre muito justo nas coisas dele. Eu nunca o vi desmerecer ninguém. No palco ele brincava com o público, mudava o repertório sempre pra melhor e levantava a galera. Sei bem a falta que ele faz hoje. Infelizmente fizeram várias especulações de maldade com o falecimento dele. Meu parceiro. Fico pensando que se ele tivesse falado comigo sobre o que estava sentindo, por exemplo, estaria aí até hoje. Mas também acho que nada é por acaso", diz André, lembrando da missão que foi encontrar alguém para entrar em seu lugar no grupo. "Graças a Deus conseguimos fazer uma transição sem comparação, até porque ele é incomparável. Nossa maior preocupação era com São Paulo, que era a terra do Mário. Foram várias reuniões, várias escolhas, existia a ideia de colocar alguém de São Paulo, mas eu queria evitar a comparação e guardar o lugarzinho dele lá. Foi eleito o Márcio Alexandre, que não veio naquela de ser o Mário Sérgio, de imitar o Mário. Falei pra ele: 'Simplesmente seja você'."

Em 2017, aconteceu a saída de Ronaldinho, que também resolveu seguir carreira solo. "Todos têm esse direito. Não houve multa contratual, não o prejudicamos em nada. Tentei convencê-lo a ficar, mas ele já estava decidido. Então, desejo tudo de melhor pra ele."

Mas afinal, como é lidar com tantas cabeças? Sua experiência com eles no início de sua trajetória na produção tem ajudado muito. "O Fundo é uma família e, como toda família, se chama a atenção, briga, xinga, mas tudo dentro do respeito. São várias cabeças com pensamentos diferentes, mas ao assumir tive a sorte de saber o que o Bira, Ubirany, Sereno e Ademir gostavam. Com os mais novos fica tudo mais fácil. No geral é saber levar na conversa, no bom diálogo, não tem muito mistério. O Fundo de Quintal é um ícone, o espelho para muitos e para os grupos de samba que estão chegando. É uma marca, um emblema do nosso samba", afirma André Tomassini, satisfeito pelo primeiro prêmio internacional conquistado pelo grupo ter sido em sua gestão, que foi o Grammy Latino.

X – ENTRETENIMENTO

Desde final de 2021 a produtora X-Entretenimento passa a ser a nova casa do Fundo de Quintal. Para conduzir a sua trajetória, já iniciou realizando o DVD 45 Anos, no Parque Mestre Monarco, em Madureira.

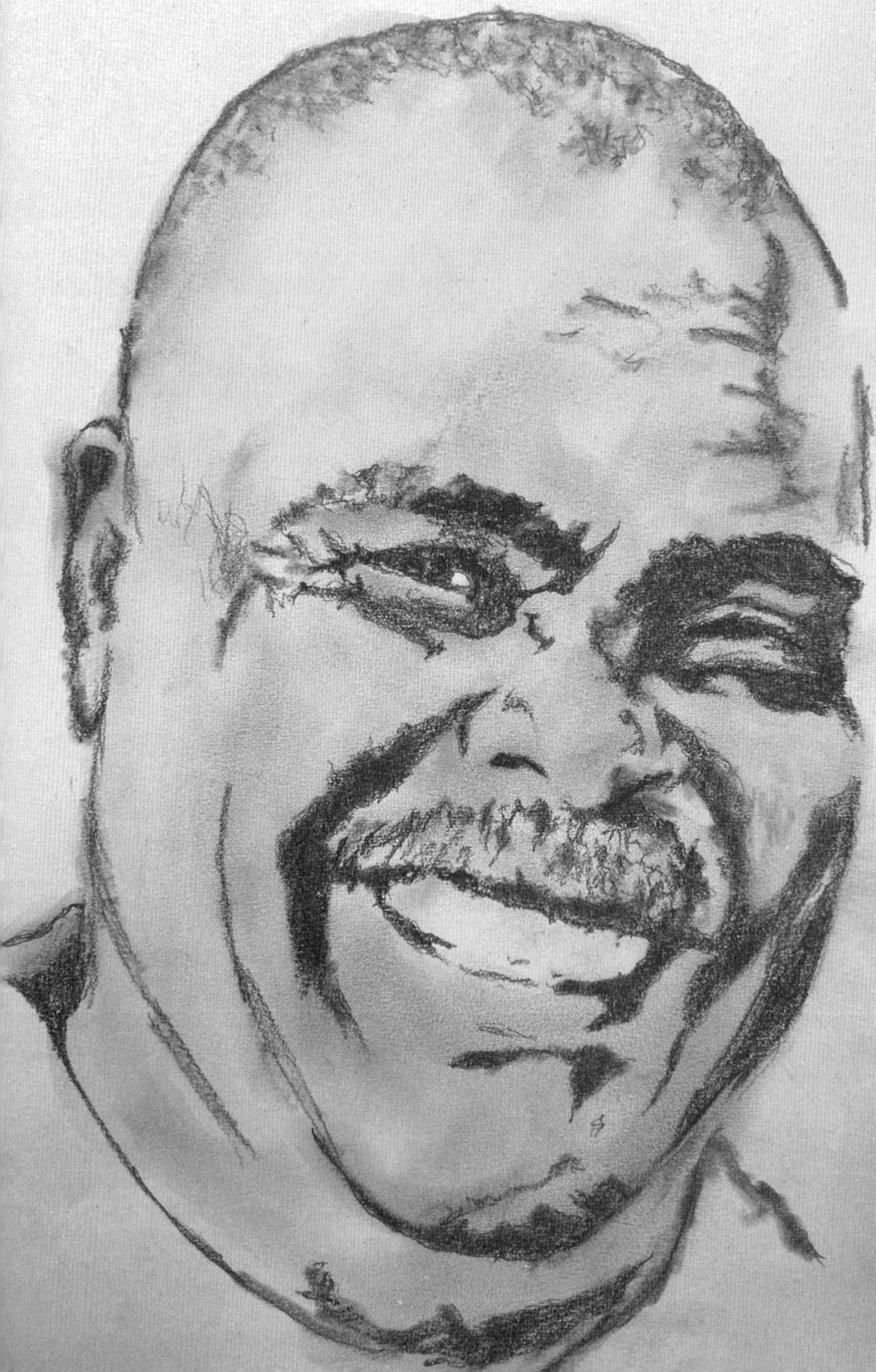

CAPÍTULO 13
ENTRA ADEMIR BATERA
SAI SOMBRINHA, ENTRA MÁRIO SÉRGIO
SAI ARLINDO CRUZ, ENTRA RONALDINHO

Uma das ondas do mercado fonográfico é lançar um disco ao vivo que não foi gravado ao vivo, num show, mas num estúdio. E o Fundo de Quintal, em parte, também entrou nessa e fez o seu em 1990, com direito a foto da capa de Ivan Klingen, aí, sim, num show. Em parte porque o LP traz apenas o lado A com o clima de plateia, como se fosse num show. No lado B, o som tradicional do estúdio, Transamérica.

No lado A, somente regravações. Clássicos como "A Flor e o Samba" e "Samba da Antiga", ambos de Candeia, "Emília" (Wilson Batista / Haroldo Lobo) e "Milagre" (Dorival Caymmi). Um pot-pourri com três sambas que estiveram nas novelas da TV Globo: "Facho de Esperança" (Sereno/Moysés Sant'Anna/Julinho), gravado em 86 por Mestre Marçal, num dueto com Sereno, e que foi tema dos personagens Joana (Yara Cortes) e Gílson (Gilberto Martinho) em *Roda de Fogo*; "Malandro Sou Eu" (Arlindo Cruz/Sombrinha/Franco), gravado por Beth Carvalho em *Roque Santeiro*, tema do personagem título, vivido por José Wilker; e "Sonhando Sou Feliz" (Arlindo Cruz/Marquinho PQD/Franco), tema de abertura de *Gente Fina*, também gravado pela madrinha. Outra regravação foi "Pra Ser Minha Musa" (Arlindo Cruz/Chiquinho/Marquinho PQD), que já tinha sido sucesso na voz de Reinaldo. O lado A fecha com mais dois sucessos: "Fogo de Saudade" (Sombrinha/Adilson Victor), gravado por Silas Andrade e regravado por Beth Carvalho, e "Além da Razão" (Sombra/Sombrinha/ Luis Carlos da Vila), gravado por Jorge Aragão e também regravado pela madrinha. E, como sempre acontece com o repertório do Fundo, muitas vezes as músicas acontecem nos pagodes da cidade antes mesmo das rádios. Foi o caso do lado B, com "Nega Celeste" (Arlindo Cruz/Jorge Carioca), "Coração Deserto" (Arlindo Cruz/Sereno/Sombrinha), "Antigas

Paixões" (Cleber Augusto/Djalma Falcão/Bicudo), "Acima da Ilusão" (Arlindo Cruz/Acyr Marques/Sombrinha) e "Coisa de Partideiro" (Sereno/Acyr Marques). Nessa, mais uma vez, todos versam.

O baterista do disco agora é apenas Ademir Batera, que desde 86 já vinha atacando como músico do grupo nos shows. Após a gravação desse LP, Ademir da Silva Reis foi chamado para ser o novo integrante do Fundo de Quintal. "Eu já ganhava 5%, até que o Arlindo e o Sombrinha disseram que eu tinha de ganhar igual a todos e me chamaram. Foi muito gratificante, um prêmio pela minha dedicação. Quando entrei, muita gente criticou, perguntando o porquê de ter bateria no samba. Mas, quem criticou ontem hoje me abraça. Me lembro do Sereno, que me disse: 'Quem sabe somos nós, vamos que *tá* dando certo, não liga não'. E deu certo", conta Ademir, que por mais que tenha vibrado com o convite, jamais se considerou um artista. "Antes de vir pro Fundo, foram mais de cinco anos fazendo baile. Então, continuo sendo músico. Não me vejo como artista. Amo o que eu faço e todo dia agradeço a Deus por saber que as pessoas gostam de mim e me respeitam como Ademir Batera. Não tem dinheiro que pague isso tudo." Com seu conhecido bom humor e sua gargalhada contagiante, nunca diz não a um fã para tirar uma foto. "Se não for assim, eu não sou o Ademir. O músico, o artista tem que respeitar o público. Sem ele não somos nada. O fã tanto coloca você lá em cima como pode te derrubar. E ainda tem gente que não aceita isso. Tem muitos deles aí que caem mais rápido do que sobem. Tem um montão de amigos que sobem e mudam, pensam apenas no dinheiro e o resto que se dane. Isso é muito triste." Quanto ao nome artístico, começou a surgir num aniversário da Rua da Carioca, onde se apresentava com o Exporta Samba e recebeu um convite decisivo. "A Elza Soares veio me chamar pra tocar com ela e já foi me dando a agenda de shows. Ela que colocou meu nome de Ademir Batera. Minha grande amiga. Foi uma experiência única tocar com ela por dois anos", conta Ademir, eternamente grato. "Ademir foi meu baterista, que me orgulho muito, um senhor batera. Uma história de amor, de música, forte, um grande baterista, um grande cara", contou Elza.

Porém, alguns meses antes de passar a ser um dos integrantes, quase que o caldo entorna, por causa das pilhas que Sombrinha colocava. "Ele sempre foi o mais espoleta. Ficava me encarnando o tempo todo, me sacaneava muito. Um fã queria tirar foto comigo, ele não deixava. Dizia: 'Com ele?

Não tira não! Ele não é artista, ele é músico'. Ficava muito puto com ele." Até que um dia, numa festa de uma empresa, mais uma vez Sombrinha disse a um fã que não tirasse foto com Ademir, mas tiraram as fotos assim mesmo. E Ademir foi para o camarim decidido a sair e passar a tocar com Beth Carvalho, que já tinha feito um convite. "Entrei no camarim dando esporro nele, xingando ele, dizendo que ia sair, porque já não aguentava mais tanta pilha. Era muita pilha, o tempo todo e não aguentava mais a maneira que ele estava me tratando. Eu sabia que era brincadeira, mas as pessoas não entendiam nem eu queria entender, porque era comigo que estava acontecendo." No meio da confusão, Ademir reclamando muito, Bira Presidente falou mais alto: "Não, você não vai sair daqui não. Ele sai, mas você não sai". O barraco estava formado. "E o Bira disse na cara dele: 'Aí, olha como ele é sem vergonha'. Virou pra mim e falou: 'Ô Ademirzinho, eu *tava* brincando com você, poxa! Você sabe que eu gosto de você'. E eu xingando ele, falando sério e ele brincando. Mas ele gostava mesmo de mim, tanto que deu força pra que eu entrasse no grupo e nossa amizade dura até hoje."

A SAÍDA DE SOMBRINHA

No ano seguinte outra alteração na formação do Fundo de Quintal. Dez anos após brilhar com o parceiro Arlindo Cruz e fazer da dupla uma forte característica do grupo, Sombrinha decidiu sair para seguir carreira solo. "Saí por desgaste e também porque já queria fazer minhas coisas, que não caberiam no espírito do Fundo de Quintal, como por exemplo, tocar um choro, cantar uma bossa nova. Eu já vinha com uma descarga de música muito grande nas costas e foi o que aconteceu. Isso com o desgaste natural de seis negões, cheios de ego. Aturar aquilo era brabo. Até que falei: a hora é essa", conta Sombrinha, que ao resolver sair, falou com o parceiro Arlindo Cruz. "Ele disse: 'Duvido que você saia'. Aí, eu trouxe dois termos, um pro Arlindo e outro pro grupo, dizendo: 'Estou saindo do grupo, tudo registrado em cartório. Fiz tudo direitinho'." Ademir Batera se lembra de uma reunião na quadra do Cacique, quando Sombrinha anunciou a sua saída. A sua e a de Arlindo. "Ele disse assim: 'Vim conversar porque eu e Arlindo estamos saindo'. O Arlindo na mesma hora cortou e disse: 'Não, não! Fala por você. Eu não vou sair. Posso até sair, mas agora não! Ainda não é a hora!'.

Se fosse outro, ele aproveitava e saía. Mas o Arlindo sempre foi pé no chão", conta Ademir.

E foi uma decisão sem volta, sem se arrepender. "De forma alguma. O que diz o espiritismo? Quando você desencarna, o espírito sai do corpo e é um alívio para o espírito de felicidade. Foi isso que senti, um alívio saído das minhas costas. E não tinha pretensão nenhuma de gravar. Mas um mês depois o Vasco Borges (diretor da RGE) não perdeu tempo e perguntou se eu não queria fazer um disco. Fiz e ganhei o Prêmio Sharp como revelação." Mas a saudade dos bons momentos continua com ele. "Hoje, do fundo do coração, sinto saudade do miudinho do Fundo de Quintal. Essa saudade vem da ideia que a gente entrava no palco e nunca sabia o que ia acontecer, era sempre uma surpresa. A gente não ensaiava e entrava com aquela expectativa. Como é que *tá* de público? Será que *tá* lotado? Entrávamos com suor nas mãos, mas na primeira música a gente olhava para o público e na segunda já *tava* tudo dominado. Já *tava* aqui, na mão. Era impressionante o bagulho. E na hora do miudinho, lá no meio do show? Ficava por conta do Bira e do Ubirany. Era um apanhado de partido alto afiadíssimo. Vinha eu e Arlindo no ping pong, no bate-bola, era maravilhoso. Claro que às vezes sinto falta disso tudo, mas não voltaria. Não quero, não posso e não devo. Foi bom, foi tudo certinho, mas ninguém forma uma Seleção como a de 70 ou um Fundo como o de 80. Não forma."

E ninguém formaria também outra dupla que fizesse o que Arlindo e Sombrinha fizeram no Fundo de Quintal. "Meu Deus do céu, tenha certeza que ninguém. Uma pena que ele tenha saído naquele momento. Era uma ligação fora de série. Olhavam um pro outro e já sabiam o que fazer e sempre dava tudo certo. Que eu lembre não teve um show que tenha dado zebra. Já chegávamos sacudindo, fosse no partido, fosse no samba lento", lembra Ademir Batera. E, no fim, o agradecimento. "Na época do Cacique nós gostávamos de tocar, de estar ali e não tinha nada de artista porque o artista estraga, sai da essência. Que nem jogador de futebol que fica muito famoso, extracampo e só faz merda. Muito humildemente reconheço que aprendi com todos no Fundo", afirma Sombrinha.

CHEGA MÁRIO SÉRGIO

Mesmo com a saída de Sombrinha, a ligação com São Paulo continuou, pois em seu lugar entrou o Mário Sérgio, da ala de compositores da Escola de Samba Vai Vai. Devidamente aprovado por todos e com o importante aval do produtor Rildo Hora. "Um dia os meninos do Fundo disseram que tinha um rapaz, um artista novo que ia entrar no grupo no lugar do Sombrinha. E levaram o Mário Sérgio ao Cacique pra ver se eu aprovava. Ele cantou lindamente '...Tanto tempo a luz acesa...' ('Não Tão Menos Semelhante', dele com Carica). Eu disse que ele nem precisava cantar mais nada e que a música parecia música do Tom Jobim. Eu vi, desde o início, que era um cara genial. Mário tinha tudo de um negro interessante, marrento, aquelas roupas extravagantes, um sacana que gostava de gozar todo mundo. Saquei logo que era muito talentoso."

Mas o paulistano Mário Sérgio Ferreira Brochado não estava de bobeira e já se sentia em casa na quadra do Cacique, a qual já havia frequentado nas noites de quarta com seus amigos de basquete, da Marinha e seus primos Raquel, Rogéria e Raul Cláudio, com quem morou na Rua Aracati, perto do Cacique. Ele já dominava o repertório do Fundo de Quintal e cantava nos bares e nos pagodes em São Paulo e nas festas com a família. Até que, numa manhã de domingo, recebeu um telefonema de Ubirany, que fez o convite e ele aceitou. O primeiro show foi no dia 25 de janeiro de 1991 na quadra da Escola de Samba Rosas de Ouro, em São Paulo, com cerca de 20 mil pessoas. E o primeiro disco foi É Aí que Quebra a Rocha, que marca também a estreia de Ademir Batera e foi gravado nos estúdios Transamérica em junho e julho do ano de 1991.

Logo na primeira faixa, "Pagodeando" (Sereno/Noca da Portela), que estourou nas rádios, a novidade foi Ademir Batera cantando, assim como fez em "Violeiro" (Sereno/Nelson Rufino). Nessas duas faixas todos os integrantes dizem seus versos. "Não ligo pra cantar não, apesar de lá atrás, anos 70 e 80, eu tocava batera e cantava. Era um quinteto e tocávamos em São Conrado, no Pilão de Ouro e no Brisas Mar", lembra Ademir, que nos seus tempos de conjunto de baile cantava até em inglês. "Ah, mas eu enrolava direitinho e tirava minha onda. Decorava a pronúncia e cantava como se estivesse tudo certinho. Também cantava os sucessos do Jorge Ben, Hildon, Tim Maia e mandava ver no gogó. Do Luis Melodia gostava muito de cantar aquela 'Lava roupa todo dia, que agonia/na quebrada da soleira, que chovia...' (Juventude Transviada). E aí não tinha jeito, o velho galã pintava", conta às gargalhadas.

Já Mário Sérgio estreou com o pé direito, com três músicas suas no disco: "Tudo É Festa", parceria com Sereno, "Quantos Morros já Subi", com Arlindo Cruz e Pedrinho da Flor, e "Canto pra Velha Guarda", com Carica e Luizinho SP. E um de seus solos foi logo um dos sucessos da trajetória do grupo, "Vem pra Mim" (Acyr Marques). "Ele chegou muito nervoso, preocupado e eu disse: 'Não se preocupe, porque você vai estourar com essa música. Você vai ver o que vai acontecer nas rádios de São Paulo'. E, modéstia à parte, eu acertei naquele arranjo. Aqueles violinos estão muito bonitos", diz Rildo Hora, ressaltando que a beleza da gravação, unindo o arranjo à interpretação do então novato, o ajudou no seu início. "Sim, 'Vem pra Mim' o ajudou, porque o novo, às vezes, tem rejeição e ele também sofreu com esse processo no início. Mas o Mário conseguiu em questão de meses ser respeitado. Ele tinha muita presença, sabia chegar no palco e se dirigir ao público, e pelo fato de ser um *showman*, conseguiu se firmar no grupo."

Este disco também traz o clássico "A Amizade" (Djalma Falcão/Bicudo/Cleber Augusto). Porém, num desses mistérios da música, por mais que ela tenha tocado, tanto nos pagodes quanto em algumas rádios, só foi estourar em 2007, no CD ao vivo do Grupo Bom Gosto. "Ela foi feita para o nosso amigo Ivo, que estava sempre na minha casa, na do Djalma e na casa do Bicudo. Via sempre a gente fazendo as nossas canções. Começamos a fazer no Bar do Garotinho. Ele diz: eu sou o mentor, o muso inspirador. No início o verso era '...valeu por você existir tio Ivo', mas trocamos para não ficar muito pessoal e ficou '...valeu por você existir, amigo', que todo mundo canta", diz Cleber, que neste disco traz outro lindo samba que se tornou mais um clássico no repertório do Fundo: "Lucidez", em parceria com Jorge Aragão. Outro samba que despontou foi "Aquela Dama" (Arlindo Cruz/Acyr Marques/Jorge Davi). Neste primeiro disco sem o sete cordas de Sombrinha, o músico chamado para gravar foi Carlinhos 7 Cordas.

SAI ARLINDO CRUZ

Em 1992, o Fundo de Quintal passou por mais uma prova de fogo: a saída de Arlindo Cruz, em busca de sua carreira solo. "Quando o Sombrinha saiu, ele ficou completamente solitário, porque aquilo era uma amizade de fato. Arlindo ficou sem pai nem mãe, porque além de ser um parceiro na alma e na criatividade, era um parceiro na resposta imediata também. As vozes se combinavam, as drogas se combinavam, as loucuras se combinavam, e quando Sombrinha saiu, ele perdeu isso tudo de uma vez", diz o diretor Túlio Feliciano, que por dirigir por tantos anos os shows do grupo, acabou por conhecer bem a personalidade de cada um. "Eles viveram a época deles por serem mais novos e usaram de outra forma de viver. Na cabeça do Arlindo, a saída do Sombrinha foi uma dor muito grande. E isso é uma leitura minha, tanto que não demorou muito a sair também."

Num grupo com integrantes de muita personalidade, cada um tinha seu jeito de comandar. No caso do Arlindo, era aquele que mandava sem mandar. "Em sua passagem pelo Fundo, ele nunca mandou, nunca deu ordens, nunca foi autoritário e com ele nunca foi eu quero, mas nós queremos. Era um líder natural. Era de dialogar, de ter uma ideia e perguntar: 'O que vocês acham?'. Era a maneira carinhosa que ele tinha de conduzir suas ideias. Sempre foi um cara muito ativo no grupo, mas não ditava regras. Enfim, foi um líder sem precisar dizer eu sou o cara", conta Ademir.

Um fã declarado de Arlindo, o baterista do Fundo de Quintal se entusiasma e conta mais do amigo que deixava o grupo para seguir sua vida. "Ele que agitava o repertório, dizia como fazer nos shows e dava as ideias no disco. Uma palma aqui, um taco ali e o Rildo gostava das ideias dele e aprovava. Lembro dele dizendo: 'Ô Rildo, por que a gente não faz assim?' (diz imitando o Arlindo). Mas ele não gostava de fazer show de rádio, eu que botava pilha pra ele fazer", revela. Com a saída do amigo, a certeza do dever cumprido no Fundo de Quintal. "O Arlindo, com aquela voz pequenininha, que só ele sabe colocar, foi muito importante em nossa caminhada. E não adianta que ninguém vai fazer do jeito que ele faz. Não é aquele vozeirão, mas o jeito dele de cantar é a coisa mais linda que já vi, é emocionante. Ele também me ajudou muito a crescer no Fundo de Quintal, me orientava e pedia faz essa levada..."

ENTRA RONALDINHO

Com a saída de Sombrinha, já se esperava que Arlindo não fosse demorar muito a sair também. Como acontece em muitas separações, era uma saída anunciada que passou a deixar seus companheiros muito atentos a encontrar um possível substituto. E foi justamente Ademir Batera quem fez o primeiro alerta a Ronaldo da Silva Santos, o Ronaldinho, que já havia tocado com o Só Preto sem Preconceito e integrado o Grupo Raça nos seus dois primeiros LPs. Ao sair, seguiu tocando com Marquinhos Sathan, Pedrinho da Flor, Samba Som Sete e ainda fez parte da mesa do Pagode do Arlindo, quando ele se ausentava para viajar pelo Fundo de Quintal. "Um dia encontrei o Ademir, que sempre me via de madrugada esperando o ônibus em Cascadura, pra vir pra casa. Ele parou e disse: 'Acho que o Arlindo vai sair, como é que *tá* esse banjo? Se liga aí porque de repente você pode receber um convite. Vai ter um show no Teatro João Caetano semana que vem, vai lá pros caras te verem'. Eu fui, falei com eles e um dia o Ubirany me chamou para um teste. Pediu para eu dar 'uma passadinha' no ensaio deles. Fui e fiquei", lembra Ronaldinho, que mais parecia um veterano em se tratando das músicas do Fundo de Quintal. "Esse início foi um sonho, porque era muito afiado no repertório deles, que era a minha base. Já tocava muito bem as músicas do grupo e isso ajudou muito. Claro que tive que aprender algumas letras e até cantar no jeito do grupo, mas não tive muita dificuldade. Era diferente de cantar sozinho."

Porém, mesmo tendo intimidade com as músicas, o novato não teve vida fácil nesse início no Fundo. Muito acostumado com Arlindo, o público estranhou mais essa mudança. "Ele teve muita rejeição quando entrou, o que é normal. O Bastér (Fernando Bastér, na época o empresário do grupo) disse que estavam reclamando muito do Ronaldinho, comparando ele com o Arlindo. Eu disse para ele não se preocupar, porque assim que gravasse teria oportunidade de mostrar que não era ruim", conta o produtor Rildo Hora.

A BATUCADA DOS NOSSOS TANTANS

Em março e abril de 1993, aconteceu a gravação do LP *A Batucada dos Nossos Tantans* e trouxe a participação especial de Nei Lopes, em dueto com os irmãos Bira Presidente e Ubirany no samba "Número Baixo" (Zé Luiz/Nei Lopes). Além desse, outros sambas levaram o disco, como: "Menina da Colina" (Mário Sérgio/Luizinho), "Um Lindo Sonho" (Mário Sérgio/Arlindo Cruz), "Motivos" (Cleber Augusto/Bandeira Brasil), "Amar é Bom" (Adalto Magalha/Zé Roberto/Adilson Bispo) e a faixa título, de Sereno, Adílson Gavião e Robson Guimarães, além do clássico de Mestre Candeia, "Luz da Inspiração". O estreante Ronaldinho solou "Nosso Fundo de Quintal" (Fernando Bastér/Pedrinho da Flor) e dividiu com Mário Sérgio o partido "Menina da Colina".

CARTA MUSICADA

Em 1994, no disco *Carta Musicada*, que ganhou Disco de Ouro, Ronaldinho já parecia mais em casa. Além de solar o seu samba dolente "Sem Segredo", ainda dividiu com Sereno os versos de "Palavra de Rei" (André Renato/Ronaldinho/Sereno) e firmou a dupla com Mário Sérgio, dividindo com ele os versos de "Nos Quintais do Mundo" (Luizinho/Mário Sérgio), "A Voz do Brasil" (Sombrinha/Luis Carlos da Vila/Sombra) e o novo sucesso do grupo "Vai Lá, Vai Lá" (Moisés Santiago/André Rocha/Alexandre Silva). "Ele fez a música 'Sem Segredo', gravou muito bem cantando e os contratantes deixaram de reclamar. A partir daí, o Ronaldinho passou a ter a sua importância no Fundo de Quintal", conta o produtor Rildo Hora. Outros sambas importantes que levaram esse disco foram "Nosso Fogo" (Zé Roberto/Adalto Magalha/Adilson Bispo) e "Frasco Pequeno" (Mário Sérgio/Arlindo Cruz/Franco).

Após os dez anos de sucesso da dupla Sombrinha e Arlindo, que colocou sua marca na trajetória do Fundo de Quintal, uma nova dupla surgia na condução dos shows e nos solos dos discos. Se Cleber e Sereno também tinham seus solos e até mesmo os irmãos Bira e Ubirany também já cantavam, a diretriz nas apresentações tinha agora o comando dos então novatos Mário Sérgio e Ronaldinho. "Éramos parceiros de farra, ele arrumava a namorada pra ele e pra mim. Eu era muito fã dele, gostava muito da sua maneira de compor e o entrosamento foi fechando cada vez mais. Nós começamos a compor, pegamos afinidade e o casamento deu certo. Mesmo não tendo ensaio, sempre deu certo nos shows. O bonito é não complicar, jogávamos fácil. Eu e o Mário conversávamos antes e no palco conseguimos manter o status do grupo um bom tempo no patamar mais alto", diz Ronaldinho.

Nesse disco, além de tocar seu banjo, Ronaldinho voltou aos tempos de criança e tocou sua cuíca, seu primeiro instrumento. Aos 13 anos de idade, ele começou a estudar trombone na banda do Colégio Estadual Ferreira Viana, na Tijuca, mas não levou a sério e, três anos depois, aprendeu a tocar cuíca. "Foi com meu tio Luis Carlos, que me emprestava a dele pra eu treinar e comecei a ir pros sambas com ele", diz Ronaldinho.

PALCO ILUMINADO

No disco *Palco Iluminado*, de 1995, os sambas dolentes foram a tônica. Resultado? Mais um Disco de Ouro. Mesmo com os partidos "Vem Me Dar um Beijo" (Moisés Santiago/Alexandre Silva/Serginho Procópio), "Tô Querendo" (Moisés Santiago/Alexandre Silva) e "O Samba Vai Esquentar Agora" (Edson Daká/Carlos Caetano/Ronaldo Camargo), com a dupla Mário Sérgio e Ronaldinho, e "Juras" (Noca da Portela/Darcy de Paulo/Toninho Nascimento), em que Mário, Ronaldinho, Bira, Sereno, Cleber e Ubirany versam, o romantismo prevalece em sambas que caíram na boca do povo, como "Amor dos Deuses" (Ronaldinho/Mário Sérgio), "Responde" (Arlindo Cruz/Acyr Marques), "Não Tão Menos Semelhante" (Mário Sérgio/Carica), "Fada" (Mário Sérgio/Luis Carlos da Vila), "Doce Felicidade" (Julinho/Sereno) e ainda "Palco Iluminado" e "Ponto Final", ambos com aquela levada elegante já característica da dupla Cleber Augusto e Djalma Falcão. Desta vez, o violão sete cordas do disco é Josimar Monteiro.

Com o grupo embalado numa nova fase, muitos elogios ao produtor Rildo Hora, que, no entanto, prefere lembrar de outros nomes. "Temos pessoas excelentes trabalhando no mercado de samba. O Mílton Manhães tem a importância dele. O Prateado, um grande músico que conhece muito de estúdio, com aquele samba ingênuo que os meninos fazem e chamam de pagode. O Jorge Cardoso, o Renato Corrêa, que fez ótimos discos com o Roberto Ribeiro. O Jotinha Moraes é um absurdo como arranjador. Eu não me considero isso tudo, mas tive sorte que fiz muito sucesso. Aí, o sucesso cria um negócio e dizem que sou o cara, mas não é assim. Sei ver o valor dos outros. Gosto quando as pessoas gostam do que eu faço. Eu fico olhando no olho do artista pra ver se ele *tá* gostando, porque se não gostar, eu mudo. Descobri com a maturidade da vida que uma das boas coisas da vida é saber, é aprender mudar de opinião."

Em meio a tantos elogios de maestro pra lá, maestro pra cá, Rildo Hora reconhece até onde pode ir. "Nunca fui mascarado, porque sou muito limitado. A instituição música é muito forte. Conheço muitas pessoas que sabem mais, em teoria musical, por exemplo. Eu não sou um sábio da música, sou um cara que tem experiência de vida musical de um tocador de ouvido que estudou música e usa nas produções. Que faz essa orelha, de tocar de ouvido, como muitos fazem nos botequins da vida. Esse sou eu, um orelhudo, um tocador de violão e cantor, que estudou e escreve. Essa é a vantagem que eu levo, porque eu não me considero um maestro produtor. Eu sou um produtor que sabe escrever. O que sei fazer e tenho certeza que sei é colocar a dosagem certa de orquestra num disco de samba. Se você for ouvir direitinho e espremer, fica 60 ou 70% de batuque e 30% de orquestra", conclui.

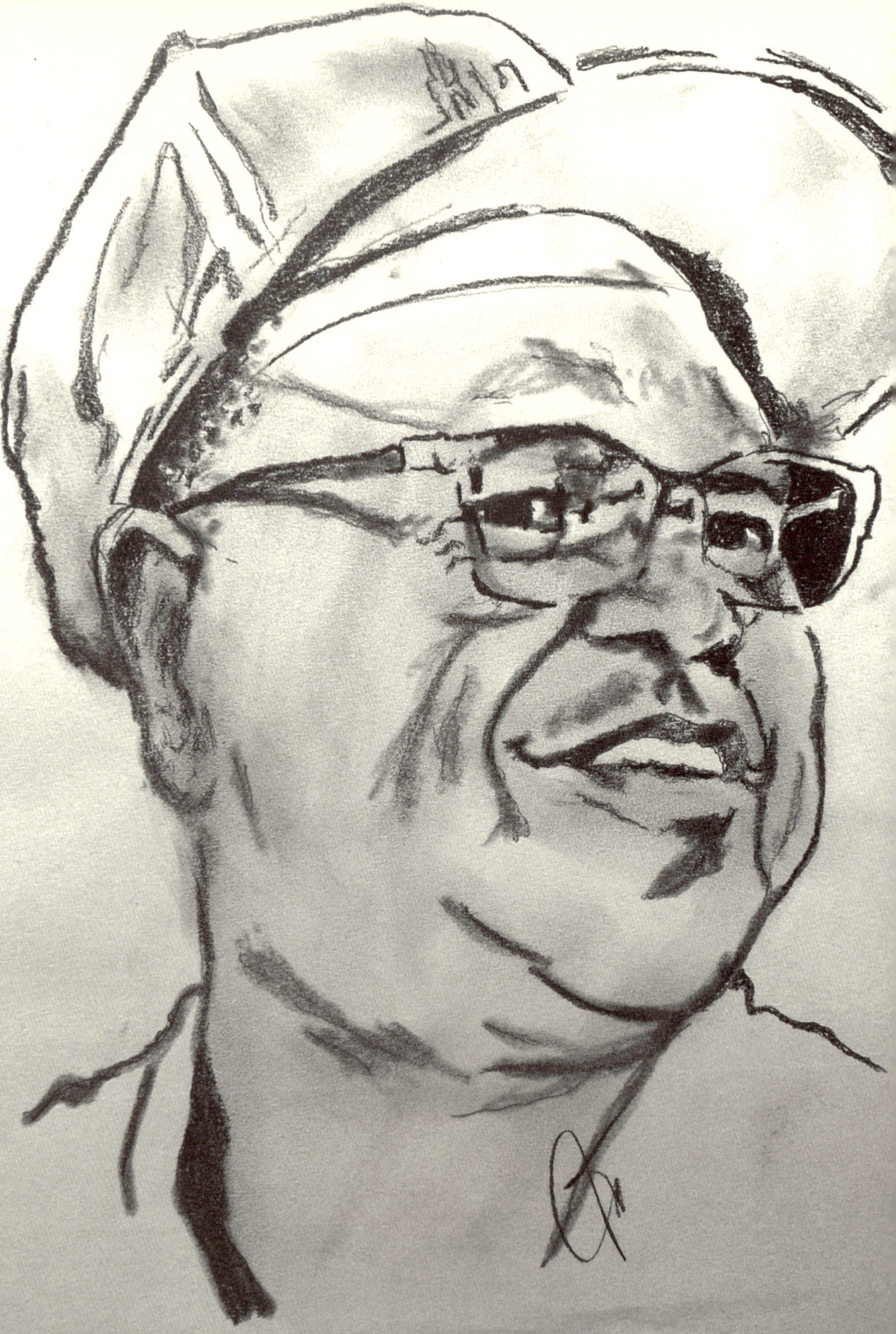

CAPÍTULO 14
FAMÍLIA TAMBÉM BRIGA
MAIS DISCOS DE OURO E DE PLATINA

Uma essência que mudou a história do samba com novos instrumentos, músicos talentosos, compositores inspirados, sucesso, aplausos, shows lotados de norte a sul do país, turnês internacionais. Entre eles, uma grande família, reconhecimento, amizade, alegria, desentendimentos, desgaste, brigas. Brigas? Como assim? Sim, em família também tem briga e no Grupo Fundo de Quintal não seria diferente. São muitas cabeças, que fazem valer o velho ditado "cada cabeça uma sentença", ou melhor, cada um pensando do seu jeito, concordando e discordando em vários pontos, o que é muito normal.

E como orquestrar essas diferenças? Se uma das funções de um maestro, por exemplo, é saber escrever as partituras e organizar cada músico na hora da gravação, no caso de Rildo Hora, produtor da maioria dos discos do grupo, é saber entender cada um dos seis integrantes. "Pra mim, é muito fácil ser produtor deles porque sou amigo de todos. Eles têm muito respeito por mim como pessoa e como artista, e sabem que eu gosto deles. Sabem que eu gosto do jeito que eles fazem música, que o tipo de música que eles fazem faz a minha cabeça e que não estou ali apenas pra ganhar um cachê de produtor", diz Rildo, que não vê dificuldade em trabalhar com o Fundo. "Ser produtor do Fundo de Quintal é uma dádiva. O grupo é igual a uma família, tem aquela briguinha, mas não é uma briga do mal, é normal. Mas é um grupo de muita riqueza artística. As conversas, os rituais que antecedem a produção de cada disco. É tudo muito interessante, até as brigas", afirma o produtor que, no entanto, sabe do maior problema nas gravações. "Não tenho problema nenhum no estúdio, a não ser o horário. Eles não são bons de horário. Só isso. E um comentário ou outro, de que um determinado arranjo poderia ter sido assim ou de outro jeito, é normal como acontece com todo mundo. Até porque não me considero um cara que dá a palavra final de tudo. Às vezes, escuto orquestrações que fiz no rádio e reconheço que poderia ter feito melhor."

Mas afinal, quem é esse produtor? Como se define este pernambucano que nasceu em 20 de abril de 1939? Para uns, um cara sério, fechado. Para outros, o sincero com tiradas de fino trato, mas a melhor definição vem dele próprio, o Rildão, que manda a resposta na terceira pessoa. "O Rildo Hora é um cara que foi muito brabo, mas que descobriu o que ele tinha. Esse Rildo tinha e ainda tem um jegue nordestino dentro dele. Aquele jegue grosseiro, muito áspero e que ficou evidenciado para todos na época da ditadura. Sim, porque tínhamos de brigar pra tirar aqueles caras do poder pra gente depois tomar conta do negócio e fazer uma merda igual a que eles fizeram. Queríamos tirar os militares e precisava ter aquela carranca porque a gravadora era estrangeira e queria dar palpite no repertório e eu não deixava. Esse era o Rildo Hora brabo", diz bem sério, para em seguida atualizar seu jeito de ser. "Mas, de uns 15 anos pra cá, eu descobri que eu tenho o jegue nordestino que às vezes saía e era muito estúpido. Peguei esse jegue, tranquei numa jaula de aço e amarrei com corrente por fora. Agora o meu jegue não sai mais. Posso estar na situação maior de risco, de qualquer aborrecimento, mas penso muito e ele não sai. Hoje em dia eu sou um cara muito doce. Acho que consegui e estou nos 70% de doçura", diz com toda a sua sinceridade. "Era mesmo muito brabo, como diziam. Mas hoje, que estou mais velho, fiz o pacto com a generosidade, porque ela amplia o universo das pessoas. Às vezes, você até precisa ser mais enérgico, mas geralmente a generosidade vence e o Rildo Hora de hoje pensa assim. É assim que eu sou."

Produtor dos primeiros momentos do Fundo de Quintal nos shows e nos discos, o carioca Mílton Manhães também traz de berço a manha para ajeitar a diferença de opiniões. O bom papo e o conhecido jogo de cintura ajudavam a resolver as questões em tempos de Fundo. "Fazer uma pessoa já é difícil, faça ideia seis, sete. Claro que tinha os cabeças duras, mas não tive muito problema nos tempos de estúdio, já nos conhecíamos do Cacique de Ramos. No início dos shows, tinha a história da roupa. De combinar amanhã vamos com a roupa tal. Um queria, o outro não queria, era difícil todos concordarem. Mas no geral dava tudo certo."

E entre eles? Como se sabe, eles viajam muito e ficam muitos momentos juntos, o que acaba aflorando cada sentimento. E, como em todo relacionamento, uma hora um explode. "Tem brigas sim. De vez em quando, o bicho pega, nós discordamos sim, mas as divergências sempre são resolvidas. As desavenças existem, os desentendimentos acontecem. Às vezes, um quer caminhar numa direção e outro noutra, mas a unidade está na ideologia musical e temos tido grandes acertos. E pode acontecer o que tiver de acontecer, chegou no palco, contou 1, 2, 3 e acaba tudo ali", disse Ubirany.

Muitas das vezes quando chegam a discutir, as cenas são as mais engraçadas. "No início das viagens, eu dividia o apartamento com o Ubirany e o Arlindo com o Bira. Aí, os irmãos quebravam o pau. O Bira me segurava pra falar do Ubirany e o Ubirany segurava o Arlindo pra falar do Bira. Até que eu e Arlindo chegamos à conclusão de que queríamos ficar juntos, mas os irmãos não podiam ficar juntos e o que aconteceu? Vai Cleber *prum* lado e Sereno pro outro", lembra Sombrinha às gargalhadas. Ele diz que no tempo em que viajavam de ônibus, a Rodoviária Novo Rio foi palco de cenas hilariantes. "Ah, parava a rodoviária. Não tinha palavrão, eles não iam às vias de fato, mas era tanto grito, tanto grito, que ficava engraçado. Ubirany dizia: 'Deixa de palhaçada', e o Bira respondia: 'Eu não sou palhaço'. Era um escândalo, mas daqui a pouco acabava. E de novo vinha o Bira pro meu lado e o Ubirany ia desabafar com o Arlindo. Isso várias vezes. Se desentendiam do nada. Mas eles se amavam e ninguém se metia. Era melhor deixar que eles resolvessem, pois no fundo os dois sempre tiveram o coração bom."

Bira Presidente ri e assume: "Eu, como mais velho, sempre fui meio brabão, um cara estourado. E o mano Ubirany, com aquele jeitinho calmo, sempre foi meu sedativo". E Sombrinha continua suas lembranças, agora de uma briga no Japão: "Não lembro bem o que aconteceu, mas o Bira *tava* tocando pandeiro e, do nada, falei: 'Para de tocar isso aí'. Ele deu um soco no capô do carro, machucou a mão e gritava: 'Poxa, falando do meu pandeiro!'. Foi uma confusão!". Mas Ademir lembra detalhes: "Eu lembro. Foi num intervalo de um lugar que tocamos e fizemos duas entradas. Eles foram brigar no estacionamento. Um correndo atrás do outro em volta do carro. E o Bira gritando: 'Vem aqui que eu vou te pegar'. E o Sombrinha, palhaço, correndo e rindo muito. O Bira machucou a mão com a pancada e dizia: 'Como é que vou trabalhar agora com a mão assim?'. Mas não foi nada sério".

Para Sereno, a paciência é a chave de tudo. "O Fundo de Quintal foi salvo pelo gongo. Houve época que as brigas eram muitas. Eu já briguei muito com o Bira, o Bira já brigou muito com o Ubirany, com o Mário

Sérgio, com o Ronaldinho, mas graças a Deus, brigávamos e ali mesmo terminava. Quando não terminava na hora, dois ou três dias depois terminava e tudo voltava ao seu normal. Sem sombras de dúvida, em um grupo tem que ter muita paciência." Ele ressalta a longevidade do grupo, mesmo com tantas saídas de seus integrantes. "O clima do Ubirany estava sempre ameno. Eu e o Bira somos mais estourados. Eu falo pouco e quando falo, bato na mesa, mas grupo é assim mesmo. Papai do Céu tem ajudado a gente a levar esse barco nesses 46 anos, a enfrentar as tempestades e chegar à areia. Você veja só, qualquer grupo aí brigou e *tá* se acabando ou saiu um e acaba. Olha que nós tivemos saídas de grandes integrantes e continuamos. Quebrava um dente e entrava outro. É uma engrenagem, *né?*" E aproveita para desfazer a fama de que é um cara brabo. "Brabo, eu? Que nada! Sou uma doçura! Tenho um coração grande, onde cabe todo mundo. Meu jeito de ser é esse e sou o mais palhaço do grupo. Chamo o Ademir de macaco, como chamava o Mário Sérgio. Chamo todo mundo de macaco, mas isso tudo na brincadeira, tudo na galhofada, sem levar a sério. E eles morrem de rir. Os músicos que nos acompanham me adoram. Essa história de brabo é lenda."

Já Cleber Augusto registra o excesso de vaidade. "Não tenho nada do que me queixar. As brigas são naturais, como na família. E num grupo o que tem mais é isso, o excesso da vaidade. Eu sempre fui despojado, não tenho frescuras. Gosto de botar meu tênis, minha calça jeans, minha camiseta e o importante é tocar, colocar minhas canções. O resto é consequência." Em tanto tempo juntos, o cuidado da não liderança pode ser um fator importante para explicar essa longevidade. "Nós sempre fugimos dessa palavra liderança, de ter um líder. Temos vários exemplos de grupos musicais que geralmente o cantor é o que fala e os outros são só subalternos. Aí, esse cantor um dia sai e o grupo não prossegue. Então, aqui procuramos manter de que não existe o cara, existem os caras. Aqui todos têm o mesmo peso na hora de votar, de decidir. No voto a maioria ganha e o que achava ser o dono da razão tem de abaixar a cabeça. Seja quem for. Aqui a divisão financeira é igual pra todo mundo, ninguém é melhor do que ninguém. A partir daí todos vão dar o mesmo de si, se não der, o outro pode cobrar. Não abrimos mão disso, nós sempre tivemos três cantando e os demais fazendo coro. Responsabilidades sim, dadas a cada um, mas liderança de um falar e todos de abaixar a cabeça, isso não", afirmava Ubirany, tido como o mais calmo do grupo e que tinha a conversa como sua principal arma. "Eu gosto de conversar, gosto de ter um papo. Nunca quero impor o que penso. A imposição não leva a nada. Sempre parto do princípio que não tem eu, que somos um grupo, e que somos nós. Então não custa nada sempre conversar, procurar conduzir. Quando vejo que algum está se precipitando, querendo fazer uma besteira qualquer, chamo e converso. Graças a Deus, tenho esse jeito conciliador."

E quando o tranquilo "meu chapinha" perdia a calma? Será que isso podia acontecer? "Ah, mas pode sim. Tenho calma até determinado limite. Quando a pessoa tem um determinado problema, você vai ajudar a resolver e a pessoa entende, *tá* tudo bem. Mas a calma vai embora quando ela persiste, insiste, e você na maior calma do mundo, tentando resolver. Todos nós temos nosso limite e essa persistência da pessoa, em que salta os olhos de todos que está errado, aí é a hora que saio do sério." No caso de Flavinho Silva, que entrou em lugar de Mário Sérgio, em 2008, a técnica era outra. "Grupo é sempre difícil, mas no 100% eu fui bem treinado. Cheguei ali para servir e não para falar. O que é pra fazer? É isso? Então, me esforçava pra fazer o que me era solicitado e no Fundo de Quintal foi a mesma coisa. Entrei no lugar de um cara que já era conhecido, renomado. Fui ali só pra acrescentar. Aprendi que não tinha que ter vaidade porque não cabia. Assim foi minha convivência. Nem sempre concordava com tudo, mas absorvia o que valia a pena e o que não valia, se pedissem a minha opinião, eu dava, se não, acatava e pronto", afirma Flavinho.

NAS ONDAS DO PARTIDO

Enquanto isso, nos palcos de shows e nos estúdios de gravação, o talento do Fundo de Quintal continua em alta e os Discos de Ouro (na época mais de 100 mil cópias vendidas) continuam chegando para registrarem a boa fase de cada disco, como aconteceu em 1996 com *Nas Ondas do Partido*. Ele traz mais uma vez a voz de Ubirany, um dueto com Ronaldinho em "A Noite". "Esse fiz em parceria como Acyr Marques. Gostava de escrever, mas não levava a sério a ponto de sentar com alguém pra compor. Escrevi algumas bobagens, algumas letras, mas todas que fiz gravei: 'Nova Esperança', com o Mauro Diniz, 'Amor Maior' com o Arlindo, e essa. A primeira fiz com o Dida, 'O Morro Acordou', em 1971. O Mussum ouviu, gostou e levou para o Jair Rodrigues gravar. Tenho um montão de letras num caderninho, mas sou incapaz de mostrar. O Mauro me cobra muito. Mas não tenho aquela veia de compositor, com inspiração. Nem penso nisso", disse Ubirany, que também teve dois sambas gravados num LP do Cacique de Ramos: "Inspiração" (com Matias) e "O Poeta" (com Arnô). Lançado pela RCA (hoje BMG), o disco traz ainda o sucesso "Água na Boca" (Mendes), dois sambas da Chiquita, irmã do Sereno ("Silêncio" e "Atabaque no Samba") e, na capa, o ator Eliezer Mota, levantando um integrante do Cacique, entre vários outros fantasiados de índios. Mas Ubirany revelou tremer na hora de cantar: "No coro vou afinadíssimo, aquele gravão lá atrás, *tô* sempre junto. Mas basta dizer vai solar que complica tudo".

"Felicidade Pede Bis" (Marquinho PQD/Arlindo Cruz/Sombrinha), "Falso Herói" (Cleber Augusto/Djalma Falcão/Bicudo), "Testemunhas do Amor" (Vander Carvalho/Luciano/Ronaldinho) e "Samba" (Mário Sérgio/Sereno) são outras músicas que se destacaram.

LIVRE PRA SONHAR

Em 1997, o disco *Livre Pra Sonhar* foi gravado na Cia dos Técnicos, sob o comando do mesmo Rildo Hora, que se orgulha da autonomia que ele e o Fundo sempre tiveram a cada disco. "Nunca tivemos interferência. O disco é decidido por eles e por mim. Fazemos o que temos vontade de fazer". "Verdadeira Chama" (André Rocha/Flávio Cardoso), "Levada desse Tantan" (Luizinho SP/Dudu Nobre), "Merece Respeito" (Ronaldinho/Vander Carvalho/Luiz Carlos) e "Nosso Miudinho" (Sereno) carregaram o disco para mais um Disco de Ouro.

GRUPO FUNDO DE QUINTAL E CONVIDADOS

O primeiro disco com várias participações e que resultou em mais um Disco de Ouro é *Grupo Fundo de Quintal e Convidados*, de 1998. Todas as faixas são regravações de sucessos: Jorge Aragão canta com Ronaldinho em "Amor dos Deuses"; Almir Guineto com Sereno em "Samba"; Beth Carvalho com Ronaldinho em "Merece Respeito"; Martinho da Vila com

Cleber Augusto em "Nem Lá nem Cá"; Zeca Pagodinho e a Velha Guarda da Portela com Mário Sérgio em "Canto pra Velha Guarda"; Marquinhos Sensação, do Grupo Sensação, com Mário Sérgio em "Fada"; Frejat, do Barão Vermelho, com Cleber Augusto em "Brasil Nagô"; Péricles, do Exaltasamba, com Mário Sérgio em "Nova Esperança"; Andrezinho e Anderson Leonardo, do Molejo, com Sereno em "Mistura de Pele". Em "Prazer da Serrinha", Mário Sérgio versa com Dona Ivone Lara e com Ronaldinho, enquanto Monarco versa com Nélson Sargento. E em "Parabéns pra Você", o encontro de Emílio Santiago com Sereno.

Num disco de tantas participações, várias também entre os músicos, como Mauro Diniz no cavaco, Cláudio Jorge no violão, enquanto no violão de 7 cordas, Josimar Monteiro e Carlinhos 7 Cordas. Dos integrantes do Fundo, a novidade fica por conta de Mário Sérgio, que tocou banjo em "Fada".

CHEGA PRA SAMBAR

Chega pra Sambar, de 1999, é o último disco pela gravadora RGE, levado por "Nosso Grito" (êta vida, êta vida de cão) (Sereno/André Renato/Riquinho), "Só Você" (André Renato/Délcio Luiz), "Mulher Depois que Casa" (Roque Ferreira), "Chega pra Sambar" (Mário Sérgio/Ronaldinho) e a regravação de "Deixe Estar" (Cleber Augusto), gravado por Jorge Aragão no seu disco *A Seu Favor*, de 1990. A falta de informações nas capas dos CDs continua a prejudicar a nossa memória musical. Cada vez mais não se sabe quais os músicos que tocaram em cada faixa nem os instrumentos que tocaram.

SIMPLICIDADE

Em maio de 2000, a gravação de *Simplicidade*, primeiro CD ao vivo, na casa Tom Brasil, em São Paulo, marca a estreia na nova gravadora, a BMG. No repertório, 31 sucessos e, no encarte, tratamento de luxo, com as letras das músicas e uma ficha técnica com o nome de todos os músicos por faixa. Resultado? Mais um Disco de Platina.

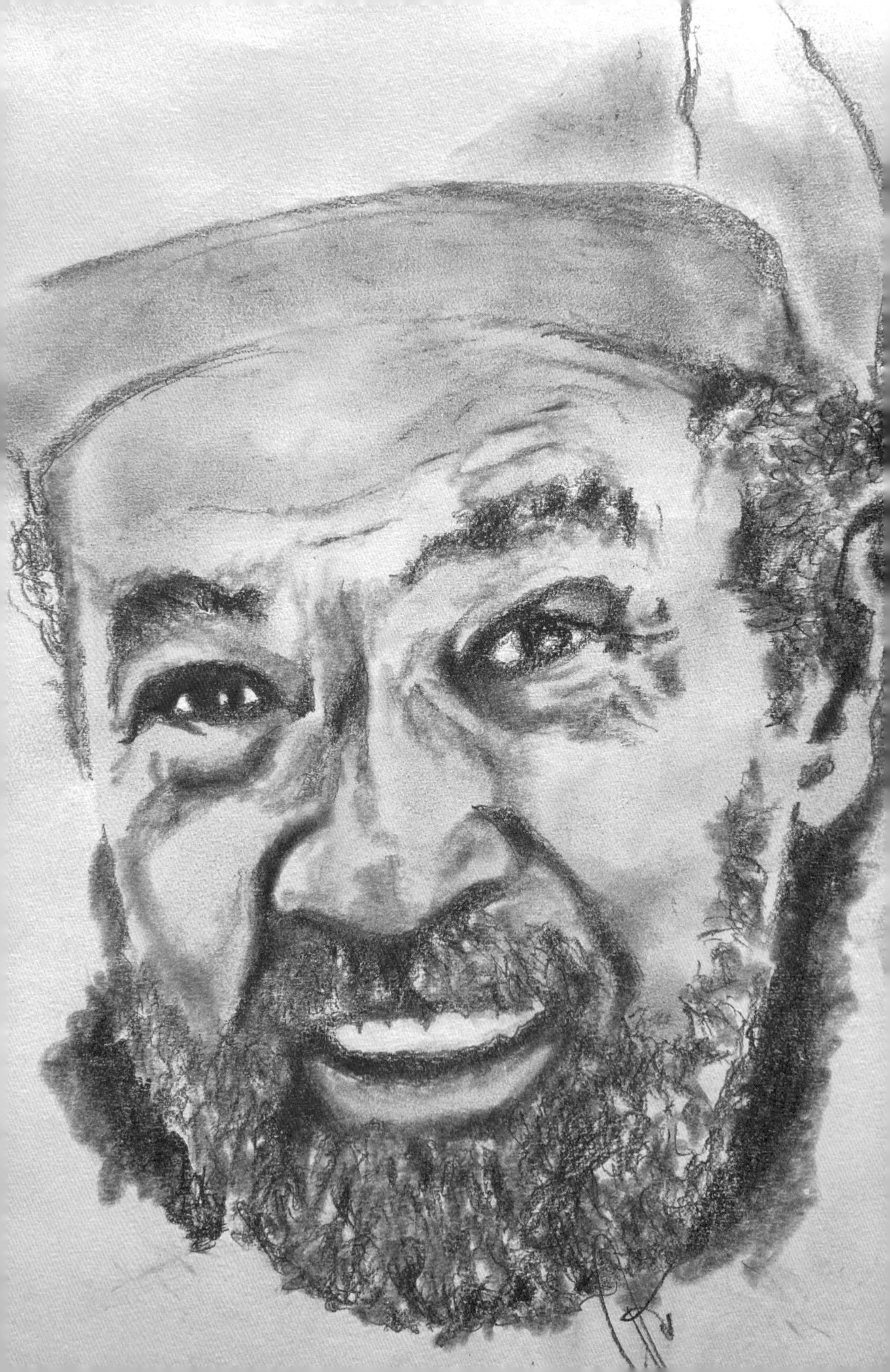

CAPÍTULO 15
A SAÍDA DE CLEBER AUGUSTO
SUA DOENÇA E SUA CURA

Após o primeiro CD ao vivo, mais três obras para completar a passagem pela gravadora BMG. No dueto Mário Sérgio e Ronaldinho, "Papo de Samba" (Carlos Caetano/Moisés Santiago/Flavinho Silva) é a música título e a que carrega o CD de 2001, que traz ainda o clássico "Se Você Jurar" (Nílton Bastos/Ismael Silva) na voz de Cleber Augusto. Essa gravação de "Se Você Jurar" foi para o CD *O Melhor do Bar de Dona Jura* (Solange Couto), um dos oito discos da trilha sonora da novela *O Clone*, que foi exibida na TV Globo de outubro de 2001 a junho de 2002. Na novela, o Fundo de Quintal também foi lá cantar e provar o famoso pastel da Dona Jura.

Voltando ao disco do Fundo, uma pena que a tal ditadura da música de trabalho, em que as rádios tocam a mesma música e apenas ela, não fez tocar também bons sambas como "Atalho" (Cleber Augusto/Jorge Aragão/Djalma Falcão) e "Pintando o Amor" (Sereno/Mário Sérgio/André Renato).

AO VIVO NO CACIQUE DE RAMOS

Para faturar mais um Disco de Platina, é gravado na emblemática quadra do Cacique de Ramos, em 2002, o CD *Fundo de Quintal ao vivo*, recheado de sucessos e convidados especiais: Almir Guineto ("Gamação Danada" e "Boca sem Dente"), Dudu Nobre ("Fases do Amor"), Zeca Pagodinho ("Samba da Antiga", "Olha o Samba Sinhá" e "A flor e o Samba"), Jorge Aragão ("Minhas Andanças"), Beth Carvalho ("Bate na Viola" e "Cacique de Ramos"). Pela primeira vez, depois que saíram do grupo, Sombrinha ("Oitava Cor" e "Nascente da Paz") e Arlindo Cruz ("Força, Fé e Raiz", "Banho de Fé" e "Quantos Morros já Subi") são convidados. As faixas "Batuque no Quintal" (Mário Sérgio/Ronaldinho) e "Segura Peão" (Luizinho SP) foram gravadas no Estúdio Cia dos Técnicos. Entre os vocalistas do coro, Ircéa e Isabel, irmãs de Zeca Pagodinho e Juliana Ferreira, filha de Martinho da Vila. Vale destacar a festa que Zé da Velha com seu trombone e Silvério Pontes com seu flugel fizeram no final de "Nascente da Paz", aquela do bororó, bororó. A dupla volta a arrasar no final de "Canto de Rainha", com Silvério desta vez com trompete, junto com as baixarias de Carlinhos 7 Cordas. Fez lembrar o Baile do Paulo Moura, das quintas do Cacique de Ramos. Aliás, é o próprio Paulo Moura que tira onda com seu clarinete de mestre em "Cambono de Artista".

Em 2003, a música "Lucidez" vai para o terceiro disco da trilha sonora da novela *Celebridade*, de Gilberto Braga, que foi exibida na TV Globo de outubro desse ano até junho de 2004. Ela está no disco *Celebridade Samba*, com os temas da Casa de Samba Sobradinho, que tinha à frente os personagens Eliete (Isabela Garcia), Vladimir (Marcelo Faria), Cristiano (Alexandre Borges) e a protagonista Maria Clara Diniz (Malu Mader).

FESTA PRA COMUNIDADE

O último CD pela BMG é *Festa pra Comunidade*, gravado na Cia dos Técnicos, de 2003. O partido "Não Tá nem Aí" (Moisés Santiago/Carlos Caetano/Flavinho Silva) é a famosa música de trabalho escolhida para sair tocando.

A SAÍDA DE CLEBER AUGUSTO

O disco, que não tem uma música de Cleber Augusto desde sua entrada no grupo, marca também a sua despedida. Ele sai do grupo para tentar a carreira solo. "Fiquei de 82 até 2004 e foi muito importante para a minha carreira. Aprendi muito com eles, com a equipe inteira. Todo mundo ali foi muito legal, assim como um apoiava o outro e a gente fazia um conjunto, a equipe funcionava, pois cada um fazia a sua parte, dava a sua contribuição e o resultado era muito bom. Mas, na verdade, as minhas obras não tinham muito a ver com o Fundo de Quintal. Minhas músicas eram diferenciadas. Gosto do samba, mas gosto da MPB, com harmonia mais rebuscada e queria fazer o meu trabalho do meu jeito. Não queria mais colocar música no disco, estava decidido. Era o que eu queria fazer. Em questão de três, quatro meses ia gravar meu disco na Line Records, já estava com a papelada na mão", conta Cleber, que não ouviu os pedidos para não sair. "Só saudade desse moleque, que mora no coração da gente. Aconselhei muito, falei pra ele não sair, mas já estava decidido e ele disse que não aguentava mais", conta Sereno. Para Bira Presidente, um parceiro difícil de esquecer. "Um dos monstros sagrados da nossa música, um dedilhar invejável naquele violão. Cleber tem um toque diferente, uma sutileza nas suas músicas e no cantar. Uma ausência notada no Fundo de Quintal e jamais esquecida." Com Ademir Batera, choro de amizade na despedida. "Éramos muito colados no Fundo e quando ele saiu, chorei com ele. Minha preocupação é que ele fumava muito. E no palco. Pedia pra ele parar, dizia que era falta de respeito com o público. Falei: 'Ô parceiro, você já passou dos 50, vai sair pra quê? Começar do zero?'." A última tentativa, às vésperas de assinar contrato com a Indie Records, foi de Ubirany.

Ubirany – Vamos nessa, vamos assinar. Me dá uma definição, nós somos sete ou somos seis?
Cleber – Infelizmente, a partir de hoje são seis. Já estou comprometido.

A DOENÇA DE CLEBER AUGUSTO

Porém, a questão não seria começar do zero, mas enfrentar o que estava por vir. Ainda nas últimas apresentações pelo Fundo, sua garganta já apresentava uns problemas na hora de cantar. Cleber começou a fazer seus shows e viajou para um projeto com Chrigor, ex-Exaltasamba, para o norte e nordeste. "Fizemos Salvador, Recife e fomos para Fortaleza. Mas fiquei rouco literalmente e não conseguia cantar. Fiz a triagem para ver o que era e constatou uma lesão grave. Fiz a biópsia e exames mais rigorosos." Mas, cadê a coragem para abrir o envelope com o resultado? "Eu tinha 13 anos e lembro que o exame chegou e ficou lá em casa fechado por vários dias, porque ele não queria abrir. Minha mãe ia abrir e ele não deixava. Até que um dos dois abriu e leram. Um tumor nas cordas vocais. Era câncer na laringe. Foi um chororô danado", conta a hoje produtora Carien Bastos, filha de Cleber.

A partir daí, Cleber Augusto passou por momentos muito difíceis. Diante de uma doença que muitos sequer não conseguem dizer o nome, ele encarou de frente, de cabeça erguida e não fraquejou. Confesso que de todas as conversas que tive para este livro esta foi a mais difícil. Porém, o conhecido bom humor do Cleber salvou esse momento delicado, com ele falando através de um aparelho, que reproduz um som metálico. "Em 2004, fiz a cirurgia a laser e fono por 20 dias. Voltei a cantar por três meses e deu problema de novo. Deu uma lesão na corda direita e, em 2005, fiz outra cirurgia a laser, só que dessa vez como cauterizou, colocaram um silicone Teflon para fazer a mesma função das cordas vocais. Deu certo! Consegui falar de novo! Fiz o mesmo procedimento de fono, repouso e voltei a cantar de novo."

Feliz por estar cantando, voltando a sonhar com a carreira solo, Cleber não imaginava o que estava por vir. O Dr. Roberto Carvalho, do Inca, teve uma conversa séria e decisiva com ele. E revelou que o problema ia voltar. "Ele me disse assim: 'Ainda dá tempo de eu resolver o teu problema. Fala com a tua família, e quanto mais cedo você decidir, eu consigo resolver. O que tiver de ruim eu vou tirar. Você não vai falar mais e não vai cantar mais. Mas eu vou te dar a vida'." Cleber ouviu tudo, prestou atenção em cada detalhe, entendeu que estava diante do maior dilema de sua vida e que ele, só ele, poderia dar a palavra final. "A cabeça foi para o chão, né? Fui à lua e voltei. Não sabia o que teria de fazer. Perdi o chão, fiquei meio anestesiado, foi muito complicado, foi muita depressão. Os amigos foram chegando junto, Arlindo, Sombrinha, Zeca, a rapaziada do Fundo, todos numa solidariedade muito legal. Esses ombros amigos deram uma injeção de ânimo. Foi Deus, minha família, minha mãe, tudo isso numa verdadeira conspiração a favor, uma energia muito grande, um verdadeiro mutirão e deu tudo certo."

Cercado de carinho, Cleber Augusto teve forças para a grande luta que estava apenas começando. "Foi muito brabo, porque eu vi o mundo cair assim na minha frente. O meu mundo desabou e pensei: *Deus é quem vai administrar daqui pra frente. Eu não vou mais cuidar da minha vida, quem vai cuidar está lá em cima*", decidiu.

Como se estivesse compondo a grande música de sua carreira, a música de sua vida, Cleber contou com uma parceria fundamental. A grande parceira foi uma menina de apenas 13 anos, que tirou do fundo do peito uma maturidade que ainda não conhecia. Sua filha Carien, hoje uma produtora musical e de elenco. "Ela cuidou muito bem de mim, sempre preocupada, fazia questão de estar olhando, me acompanhando, de saber o que estava acontecendo. E combinamos um código, tipo: tudo bem é beijinho, quando for não, três beijinhos." Entre pai e filha a sintonia foi muito fina nessa fase conturbada. "Não sei explicar como, mas a gente aprendeu a se comunicar. Até mesmo eu dirigindo e ele sem falar ao meu lado. E a gente conversava. Convivi muito com ele no tempo que ficou sem falar. Ou ele escrevia ou era leitura labial." Enfim, ela grudou no pai e amigo, cuidou, segurou a onda dele e a sua, resolveu pepinos e cresceu como ser humano. "Fiquei com ele o tempo todo. Eu que levava no Inca, que cuidava dele. E se já seria horrível hoje, imagina com 13 anos. A primeira vez que ele teve ainda era casado com a minha mãe, Rita, que acompanhou todo o tratamento, desde a primeira cirurgia a laser. Ele ficou bom, mas dois anos depois o câncer voltou. Ele operou um lado e voltou do outro, aí quando o médico falou que podia voltar em outro lugar, que era ou fala ou vive, ele disse: 'Arranca'." Aí, ela já tinha 15 anos e trabalhava numa loja no Aeroporto Tom Jobim. "Foi quando ele fez a laringectomia total, tirando laringe, faringe, traqueia. Acompanhei tudo. Praticamente morei no Inca. Dois meses direto indo pra lá, todos os dias. Troquei meu horário na loja para a noite. Saía, ia pra casa dele na Tijuca, dormia, no dia seguinte ia com ele, voltava, o deixava em casa, ia pro aeroporto e começava tudo de novo. O tratamento é muito agressivo e ele não podia ir sozinho. Ficava tonto e podia cair no meio da rua", diz Carien, numa caminhada que jamais imaginou que um dia teria. Mas o amor pelo pai a trouxe à razão e continuou seus cuidados com o grande amigo e ídolo. "A rádio é muito ruim. Se fosse comigo, acho que na metade do caminho tinha caído dura. O que o levou a estar muito bem hoje é a vontade dele de viver, o seu bom humor. Ele sempre fez tudo com muito humor."

Após a segunda operação, Carien foi buscá-lo mais ansiosa que nunca, pois queria mostrar a novidade: tinha feito uma tatuagem definitiva da assinatura do pai. "Ele estava internado e não podia autorizar. E minha mãe nunca me daria, porque tem horror a tatuagens. Então, fui num tatuador amigo meu e ele fez." Mas, chegando ao hospital, não encontrou o pai no quarto. "Achei que tinha alguma coisa de errado e saí procurando. E o encontrei passeando pelo hospital, puxando o soro como se fosse um cachorrinho. Esse é meu pai. Mostrei a tatu, ele ficou me zoando, dizendo que era de brinquedo, que ia apagar, que era de henna. Tirei o plástico e passei a mão dele na tatuagem. Ele começou a chorar, porque ele chora por tudo. Se é uma coisa que ele faz muito bem nessa vida é chorar. Um negão daquele tamanho, chora por tudo", diz Carien. E o negão, como sempre, brinca: "A Carien ficou sempre do meu lado o tempo todo. Virou minha mãe".

Foram tempos difíceis para pai e filha. E só mesmo a união fez com que os dois suportassem tudo que estava acontecendo. "Tive que me conformar obrigatoriamente, não tive outra opção. E ainda tive que me conformar sem falar pra ele que estava inconformada. Eu sabia que ele estava muito mais, apesar de não querer transparecer. Mas meu pai é uma pessoa que você repara tudo que acontece com ele. Se estiver de mau humor, fecha a cara na hora, apesar de não querer. Então não tinha como ele disfarçar muito, mas eu não queria mostrar pra ele que eu estava na merda. Estar ali no Inca mexe muito com o psicológico de qualquer pessoa. Quando chegava em casa, ia correndo tomar banho porque era o único momento em que eu podia chorar sem ele me ver. Era tipo uma hora e meia sentada no vaso chorando e o chuveiro ligado. Essa era a minha rotina: chegar do Inca, chorar sem parar e sair como se nada tivesse acontecido. Ou eu me conformava ou me afastava e largava ele sozinho, porque ele era sozinho. Minha vó, muito idosa, já avariando pela idade. Eles se comunicando era pra sentar e chorar de rir. Ele ficava irritado porque ela não entendia. Ele não tinha como falar. Escrevia, ela não enxergava, não ouvia!"

CLEBER FICA CEGO POR ALGUNS MESES

Cleber Augusto ainda iria passar por mais uma prova. Se já estava com o olho esquerdo comprometido por uma catarata, perdeu a visão. Mas jamais perdeu o bom humor. "Fiquei cego literalmente por quatro meses e meio. E meus amigos começaram a me sacanear. O Bicudo da Ilha, o Djalma Falcão, o Buzunga, muitos de São Paulo, vinham aqui em casa, ficavam conversando, aí mudavam de lugar e diziam: '*Tô aqui babaca, tô aqui*'. Eles escondiam meu copo, me sacaneavam muito, mas era uma alegria. Quando iam embora, ficava um silêncio na casa. Até que fiz a cirurgia de um dos olhos e primeiro comecei a ver tudo embaçado em preto e branco. E já fiquei muito feliz. Queria logo fazer a outra vista. E comecei a tirar onda, já saía sozinho na rua. Minha primeira visão foram minhas filhas, Carien e Cristiane. A outra vista fiz 22 dias depois e nunca mais tive problema, graças à Dra. Paula. E hoje uso lentes de contato."

Carien também lembra como foi essa fase do pai de não enxergar. "Ele ficou sem enxergar por conta da quimio, dos remédios do tratamento. Ele já tinha um princípio de catarata, aí acelerou o processo e ficou cego dos dois olhos. Hoje enxerga melhor que eu, que uso óculos, e ele não usa mais. Para ele estes meses sem enxergar foram uma eternidade, mas ele é muito adaptável. Ele sabia exatamente a distância de todos os móveis da casa. Se fosse eu, já teria quebrado a cara umas 30 vezes. Nós aproveitávamos do humor dele pra ficar zoando e não ficar o tempo todo levando todos os problemas que ele tinha pro lado sério. Ele ia surtar. Eu que tirei o tampão do olho. E quando se viu, começou a chorar. Abriu o olho devagarinho e virou um negão de olho azul por causa da catarata."

CLEBER PENSA EM SE MATAR

Apesar das brincadeiras, foi muito difícil para Cleber Augusto segurar essa barra tão pesada. Em meio a tanto revés, chegou a pensar em se matar. "Sempre tive arma em casa e, por duas vezes, cheguei a pensar sim. Eu chorava copiosamente, não falava, com problema na vista, eu não podia falar e tinha de escrever. Minha mãe demorava a ler por causa da vista. Aí, fiz com que ela também operasse a catarata. Então, pensei, pensei... foi pesado! Pensava assim: *poxa, como vai ser isso? Eu não falo, não tô vendo nada...* Mas pensei nas minhas filhas e na minha mãe. E não fiz!", confessou Cleber. "Ele teve seus momentos de revolta. E ficou conformado, porque ou você se conforma ou surta, mas teve um tempo bem revoltado. Ele sempre foi muito comunicativo e ficou isolado. Não queria ir pra lugar nenhum. Era só ele, o computador e o celular. Tem vício de joguinhos e ver filme. Via todos os filmes possíveis e imagináveis, jogava todos os joguinhos do planeta e ficava no celular. Mas não socializando. Ficava jogando. Todos ligavam, mandavam mensagens, ele não atendia nem respondia. Nem queria visitas. Depois da segunda operação, a revolta é que tinha ficado sem falar, mas foi curto o espaço de tempo que ficou revoltado. Ele falava que podia ter perdido uma perna, menos ficar sem falar", lembra Carien. Por ter acompanhado o pai em todo o processo, ela faz um desabafo: "Ele ficou muito magoado com algumas pessoas que ele considerava muito e que cagaram e andaram. A Beth Carvalho, por exemplo, ligava, mas nunca foi vê-lo. Já a Alcione foi crucial em termos de ajuda. Ela foi muito importante".

Consciente de tudo que enfrentava, Cleber se lembra de seus momentos de revolta: "Tive, sim. Tem horas que você abre a Bíblia e ela mostra umas verdades. O Arlindo foi a primeira pessoa que entrou na minha casa, quando tive alta da primeira operação. Pra me abraçar e chorar comigo. Ele e o Zeca. Não esqueço nunca mais. A Alcione, que nunca tinha vindo, veio saber como eu estava e se precisava de alguma coisa. A minha mágoa é com a nossa madrinha, Beth Carvalho, que tempos atrás ia lá em casa, era amiga da minha mãe, da minha ex-mulher, em todo pagode estava lá, às vezes dormia lá, ia embora de manhã, e nunca ligou pra saber como eu estava. Nunca, nunca! Os anos se passaram e um belo dia fui ao Rival ver o show do meu compadre Arlindo, Maria Rita e o Leandro Sapucahy. Estávamos no camarim, chegou a Beth, falou comigo, mas eu já *tava* magoado e nem dei beijinho. Depois nos encontramos no Teatro Maison de France. Ela disse: 'Você me abandonou'. Eu falei: 'Eu não estou entendendo, tem noção do que você *tá* me falando? Eu que te abandonei?'. Aí, a Carien, que já me conhece, me chamou pra ir embora. E deixei a Beth no ar, saí ironicamente". E nas horas que mais precisava, era na oração que o guerreiro Cleber se agarrava. "Com São Bento e com Jesus. Conversar com Jesus, sempre. Às vezes, quando *tô* sentindo alguma coisa, acordo e do meu lado tem a Bíblia. Quando preciso de algum conselho, eu penso forte no que eu quero para alguém ou para mim mesmo, leio a Bíblia e é batata. Acontece exatamente o que preciso."

Cleber Augusto chegou a fazer fono e ia fazer um procedimento traqueal para que pudesse falar. "Não consegui. Dava ânsia de vômito, era enjoativo." Com isso, teve de usar o Laringe Eletrônica Voxsil, fornecido pelo Inca, em 2006, para poder se comunicar. Voltou a fazer shows por todo o país, tocando seu violão com a mesma maestria dos tempos de Fundo de Quintal e, a partir de 2014, com a participação do cantor Darlan Arruda, que passou a ser a sua voz. "Hoje eu não falo, eu não canto, mas pego meu violão, boto embaixo do braço e trabalho no Brasil todo. O mais bacana é que em todos os shows, todos participam. Nem dá pra dimensionar o carinho que tenho pelas pessoas. Elas sabem a importância da solidariedade, pois elas são a minha voz. Esse é o meu grande remédio e consigo me comunicar com todo mundo, com ou sem aparelho. Pego o microfone e digo: 'Pessoal, hoje estou muito rouco e não posso cantar'. Fico de sacanagem, todo mundo curte. Seja mulher, barbado, criança, todos querem abraçar, beijar, o negócio é doido. Colocam minha assinatura no braço, chega a pessoa com o bebê e mostra a certidão de nascimento com o meu nome. E já fui eleito, por unanimidade, o padrinho das comunidades das

Zonas Leste e Norte de São Paulo", diz Cleber, que em 2012 recebeu a Comenda Cacique de Ramos 50 anos e, em 2016, ganhou o título de Cidadão Paulistano da Câmara Municipal da Cidade de São Paulo.

Por dez anos, a filha Carien chegou a ser sua empresária. "Fiquei de 2009 a 2019 e fui aprendendo aos pouquinhos. Não sabia nada, ele que me ensinou tudo, mexer em som, passar som, mesmo sem saber tocar. E ainda aprendi a afinação que ele gosta. O que mais recebo é foto eu sentada com o violão dele. Quem olha diz: 'Aquela garota toca', mal sabe que não sai nada. Uma vez, aos 11 anos, quis aprender, mas eu achei que ia sentar e tocar no dia seguinte. Pedi pra ele me ensinar, ele pegou várias folhas A4, desenhou o braço do violão, a posição dos dedos, cheio de paciência. A aula não durou mais que um dia. Quando descobri que ia ficar um bom tempo naquele blem blem blem, falei: 'Não tenho paciência, não quero mais'. Desisti, queria tocar igual aos meninos."

A CURA DE CLEBER AUGUSTO

Com a retirada da laringe, a promessa do médico foi cumprida. Cleber ficou sem a voz, mas ganhou a vida. A última operação foi em 2013. "Eu tive que abraçar o meu problema, mas ao mesmo tempo tive que aplaudir a minha verdade, porque estou vivo. Eu *tô* aqui respirando, com minha família e meu grande gás pra tocar o barco pra frente. Tive três paradas cardíacas na cirurgia, fiquei 13h40 deitado, tive câncer nas cordas vocais, tive leucoplasia nas cordas vocais, ela não vibra normalmente e dava a rouquidão. Mas na cirurgia tirou tudo, zerou. Hoje estou curado", conta Cleber, que finaliza, agradecendo ao seu parceiro maior. "Deus tira, mas Deus dá. Papai do Céu é o cara, o grande mentor de tudo e de todos. Ele sempre foi muito complacente com tudo e principalmente com a minha vida. Me apoiou nos momentos que passei perto dele. Ele conseguiu acalmar meu coração, me deixou trabalhando mais um pouquinho. Acho que ainda não *tá* na hora de ir embora, ainda não está precisando de violão lá em cima. Ele mandou esperar mais um pouco e *tô* aqui agradecendo todos os dias. Nem tenho palavras pra dizer. Ele é tudo pra todos. Deve pensar: *já fiz uma recauchutagem em você e agora tô de olho, hein, não vacila mais não.*"

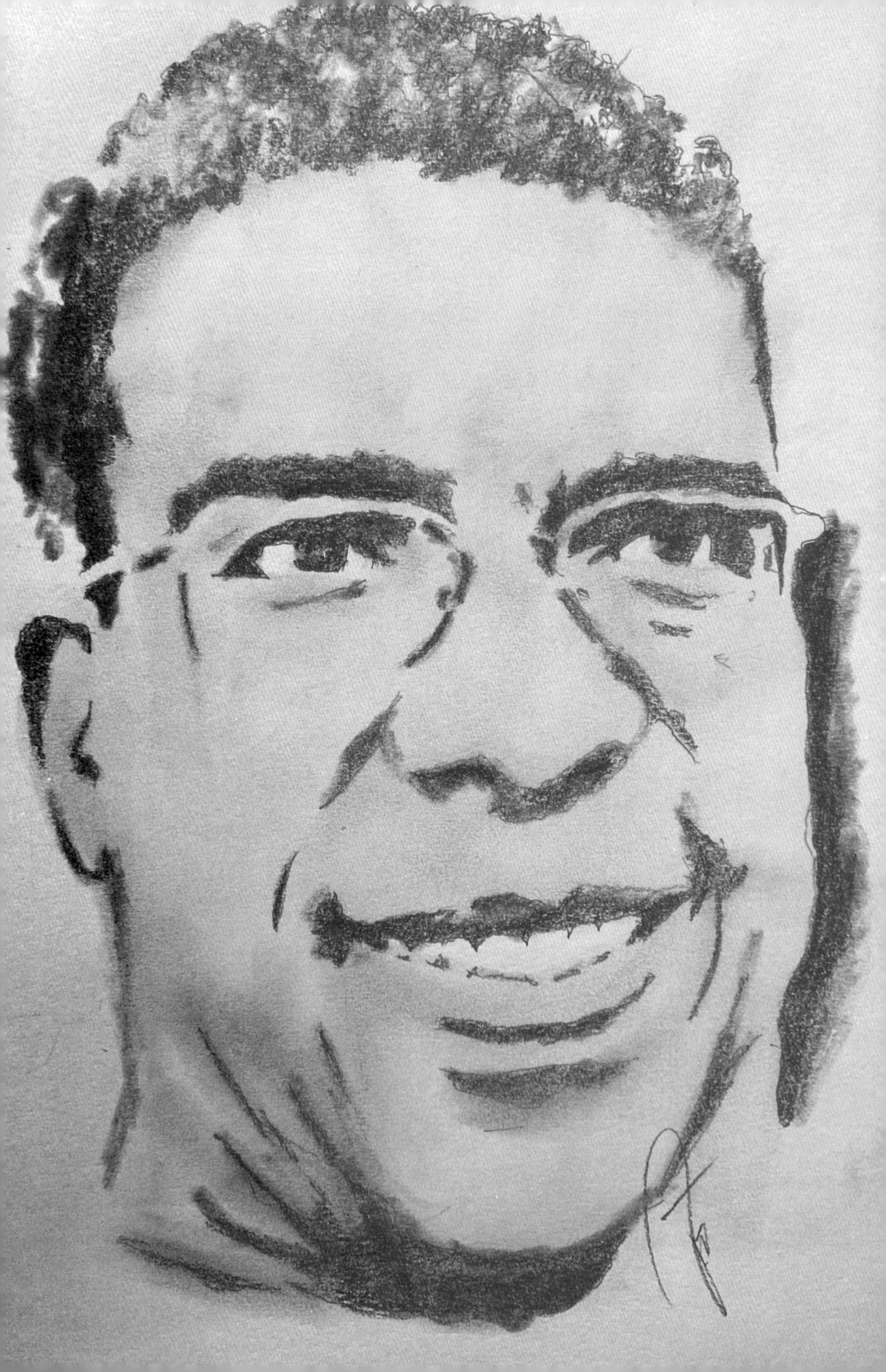

CAPÍTULO 16
OS PRIMEIROS DVDS
SAI MÁRIO SÉRGIO
ENTRA FLAVINHO SILVA

Logo após a saída de Cleber Augusto, o Grupo Fundo de Quintal assinou contrato com a gravadora Indie Records, que montou um cast de samba e se caracterizou por muitos DVDs/CDs ao vivo. Na mesma gravadora, além do Fundo, estavam Beth Carvalho, Leci Brandão, Alcione, Jorge Aragão e a dupla Arlindo Cruz e Sombrinha.

No dia 16 de fevereiro de 2004, foi gravado na casa de shows Olimpo, na Vila da Penha, zona norte do Rio de Janeiro, o seu primeiro DVD, *Fundo de Quintal Ao Vivo Convida*, que faturou um Disco de Ouro. Com direção musical de Rildo Hora, direção do show de Túlio Feliciano e direção geral de Karla Sabah, também responsável pelo excelente e bem cuidado documentário *Isto é Fundo de Quintal*, que vem nos extras. O DVD traz 34 sucessos do grupo e as participações de Beth Carvalho, Dona Ivone Lara, Alcione, Leci Brandão, Jorge Aragão, Almir Guineto, Sombrinha, Arlindo Cruz, Zeca Pagodinho, Dudu Nobre, Luis Carlos da Vila, Demônios da Garoa e Nei Lopes. Entre as entrevistas do documentário, a presença ilustre de Waldomiro João de Oliveira, que batizou a então rapaziada do Cacique de Ramos de Grupo Fundo de Quintal.

Neste DVD não teve violão de seis cordas, enquanto que Carlinhos 7 Cordas fez o de sete. "Sou um fã do Fundo de Quintal e eles confiaram em mim quando viram que eu era um diretor artístico músico e discutia os acordes com eles. Com um repertório escolhido a dedo e um filme maravilhoso da Karla, contando a história deles. E ainda tinha o Mário Sérgio, o cara que botava todo mundo pra dançar e tocava um cavaquinho como ninguém", disse Líber Gadelha, diretor artístico e então sócio da gravadora.

PELA HORA

Em 2006, é lançado o CD *Pela Hora* e, pela segunda vez, os integrantes do grupo não estão na foto da capa. Numa bela concepção da designer Stela Faria, a capa traz seis lindas crianças negras numa marcante foto de Keith Berr. Na produção, Rildo Hora abre o leque de opções e divide os arranjos com mais três nomes: Ivan Paulo, Leonardo Bruno e Paulão 7 Cordas, enquanto outro maestro, Agostinho Silva, é convocado para tocar sua sanfona em "Quero Ver Cantar no Contratempo" (Claudemir/Ronaldinho Filho). Neste primeiro CD sem Cleber Augusto, é Serginho Madureira quem grava o violão de 6. Os partidos "Pela Hora" (Carlos Caetano/Adriana Ribeiro/Saulinho), "Pegar pelo Pé" (Carlos Caetano/Flavinho Silva/Moisés Santiago) e "Benza Eu" (Mário Sérgio/Sombrinha), e a romântica "A Paz" (Claudemir/Lobinho/Isaías Santos/Gaio de Lima) dão o tom e carregam o disco.

Ainda em 2006, após grave problema de saúde, em que chegou a ficar 70 dias em coma, o Comandante da Indie Records preferiu pedir a rescisão de seu contrato. Em seguida, Líber Gadelha fundou a gravadora LGK e um dos primeiros nomes a ser contratado foi o Grupo Fundo de Quintal. Numa estratégia digna de cenas de cinema, a LGK comprou o passe do Fundo, como se fosse de um jogador de futebol, por 200 mil reais, sendo que 100 mil de Líber e 100 mil de adiantamento. "Eles queriam vir e eu queria que eles viessem. Disse pra minha advogada colocar o dedo em cima do nome LGK Music no cheque administrativo e só entregar ao advogado da Indie após receber o contrato assinado. O melhor é que Luis Afonso Otero, dono da Indie, venderia para qualquer um por 100 mil, mas pra mim, por dinheiro nenhum do mundo. Recebi o contrato e fiquei imaginando ele lendo as entrelinhas de um contrato de 80 páginas, tendo uma síncope cardíaca. E não deu outra. Soube que ele berrava, mas já era tarde e o Fundo de Quintal era meu", contou às gargalhadas o dono da LGK, Líber Gadelha. Continua assim a grande parceria entre Líber e o Fundo de Quintal.

O QUINTAL DO SAMBA

A sua primeira providência foi voltar aos DVDs, grande paixão de Líber. Na noite de 25 de agosto de 2007, é gravado o DVD/CD *O Quintal do Samba*, num Canecão lotado, no Rio de Janeiro. Era mais um Disco de Ouro, tanto para o DVD quanto para o CD. No comando, a mesma equipe do primeiro DVD, com Rildo Hora, Túlio Feliciano, Karla Sabah e uma inspirada cenografia de Luiz Henrique Pinto, com Líber na direção artística. "Fazer o Fundo de Quintal é uma delícia, até por causa das brigas. Parece partido político, que tem muitas facções. É um prazer, não é um trabalho", diz Rildo numa das cenas dos extras. As participações especiais são de Almir e Zeca Pagodinho, que versam de improviso em "Mole que nem Manteiga" (Bidi).

No repertório, além de sucessos do grupo, clássicos do samba como: "Triste Madrugada" (Jorge Costa), "Tristeza" (Niltinho Tristeza/Haroldo Lobo), "Ex-amor" (Martinho da Vila), "Meu Drama" (Silas de Oliveira/Joaquim Llarindo), "No Pagode do Vavá" (Paulinho da Viola), "Reunião de Bacanas" (Ary do Cavaco/Bebeto di São João), "Coração Leviano" (Paulinho da Viola) e "Cheiro de Saudade" (Sereno/Mauro Diniz), entre outras. "Foi um sucesso monstruoso. O Fundo esteve três domingos seguidos no Domingão do Faustão, com o ibope lá em cima e a produção me chamou pra conversar. Queriam fazer uma promoção em que o público escolheria o repertório do próximo DVD", contou Líber.

SAMBA DE TODOS OS TEMPOS

E assim foi feito. Em 7 de maio de 2008, é gravado no Credicard Hall, em São Paulo, o DVD/CD *Samba de Todos os Tempos*, também pela LGK, mantendo o mesmo trio no comando: Rildo Hora, Karla Sabah e Túlio Feliciano, sob a direção artística de Líber. Quanto ao repertório, que a princípio seria todo vindo de uma votação popular através do Domingão do Faustão, teve algumas alterações, nas cerca de 40 músicas enviadas pela produção do programa. Em meio a clássicos do samba, como "Ai que Saudades da Amélia" (Mário Lago/Ataulfo Alves), "Foi um Rio que Passou em Minha Vida" (Paulinho da Viola), "Vem Chegando a Madrugada" (Noel Rosa/Zuzuca), "O Neguinho e a Senhorita" (Noel Rosa/Abelardo Silva) e "Aquarela do

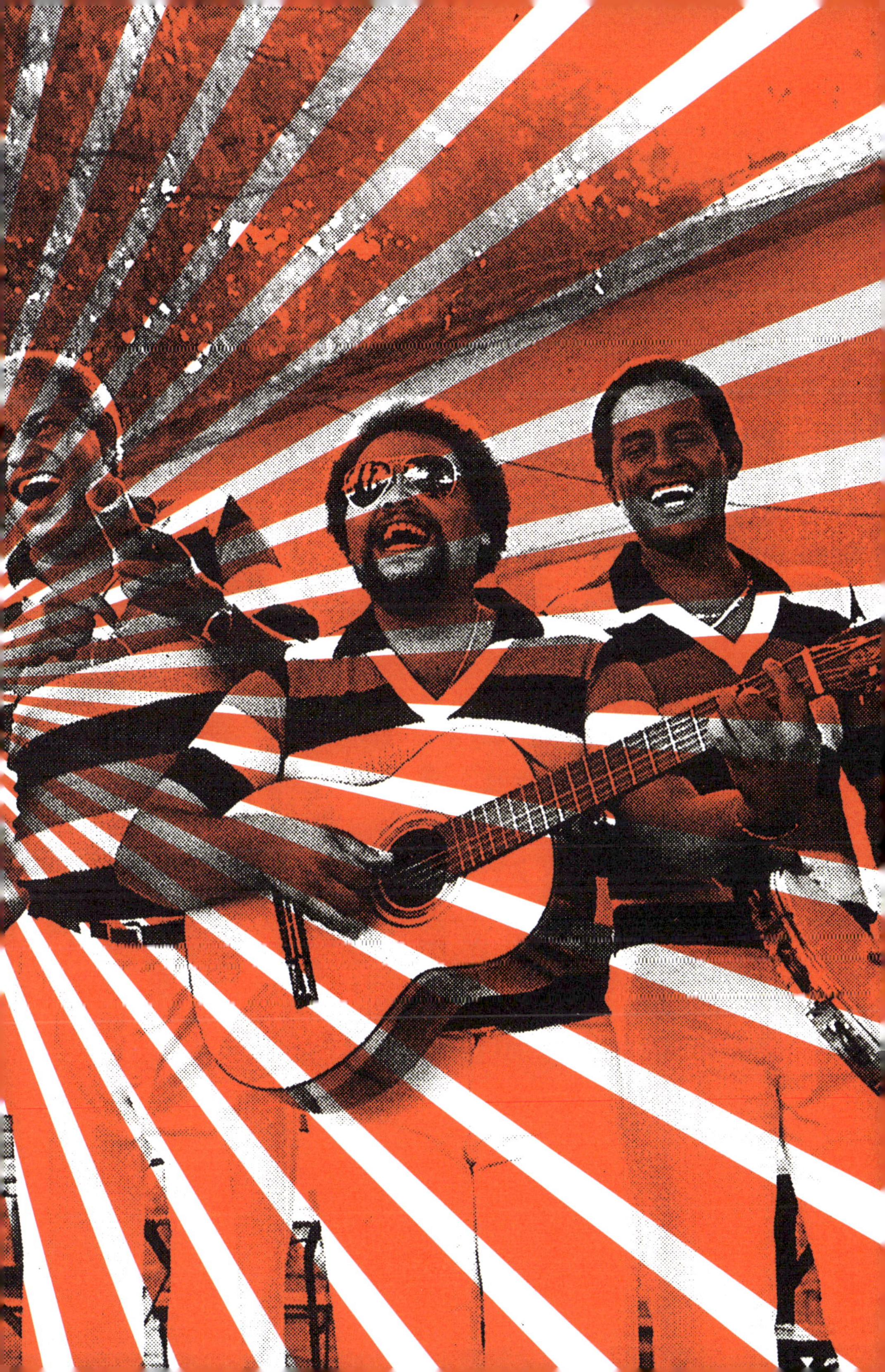

SUPERIOR E P.193 Ubirany, Sombrinha, Sereno, Neoci, Jorge Aragão, Bira Presidente, Almir Guineto.
INFERIOR Sereno, Neoci, Dida, Jorge Aragão, Tio Hélio, Mílton Manhães, Bira Presidente, Paulo Moura.

Dotô tocando repique de anel com Candeia.

SUPERIOR Pagode da Beira do Rio: Bira Presidente, Produtor Guará Salles, Adílson Victor, Cabral, Jorginho Bombom (de cabeça baixa), Mauro Diniz, Guilherme Nascimento.
Maestro Ivan Paulo, Armando Campos e Mílton Manhães.
INFERIOR, A PARTIR DA ESQUERDA Sombrinha e Neoci.
Jorge Aragão, Sombrinha, Dona Ivone Lara, Valter Sete Cordas e Bira Presidente.

SUPERIOR Mário Jorge Bruno, Bira Presidente, Beth Carvalho, Ubirany, Edmundo Souto, Fujico, Luis Carlos da Vila, Márcia Moura, Mílton Manhães, Neoci, Jorge (ex-Baú), Sombrinha.
INFERIOR Neoci, Jorge Aragão, Beth Carvalho e Dida.

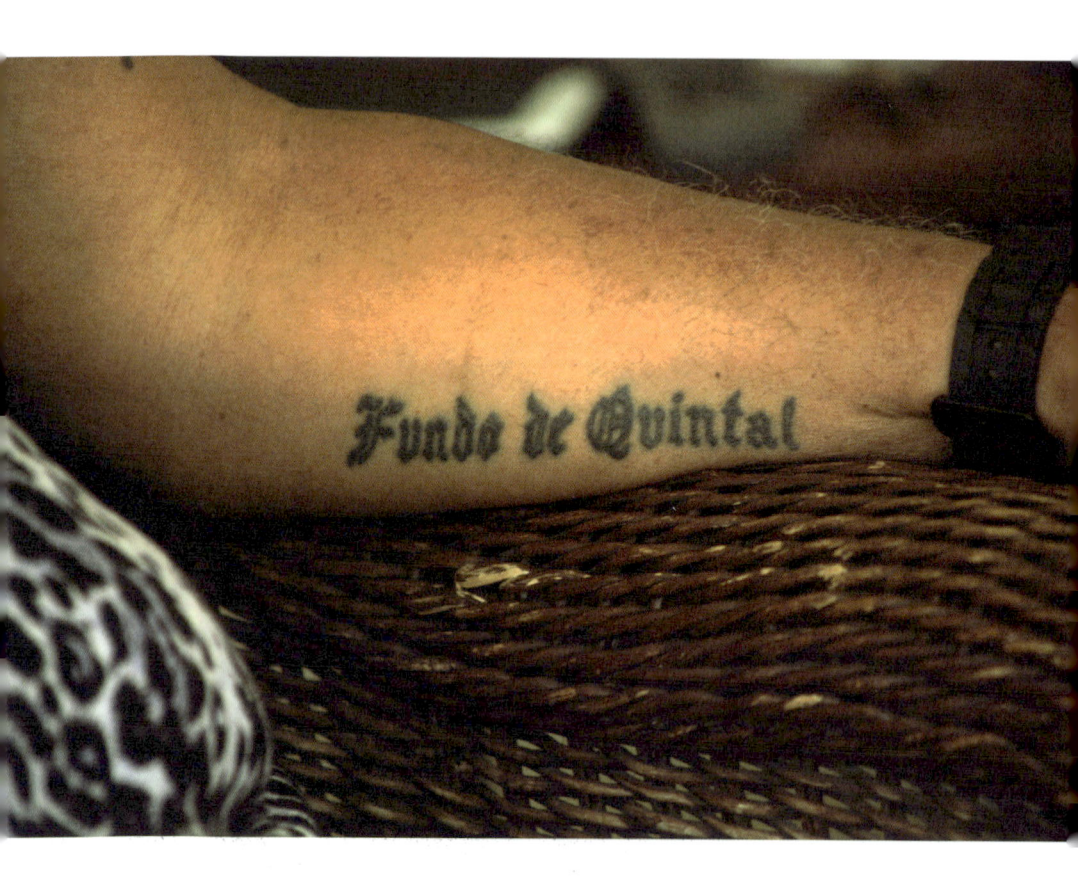

ACIMA Tatuagem de Sereno.
PÁGINA AO LADO, SUPERIOR Os preceitos em uma das tamarineiras na quadra do Cacique de Ramos.
PÁGINA AO LADO, INFERIOR Cordão de Bira Presidente.

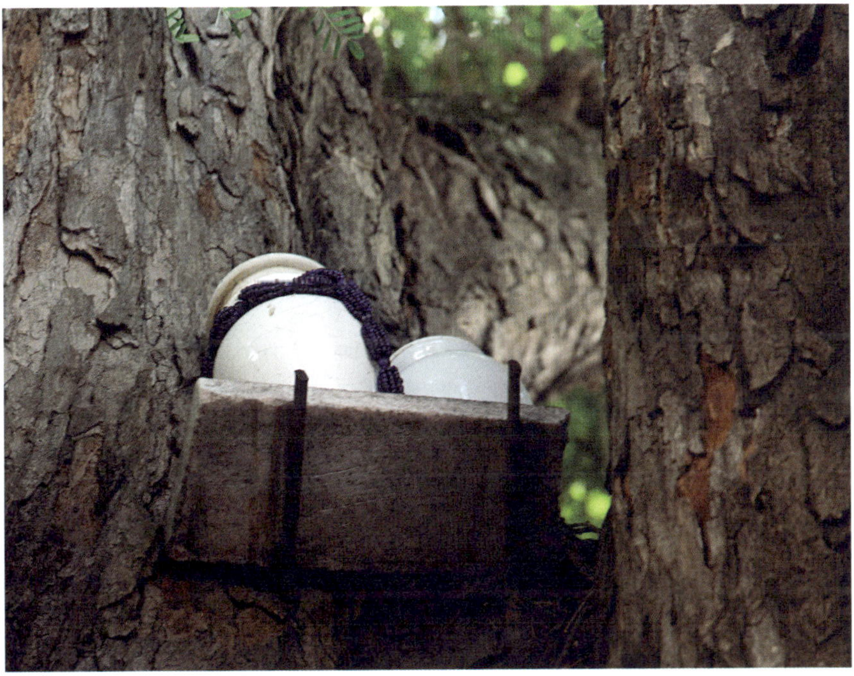

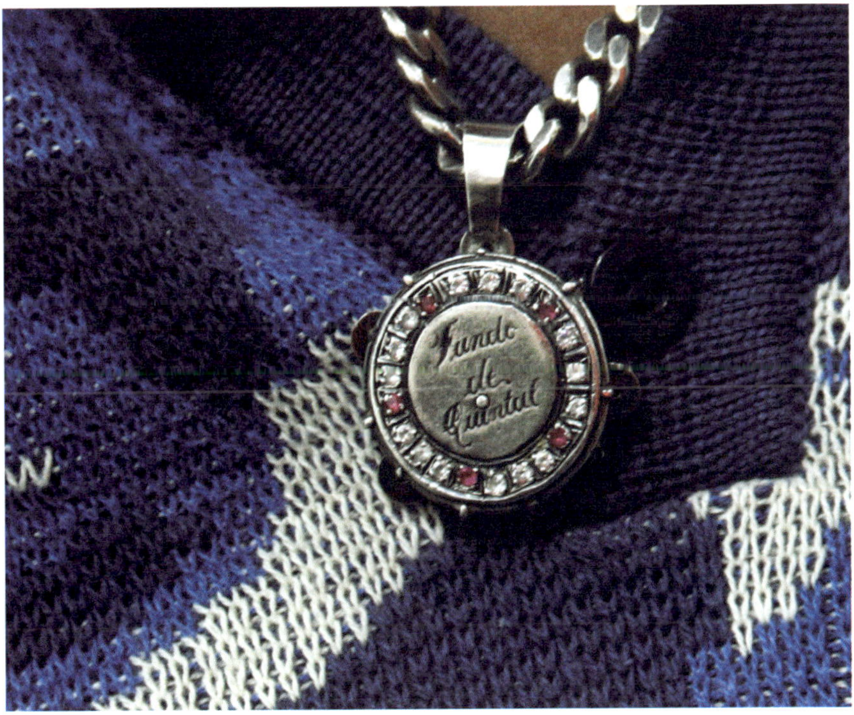
Fundo de Quintal

UMA AGREMIAÇÃO A SERVIÇO DA MÚSICA POPULAR BRASILEIRA

Muro na quadra do Cacique da Ramos em 2017.

SUPERIOR Dona Conceição, mãe de Bira Presidente e Ubirany.
FAIXA VERMELHA, A PARTIR DA ESQUERDA Betinha, irmã de Sereno.
A compositora Chiquita, irmã de Sereno.
O casal Vitória e Neoci.

SUPERIOR Bodas de Ouro de Dona Conceição e Seu Domingos. Com os filhos Bira, Ubirany e Ubiracy, e Beth Carvalho, no dia 3 de setembro de 1983.

FAIXA VERMELHA, A PARTIR DA ESQUERDA Sereno e seus irmãos Dicinho, Jorge, Walter e Cira.

O partideiro Nelson Cebola com o casal Marta Elizabete e Walter Pereira, o Waltinho, diretor do Cacique.

SUPERIOR Encarte do LP De Pé no Chão: Beth diante do altar de São Sebastião, no Cacique de Ramos.

INFERIOR Capa do LP De Pé no Chão.

SUPERIOR Maestro Rildo Hora e Beth Carvalho.

INFERIOR, EM SENTIDO HORÁRIO Túlio Feliciano e Beth Carvalho.

Mauro Braga tocando com Beth Carvalho.

Beth Carvalho e o Fundo de Quintal no Cacique de Ramos.

AO LADO Programa de um dos primeiros shows da madrinha com seus afilhados.

ABAIXO, A PARTIR DA ESQUERDA O guitarrista Cleber Augusto na Banda do Sargento Cid.

Segunda formação na RGE: Sombrinha, Sereno, Bira Presidente, Valter, Ubirany e Arlindo Cruz.

PÁGINA AO LADO Elza Soares batizou seu baterista Ademir: Ademir Batera.

Ubirany, Tio Hélio e Seu Domingos.

Anderson Leonardo, Arlindo, Sombrinha, Cleber, Ubirany, Sereno, Bira, Ique, Almir, Lan, Jovelina, Chico Caruso, Zeca, Ramade nos bastidores do *Especial de Roberto Carlos*, em 1986.

O som que mudou a história do samba, uma biografia | 223

SUPERIOR Fundo de Quintal, o diretor Túlio Feliciano, o empresário José Carlos Marinho e a recepção japonesa.

INFERIOR, EM SENTIDO HORÁRIO Página do programa da primeira turnê pelo Japão.

No Japão: Bira, Ademir e um fã numa loja com os discos brasileiros de Pedrinho da Flor, Capri, Elaine Machado, Almir Guineto, Dominguinhos do Estácio e Fundo de Quintal.

Bira, Ronaldinho, Ubirany e Cleber com o Grupo Balança Mas Não Cai, de japoneses.

O som que mudou a história do samba, uma biografia | 225

Cartaz de um dos shows da turnê japonesa.

Ilmo. Sr.
Presidente do Conselho Superior de Censura

Tendo em vista o parecer emitido em relação à música **JÁ FOI UMA FAMÍLIA**, com liberação parcial para divulgação somente em recintos fechados, nós, autores, vimos solicitar a V.Sa. que seja feita reconsideração do referido pronunciamento para liberação total, de acordo com a seguinte exposição de motivos:

a) A <u>mensagem proposta</u> pela composição original é uma confrontação entre hábitos e costumes mudados, fazendo uma <u>revitalização da instituição família</u>, hoje tão pouco preservada neste contexto social conflituoso por que passa a humanidade;

b) A primeira parte da canção expressa um <u>retrato fiel da "família do passado"</u>, mostrando valores existenciais em linguagem que revela uma postura psicológica condizente com esses valores afetivos e altruístas;

c) A segunda parte da canção revela o <u>momento deprimente por que atravessa a família atual</u>, rodeada de pressões da sociedade competitiva, em linguagem que reflete o aspecto tumultuado de condutas egoístas e contestadoras aos bons costumes, comuns ao homem contemporâneo estressado, revoltado insatisfeito, perdido em seu caminho, à busca de seu encontro, em fuga de si mesmo pela orgia, degradação, desestrutura e portanto, conseqüente desprendimento;

d) Nossa meta, com a <u>mudança de estilos de linguagem</u> que a composição reflete, foi <u>constatar esta chocante mudança que afeta a família</u>, ela própria escondendo fenômenos psicológicos humanos, num tempo hoje considerado passado, para a revelação autêntica dessas expressões humanas, feitas através da forma dita expontânea, quase cruel, como hoje os pais têm revelado aos filhos seu **direito**, ainda, **à vida** e como os filhos têm cobrado dos pais a reivindicação do seu **direito de viver**.

Certos de contar com a aquiescência de V Sa. na revisão do **parecer** a fim de fazer com que essa música possa permitir aos homens uma **revisão do seu proceder** como forte instrumento que é de reflexão pela forma com que ela se repetirá, quando veiculada pelos canais de comunicação e quando propagada em paradas de sucesso ou shows, como fonte de penetrabilidade nos corações (pelo sentimento) e nos pensamentos (pela razão), a bem da reconstituição dos laços **pela** e **para** a família.

Nestes Termos,
Pedem Deferimento.

Rio de Janeiro, 05 de Fevereiro de 1988.

Arlindo Domingos da Cruz Filho

José Franco Lattari

Marcos de Souza Nunes

Fundo de Quintal derrota a Censura 1.

MINISTÉRIO DA JUSTIÇA
DEPARTAMENTO DE POLÍCIA FEDERAL
DIVISÃO DE CENSURA DE DIVERSÕES PÚBLICAS

PARECER Nº 016 / 88

TÍTULO: JÁ FOI UMA FAMÍLIA - Processo nº 01069/88-38/DCDP

CLASSIFICAÇÃO ETÁRIA: V. ABAIXO

Autores: Arlindo Domingos da Cruz Filho/Marcos de Souza Nunes/José Franco Lattari

Trata-se de letra musical já liberada para exibição restrita, cujo requerimento inicial foi feito ao SCDP/SR/SP em 25/11/87.

Desta feita, encaminhada à DCDP, procedemos ao exame da obra lítero-musical supracitada e verificamos que as implicações estão centralizadas em dois versos "O pai que era homem bom foi sair e voltou com batom na virilha" e " A prima, moça recatada, no fundo é tarada por uma braguilha", insinuando prática de felação.

Da forma como se apresenta, opinamos pela ratificação dos pareceres liberatórios iniciais (folhas 02 e 03). Todavia, julgamos viável indicar o disposto na Port. 05/DCDP - 17/04/88, § 4º, item 03, no que se refere aos trechos acima transcritos.

Brasília, 12 de maio de 1988

Aldmeriza de Castro Ferreira
CNF. 2.417.013

Yeda Lúcia Netto Campos
CNF. 2.232.864

Valmira Nogueira de Oliveira
CNF. 2.415.823

À ESQUERDA Fundo de Quintal derrota a Censura 2.
EM VERMELHO Fundo de Quintal derrota a Censura 3.

EM SENTIDO HORÁRIO Programa do show com Dona Ivone Lara na Sala Funarte Sidney Miller.

A primeira fita cassete.

Show em Cabo Verde.

Programa de mais uma temporada no tradicional Seis e Meia do Teatro João Caetano.

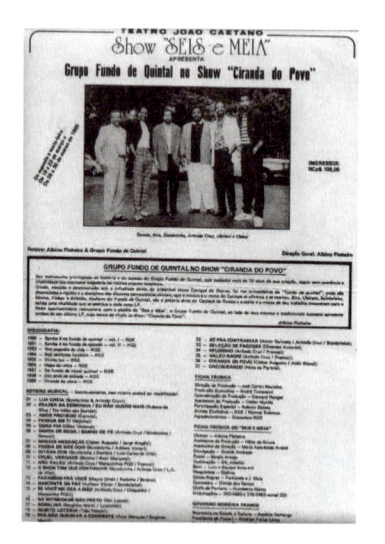

ACIMA, EM SENTIDO HORÁRIO
Reencontro com Beth Carvalho para comemorar os 40 anos do LP De Pé no Chão.

Ingressos esgotados no Canadá.

Turnê nos Estados Unidos e Canadá.

O ano das *lives*.

AO LADO No programa *Música Boa*, do Multishow.

SUPERIOR O engenheiro de som Luis Carlos T. Reis, o Mãozinha.
INFERIOR, A PARTIR DA ESQUERDA A união entre pai e filho: Sereno e André Renato.
Aos 84 anos Bira Presidente malhando na academia.

SUPERIOR Ubirany e a sua caixinha.

INFERIOR, EM SENTIDO HORÁRIO
Mário e a esposa Giuliana.

Mário, Sereno, o Rei Momo Marcelo Reis e Ubirany.

Zeca Pagodinho e Deni de Lima.

SUPERIOR, A PARTIR DA ESQUERDA O último show de Mário Sérgio.
Panfleto do último show de Mário Sérgio.
FAIXA VERMELHA Painel com a nova formação do Fundo no *Fantástico*.

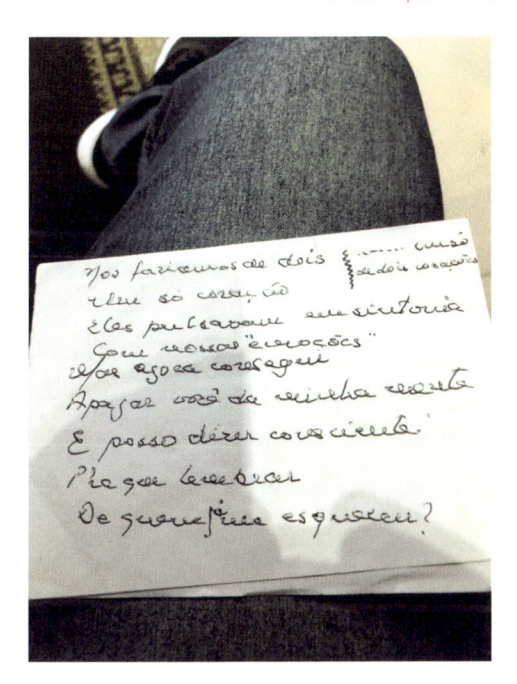

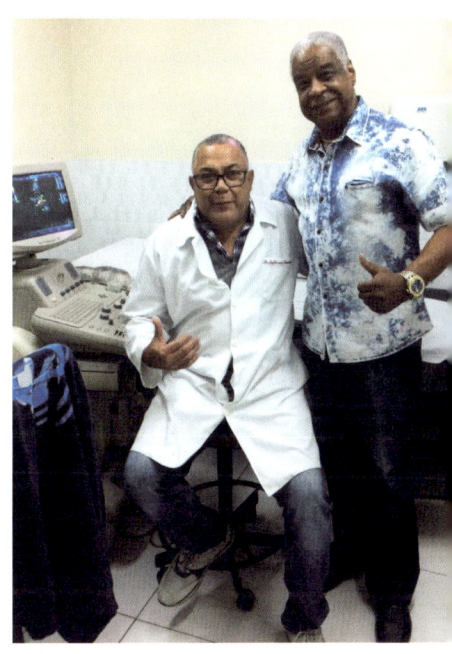

SUPERIOR, A PARTIR DA ESQUERDA A última música de Ubirany.
SUPERIOR, À DIREITA Ubirany com o último parceiro e doutor Doc Santana.
FAIXA VERMELHA, A PARTIR DA ESQUERDA A formação com Délcio Luiz.
A formação com Flavinho Silva.

SUPERIOR O fã e pesquisador gaúcho Cléber Pereira fez uma capa do CD *No Compasso do Samba*, que não saiu.

INFERIOR, A PARTIR DA ESQUERDA Júnior itaguay, Márcio Alexandre, Bira Presidente, Glória Maria, Ubirany, Sereno, Ademir Batera no *Fantástico*.

Sereno, Ubirany, Regina Caetano, Bira, Pedro Bial, Márcio, Ademir e Itaguay no *Conversa com Bial*.

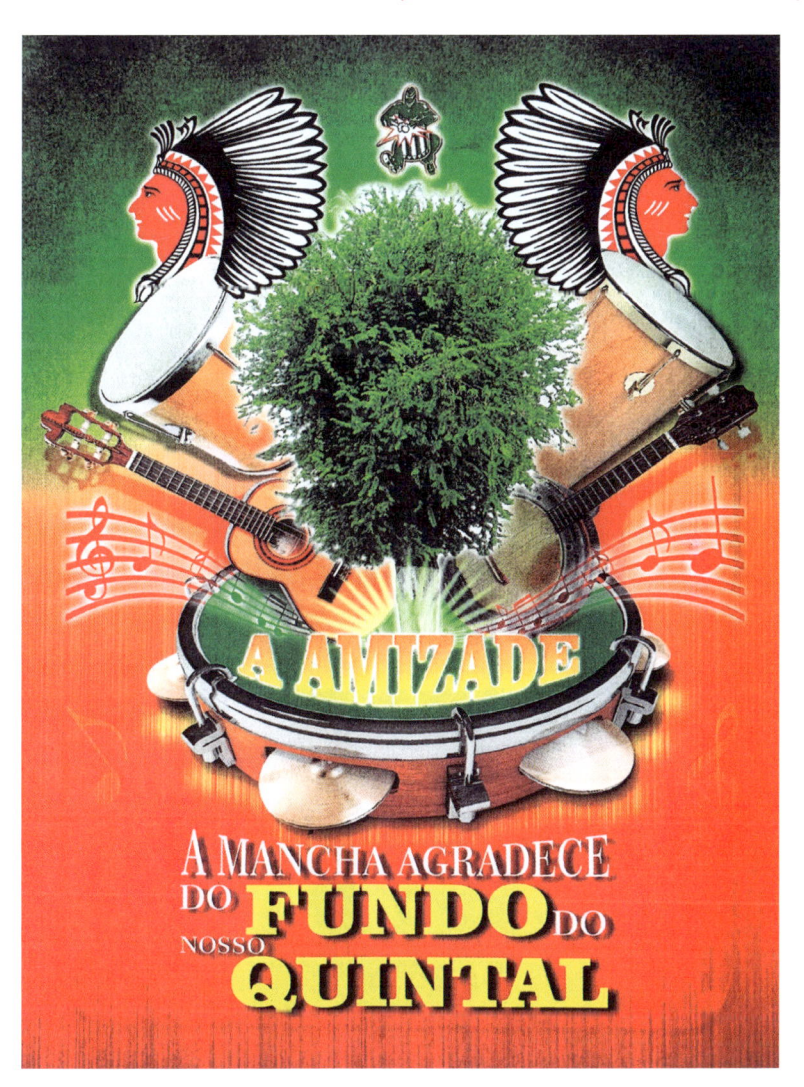

ACIMA Enredo na Escola de Samba Mancha Verde.

AO LADO No Programa *Mais Você*, com Ana Maria Braga.

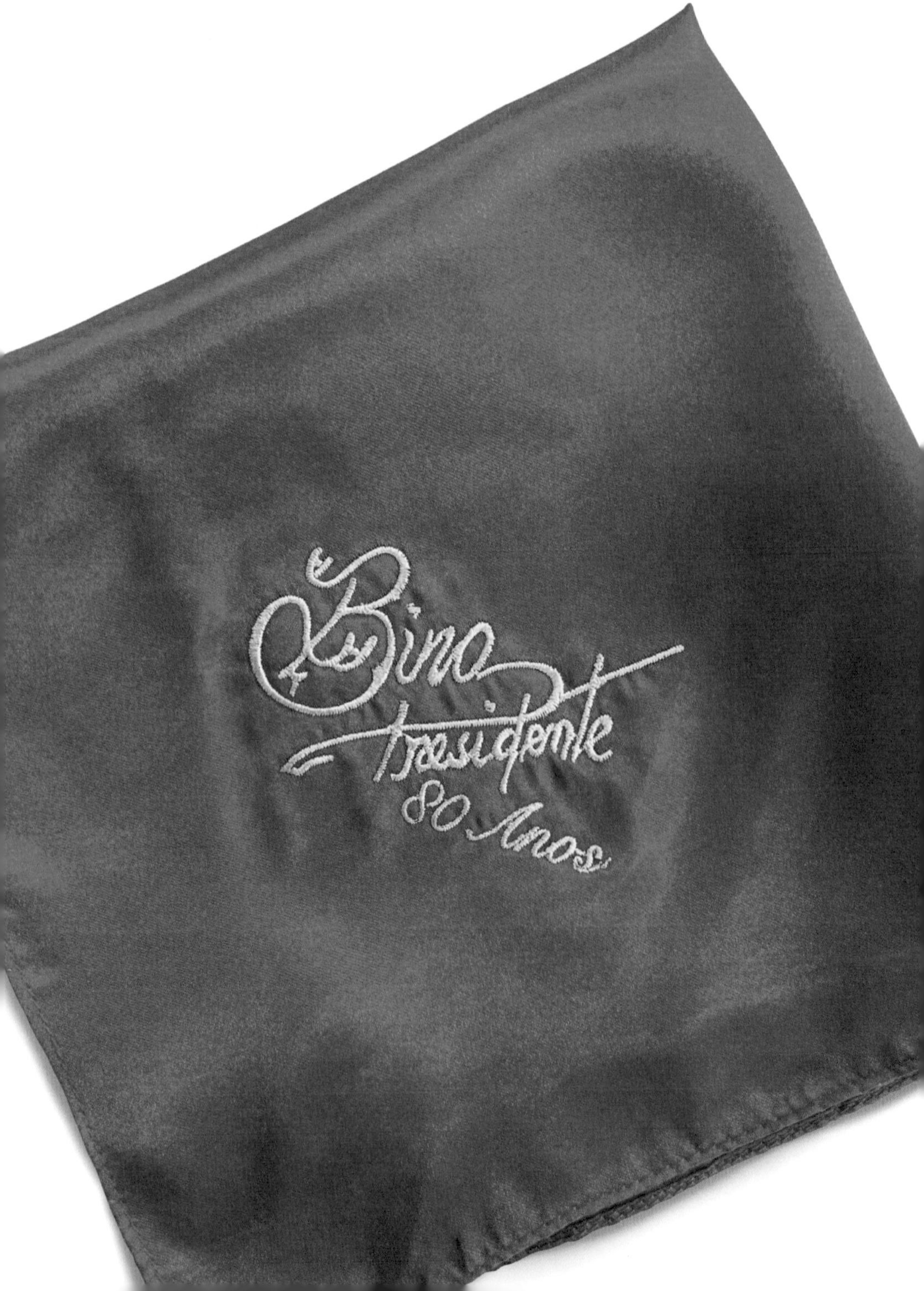
Bira
Presidente
80 Anos

O som que mudou a história do samba, uma biografia | **237**

PÁGINA AO LADO O lenço de Bira Presidente na comemoração de seus 80 anos.

ACIMA, EM SENTIDO HORÁRIO Disco de Platina.

O primeiro Prêmio Sharp.

O produtor Mílton Manhães e o coordenador de produção Marcos Salles, juntos no primeiro Disco de Ouro com o LP Divina Luz, de 1985.

Dida, Tio Hélio, Sereno, Jorge Aragão, Mílton Manhães, Neoci, Bira Presidente, Paulo Moura.

O som que mudou a história do samba, uma biografia | **239**

Bira Presidente e alguns Discos de Ouro e de Platina embaixo de uma das emblemáticas e abençoadas tamarineiras.

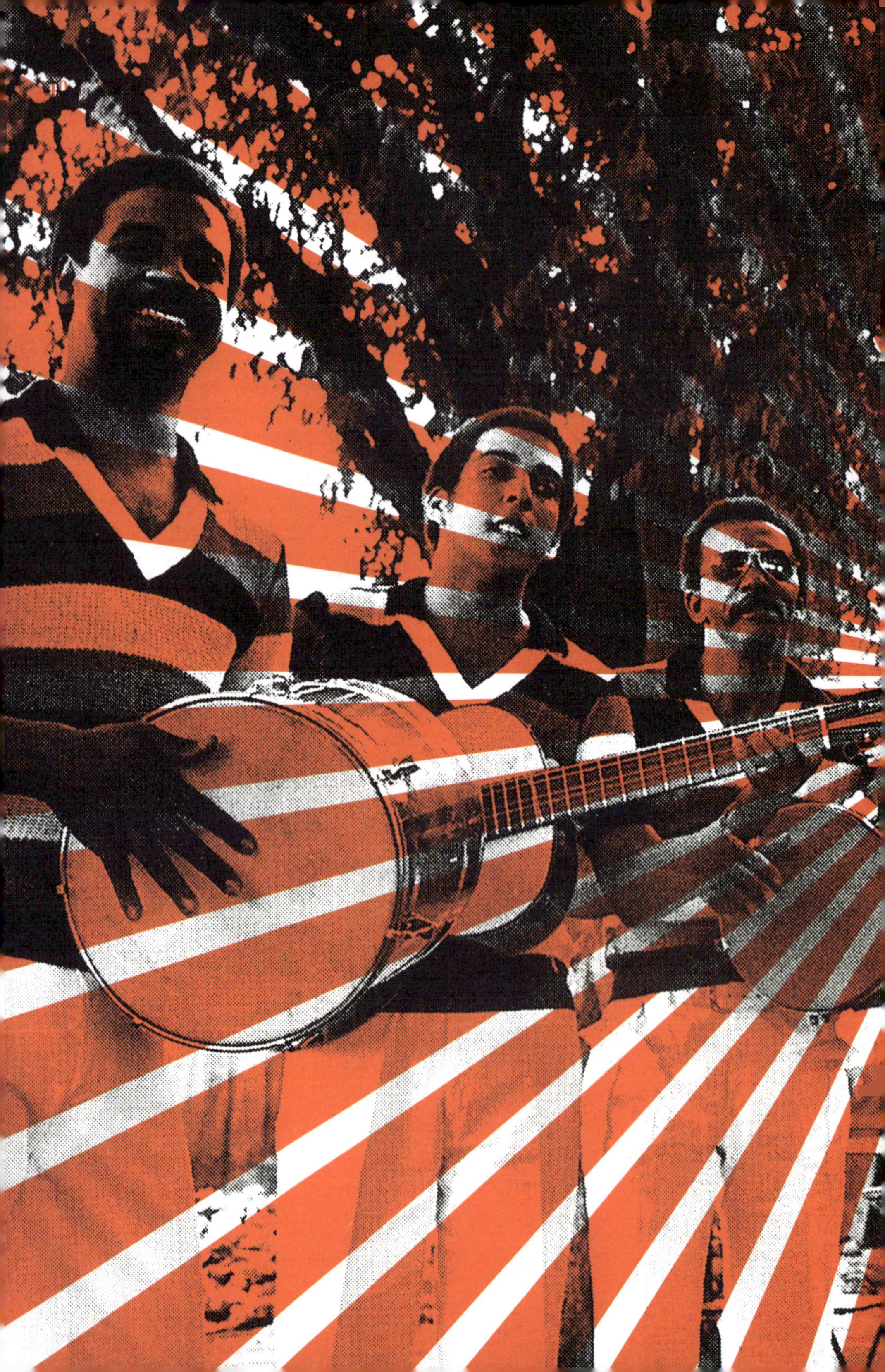

Brasil" (Ary Barroso), entraram quatro músicas inéditas: "Tesouro de um Povo" (Mário Sérgio/Ronaldinho), "Mulher Valente" (Ronaldo Barcellos/André Renato), "A Força do Samba" (Roberto Lopes/Sereno/Adílson Gavião) e um pedido inusitado da mulher de Fausto Silva, para que uma música sua entrasse no DVD.

"A letra era da Luciana, e por que ia dizer não? Como tudo era decidido com o Fundo e nunca fui um produtor de enfiar nada goela abaixo do artista, pois não acredito nisso, fomos para a reunião. Mostrei a música e disse que, se eles não gostassem, não iriam gravar, mas se gostassem, seria uma mão na roda. Eles gostaram, gravaram e ficou tocando uns bons anos no programa com a gravação do Fundo. Uns quatro anos depois que fizeram outra versão e continuou tocando", lembrou Líber sobre "Pra Alegria Eu Peço Bis" (Lu Cardoso/Luiz Schiavon/Nill Marcondes), aquela que diz: "Sorria/tira a tristeza dessa cara/celebre, o tempo não para/o bom da vida é ser feliz...". Sim é ela mesma. Que foi o tema de abertura das videocassetadas do antigo Domingão do Faustão.

A SAÍDA DE MÁRIO SÉRGIO

Como se fosse uma sina, uma prova de fogo para desafiar a longevidade, no final de 2008 aconteceu outra mudança no Fundo de Quintal com mais um integrante saindo em busca da tão sonhada carreira solo. Dessa vez foi Mário Sérgio, que já estava há 18 anos no grupo. "Foi muito complicado. Ele já vinha falando pra mim há muito tempo e eu disse que todo mundo que sai, volta pedindo socorro com o rabo entre as pernas e que ele não precisava passar por isso, que era pura vaidade. Eu sempre falei: 'Não faz isso, todo mundo se dá mal, um ou outro que se dá bem'", conta Giuliana Rocha, viúva de Mário. Até que um dia Mário Sérgio a chamou e disse:

Mário – Nós precisamos ter uma conversa, quero a sua opinião, mas *tô* muito decidido. Preciso dar esse pulo na minha vida, faz parte do meu coração. Eu não vou ser feliz enquanto eu não me der essa oportunidade.

Giuliana – É a sua vida. Eu vou ficar muito triste, muita gente vai ficar, os fãs do grupo vão ficar, mas é você quem decide.

Ela reforça que a saída de Mário não foi por causa de queixas. "Ele só tinha gratidão e se dava bem com todos. E não queria ir para outra banda, queria era ficar sozinho, fazer o trabalho dele solo. Acho que o Fundo deve ter dado uma caída com a ausência dele. Um perdeu e o outro também. Com ele sozinho, no começo funcionou, mas ele era apresentado como Mário Sérgio ex-Fundo de Quintal e isso enlouquecia ele", diz Giuliana. "Ele não ficou legal quando saiu. Na cabeça dele ainda tinha alguma coisa a dar no Fundo", diz Raul Cláudio, primo de Mário. "Mas ele era muito orgulhoso e nunca demonstraria que não estava legal, nunca. Por mais que o sucesso nunca tenha subido na cabeça, pois sempre falava com todo mundo em qualquer lugar, jamais admitiria que não estivesse bem", completa Rogéria, irmã de Raul.

Em julho, num show em Vitória, Mário chamou Ademir e Sereno e disse que estava decidido a sair do grupo.

Sereno – Ô Macaco, vê lá, hein! Você vai fazer besteira. *Tá* pensando que *tá* com essa bola toda?

Em seguida, antes de um show no Rio de Janeiro, Mário Sérgio foi até uma lan house e preparou um documento para entregar a todos naquele mesmo dia. "Deu na mão de cada um e disse: 'Por favor, não abram aqui, levem pra casa e leiam com atenção'", lembra Ademir Batera. "Ele disse que queria arriscar a sorte. Em agosto disse que ia sair em dezembro, numa fase que tínhamos de cinco a oito shows por semana. Se tornou desagradável, ele passou a não ficar com a gente no camarim e era aquela angústia, estar com o teu amigo ali sabendo que ele vai sair. Foi quando pensei no Flavinho Silva", diz Ademir.

Lembra daquele consenso, que definia o repertório dos discos? Pois é, ele voltou e decidiu que o grupo não iria esperar a data escolhida por Mário Sérgio para sair. A ideia era comunicá-lo que, já que desejava sair, que fosse antes de dezembro. Foi na volta de um show em São Paulo. Todos entraram no hotel e Mário ficou lá fora. "Chamamos pra conversar. Parecia que ele estava adivinhando. Demorou, demorou e veio meio escabreado", lembra Ademir. O clima ficou tenso. Ubirany disse a ele que o grupo tinha decidido parar ali. Mário tomou um susto e, sabendo do número de shows que teria até dezembro, questionou se não iria fazer os shows. Quase que ao mesmo tempo,

Bira, Ademir e Sereno disseram que não e que se ele ia sair, que fosse naquele instante. Mário Sérgio ainda tentou reverter a decisão, perguntando quem iria entrar no seu lugar, mas não teve êxito. Ouviu um "não se preocupa" e acabava ali sua participação no Fundo de Quintal. Até aquele momento, pelo menos.

O CONVITE PARA FLAVINHO SILVA

Mais uma vez o Fundo de Quintal vai se reinventar para seguir em frente. E mais uma vez é Ademir Batera quem entra em ação e liga para o próximo integrante. Liga para Flávio da Silva Gonçalves.

Ademir – Flavinho, o Mário Sérgio saiu e estamos pensando em te chamar. E aí?
Flavinho – Agora, nesse momento não dá, mas daqui a pouco *tô* indo *praí*. Qual a roupa?

Ele atendeu no Castelo de Bellinzona, na Suíça, onde estava com o Grupo 100%, numa turnê pela Europa. "Nós estávamos em Lugano, mas visitando o castelo. Tocávamos todo dia, por países como Itália, Holanda, França, Portugal e Alemanha. Estava no meio da galera do grupo na hora do telefonema. E disse: 'Gente, tenho uma notícia, acabo de ser convidado pra ir pro Fundo de Quintal e é uma proposta difícil de recusar'. Todos me deram apoio e disseram para eu seguir o meu caminho", lembra Flavinho. Como se tivesse recebido a notícia de que iria ganhar um brinquedo tão sonhado, naquela noite ele não dormiu. "Fiquei pensando como seria e as ideias fluíram na minha mente, mas tinha consciência do que teria de fazer. E pensei: *vou pra lá pra servir, não tenho que inventar nada. Tenho que fazer o que eles já estão fazendo.*"

A ENTRADA DE FLAVINHO SILVA

Chegando ao Brasil, Flavinho foi a algumas reuniões, começou a se ambientar com a rotina do Fundo de Quintal, viu o show da despedida de Mário Sérgio, no Clube dos Sargentos, na Vila Militar, e na semana seguinte estreou num show fechado no Metropolitan. "Eles são pessoas muito experientes. Nem dá pra falar muito, só vivendo. Eles estão há mil anos na minha frente, tudo que eu pensar em viver eles já viveram. Eu estava ali sendo observado e acho que fiz um dever de casa direitinho. Mesmo assim, foi tenso. Acho que eles estavam traumatizados com o que vinha acontecendo, das mudanças, e não quiseram me dar essa autonomia de solar todas as músicas. Então tudo era dividido entre mim e o Ronaldinho. Estava ansioso pra começar logo a mostrar que valeu a pena ter me dedicado tanto. Mas, na hora dos versos de 'Mulher Valente', deu um branco e pedi pro povo cantar, mas a música era nova e ninguém sabia. Aí, o Ronaldinho assumiu, segurou e salvou tudo", lembra Flavinho, que começava a realizar um sonho de criança. "Via o Fundo de Quintal no programa do Chacrinha e ficava sonhando, um dia vou tocar nesse grupo, que era a minha referência. O disco que me marcou foi *Mapa da Mina*. Então, comecei a ouvir os outros, estudei a discografia deles e ficava fascinado com as harmonias, as letras, muito inteligentes. Comecei a pesquisar por gostar, ia na ficha técnica e falava do Rildo como se convivesse com ele."

Por outro lado, no Grupo 100% a história era outra. Com a saída de Flavinho Silva, os outros integrantes também saíram. "Quando fomos para a Europa, já não estávamos bem de divulgação pela gravadora, que não estava dando esse suporte. Naquela época os artistas dependiam da gravadora e agora já estão muito independentes. Hoje, fazendo um bom planejamento de marketing e entrando na mídia digital, conseguem caminhar, tocar a carreira. Antes, só as gravadoras que tinham os caminhos, os contatos. Nosso primeiro CD estourou, colocaram o dinheiro no bolso e não investiram no segundo, porque era final de contrato", explica Flavinho, que voltou da viagem em boa situação financeira. "Voltamos bem confortáveis financeiramente, e como todos pararam, os músicos contratados e os roadies assumiram o nome e seguiram com o 100%".

E segue o Fundo de Quintal com seu novo vocalista, que já tinha emplacado três sucessos como compositor nos discos de seu novo grupo: "Pegar pelo Pé", "Não Tá nem Aí" e "Papo de Samba", todos em parceria com Carlos Caetano e Moisés Santiago. "Eu era um compositor muito medíocre, fazia umas coisinhas que eu gostava, mas não mostrava. Aí, comecei a conhecer compositores como Marquinho PQD, Arlindo Cruz, Sombrinha, Almir Guineto, Cleber Augusto e tinha que ter esses caras como referência.

Comecei a compor música e letra, e a estudar Cartola, Nelson Cavaquinho, Paulinho da Viola, Luis Carlos da Vila. Pelas mãos de Deus estarem estendidas sobre mim, a Beth gravou 'Bar da neguinha', minha com Adilson Ribeiro, no CD *Pagode de Mesa*, e foi a música de trabalho. Como gravar com ela era sinônimo de qualidade, começaram a me procurar", conta Flavinho, que, entre outros, gravou com Pique Novo, Revelação, Diogo Nogueira e Fundo de Quintal. "O marketing da Beth foi maravilhoso e o Ronaldinho me apelidou de Bola 7, porque eu mandava a música, ela entrava no disco e geralmente era música de trabalho. Por outro lado, estou nos três CDs do 100% e nenhuma das músicas foi de trabalho. Tem um dito popular que diz santo de casa não faz milagre e a palavra de Deus diz que o profeta de casa não tem honra. Mas peguei carona nos nomes do Délcio Luiz e do Adalto Magalha, porque muitos achavam que 'Hoje eu vou pagodear' era minha. E nunca foi. Era deles."

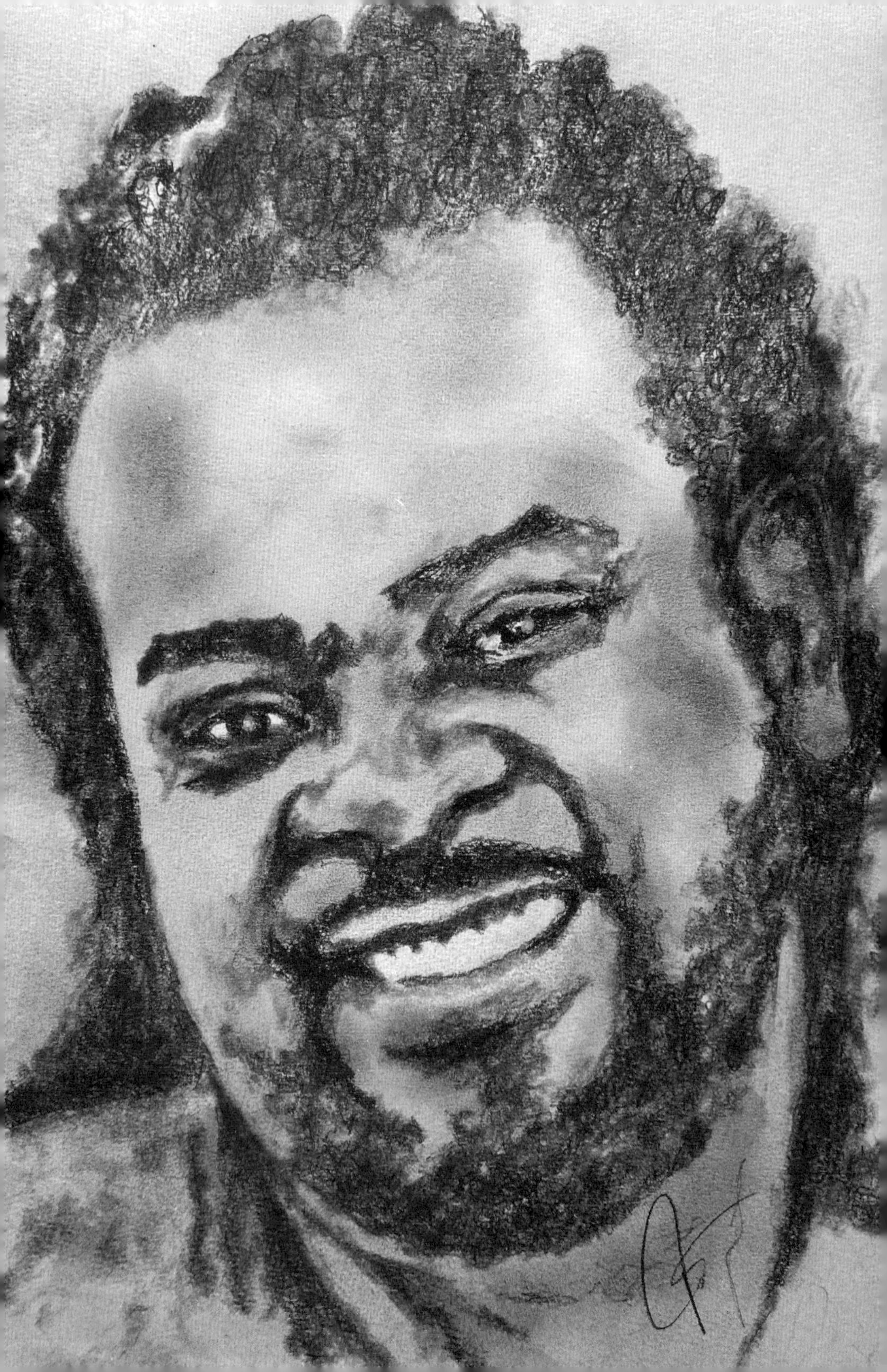

CAPÍTULO 17
**RECORDISTA DO PRÊMIO DA MÚSICA BRASILEIRA
O DRAMA DE FLAVINHO SILVA
AS PASSAGENS DE ANDRÉ RENATO E MILSINHO**

Em 2009, a gravadora LGK lançou o DVD/CD *Vou Festejar*. Na capa a formação ainda com Mário Sérgio e, como participações especiais, Beth Carvalho, Zeca Pagodinho e Almir Guineto. Mas não é um produto inédito, e sim uma montagem dos DVDs *Quintal do Samba* e *Samba de Todos os Tempos*, incluindo algumas músicas que não entraram nesses DVDs. E a cereja do bolo acabou sendo a participação especial da madrinha Beth Carvalho, que sequer estava programada para o show realizado no Canecão, mas subiu ao palco após o bis. "Quando você está no caminho certo, as coisas acontecem e caem no seu colo. E fiquei muito feliz, porque não tinha pensado em nada daquilo. Horas antes do show, a Beth ligou e disse que iria subir no palco e cantar 'Vou Festejar' com eles. Fui correndo para o camarim e avisei a eles que teria uma surpresa no fim do show. Pedi para colocar a escadinha e ela subiu na boca de cena. Foi lindo. E sinceramente não lembro por que não entrou no DVD *Quintal do Samba*", conta Líber Gadelha.

O DVD começa com a participação da madrinha. "Eles disseram que sem mim não estariam aqui no palco. Que eu tenha sido essa condutora, mas o samba mudou depois do Grupo Fundo de Quintal. Mudou e eu tenho a honra de ter trazido esse som pro disco. Mas hoje, em cada esquina desse país, você vê um repique de mão criado pelo Ubirany, um tantan criado pelo meu querido Sereno e o banjo criado pelo grande Almir Guineto. E esse pandeiro do Bira ninguém toca, só ele. E vou cantar a música que me consagrou mais ainda. Eu já era famosa, mas fiquei muito mais famosa depois desse samba, lá do Cacique de Ramos", disse Beth, para cantar "Vou Festejar". E, por mais incrível que possa parecer, esse era mais um momento histórico na trajetória do Fundo. Pela primeira vez, após 28 anos, o Fundo de Quintal gravou uma música de um de seus principais fundadores, Neoci

Dias Andrade, esta em parceria com Jorge Aragão e Dida. "Vou Festejar", aliás, está em duas versões neste DVD. Com a interpretação da madrinha e a outra, fechando o disco, apenas com o Fundo de Quintal, na gravação do DVD *Samba de Todos os Tempos*, no Credicard Hall. Já as participações de Almir e Zeca, versando "Mole que Nem Manteiga", são da mesma noite do Canecão. As músicas "Não Tá nem Aí", "Chega pra Sambar", "A Batucada dos Nossos Tantans", "Nosso Grito" e "Lucidez" foram gravadas no mesmo dia do DVD *Samba de Todos os Tempos*, de 2008.

Ainda em 2009, aconteceu a gravação da música "É pra Valorizar" (Flavinho Silva/Marcelo Xingú), com produção de Rildo Hora e lançamento via internet do novo cantor, Flavinho Silva. O download foi disponibilizado no Site Oficial do Grupo Fundo de Quintal.

No ano seguinte, ainda sem um disco novo, três regravações para mostrar a nova dupla do Fundo de Quintal. Se em "Só pra Contrariar" vinha a dupla Arlindo e Sombrinha, e "Vai Lá, Vai Lá" e "Mulher Valente" tinha Ronaldinho e Mário Sérgio, agora elas vinham com a versão Flavinho-Ronaldinho.

NOSSA VERDADE

Em 2011, cinco anos depois de seu último disco de estúdio, o Fundo gravou o CD *Nossa Verdade*, pela gravadora Biscoito Fino, com um novo produtor entrando na sua trajetória. Dessa vez, a direção de produção é dividida, com Paulão 7 Cordas, que atendeu um convite do próprio Rildo Hora. "Já tinha gravado com eles individualmente e não tive nenhum problema. Tinha feito inclusive os arranjos do CD do Grupo 100%, com o Flavinho. Eles foram muito gentis comigo como sempre foram", diz Paulão, que também fez a produção e os arranjos do CD solo de Mário Sérgio. Quanto aos arranjos do CD do Fundo, são sete de Paulão, seis de Rildo e dois do baixista Charlinho. A coordenação executiva fica por conta das então empresárias do grupo, Vanda Lúcia e Malu Borges. Na contracapa, uma montagem com todos os integrantes e os que passaram pelo grupo: Valter 7 Cordas, Cleber Augusto, Almir Guineto, Neoci Dias, Arlindo Cruz, Sombrinha e Jorge Aragão, juntos com os atuais integrantes. Do repertório, que fecha com duas regravações na mesma faixa: "Conselho" (Adilson Bispo/Zé Roberto) e "Insensato Destino" (Acyr Marques/Chiquinho/Maurício Lins), cinco músicas de Flavinho Silva, entre elas "Fé em Deus", que no ano seguinte seria regravada por Diogo Nogueira, e "Coisa de Raça" (com Sereno e Ronaldinho), em que Sereno canta com Beth Carvalho.

"Tantas músicas logo na estreia! Creio que era a mão de Deus, preparando meu caminho porque algo diferente estava para acontecer na minha vida", diz Flavinho. Ele vivia uma realização do sonho de menino. "Tocar com o Fundo de Quintal era muito prazeroso. Era um momento em que eu me realizava profissionalmente, não só pelos profissionais, mas pela conduta exemplar, pela postura, pela educação. Conviver com eles era muito bom. Sem contar que podíamos fazer vários shows sem repetir música, pela qualidade do repertório. Sempre pensava no garoto que fui e que sonhava ser artista, principalmente quando íamos pra televisão, para o Faustão, para a Hebe Camargo, para o Aglomerados com MV Bill ou no programa do Raul Gil. Eu pensava: *tô realizando um sonho*. Eu sonhava com isso e hoje *tá* acontecendo. Mas voltando para a palavra de Deus, ela diz que o melhor de Deus ainda está por vir, ou seja, tudo aquilo que eu vivi, que eu achava muito bom, agora eu reconheço que tem coisa muito melhor."

PRÊMIO DA MÚSICA BRASILEIRA

O CD *Nossa Verdade* levou o Fundo de Quintal a conquistar mais uma vez o Prêmio da Música Brasileira, que em outros anos era conhecido pelos nomes de seus patrocinadores, tendo sido Sharp, Caras e Tim. Em suas 29 edições, o Fundo de Quintal é o recordista da categoria grupo de samba com 18 premiações nos anos de 1988, 1989, 1990, 1991, 1992, 1994, 1996, 1997, 1998, 1999, 2002, 2003, 2004, 2005, 2007, 2008, 2009 e 2012. "O Fundo de Quintal tem uma importância inigualável na história da música brasileira e do samba, por toda sua contribuição, desde as suas composições de primeiríssima qualidade. Portanto, é mais do que natural ele ter ganho tudo que ganhou na história do prêmio", afirma José Maurício Machline, idealizador do prêmio.

A DOENÇA DE FLAVINHO SILVA

Tudo ia bem com Flavinho no Fundo de Quintal. Cantando bem, compondo bem. Até que no dia 18 de junho de 2011, num show na Santa Clara, uma casa de shows que já não existe mais e ficava ao lado do Estádio do Palmeiras, na Barra Funda, em São Paulo, ele passou mal. Foi nessa mesma casa aliás, três anos antes, que Cleber Augusto, já com a rouquidão muito acentuada, fez sua última apresentação cantando. Nessa noite seu show terminou com a ajuda da cantora Cassiana, filha de Jovelina Pérola Negra, e do partideiro Deny de Lima. "A voz dele já estava muito fraquinha e lembro que começou uma confusão de algumas pessoas gritando que não estavam ouvindo. Foi quando o Deny ficou nervoso e queria avançar no técnico de som pra ele dar mais volume no microfone do Cleber. Alguém pediu pra gente subir e ajudar. Eu e Deny fomos para o palco e terminamos o show com o Cleber ao violão", lembra Cassiana, que estava com seis meses de gravidez de seu filho Eduardo.

Mas voltando ao show com Flavinho Silva, ele se recorda das fortes dores de cabeça que sentiu. "Fiz o show todo com uma dor de cabeça insuportável e no final pedi pro Ronaldinho me levar ao médico. Lá no hospital bateram um eletro, e o doutor disse apenas para eu procurar uma unidade médica no meu Estado." Já no Rio, fez várias chapas da cabeça, e o médico lhe disse que estava com um grande tumor no cérebro e pediu mais exames para saber o que fazer. "Conversei com minha mãe e com o pessoal do grupo, porque quando você recebe um diagnóstico desse, já acha que vai morrer, *né* mesmo? Foi como se fosse uma sentença de morte", diz Flavinho, que chegou a fazer mais alguns shows. E passou mal de novo. "Tive uma crise na casa da minha mãe e só me lembro de ter acordado no hospital. Fui internado e já comecei a fazer o tratamento, mas tinha esperança de voltar pra casa ainda naquela semana, porque estava reagindo bem. Tenho que dar graças a Deus. Pra honra e glória de Deus, não foi preciso operar. Eu estava sendo monitorado e o tumor estava diminuindo com os medicamentos. Seis meses depois, onde havia o tumor só tinha uma cicatriz. Tive então uma neuropatia periférica nos membros inferiores e fiquei três meses sem andar. A neurologista falou que dificilmente iria voltar a andar, fazer minhas atividades normais, mas quando completei meus 40 anos de idade, em 2015, comemorei jogando bola e marquei três gols."

UM COMBINADO COM DEUS

Flavinho passou momentos muito tensos nos meses que ficou internado. "Tive uma lesão no nervo óptico, responsável pela visão, e o lado direito do meu corpo ficou meio troncho, como se fosse um AVC. Afetou minha coordenação motora, fiquei com dificuldade para escrever e quando olhava, via tudo misturado." O desespero tomava conta de Flavinho, que já não aguentava mais. "No último mês fiz um combinado com Deus. Eu pedia pra morrer, mas eu não morria. Cada hora acontecia alguma coisa e eu continuava lá. Uma noite clamei a Deus que ele me levasse. Pedi pra que Ele tirasse a minha vida! Ou então que me desse outra oportunidade, que eu faria tudo diferente, só que eu não fiz nada diferente, fiz com moderação", revela Flavinho. No dia seguinte à oração, sentou na cama e começou a reagir. "Levantei e fui ao banheiro sozinho. De lá pra cá tudo começou a mudar. Fiz fisioterapia, caminhada, musculação, oração e me converti. Voltei ao hospital para tirar um abscesso que apareceu entre meu abdômen e minha coluna. Se tirasse pelo abdômen, podia atingir um órgão vital, e se fosse pela coluna, poderia ficar paraplégico. Foi mais um mistério no hospital, pois segundo os médicos, era pra eu estar sentindo muita dor, porque onde ele estava localizado não seria possível que eu mexesse as pernas. E eu andava." Por mais que o médico insistisse em dizer que ele tinha que estar sentindo dor, Flavinho dizia que não sentia nada. "Fiz uma videolaparoscopia, introduziram um cano e foi um sucesso."

FLAVINHO DEIXA O FUNDO DE QUINTAL

Em meio a tudo que aconteceu em sua internação, ele saiu do Fundo de Quintal. "No início achava que ia melhorar, sair do hospital e voltar, mas com o passar do tempo, acho que uns três meses, a empresária foi lá com o Ademir e o Ubirany. Conversamos e eles explicaram que estava difícil e que tinham de trabalhar. Perguntei: 'Onde eu assino?'. Eles ficaram surpresos pois não falei: vocês vão ter que me bancar. Assinei o documento para eles ficarem tranquilos e o mais importante foi a amizade que fiz com eles, pois gosto de todos. Convivemos um tempo e foi muito bom. Não tenho rancor nem mágoa. Eles honraram com um ex-componente do grupo e me deram toda a assistência que precisei, inclusive financeira. E não estou aqui para atrasar o lado de ninguém. Eles tinham que continuar a carreira deles, continuar contribuindo para a cultura. E o grupo estar vinculado a um cara que não estava bem de saúde, não ia ajudar em nada. Então, a melhor coisa que eu tinha a fazer era me desligar, colocarem outra pessoa no meu lugar e tirar a preocupação deles. No mundo nós somos descartáveis. Se as pessoas param de te ver, elas te esquecem, é natural", afirma Flavinho, que diz ter aprendido muito no tempo que passou com o Fundo. "Foram anos de muito aprendizado, de muitos desafios. Em Salvador fizemos três trios elétricos, tipo oito horas cada. Nunca trabalhei tanto. Viajamos do sertão de Pernambuco até vários países da Europa. Em 2010, participamos do Brazilian Day, em Londres. Aprendi a falar menos e a observar mais. Com eles confirmei um ditado que minha vó Maria falava pra mim, de que quem fala demais dá bom dia a cavalo. Depois aprendi na Bíblia que temos de saber a hora certa de falar e a hora certa de calar. E a língua, embora seja o menor órgão do nosso corpo, é capaz de amaldiçoar e de abençoar. Se for pra abrir a boca, que seja pra abençoar as pessoas, nunca pra amaldiçoar. Muitas das vezes perdemos grande oportunidade de ficarmos quietos, tentando expor nosso ponto de vista, nossa maneira de pensar, de enxergar as coisas, quando na realidade você ganha muito mais se observar a maneira que o outro pensa, que o outro age. Se for válido, acata. Se não for, fica na tua", diz Flavinho que já imaginava seus próximos passos na carreira musical. "Planejava minha carreira sem o Fundo de Quintal, pra onde iria viajar fazendo shows, como seria. Era uma forma de me motivar. Depois que me levantei, pensei: *Deus me ouviu e vai me dar uma nova oportunidade*. Comecei a projetar pra ver o que iria fazer com essa oportunidade, só que não era isso que deus queria que eu fizesse."

A CONVERSÃO DE FLAVINHO SILVA

O que Flavinho Silva não sabia é que sua trajetória começava a mudar. Ainda internado, sua enfermeira o convidou para ir à sua igreja. "Ela era cristã e já me evangelizava, mas naquela época eu estava cheio de argumento, pois tinha acabado de me formar em psicanálise e tinha resposta pra tudo. Achava que sabia de tudo e era o maior bobão da face da terra, porque na realidade a gente não sabe de nada. A Keyla falava de Jesus, eu ficava analisando e até gostava porque era uma visão diferente. Fui pra igreja que ela congregava, em Padre Miguel, só que eu ainda estava muito debilitado." Aos poucos, a vida de Flavinho foi mudando e um dia se batizou. "Não me converti no primeiro dia, mas gostei muito da palavra, que me fez refletir bastante. Comecei a comparar com tudo que havia estudado na psicanálise. Se eu tivesse me dedicado mais tempo em ler a palavra de Deus, não precisava ter estudado tanto tempo a psicanálise. Eu não concordava com tudo que ouvia na igreja, porque a gente nunca vai concordar com tudo, seja lá onde quer que a gente esteja. Só vai concordar com tudo quando estiver nos braços do Pai. Fiquei apaixonado por Jesus Cristo e comecei a colocar em prática tudo aquilo que lia na Bíblia, porque já tinha experimentado muitas coisas. A única que ainda não tinha experimentado era servir a Deus, era buscar o Reino de Deus com prioridade. Foi a melhor decisão que fiz. Tenho me esforçado a cada dia pra fazer a vontade de Deus, tenho tentado me preparar. Deus fala com a gente a todo tempo de diversas maneiras. Nós é que temos de estar sensíveis pra entender quando ele quer falar com a gente ou não." Foi na Bíblia que Flavinho interpretou o que aconteceu com ele. "Li que existem doenças que não são para a morte, mas para Deus ser glorificado. Agora sei disso, mas na época não entendia nada que estava acontecendo comigo e tive uma crise."

Convertido, Flavinho Silva reencontrou os seus companheiros do Grupo 100%, todos também convertidos e formaram o Ministério 100% Fé. "Utilizamos o samba como ferramenta de evangelização, com apresentações em igrejas, presídios, comunidades, praças. Compartilhamos a palavra, testemunhos, música e vamos onde as pessoas precisam ouvir de Jesus Cristo", diz Flavinho.

JÚNIOR ITAGUAY QUASE ENTRA NO FUNDO

Enquanto isso, o Fundo de Quintal procurava um substituto para dividir os solos com Ronaldinho. Surgiu o nome de Júnior Itaguay, um dos cantores do Grupo Balacobaco. "Fui convidado a conhecer o grupo. O Chacal e o Charlinho me disseram que estavam falando no meu nome. O primeiro contato foi com a empresária Vanda Lúcia, que me passou o repertório do show e um CD. Mas não era definitivo, apenas substituir o Flavinho até que ele se recuperasse", conta Júnior. Nas ruas seu nome já era falado como o novo integrante do Fundo de Quintal. Porém, um problema contratual fez parar toda a conversa e não houve nem ensaio nem show. "Eu tinha contrato com o empresário do Balacobaco, que tinha colocado um dinheiro pra música tocar na rádio com a minha voz. Era complicado, porque ia tirar a voz do grupo. Num primeiro instante a rapaziada ficou feliz até cair a ficha de que estava saindo um integrante e o grupo perdendo o cantor. Aí o empresário pulou e pediu 24h pra decidir o que fazer." A situação chegou a um ponto que amigos de Júnior Itaguay pensaram em se cotizar e pagar a multa rescisória só para vê-lo no Fundo de Quintal. Mas o próprio empresário do Balacobaco, Deco, entrou em contato com Vanda Lúcia e brecou a negociação entre Júnior e o Fundo. E o que já estava confuso, acabou piorando, pois não demorou muito tempo e Júnior Itaguay, a voz do Balacobaco, foi avisado em 2012 pelo empresário que não estava mais no grupo. "Acho que ficou um pouco de ressentimento, de que se não fosse o contrato, eu iria deixá-los. Bem, se eu *tô* fora, vou dar o meu jeito, mas nenhum deles falou pra mim que eu *tava* fora. Falaram para o Deco resolver. Claro que na hora deu uma tristeza, pois tinha uma amizade com eles. O grupo era de amigos e todos tinham seus trabalhos paralelos. O Feijão tocava com o Dudu, o Bombom com o Raça, o Orelha fazia com o Quintal do Pagodinho, o Vinicinhos viajava com o Gustavo Lins, Gegê e Azeitona com o Arlindo. Quer dizer, de vez em quando dávamos umas escapadas. Fiquei preocupado em como fazer para pagar as contas, mas começaram a me ligar pra eu fazer show sozinho. Pelo Brasil todo. Teve ano que tirei uns 70 mil reais", desabafa Júnior Itaguay, que gravou um EP com cinco faixas e seguiu cantando.

ENTRA ANDRÉ RENATO

Como não se encontrava um nome para substituir Flavinho Silva, uma solução caseira foi encontrada. Entra em cena o cantor e compositor André Renato, filho de Sereno, que estava em plena atividade de sua carreira solo. "Fiz uns vinte shows e, diferente de todos que entraram no Fundo, foi de imediato, pois a ideia era dar um socorro. Estava um vazio ali e senti o desespero do meu pai. Eu estava nos meus trabalhos e tinha acabado de lançar meu CD *Eu sou Assim*, que teve a participação do próprio Fundo de Quintal. Na minha vez não teve aquela cartilha de parar, ir pro estúdio, ver repertório. E é muito diferente tocar com os caras, que estão mil anos luz entrosados. Tanto é que foi difícil para o Mário, para o Ronaldinho, para todos que entraram. Caí dentro do palco, de paraquedas, de uma quinta-feira pra um domingo, mas dentro dessa faculdade de todo sambista que se preze, chamada Fundo de Quintal", diz André. O pai, Sereno, sabia que era apenas um socorro. "Nunca tentei levar, mas como foi uma situação emergencial levei. Mas avisei: 'Ele vem pra quebrar o galho, e assim que aparecer um, ele sai'. Foi uma passagem rápida e que bom que ele pegou mais chão, mais experiência. Como pai fiquei na balança, pois sempre quero ver tudo dar certo, não ter erro e me preocupava comigo e com ele. Foi que nem o jogador da base que vai pro profissional, novinho, jogar com os cascudos." Mas, ao mesmo tempo em que tenha sido uma rápida passagem, para André foi prazeroso estar no mesmo palco que seu ídolo. "Foi maravilhoso estar ao lado do meu pai. Tomamos vários porres, fizemos muitos sambas bonitos, além do que a rapaziada é muito boa, Bira e Ubirany me viram pequeno, e o Fundo nasceu praticamente nas festas que aconteciam dentro da minha família."

ENTRA MILSINHO

André Renato cumpriu sua missão até a chegada de outro cantor e cavaquinista que também cuidava de sua carreira solo, após ter feito parte do Amor Maior, grupo que abriu vários shows do Fundo em Brasília. Quem chega é Admílson Paiva Pereira da Silva, o Milsinho. "Foi na madrugada de segunda. Tinha acabado de chegar de um show e era o Seu Ademir no rádio: 'Vem fazer uma parada com a gente'. Eu pensando numa participação, disse que ia. Ele continuou: 'Tem um show pra gente fazer no sábado, mas você não *tá* entendendo, é pra tocar no Fundo de Quintal'. Aí eu surtei. Não imaginava que era no Fundo e que era pra fazer até março de 2012. Não estava acreditando. Disse que tinha acabado de chegar e já chamava ele. Aí, fiquei pensando: *meu Jesus amado, o que está acontecendo?* Liguei, e ele me explicou a parada toda. O problema é que, todo sábado, fazia um show aqui em Brasília, numa roda de samba na Aldeia, casa que existia no Guará. Ele perguntou se poderia ir. Não dava, não tinha um real no bolso, mas Fundo de Quintal é Fundo de Quintal, *né?* Corri atrás do dinheiro emprestado, comprei a passagem só de ida, cancelei o show, levei roupa pra passar 1 mês e fui", diz Milsinho.

No sábado seguinte pela manhã, Milsinho chegou ao Rio e Ademir Batera o levou pra casa de Ronaldinho, na Pavuna, para passar as músicas. Ele queria ficar inteirado no roteiro do show, mas não foi bem assim que rolou.

"Não teve reunião e já cheguei tocando. Queria passar as músicas, mas o Seu Ronaldinho dizia: 'Não precisa passar não, essa eu começo e você termina. Essa você começa, eu termino. Vamos tomar um Pau Pereira'. E não teve ensaio. Ele dizia: 'Fica tranquilo, vai dar tudo certo'. Mas que tranquilo o quê? Eu começava a passar uma música, ele dizia: '*Tá bom, tá ótimo*, tu é malandro, tu cai dentro'. Eu pedia: 'Seu Ronaldinho, por favor, vamos fazer aqui', e ele repetindo: '*Tá ótimo*'. Ele só questionou 'A Amizade'. Na segunda parte eu cantava diferente da gravação original do Fundo. E acertamos como seria. Mas aí que veio o soco do Mike Tyson. Ele ligou pro Seu Ademir e falou assim: 'Ademir, achamos o cara. Toca bem, canta bem, compõe, tem a pegada do jeito que a gente gosta. Não tem mais caô, fechamos o pote, vamos cair pra dentro'. E eu ali, escutando aquela conversa." A estreia foi na Praça Paulo da Portela, em Oswaldo Cruz, dentro da programação do Dia Nacional do Samba, em 3 de dezembro, quando o Trem do Samba ainda era chamado de Pagode do Trem. "Foi tenso, mas maravilhoso e deu tudo certo. Além de ser muito fã do Fundo de Quintal, escutar todos os discos desde pequenininho e saber o repertório quase todo, *tava* com medo. Era como se fosse fazer uma faculdade nova, ser fã do grupo e ele te chamar. Foi uma pancada no estômago, passar pra faculdade sem ter feito prova", diz Milsinho.

A passagem de Milsinho pelo Fundo de Quintal também foi rápida. Nas suas contas fez 14 shows em um mês e dez dias. "Seu Bira me analisou do início ao fim. Sempre me tratou muito bem e no dia que saí me teceu vários elogios, dizendo que eu era benquisto na cidade onde moro. O *lord* era Seu Ubirany. Quando eu ficava meio destacado, ele me trazia pra dentro. Até mesmo Seu Sereno, que às vezes era um pouco reticente comigo, entendo que deveria ter os seus motivos, pois hoje quando posto alguma coisa nas redes sociais, ele é um dos primeiros a curtir. Creio que não tivemos tempo de conversar mais e nos conhecer melhor."

Tudo ia bem, até que um dia a empresária Vanda Lúcia o chamou para ir à sua casa para uma conversa. "Ela agradeceu a minha disponibilidade e disse que iam tentar outro artista. Mas na minha cabeça eu já estava efetivo, estava agradando, porque o Seu Ronaldinho e o Seu Ademir diziam que eu tinha firmado e que estavam gostando do meu trabalho", diz Milsinho. A partir daí, ele começou a tentar entender o que estava acontecendo, o que tinha motivado a sua saída. "Pensei que tinha sido por uma vez em Porto Alegre. A Vanda estava muito tensa porque os quartos ainda não estavam prontos e o rapaz do hotel disse que o meu já *tava* pronto. Ela veio me dar as chaves e disse: 'Seja mais inteligente, ande com os artistas'. Eu não entendi e, como quando não se entende, a gente indaga, depois perguntei: 'O que a senhora quis dizer com seja mais inteligente?'. Ela não me respondeu e fomos pro show. Era a gravação do DVD do Carlos Caetano e os últimos éramos nós e o Pixote. Eu estava conversando com o Dodô (vocalista do Pixote), quando a Vanda pediu pro Dudu (roadie) me chamar. O Dodô disse: 'Ô tia, deixa ele ficar, estamos no mesmo hotel e vamos matar a saudade'. Ela falou: 'Eu não posso responder por ele, mas não temos o costume de deixar, a responsabilidade é dele'. Aí eu perguntei: 'Tem problema ficar?'. Ela respondeu: 'Você quem sabe'. E eu disse: 'Então vou ficar'." Milsinho vai lembrando de alguns momentos tensos tentando encontrar a sua resposta. "Uma outra vez, numa cidade em Minas, ela me disse na hora de subir no ônibus: 'Cuidado para não sentar no lugar dos outros'. Num show no Acre eu já tinha entrado na van errada e percebi que cada um sentava sempre no mesmo lugar." Alguns anos depois, encontrou Ronaldinho em Brasília e ouviu a famosa resposta enigmática: "Com o tempo você vai entender". O tempo passou e Milsinho entendeu ou, pelo menos, fez a sua leitura do que possa ter acontecido. "Sendo muito sincero, usei apenas 40% da minha musicalidade no Fundo de Quintal. Era muito feijão com arroz que dá certo e hoje me pergunto, sem entender o que foi: será que eu tinha que ter feito mais? Ter feito menos? Depois de anos fui entender que o problema não era eu, mas o Délcio era famoso, um compositor renomado. Ninguém do Fundo falou comigo sobre minha saída, mas guardo pra sempre as coisas maravilhosas que Seu Bira Presidente me falou, antes da conversa com a Vanda. Fiquei super emocionado", afirma Milsinho, que uma vez ganhou um papo no palco do baixista Paulinho Oliveira sobre o seu costume de chamar Ronaldinho de Padrinho. "Ele me disse: 'Sei que você tem respeito, é educado, mas aqui no Fundo acho bom você parar. Parece uma forçação de barra e, se você não fosse bom, não estaria aqui'. Nós conversávamos muito, mas eu sempre fui assim e vou chamar até que a pessoa fale para que eu não chame, pois ele é mesmo meu padrinho. E segui o papo do Paulinho e parei de chamar", diz Milsinho.

    Milsinho voltou pra Brasília para dar continuidade a sua carreira solo e no lugar dele entrou Délcio Luiz, que já tinha sido músico do Grupo Só Preto sem Preconceito e o cantor principal do Grupo Raça, em que fez sucesso. Começava, assim, um novo capítulo na trajetória do Grupo Fundo de Quintal.

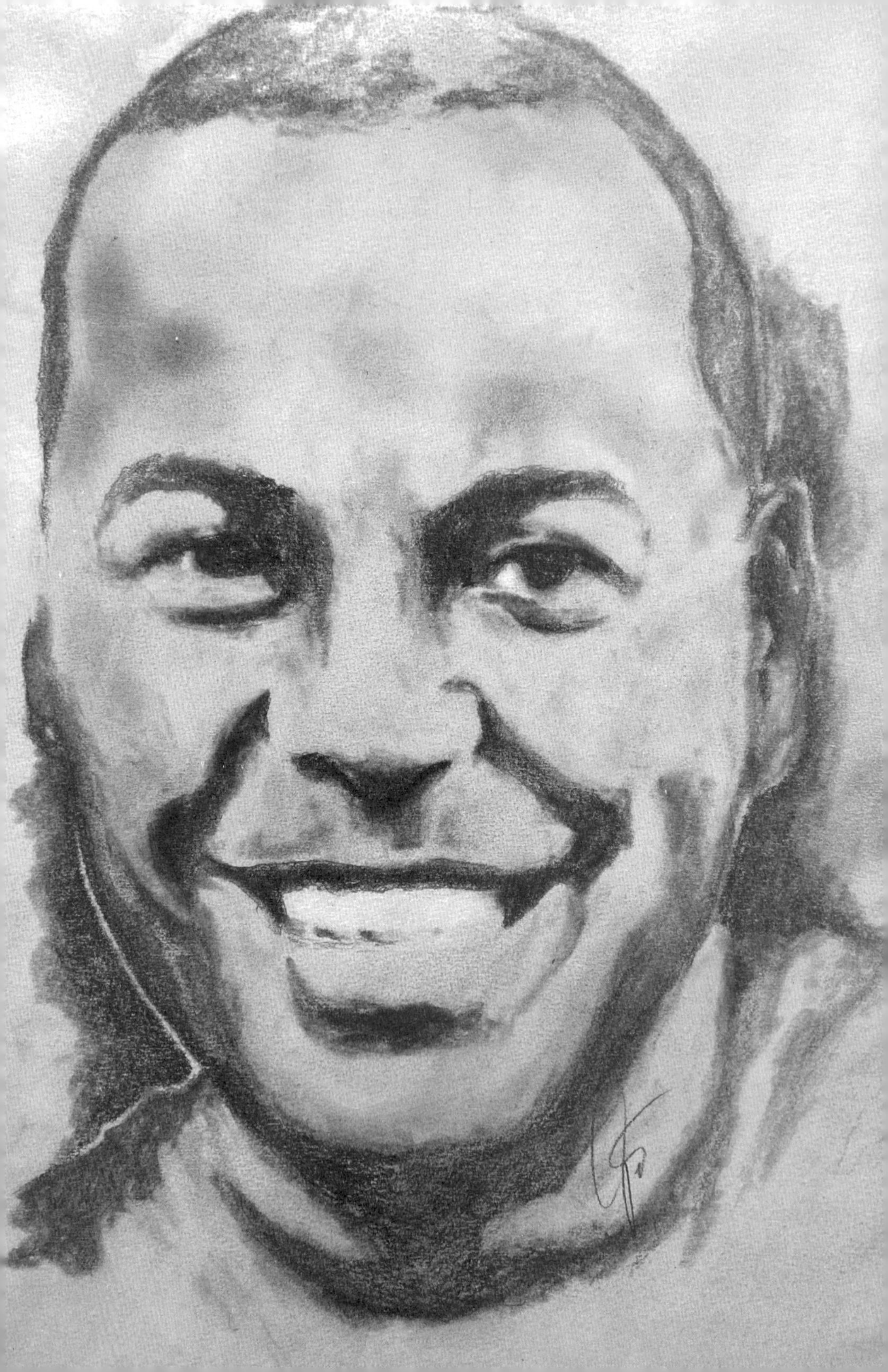

CAPÍTULO 18
ENTRA DÉLCIO LUIZ
O CD QUE NÃO SAIU
A VOLTA DE MÁRIO SÉRGIO

A entrada de Délcio Luiz no Fundo de Quintal teve alguns capítulos, ou melhor, três convites. O primeiro aconteceu no final de 1990, quando tinha acabado de gravar o disco *Da África a Sapucaí*, seu primeiro no Grupo Raça, que seria lançado depois do carnaval de 1991. Após três anos na banda que acompanhava o Só Preto sem Preconceito, entrou para o Raça, cantando e tocando banjo no lugar justamente de Ronaldinho, com quem agora formava a dupla de cantores do Fundo de Quintal. "Falei pra ele: 'Entrei no seu lugar no Raça e hoje estamos aqui no Fundo'." Mas voltemos ao primeiro convite. "Fui na casa do Acyr Marques compor, o Arlindo estava lá e me disse que o Sombrinha havia saído e me chamou. Eu tremi de nervoso, disse que não podia, que tinha gravado o disco. Ele disse para eu pensar com carinho. Liguei pro Jorge Cardoso (produtor do disco), que disse: 'Calma, o disco vai sair e tem ainda uma faixa etária, você é muito novo pra eles, espera um pouco'. Aí eu pirei, *né*? *Caramba*, meu Deus do céu! Eu fã do Arlindo, fã do Fundo de Quintal e o Grupo Raça já tinha uma formação muito parecida com a deles, só não tinha o violão, pois os grupos se espelhavam no Fundo. Fiquei maluco, queria muito ir, e segurei. Liguei pra ele e disse: 'Poxa, Arlindo, não dá agora'."

Mário Sérgio entrou no lugar de Sombrinha, o tempo passou, ele saiu do grupo e chegou o segundo convite. "Perto do meu aniversário, em 2008, o Sereno e o André Renato me ligaram, mas também não pude aceitar. Eu estava num período de divulgação do meu segundo DVD e achei que ainda não era a hora." Até que o tempo passou mais um pouco, Flavinho, que substituiu Mário Sérgio, adoeceu e veio o terceiro convite. "Estava começando a mixagem do meu novo CD, quando a Vanda Lúcia me ligou. Pensei: *não é possível, de novo?* Era um sonho e esse terceiro convite foi pesado.

Desta vez o Fundo inteiro estava numa reunião na casa dela. E todos falaram comigo, todos me chamando. Como ia dizer que não? Seria o quarto CD solo, com produção do Leandro Sapucahy, uma carreira construída. Só se eu parar tudo. E parei." Em seguida, ligou pro Arlindo e disse que aceitava e estava no Fundo.

Arlindo – Délcio, a batucada *tá* toda lá! Vai fundo, boa sorte!

Começava um novo desafio para Délcio Luiz, um cantor e um compositor já com muitos sucessos. Ele também tinha que tocar o cavaco, um instrumento que estava, pode-se dizer, guardado. "O Flavinho encaixou bem no Fundo, gosto muito dele. Compõe bem, toca um senhor cavaco e eu *tava* um tempo sem tocar cavaquinho, a munheca *tava* dura. No Raça eu tocava banjo e nos meus shows vou de violão. Então, tive de estudar de novo. Fui valente, porque pra aceitar um convite desse tem que ser competente. Foi um grande desafio. Senti dificuldade nos tons, porque não tenho grave e quando ia pro buraco (pras notas mais baixas), era difícil. O Ronaldinho queria mudar o tom, eu disse: 'Não, vocês cantam assim há anos'. 'A Amizade', por exemplo, canto em ré (D) e não dá pra cantar em dó (C), mas fomos em frente." Délcio pediu para ensaiar e foram para o estúdio em Pilares. Ensaio feito e gravado, o estudo estava apenas começando. "Ronaldinho me passou as manhas e uma 500 cifras. Trouxe tudo pra casa e comecei a estudar Fundo de Quintal, a relembrar Fundo de Quintal, porque até então só cantava minhas músicas. Estacionei meus violões, mandei fazer um cavaquinho e fiquei em casa que nem um louco. Cantei as músicas que o Mário Sérgio cantava e dividia outras com o Ronaldinho, assim como o Arlindo dividia com o Sombrinha", diz Délcio que ganhou um presente, nunca antes acontecido nos shows do Fundo de Quintal, que sempre cantam o seu próprio repertório. "O Ronaldinho e o Paulinho Barriga (então diretor musical do Fundo) fizeram um pot-pourri com três músicas minhas que entraram no repertório do Fundo ('Volta de Vez pra Mim', 'Seja mais Você' e 'Te Amo'). E antes de começar os primeiros shows, meu chapinha me apresentava. A galera começou a olhar pra minha cara e lembrar de mim."

O primeiro show, que ninguém esquece, foi no dia 4 de janeiro de 2012. "Foi muito tenso porque viajei sozinho. Ainda tinha um show meu pra fazer em Nova Iguaçu, mais cedo. Fiz, fui para o aeroporto direto pro show do Fundo, no interior de São Paulo, um lugar aberto, numa praça. E tremi na base. Quando pisei no palco e o show começou, olhei pro lado e estava o Presidente, meu amigo de anos, e do outro lado, o Ronaldinho. Tocar do lado dos caras, à vera, foi emocionante. Senti isso depois de muitos anos de carreira. Todos me receberam superbem, mas fiquei nervoso. Só no meio do show que comecei a me soltar, porque era muita responsa. Depois contei pra eles dessa emoção."

Das lembranças que guarda do tempo que passou no Fundo de Quintal, uma foi em plena Marquês de Sapucaí, quando no carnaval de 2012, a Estação Primeira de Mangueira tirou o sétimo lugar com o enredo Vou Festejar! Sou Cacique, Sou Mangueira. "Foi uma coisa maravilhosa que o Fundo de Quintal me proporcionou. Apesar de ser carioca, eu nunca tinha desfilado numa escola de samba. E quando a gente estava naquele carro, virando ali na curva do setor 1 para entrar na avenida, eu vivi uma das maiores emoções da minha vida. De estar ali no carnaval do Rio de Janeiro com o Fundo de Quintal sendo homenageado pela Mangueira. Foi maravilhoso. Já tinha tocado meu cavaco nos ensaios da São Clemente, levado pelo meu compadre Geraldão, mas na hora de desfilar eu nunca ia. E dessa vez tive esse privilégio, essa emoção com o Fundo. Não vou esquecer nunca mais."

NO COMPASSO DO SAMBA

Mas faltava um disco. Faltava um registro da voz do novo integrante. E o Fundo de Quintal resolveu mudar. Em junho, entraram no Estúdio Cia dos Técnicos para gravar o CD *No Compasso do Samba*. Mas o produtor não era Rildo Hora. Eles agora estavam sob a produção de Bira Hawaí, colecionador de sucessos e de vendagem de discos com Molejo, Exaltasamba, Revelação e tantos outros. "Fiquei tão feliz com o disco, gravei todos os cavacos, mas infelizmente não foi para o mercado. Alguém descobriu e colocou na internet", diz Délcio. E foi exatamente o que aconteceu. Apesar de ter sido anunciado em vários programas de rádio e TV pelo país, o disco com solos de Délcio, Sereno e Ronaldinho foi descartado, após um desentendimento entre o Fundo de Quintal e o produtor Bira Hawaí. O clima não ficou bom entre as duas partes e mesmo após vários anos, não se fala no dia que ocasionou o tal aborrecimento. Virou um tabu. Porém, para sorte dos fãs, os áudios do disco acabaram vazando e foram parar em Porto Alegre, nas mãos do fã, colecionador e pesquisador gaúcho Cleber Pereira, que teve o cuidado de guardar em seus arquivos, esperando o momento certo para colocar nas redes. Passados alguns meses, assim que foi oficializada a volta de Mário Sérgio, ele colocou na internet. "Entendi que não fazia mais sentido guardar os áudios do disco e privar os fãs deste trabalho, já que o Mário tinha voltado e não seria mais usado. E coloquei na Comunidade RRD Samba e Pagode, no Orkut", conta Cleber, que mandou confeccionar uma capa do CD que não saiu.

A VOLTA DE MÁRIO SÉRGIO

Eis que, em outubro de 2013, um momento inédito na trajetória do Fundo de Quintal. Um componente que saiu, voltou para o grupo, quebrando uma espécie de tabu na sua trajetória. É Mário Sérgio, que havia se desligado para investir na carreira solo. Ao sair, gravou pela LGK, com produção de Paulão 7 Cordas, o CD *Nasci pra Cantar e Sambar*, nome de sua parceria com Fred Camacho e Marcelinho Moreira. "Dei com os burros n'água lançando este disco e foi aí que descobri que o Mário Sérgio sem o Fundo de Quintal e o Fundo de Quintal sem o Mário Sérgio não iam a lugar nenhum", diz Líber Gadelha, dono da LGK.

E Délcio Luís preferiu sair e voltar para seu disco. "Foi um tempo curto, mas foi uma história bacana, uma participação mais que especial. Eu já sabia que eu ia sair. O Mário quis voltar e não tinha como dar certo eu sair do cavaquinho e ir para o violão. Era muita gente. Percebi que estava na hora de sair. Eu participei da reunião com o Mário Sérgio em São Paulo. Seria a mesma coisa se eu quisesse voltar para o Grupo Raça, onde fiz uma história, e querer aquele lugar que foi meu ou o jogador de futebol que volta pro time em que era titular. Percebi que eles tinham muito mais a ver do que eu. Era muito tempo", reconhece Délcio Luiz, que se adiantou e conversou com Ubirany. "Falamos na van. Eu disse: 'O time é esse aí'. Eles quiseram fazer uma reunião comigo e eu liguei para o meu Chapinha: 'Nem precisa, *tá* tudo certo! Vou seguir aqui meu caminho, boa sorte e obrigado por tudo. Foi maravilhoso!'. Foi uma conversa supertranquila, continuo falando com todos eles", diz Délcio.

Porém, tranquilidade não foi o que houve na volta de Mário Sérgio, que por pouco nem acontece. Sabe aquele namoro que acaba, mas não acaba? Em que os dois querem voltar e nem um nem outro dão o braço a torcer? Era exatamente o que rolava entre o Fundo e o Mário. "Ele gravou o CD dele e não se deu bem. Estivemos no carnaval de Salvador, no Bloco do Alerta e ele estava em outro bloco. Foi muito estranho. Passou um tempo e o público não aceitava ele sozinho, o Flavinho adoeceu, o Ronaldinho não estava dando conta do recado sozinho e ficamos procurando alguém", conta Sereno.

Os boatos começaram a correr e de São Paulo veio uma notícia de uma entrevista do Mário num jornal de bairro, na qual ele teria falado que tinha repensado e queria voltar para o Fundo, que era a vida dele. Ademir soube e foi na casa de Sereno, onde começou a montar uma estratégia para a volta do companheiro. "O Sereno é durão, mas tem um coração muito grande. Sou apaixonado por ele, um irmão, um amigo. Já tivemos mil confusões, de xingar, bater de frente, mas daqui a pouquinho estamos nos abraçando de novo, sem mágoa no coração. Isso é que é o mais importante. Ele entendeu e começamos a montar um trabalho de equipe, com o Paulinho Barriga, o Rildo e o André Tomassini, pra fazer a cabeça do Mário, porque ele deu certo no Fundo de Quintal", lembra Ademir. A primeira reunião foi entre o próprio grupo e Sereno deu a partida: "O negócio é o seguinte, chama o negão, porque ele não deu sorte e ele é o cara. Tem que voltar. Joguei no ventilador pra ver o que eles iam falar. Falaram que eu ia ter de falar com ele". Sereno ligou.

Sereno Ô Negão, volta porque a gente *tá* precisando de você e você *tá* precisando da gente. Quer voltar?

Mário – Ihhh, Sereno, tem que ter uma conversa. Uma reunião pra explicar direitinho isso tudo.

Sereno – Grande coisa! Reunião é o de menos. Vamos marcar.

Em seguida, Sereno não perdeu tempo e ligou para o empresário André Tomassini. "Ele não aceitava muito as opiniões do Bira e do Ubirany. O Tomassini ligou pra ele e marcou a reunião. Ele abriu a guarda, mas tinha todas as suas exigências escritas e ia levar o computador pra mostrar. Ele tinha um dossiê do Fundo de Quintal", diz Sereno. A reunião foi marcada num hotel, em São Paulo. "Ele veio, como sempre de nariz em pé", lembra Ademir, às gargalhadas. Foi uma reunião tensa. Por mais que a maioria aceitasse a volta e Mário também pensasse em voltar, cada um tinha seus reais motivos para bater o pé e fazer suas exigências.

Mário – Primeiro que eu não falei que queria voltar.
Ronaldinho – Então, vamos terminar o papo aqui. Esse nego *tá* com muita banca.

Foi que nem um jogo de futebol com vários lances de perigo de gol em que as torcidas suspiram o famoso uhhhhh! Parecia claramente que Ronaldinho não queria a volta do Mário.

Mário – Voltando, eu quero ganhar mais!

Aí não prestou! Todos se levantaram da mesa.

Sereno – Como é que é? Nunca teve isso aqui! Quem é você pra falar que vai ganhar mais que alguém aqui? Rapaz, tu é quem?

Nesses momentos tensos, ainda rolou uma discussão entre Mário e Délcio, também chamado para a reunião. O clima também subiu quando Mário Sérgio, mesmo morando em São Paulo, queria ficar em hotel nos dias de show na cidade, com direito à diária. E todos foram contra.

Ubirany – Se você mora em São Paulo, não tem necessidade da gente pagar hotel e diária.
Mário – Vocês me tiraram isso e, se querem que eu volte, quero tudo de volta.
Ademir – Ô malandragem, ele *tá* certo. Agora vai exigir. Nós estamos precisando dele e com ele não vamos mais esquentar a cabeça.

Então, após vários raios e trovões, o tempo clareou na reunião e, a partir daí, André Tomassini conduziu os detalhes burocráticos e foi selada a volta de Mário Sérgio ao Fundo de Quintal. E, por chegar do show cansado, o antigo-novo integrante teve o hotel de volta. Sem a diária. "Aí, foi só felicidade e uma volta tão bacana! Ele sabia dominar o palco e tomou conta de novo. Com ele tivemos a nossa formação mais duradoura, com momentos inesquecíveis. Ele voltou pra se despedir do Fundo de Quintal", diz Ademir Batera.

Giuliana Rocha, viúva de Mário Sérgio, diz que ele pensou muito tempo para aceitar o retorno. "A questão financeira o incomodou muito. Na carreira solo ele não teve turnê na Europa. Estava acostumado com um ritmo de trabalho que não vinha acontecendo, mas ele fez a opção dele. Eu dizia pra ele: 'Deixa de ser orgulhoso'. Mas ele era muito metódico, muito certinho. E tinha que ser tudo do jeito dele, que dizia: 'Ou é do meu jeito ou não é'", conta Giuliana, que, no entanto, ressalta seu profissionalismo, mostrado muitas vezes, como por exemplo, um dia antes de a mãe dele falecer. "Tinha muita coisa que ele não gostava. Chegar atrasado o deixava enlouquecido. O Mário era muito profissional. Tanto que, quando a Dona Dora estava muito mal no hospital, a gente estava no show, aqui perto de casa. Ele sorrindo, com a dor por dentro. Eu disse pra ele não fazer o show, mas ele quis fazer. Imagina a dor dele cantando '...eu que sou filho de Dora/rainha do frevo e do maracatu...', e ela internada. Ele saiu do hospital, fez o show e voltou pro hospital. O amor que ele tinha pelo trabalho dele era muito grande e não deixava nunca ninguém atrapalhar", conta Giuliana, revelando um segredo de Mário. "Na carreira solo ele trocava de empresário como trocava de cueca. Aliás, na verdade, ele não usava cueca. Nunca! Não gostava. Tinha, mas não usava com nenhuma roupa. Nunca nem dei, mas avisava: 'Você tem que ter cuidado pra se controlar, *né?*'."

Para a volta de Mário Sérgio só mesmo com uma nova música, "Catundê" (Claudemir/Carlos Caetano), em que Mário divide o solo com Ronaldinho, lançada na internet, no Canal Waldo Moura, no dia 27 de novembro. "...Quantas vezes madrugadas por aí/enchi meus olhos de saudade/nem que me arrancasse a pele eu poderia esquecer/de quem me deu identidade...", diz a letra do samba feito para Mário Sérgio, no seu retorno ao Fundo de Quintal.

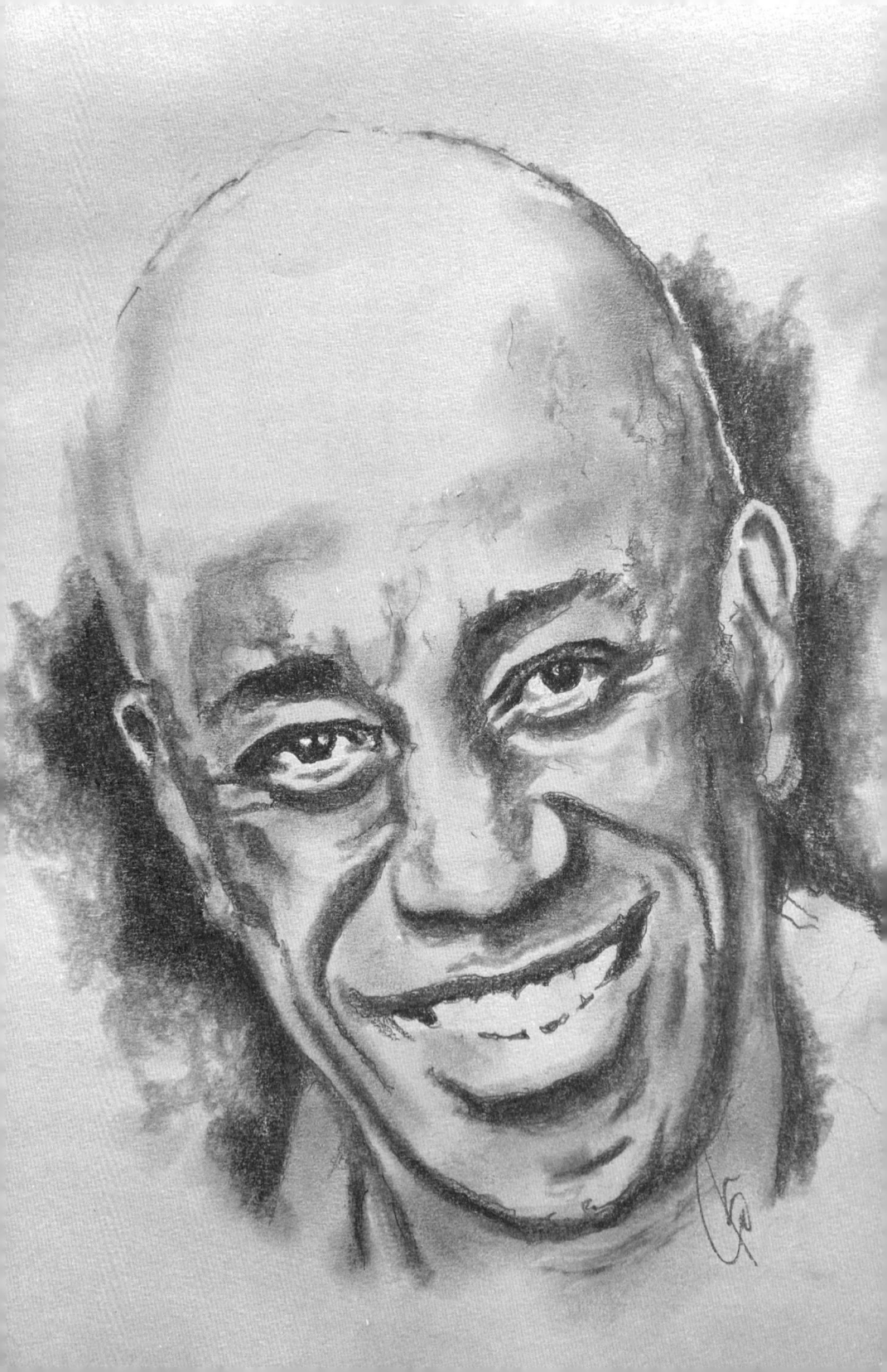

CAPÍTULO 19
O GRAMMY LATINO
A DESPEDIDA DE MÁRIO SÉRGIO

Com a volta de Mário Sérgio, a formação de mais tempo do Fundo de Quintal voltava aos palcos e aos estúdios. Os 18 anos de convivência respondiam que tudo estava voltando aos eixos. O show da volta, no início de 2013, foi no SESC de Nova Iguaçu, Baixada Fluminense, Rio de Janeiro. Daí em diante foi uma agenda movimentada com muitos shows, muitas viagens, mas ainda faltava o reconhecimento internacional para o grupo de samba mais premiado no país.

Em meados de 2014, após uma passagem não muito bem-sucedida na gravadora Biscoito Fino, o Fundo de Quintal volta para a LGK e faz o CD de número 25, *Só Felicidade*, com produção e arranjos de Rildo Hora e direção artística de Líber Gadelha. "Eles estavam descontentes com a Biscoito Fino, que não trabalhou o CD deles e propus fazer um novo. Mas fiz com uma infelicidade monstra, porque estava acostumado a fazer CD e DVD. E esse não foi nem DVD e nem ao vivo. Foi o primeiro que fiz deles em estúdio", contou Líber.

Pela primeira vez em sua trajetória, uma voz está em todas as faixas do disco do Fundo de Quintal. É Mário Sérgio, que das 14 faixas, sola "Tudo de Bom" (Mário Sérgio/Xixa/Edson Sorriso), com Sereno e Ronaldinho divide "Encontro Marcado" (André Renato/Sereno) e "Som Brasil" (Moacyr Luz/Sereno) e faz o famoso dueto com Ronaldinho nas outras 11, incluindo a faixa título, de André Renato e Sereno. O que ninguém poderia imaginar é que este seria não apenas o CD da volta de Mário Sérgio, mas também o da sua despedida.

E, para coroar tudo que o Fundo já tinha feito na história do samba, chegou o que faltava. Em 23 de setembro de 2015, veio o anúncio de que o CD *Só Felicidade* estava entre os indicados da categoria Regional Brasileira de Álbum de Samba/Pagode na 16ª edição do Grammy Latino, ao lado dos CDs de Zeca Pagodinho, que já havia vencido por quatro vezes, Mart'nália, Arlindo Cruz, Sorriso Maroto e a dupla Diogo Nogueira/Hamílton de Holanda. O resultado saiu na noite de 19 de novembro, no MGM Grand Garden Arena, em Paradise, Las Vegas, nos Estados Unidos: o CD *Só Felicidade*, do Grupo Fundo de Quintal, ganhou o Grammy Latino.

DVD/CD FUNDO DE QUINTAL NO CIRCO VOADOR

Para comemorar o prêmio só mesmo um novo trabalho e Líber Gadelha, enfim, consegue voltar a realizar um DVD/CD: *Fundo de Quintal no Circo Voador – 40 Anos*. "O mercado caiu, desmoronou e chegou o streaming. Nós conversamos muito e como eu sou um grande cabeça dura resolvi fazer o DVD do Circo Voador. Como no outro não fiz o DVD, fiz esse, mas foi o DVD que menos deu prazer pra todos", assume Líber, que para contar um dos bastidores do DVD, lembra de um assédio que sua filha, a cantora Luiza Possi, sofreu numa boate em São Paulo. "Eu estava produzindo uns shows da minha filha, piano e voz. Ela me contou que um cara começou a assediá-la e queria beijá-la a força. A Anitta veio correndo, entrou na frente do cara e disse: 'Qual é? Vai beijar a minha mulher? Te mato de porrada aqui!'. Eu, que já gostava dela, fiquei fã número 1."

Ao entrar no avião para voltar para o Rio, Líber encontrou Anitta. E foi direto falar com ela: "Olha, sou pai da Luiza e quero te agradecer pelo que você fez. Estou voltando pro Rio pra fazer o DVD do Fundo de Quintal". E, segundo Liber, ela fez um pedido: "Pelo amor de Deus, toma meu *tel*, meu *zap*, meu e-mail, eu quero muito cantar com o Fundo. Eu sou de comunidade e conheço todas as músicas deles." Animado com a possibilidade de ter Anitta no DVD, ela que a essa altura já tinha recebido vários prêmios, estava estourada com o sucesso "Show das Poderosas" e, em 2014, havia sido indicada ao Grammy Latino na categoria Melhor Canção Brasileira com "Zen", partiu para a reunião com o Fundo de Quintal. "Quando falei para eles chamarem a Anitta, ouvi: 'Ficou louco? De jeito nenhum!'. E vetaram a Anitta. Eles se auto boicotaram", conta Líber.

Gravado em outubro de 2015 e lançado no início de 2016 para comemorar os 40 anos do Fundo de Quintal, conta com as participações especiais de Zélia Duncan ("Parei" e "Lucidez"), Cleber Augusto ("Lucidez" e

"A Amizade"), Xande de Pilares ("Sambas de Roda da Bahia" e "É aí que Quebra a Rocha") e o Monobloco ("Água na Boca" e "Caciqueando"). "O DVD não vendeu, não foi a lugar nenhum, perdi dinheiro e ainda brigamos", conta Líber Gadelha que, no entanto, rende homenagens ao Fundo de Quintal pelas alegrias que lhe proporcionou. "Sou fã do Fundo de Quintal e, sinceramente, tinha o maior prazer do mundo em fazer os DVDs deles, desde a feitura muito democrática a várias mãos ao resultado final. Eles ouviam muito a mim e ao Rildo. E esse respeito me motivava muito. Além de ter sido bom pra mim como músico e produtor, deu frutos financeiros, pois investi muito neles. E também foi um prazer esfregar o Fundo de Quintal na cara de muita gente que não acreditava neles, como presidentes das gravadoras multinacionais, nos almoços da ABPD (Associação Brasileira de Produtores de Discos). Quanto mais sucesso fazia com eles, eu pensava nos almoços pra esfregar o Fundo e também o Jorge, a Alcione. Enfim, com o Fundo tive o prazer e a honra de conhecer o samba por dentro e mostrar para o mercado fonográfico que eles são foda."

A TRISTE DESPEDIDA DE MÁRIO SÉRGIO

O ano de 2016 marcou não só os 40 anos do grupo, mas também a despedida de uma de suas referências. O tão comunicativo Mário Sérgio, sempre elogiado por dominar o palco como poucos, vacilou. Preferiu guardar para si o que estava acontecendo com sua saúde e se automedicar. Mas antes vamos voltar no tempo e saber um pouco mais do Mário.

Em 1997, num show do Fundo no Olympia, em São Paulo, ele conheceu Giuliana Rocha, que foi ao camarim com uma amiga, fã do grupo. "Eu cresci ouvindo Fundo de Quintal, já tinha ido a show, mas não sabia muito do grupo. Ele começou com gracinha comigo, mantivemos contato de amizade e começamos a nos envolver em 1999. Eu trabalhava no Aeroporto de Congonhas e ele sempre passava por lá. Me chamava pra sair desde o início, mas eu nunca quis. Até o dia que aceitei e começamos a namorar. Fomos numa feijoada, em Cotia, perto da casa dele, ficamos juntos e nunca mais a gente se largou. Não deu uma semana pra ele trazer metade das coisas dele pra minha casa, onde passou a ter o armário dele. E mantinha a casa onde nasceu na Vila Sônia", conta Giuliana, que passou a ser comissária de bordo e com quem Mário se casou. "A gente já morava junto há muito tempo e um dia ele me disse: 'É uma segurança que a gente tem que ter, principalmente pra você. E lá na frente você vai entender o que eu *tô* falando'. Um dia, cheguei de um voo, ele foi me buscar em Congonhas, eu de uniforme e ele falou: 'Vamos ali'. Fomos a um cartório no Campo Belo e a gente casou. Oficializamos nossa união, mas pra mim foi indiferente." Mário e Giuliana não faziam planos para um casamento tradicional, com a noiva de véu e grinalda. "Sou do candomblé, ele também era e o casamento seria na nossa religião. Seria algo mais íntimo, algo nosso. Mas não chegou a acontecer porque ele era de muitos compromissos. E nós estávamos juntos porque a gente queria." Mas um dia eles se separaram e Mário Sérgio se mostrou firme numa decisão. "Conheci outra pessoa e engravidei. Mas voltei para o Mário e ele assumiu minha gravidez. Em nenhum momento ele me julgou, até porque a gente não estava junto. E ele foi um verdadeiro paizão", conta Giuliana, mãe da Ana Luiza, que chamava Mário de pai e nasceu em 2012.

Um cara antenado e estiloso, que usava brincos, correntes e roupas modernas, Mário Sérgio levou com ele a fama de ser homossexual. Giuliana nega e o defende. "Mário era um homem muito educado, mas tinha essa fama de ser chamado de gay. Era horrível, mas ele não era homossexual. Eu coloco a minha mão no fogo por ele, que era muito homem. Um cara que sentava e cruzava as pernas, ria e dizia: 'Acho que na cabeça das pessoas o homem tem que ser machão e cuspir no chão'. Ouvi isso meu casamento inteiro, mas não é (ela fala como se Mário estivesse ainda entre nós). Não vou ficar com o cara 16 anos e não saber", afirma Giuliana. Eles conversavam muito sobre isso.

Mário – Desde que me conheço por gente que escuto isso. Sou um cara educado, um cara limpo, um cara moderno e gosto de fazer o que eu quero. Eu sou livre, sei da minha sexualidade, sei do que eu gosto e isso não pode influenciar na nossa relação.

Ela conta que ele não estava nem aí para os maldosos comentários e olhares que rolavam. "Mas até me adaptar, ficava indignada. Como é que poderia ficar tranquila com isso? Confundido com um gay, o Mário era um homem muito seguro, um cavalheiro, gentil, um verdadeiro *gentleman*", diz Giuliana, que lembra dele dizendo:

Mário – Estão pagando minhas contas? Estou viajando, comprando roupas, comendo bem e essas pessoas cuidando da minha sexualidade? Eu sei o que eu sou, então... não devo satisfação a ninguém.

A prima Raquel Cristina encerra a questão com muita propriedade, pois por ser muito colada com ele, várias pretendentes não gostavam dela, achando que fosse a namorada. "Passei por isso, porque estávamos sempre juntos. Conheci todas as namoradas dele e não foram poucas não, hein! Tanto daqui do Rio quanto de São Paulo, de Minas e até de fora. Teve uma, não lembro se de Cuba ou da Argentina, que ficou um fim de semana lá em casa. Muitas delas tentavam me conquistar primeiro pra chegar perto dele. Ganhei muitos presentes de várias. Quer dizer, os inquéritos dessa mulherada toda eram comigo. Portanto, essa fama de homossexual é bem mentirosa", afirma Raquel.

Um casal parceiro que se dava muito bem, no final de 2015, Mário Sérgio deu provas de seu amor, cuidando de Giuliana, que passou por uma fase bem delicada, com síndrome do pânico e tomando remédio controlado. "Eu estava com depressão e já não queria mais sair de casa. Quase morri numa tentativa de assalto. O Mário ficava me dando força, me deu banho porque eu não queria sair da cama há dois dias. Ele já devia estar com alguma coisa, mas não demonstrava. Eu pirei. Estava completamente desnorteada, pensando em suicídio e ele ali cuidando de mim", revela. Ela lembra que em fevereiro ele começou a ficar estranho. "Ele estava diferente e começou a ficar recluso no mundo dele. Foi se alimentando menos, o que era estranho, porque comia muito bem. E estava emagrecendo, tocando sentado nos shows e em casa completamente indisposto. Não estava fazendo esporte, que era a prioridade dele. Percebi que tinha algo errado e tentei levá-lo ao médico, mas ele não quis." Não era novidade que Mário Sérgio não gostava de ir ao médico e, para não incomodar, dizia que estava querendo fazer um regime. "Se estava sentindo alguma dor, era só pra ele, não contava, não reclamava e também não me disse que estava doente."

No Fundo de Quintal, o primeiro a perceber que Mário Sérgio estava diferente foi Sereno. "Eu falava pra ele: 'Você *tá* estranho, parece que *tá* doente, *tá* ficando com a cintura fina. Já foi ao médico?'. Mas infelizmente a doença *tava* só cozinhando ele, que sabia e não falava nada. Nem tratava. Nas viagens um calorão tremendo e ele todo agasalhado, tossindo muito.

Mas não sabíamos o que estava acontecendo. Ele dizia que era gripe, mas o bicho já *tava* pegando." Numa de suas últimas viagens com o Fundo, Mário ia voltando da farmácia para o hotel com uma bolsa cheia de remédios, quando Bira Presidente viu e foi falar com ele.

Bira – Mário, pra que isso tudo de remédio?
Mário – Não se preocupa não, Presidente.
Bira – Mas eu estou muito preocupado contigo.
Mário – Daqui uns dias você não vai se preocupar mais.

Todos no grupo já começavam a perceber que algo de muito errado estava acontecendo e que Mário Sérgio sabia, mas não queria assumir e procurar tratamento. "Ele era muito inteligente, mas acho que foi covarde com ele mesmo. Poxa, tinha que se cuidar, médico é pra isso. O Mário tomava remédio por conta dele. Ele tinha que estar aqui com a gente, poxa vida! (Ademir não consegue continuar e chora) *Tava* tudo tão bacana, tudo tão certinho. O Edson Celulari não se cuidou e venceu? Ele também podia vencer! Acho que era medo, tinha aquele tamanhão todo, mas era frouxo igual a mim. Tinha medo de descobrir que tinha uma doença séria", diz Ademir. Era a pura verdade. Mário Sérgio não gostava de ir a médico e preferia ir a farmácias ou ligar para a prima doutora. "Ele sempre se automedicou. Era tudo por telefone, ligava pra Rogéria. Uma vez ele passou mal e deu uma desorientada. O pessoal do Fundo disse que ia ligar pra gente, mas ele foi contra e disse que era ele quem resolvia os seus problemas. Já estava malzão", diz seu primo Raul Cláudio, irmão da Dra. Rogéria Oliveira. "Ele tinha uma tosse, que minha mãe sempre cobrava dele para ir ao médico. Em novembro (2015) ele tinha ido sozinho à Disney e participado de um campeonato de golfe. Ele já estava começando a ficar cansado", conta Rogéria. A prima Raquel também percebeu que ele estava muito magro, mas ele disfarçou. "Está tudo bem. Você não sabe que sou um desportista? Estou jogando golfe e andando pra caramba", disse Mário.

O último fim de semana de Mário Sérgio no Fundo de Quintal começou em Recife. Até irem para o Manhattan Café Theatro, em Boa Viagem, ele ficou no quarto. Por causa da tosse, mandou uma mensagem para a prima Rogéria.

Mensagem do Mário – *Tô* tossindo pra caramba. Que xarope você me passa?
Resposta de Rogéria – Não vou passar xarope. Você *tá* tossindo há muito tempo. Vamos fazer uns exames para ver o que você tem. Segunda-feira cedo eu passo no hotel pra te pegar.

No camarim, antes do show, ao ver Ademir pedir um café, também quis e bebeu. Já no início do show, Mário não conseguiu terminar "Só pra Contrariar". "Ele saiu desesperado do palco no meio da música. E voltou meio baqueado. Encostou no prato da bateria e me disse: 'O café me deu dor de barriga'. E não aguentou mais ficar em pé. Pediu um banco e fez o restante do show sentado", conta Ademir.

Na tarde de sábado, a apresentação foi no Pagode do Leno Simpatia e, à noite, outro show no Manhattan, onde Mário Sérgio também tocou sentado. No dia seguinte, já no Rio de Janeiro, um show à tarde no Clube Naval Charitas, em Niterói, onde um médico deu um alerta. "Ele estava com a mão e os olhos amarelos e um médico amigo nosso disse que ele estava com hepatite. Antes do show, fomos comer uma feijoada e ele não aguentava segurar o prato", diz Ademir. Mas, apesar de todas as evidências de que não estava bem, Mário Sérgio tirava forças de onde não tinha para continuar fazendo o que mais gostava, que era cantar e tocar, já tendo deixado de lado o esporte, sua outra paixão, por falta de condições físicas. Ele não queria preocupar nem dar trabalho a ninguém, mas não estava conseguindo.

No domingo pela manhã, Rogéria voltou a falar com Mário, confirmando que na segunda pela manhã ele iria fazer os exames. Como sempre fazia, Mário disse que estava tudo bem. Mas não estava. À noite, no Esporte Clube Garnier, no bairro do Rocha, subúrbio do Rio de Janeiro, Mário Sérgio faz seu último show pelo Fundo de Quintal. "Teve um momento que o vi olhando para o vazio, pro nada. Fui até ele e perguntei: 'Meu irmão, o que está acontecendo?'. Ele apenas disse: 'Nada não, Ademir, não se preocupa'. No meio do show, ele gritava umas coisas sem nexo, parecia que estava delirando. Nem conseguia segurar o cavaquinho direito e ficava caindo", diz Ademir Batera. "Ele era muito forte, mas estava emagrecendo assustadoramente. No show, não aguentou, desmaiou no palco e saiu carregado", lembra Sereno. Parecia que Mário fazia sua despedida dos palcos. E fez. Da pior forma. Este foi seu último show. Antes, ainda no camarim, deu um forte abraço em André Tomassini. "Ele me olhou com um olhar diferente, levantou, abriu os braços e disse: 'Vem cá, meu empresário'. E me deu um abraço, como se estivesse me agradecendo. Mas infelizmente foi tudo muito rápido. E, como não sabíamos, não deu tempo."

Muito preocupado, Ademir ligou para a Rogéria, disse o que aconteceu e ela ligou para o hotel em que Mário estava, na Barra. "Ele não atendia. Pedi ao rapaz da recepção do hotel para ir até o quarto e bater na porta. Consegui falar e percebi que ele estava com uma voz cansada. Ele disse que era porque tinha acabado de chegar do show. Era sempre assim, ele nunca assumia quando estava mal", conta Rogéria, que ouviu do primo: "Estou te esperando amanhã, estou bem". Determinada, ela chegou segunda bem cedo ao hotel e, quando Mário perguntou por que iria levar tudo, foi dura: "Vai levar tudo sim, porque você vai ficar comigo agora e não vou discutir isso com você. Não vim aqui para discutir, vim para te buscar. Ele já andava todo torto. Via que era uma coisa muito séria e começamos a correr contra o tempo, porque ela já *tava* pegando uma doença terminal".

Diretora do Pam Abdon Gonçalves, de São João de Meriti, a Dra. Rogéria levou o primo para fazer os exames na segunda-feira bem cedo. O que ela não imaginava é que, a partir daí, começava uma maratona para tentar salvar a vida dele. No Pam ele fez raio X, HIV, fisiologia e prova de função hepática, para avaliar o fígado. "Tudo dando negativo. Ele estava muito amarelo e apareceu uma alteração séria no fígado, com mais de 3000 bilirrubina, quando o normal seria de 0 a 6. Ele reclamava muito, porque não queria ir a médico. Levávamos uma garrafa junto pra ele urinar no meio do caminho e o tempo todo pedia: 'Não me interna, não me interna'". Rogéria levou Mário para sua casa. "Meu marido carregava ele no colo, porque ele não conseguia andar." Na terça, levou os exames para o gastro Dr. Vílson Lemos avaliar. Ele marcou uma CPRE (colangiopancreatografia retrógrada endoscópica), em que detectou uma estenose (estreitamento do canal hepático) e encaminhou para o oncologista Dr. Múcio. "Ele não queria sair do carro, meu sobrinho teve que ajudar. Ele dizia: 'Mas você é chata, me deixa em paz, por favor, só quero paz'. Eu tinha que ser dura com ele e dizia: 'Não vou te deixar não'". Na quarta-feira, Rogéria levou Mário para a Clínica Oncodor, do Dr. Múcio, na Tijuca. "O pneu do meu carro furou na Grajaú Jacarepaguá e víamos os molequinhos com fuzis paradinhos nas vielas. O Mário estava mal, quase delirando, mas mesmo assim, dizia: 'Não para aqui, desce mais um pouco, vai indo'. Paramos no posto e deixamos o carro."

Ao examiná-lo na clínica do Dr. Múcio, Rogéria descobriu um gânglio embaixo do braço. E quando perguntou há quanto tempo tinha esse caroço, não acreditou no que ouviu do primo.

Mário Sérgio – Acho que há uns seis meses e achei que não era nada demais. Fui a uma farmácia e o balconista me passou uma vitamina, Clusivol.

Fazendo de tudo para ajudar, a cada instante Rogéria tinha uma surpresa. "Poxa, um cara tão inteligente e não correr atrás pra se tratar! Pedi o cartão do plano de saúde e ele não tinha. Lembro que disse a ele que não era hora de brincar. Mas era verdade, o Mário não tinha plano de saúde. Me assustei porque ele era muito correto, as contas pagas em dia e logo ele não tinha plano." Imediatamente foi feita a biópsia do gânglio e Rogéria levou o resultado para o Dr. Basílio, seu professor da UNIRIO, que passou o quimioterápico. Rogéria e seu irmão Raul Cláudio compraram numa farmácia em Vila Isabel e a quimio foi aplicada no sábado pela manhã. Infelizmente o diagnóstico da patologia do caroço acusou Linfoma non Hodgkin, o mesmo que nomes como a ex-presidente do Brasil, Dilma Roussef, e os atores Edson Celulari e Reynaldo Gianecchini tiveram. A diferença é que, ao contrário do Mário, eles reagiram, se trataram e estão vivos. O linfoma do Mário comprometeu o pâncreas e também o fígado.

Foram dias intensos e terríveis. Mário sabia da gravidade da doença bem antes que todos tivessem a certeza.

Mário – Meu tempo *tá* acabando. Quero que você dê meu cavaquinho pro Júlio, roadie do Fundo.

"Ele se mostrava tranquilo, como se nada estivesse acontecendo. Antes de se internar, disse pra minha filha que iria melhorar", conta Rogéria.

Rogéria o internou na Pronil, em Nilópolis, onde ficou por uma semana. "No início ele não queria visitas, mas depois aceitou. Numa das visitas, de manhã cedo, direto de um show, chegou o Fundo de Quintal. Eu também estava, e quando entramos no CTI, nos recebeu cantando 'Fada'. Todo mundo chorando, foi impactante. Ele ficou muito emocionado", conta seu primo Raul Cláudio.

Após uma semana internado, Mário Sérgio morreu aos 57 anos de idade, de falência múltipla dos órgãos, em decorrência do linfoma, na madrugada do dia 29 de maio de 2016. "Foi um suspiro, sem sofrimento. Até hoje acham que ele morreu de HIV. Eu percebo, mas fico aguardando a pessoa ter a coragem de perguntar. Ele era muito orgulhoso, e nunca demonstraria que não estava legal. Tanto que ele morreu por isso. Não admitiu nunca que pudesse estar doente. Se tivesse falado antes, estava vivo. Meu primeiro sentimento com o Mário foi de muita raiva dele. Ele foi muito covarde, porque dava tempo, dava tempo pra tudo. Foi negligência dele", diz Rogéria. "Acho que no fundo foi um grande medo de saber o que era, quando passou o medo e viu que era preciso e decidiu encarar, não deu tempo. Mas acho que ele já sabia há um tempo que estava doente, tanto que casou com a Giuliana e adotou a filha dela", diz Raquel, irmã de Rogéria. "Nossas soluções são familiares, em conjunto. Não acreditamos em soluções diferentes dessas e ele não acreditou nisso, não se ligou. Se entregou. A gente faz isso toda hora. O amigo a gente leva pra casa e cuida, bota no carro, leva, traz, fazemos isso direto. É nossa maneira de viver, que foi passado de pai pra filho. É a maneira que conduzimos nossas vidas e justo ele quebrou essa onda. Se ele não quebra, estaria agora aqui com a gente", desabafa o primo Raul Cláudio. "Foi o orgulho dele, tenho certeza. Isso que me dá mais tristeza", diz bem séria a prima Raquel. "Ele era muito vaidoso, mas ninguém vive sozinho. Todos precisam de alguém, até do seu vizinho pra te observar. Você não é uma ilha", completa a doutora Rogéria.

Logo depois que Mário morreu, ainda sofrendo com a perda do primo querido, Rogéria recebeu uma ligação das filhas dele. "Quando ele se internou, me entregou tudo que estava com ele: iPhone, cartão de banco, me disse a senha e disse que resolvesse tudo. Elas ligaram pra mim e disseram: 'Quero tudo do meu pai'. Separei tudo que estava comigo e entreguei", conta Rogéria, que três anos depois recebeu outra ligação das filhas de Mário. "Eram elas perguntando se eu poderia ajudar. Uma delas perguntou se, como eu era médica dele, se eu poderia colocar no papel que o casamento dele era falso. Primeiro disse que eu não era médica dele, mas prima dele. E que não poderia ajudar, porque desde quando meu primo ficou doente eu fiz tudo que ele quis e eu não iria nesse momento fazer o que ele não queria. Que eu vivi uma vida toda fazendo o que meu primo queria, agora que ele morreu vou fazer o que ele não queria? Eu não posso te ajudar", afirma a prima Rogéria, confirmando a história de que as filhas venderam tudo que ele tinha, roupas, tênis, instrumentos, no metrô, em São Paulo. "Infelizmente não existe lembranças dele. Até o cavaquinho, que estava com o roadie do Fundo, dado pelo Mário, tomaram."

Um artista que amava a música e vivia uma grande fase no Fundo de Quintal, Mário Sérgio deixou no grupo muita saudade e boas histórias. "Ele era maravilhoso. Um cara que sabia dominar o palco, um craque. Encarnava muito em todo mundo. No palco fazia um alvoroço só, zoando os fãs", conta Ademir, que também lembra de momentos de comida com o amigo. "Ele comia à vera, junto com o Sereno e o Ronaldinho. Cansei de ver os três comendo pirão em Vitória ou costela em Curitiba, mais de uma hora comendo. Mas um dia ele se deu mal. Ele gostava de pegar a pimenta e morder. Em Belém fomos no Ver o Peso. Ele pegou uma pequenininha e a mulher da barraca perguntou: 'O senhor vai comer essa pimenta?'. Ele foi comendo, comendo, começou a tossir e a lacrimejar. Pediu água e tomou uns cinco refrigerantes." Bira Presidente lamentou muito a perda. "Era um cara tranquilo demais, que nunca usou droga, um estudioso, inteligentíssimo, com princípios. Um dos melhores profissionais de todas as épocas do Fundo de Quintal. Infelizmente ele não quis dizer pra gente que estava muito doente. Acho que ele já sabia que não ia ter vida pra muito tempo, foi uma perda irreparável. Um cara que somava muito com a gente, que sabia tudo de música, de uma postura e de uma sensibilidade musical muito grande. Uma pena termos perdido o Mário Sérgio." Em todos do grupo ficou o sentimento de que ele poderia ter se tratado e se curado. "Se ele fosse um camarada mais aberto com a gente nos particulares dele, na privacidade dele, talvez ainda estivesse aqui. Pra dizer num português bem claro, ele mesmo que causou a morte dele", diz Sereno. "No palco era muito profissional, sempre no horário. Igual a ele existem muito poucos. Eu era o único do grupo que tinha uma intimidade com ele muito grande. Chamava ele de macaco, xingava ele de tudo quanto é nome e nunca me levantou a voz, nunca se revoltou comigo. Era um camarada esclarecido, inteligente, falava o inglês fluentemente e foi a salvação quando fomos pros Estados Unidos. O negão tirava onda em vários esportes e viajava muito. O último país que ele esteve foi a Indonésia. Chegava e me mostrava as fotos. Eu brincava dizendo que ele tinha comprado as fotos. Ele tinha uma facilidade de se comunicar, mas infelizmente não se comunicou sobre o que estava sentindo e foi embora. Bato palmas pra esse moleque", diz Sereno.

Um grande amigo de Mário Sérgio, o baixista Paulinho Oliveira, um dos músicos que acompanham o Fundo, o considera um gigante. "Eu adoro samba, mas minha outra paixão é o jazz, de onde pego elementos e coloco na minha levada. O Mário fazia a mesma coisa. Ele era *um puta jazzista*, um grande conhecedor de Chick Corea, Al Jarreau, Sonny Rollins, Grover Washington Jr. Daí a construção de suas linhas melódicas. Quem não sabe disso não entende como ele fazia isso. Mas pegava essas informações de outro tipo de música e sabia harmonizar essas melodias muito bem. Sem contar que sempre foi um gigante no palco. Ali naquele pedaço o comparo com a Maria Bethânia."

E se Arlindo e Sombrinha formaram a primeira grande dupla do Fundo, Mário Sérgio e Ronaldinho foram a segunda e com direito a muitos elogios. "Ele era muito brincalhão, um sacana de primeira. E há mais de um mês a gente já *tava* notando que ele não *tava* bem e falamos com ele, que nos disse que já estava vendo. Se tivesse cuidado, quem sabe estaria aqui, *né?*", diz Ronaldinho. "Era a primeira voz, marcante em vários sucessos e com certeza que faz falta. Nas viagens era nosso intérprete. Em Nova York, por exemplo, conhecia muito bem onde tinha coisas boas e baratas. Ele contava uma história que eu não queria comprar nada, mas que ele me levou num lugar pra comprar roupa e acabei trazendo muita coisa. E foi verdade."

Para Giuliana, ele foi uma das melhores pessoas que conheceu. "Minha vida é outra sem o companheiro que me apoiou. Perdi meu grande amor, com quem achava que iria envelhecer. Supernovo, saudável e a ficha não caiu, parece um pesadelo. Foram 16 anos, uma vida, e quando tudo desmorona, parece que o mundo se voltou contra mim. Me revoltei contra Deus, e tenho que encarar porque Deus quis assim, dessa forma. Mas tenho certeza que não vou encontrar uma pessoa que nem ele na minha vida. É realmente uma das melhores pessoas que conheci. Um ser humano íntegro, de ótimo coração, de ótimo caráter, muito divertido, de melhor convivência. Não tinha quem não gostasse. Se não gostasse, era inveja", afirma Giuliana.

O empresário André Tomassini acredita que ele voltou para o Fundo para se despedir com chave de ouro. "Nosso poeta, que tratava os músicos igualmente. Foi duro ver toda equipe chorar por ele. Vejo como se eu tivesse sido usado pra trazê-lo de volta, ser este elo. Voltar e mudar o Fundo de Quintal da água pro vinho. De enxergar o Fundo de outra maneira. Ganhar o prêmio latino e não partir no ostracismo. Ele precisava voltar pra fazer essa despedida. Ganhar prêmio, estourar o grupo de novo e ir embora. Foi quando muitas rádios tocaram músicas dele, que muitos escutam e nem sabem que é dele, que tem um vasto repertório de sucessos."

Mário Sérgio não chegou a ouvir a homenagem que Leandro Lehart faz a ele no CD *Violão é no Fundo do Quintal Vol. 1*, no qual interpreta 21 músicas do repertório do Fundo, no clima voz e violão. "Quando ele entrou no Fundo de Quintal, fui um dos primeiros a saber. Ele ficava com o banjo pra cima e pra baixo nos pagodes aqui em São Paulo, e veio logo me contar. Neste CD queria terminar a mixagem para mostrar pra ele aprovar, mas infelizmente não tive tempo. Fiquei muito chateado e tive a certeza de que não podemos deixar as coisas pra depois. Neste CD os maiores homenageados são o Cleber Augusto, pelo seu violão, e o Mário por sua voz suave joãogilbertiana que ele impregnou nos discos do Fundo", diz Leandro.

Morreu Mário Sérgio e o Fundo de Quintal fechou mais um ciclo em sua trajetória. Foi-se o cara da comunicação, o que ajudava a todos nas viagens, por falar várias línguas. Foi embora o cara que filmava os bastidores das viagens. Ia filmando e zoando os parceiros. "Bem-vindos a Nova York. Isso é Fundo de Quintal. Esse é o Ronaldinho nas compras. Pra quem não ia comprar nada...", disse Mário mostrando Ronaldinho voltando das compras com uma mala enorme. Ele filmava no metrô, no aeroporto, no meio da rua ou no táxi com Ronaldinho dormindo num engarrafamento. Nas viagens que fazia nas folgas dos shows, Mário também filmava tudo, fosse no café da manhã de um cruzeiro pelo Caribe, uma briga entre duas mulheres na periferia de Cuba, mostrando ainda um cubano com a camisa da Seleção Brasileira ou comendo uma formiga-saúva na Jamaica, onde conversa com um jamaicano e sela a amizade falando em Romário, Ronaldinho e Bebeto, nomes conhecidos pelo novo amigo. Era Mário Sérgio, que foi o primeiro a ter, na placa de seu carro, a inscrição FDQ.

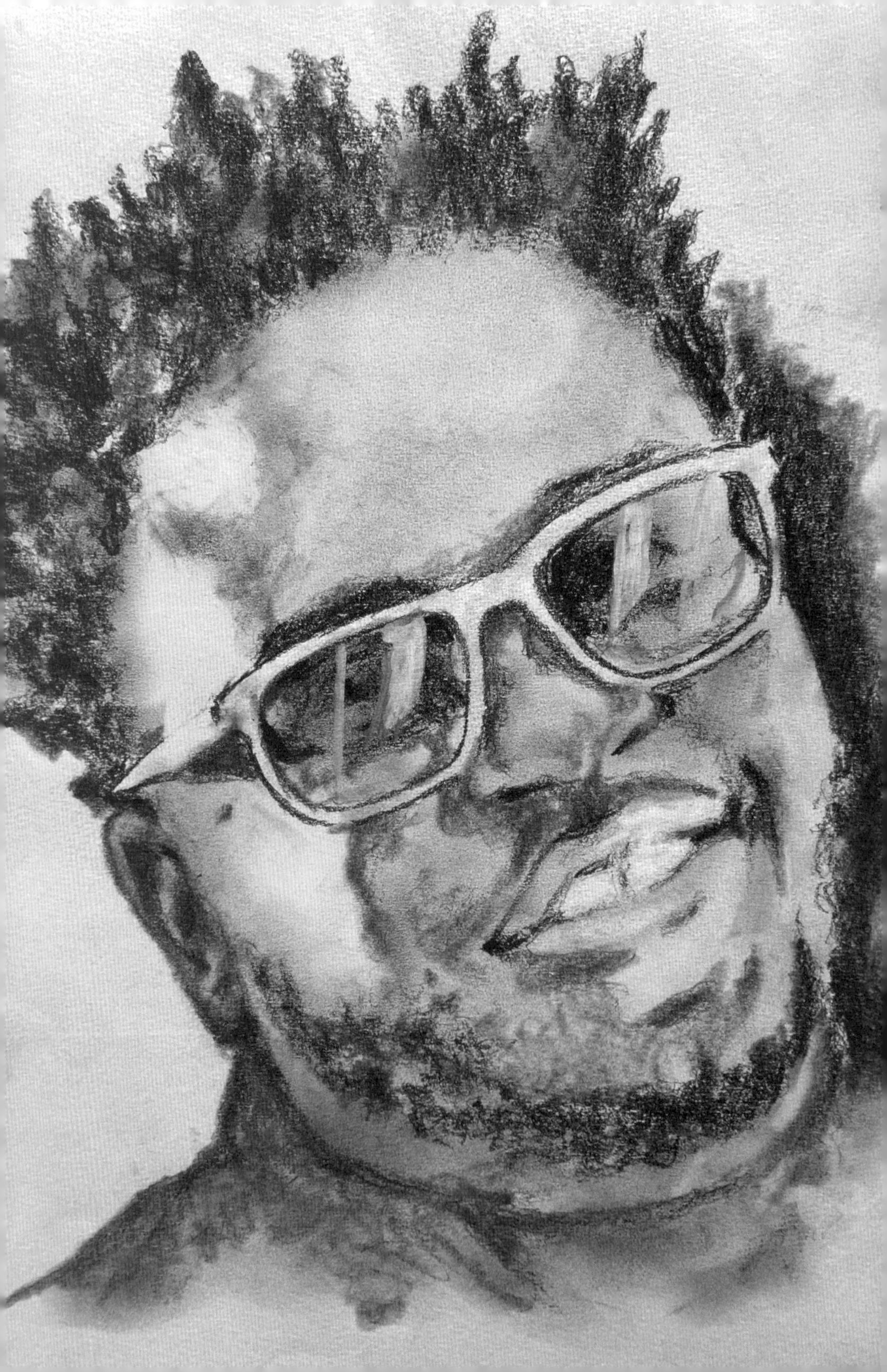

CAPÍTULO 20
ENTRA MÁRCIO ALEXANDRE
SAI RONALDINHO, ENTRA JÚNIOR ITAGUAY
FUNDO DE QUINTAL ENREDO DA MANCHA VERDE

Mais uma vez à procura de um cantor, por pouco não acontece a volta de um ex-integrante ao Fundo de Quintal. "Ademir me ligou logo assim que o Mário faleceu. Expliquei que não daria porque estou completamente apaixonado por Jesus Cristo e me dá prazer fazer a vontade dele. A minha prioridade é buscar o Reino de Deus. As agendas iam se chocar e eu ia atrapalhar o Fundo de Quintal mais uma vez. Agradeci por ganhar esta nova oportunidade, mas eu não seria a pessoa para estar lá. Eles são gratos, porém tenho a sensação de missão cumprida, de que fui lá ajudar o grupo e ajudei, tanto que o convite foi feito novamente", revela Flavinho Silva.

Se Flavinho tinha seus motivos para não aceitar voltar e em um telefonema explicou o seu não posso, a escolha da nova voz e do novo cavaco do Fundo de Quintal acabou acontecendo aos poucos, em capítulos. Foi como se todos já soubessem, menos ele, o carioca Márcio Alexandre Teixeira Moreira, que naquele momento era o cantor da Escola de Samba Camisa Verde e Branco, de São Paulo, e atacava de técnico de som no estúdio Verso TV, também na capital paulistana. Então, vamos de capítulos para contar essa escolha. O primeiro foi no sorteio das escolas de samba para o carnaval paulistano de 2017, no Centro de Convenções do Anhembi, onde se apresentaram Leci Brandão, Arlindo Cruz, Xande de Pilares e o Fundo de Quintal. "Fui ao camarim e tirei foto com eles. Quando acabou a foto, o Arlindo Neto disse: 'Mas que foto estranha, te vi nesse bagulho aí!'. '*Tá* maluco igual teu pai, *né*? Dois malucos!'". No estacionamento, Arlindo o chamou pra almoçar no dia seguinte e disse que ia colocá-lo numa boa, sem revelar o que seria. À noite, Márcio foi para o Pagode do Arlindo, que rolava no Bar Templo.

Arlindo – Márcio, sobe aqui e canta meia dúzia de sambas do Fundo de Quintal pra gente.

Ele subiu, cantou e foi muito observado por Ronaldinho. "Eu não sabia que ele estava lá. Ficou me olhando enquanto eu cantava e no final falei com ele sobre um banjo que tinha rachado. Um mês depois me ligou, disse que queria falar comigo e me chamou pra ir ao Cacique de Ramos na quarta seguinte. Consegui trocar meu horário no estúdio e fui", conta Márcio.

O segundo capítulo começa com sua chegada ao Cacique e o alerta de Ronaldinho para Bira: "Presidente, olha o menino que falei com o senhor". Sem imaginar o que já estava acontecendo, Márcio ficou boiando no assunto. Nessa noite, Wallace Porto foi apresentado e chegou a fazer alguns shows com o Fundo, mas antes, Sereno disse para Márcio subir e cantar umas músicas do Fundo. "Serenão me conhece desde moleque e pediu para eu cantar músicas que o Fundo não cantava nos seus shows. Cantei e toquei 'Um Lindo Sonho', 'Amarguras' e 'Menina da Colina', mas achei estranho que o Bira, o Sereno e o Ronaldinho foram pra ponta do palco ficar olhando." No final desse capítulo, Márcio ganhou um abraço do amigo Sereno e foi embora. No terceiro e rápido capítulo, Ronaldinho ligou e disse: "Ficaram pensando em você", mas Márcio não levou muita fé. Eis que veio o penúltimo capítulo, numa mensagem do empresário André Tomassini: "Márcio, me liga urgente". Ligou:

André Tomassini – Vai rolar um ensaio no dia 7 de setembro, às dez horas, topa fazer? Mas tem que chegar no seu horário, nem mais cedo nem mais tarde. Vou te passar as partituras por e-mail.

Márcio topou e, em seguida, recebeu as partituras de seis músicas. "Fui pra internet, achei dois shows, baixei e comecei a estudar as passagens, cada detalhe." No ensaio ele surpreendeu. Nas contagens de Paulinho Oliveira, entrava certinho e sabia as passagens das músicas. Todos olhavam admirados e tudo deu certo. Quando Bira Presidente perguntou se ele versava... "Bom, já brinquei com o Sombrinha, com o Arlindo, faço uns versos, mas não sou um Gabrielzinho de Irajá ou um Renatinho Partideiro. Vou saber brincar, mas tem uma hora que o estoque acaba." Mas o que acabou mesmo foram os testes para o substituto de Mário Sérgio. "É o suficiente, gostei muito de você", disse Bira. "Pra mim não precisa escutar mais ninguém. É esse garoto aí", concluiu Ronaldinho, aprovando a indicação de Arlindo Cruz. Porém, o sempre sensato Ubirany preferiu manter o combinado. "Vamos ouvir todo mundo e depois entramos em contato", disse. Márcio voltou pra casa pensando que não tinha dado certo. Mas à noite, veio o capítulo final concretizando a definição pelo substituto de Mário Sérgio. "Eu fiquei meio tenso, almocei com minha vó e deitei. Umas sete da noite o André ligou e disse: 'Parabéns, você é o novo cantor do Fundo de Quintal'. E chegou também uma mensagem do Ronaldinho: 'Aí, negão, rolou! Vamos cantar juntos! Marca um dia e vem aqui em casa pra te passar tudo do show'."

E como já havia acontecido com outros novos integrantes, com Márcio o repertório do Fundo de Quintal também não era novidade. "Sempre ouvimos lá em casa. O primeiro que lembro é o segundo LP, que tem 'Amarguras', porque era muito amigo do Cláudio Camunguelo. Lá em casa também tocava muito o *Axé*, do Candeia, o *Luz*, do Djavan, e o do Alceu Valença, que tem 'Morena Tropicana'. Já minha mãe ouvia Sandra de Sá e Neguinho da Beija-Flor o dia inteiro. Na casa da minha vó, tinha *O Show Tem que Continuar*. Era da minha tia Beth. Mas ela casou e fiquei com ele, porque quando comecei a tocar cavaquinho, tinha que saber tudo do Fundo de Quintal. Aí, comprei todos, passei a cantar as músicas e como fiquei amigo do André Renato, sempre via o Sereno. Mas como podia imaginar que um dia estaríamos juntos no Fundo?"

No dia 10 de outubro de 2016, o Fundo de Quintal chegou dos Estados Unidos, onde fez cinco shows, e no dia 11 Márcio Alexandre fez sua pré-estreia na participação do Fundo no DVD de Elymar Santos, gravado no Vivo Rio, no Rio de Janeiro. Na noite seguinte estreou num show na quadra do Cacique de Ramos. E assim, o destino mudava o rumo do que ele pensava ser a sua nova realidade musical: o carnaval. "Já estava formando meu nome no carnaval de São Paulo. Só não pensava em ser cantor de grupo, montar um grupo, mas seguir sozinho e quem sabe gravar um disco, pra não atrapalhar meu carnaval que era meu carro-chefe", diz Márcio, que já cantava todas as quintas num pagode, no Restaurante Boêmios, do João Sensação, na Barra Funda. E surgiu o Fundo de Quintal atravessando o seu samba-enredo. "A ficha caiu, mas não caiu tanto. Eu não sou um cara muito dotado de vaidades e de engrandecimentos. É óbvio que trabalhar no Fundo de Quintal é divino. Quem toca um tantan, um repique de mão e um banjo toca por causa do Fundo de Quintal. São os caras que implantaram esse formato de samba que está aí até hoje. Mas eu continuo sendo o Márcio, hoje um dos componentes do Fundo de Quintal", explica, sendo o mesmo Márcio Alexandre de antes de entrar no grupo, contrariando o que chegaram a dizer, de que ia ficar mascarado. "Comigo não. Acabou o show, vou ali comer o cachorro-quente da carrocinha. Num dos primeiros shows, na quadra do Rosas de Ouro, tinha uma criança de uns dez anos chorando na beira do palco por causa do Fundo. Desci, fui no meio do povo abraçar o garoto, tirei foto, dei minha palheta pra ele, foi um tumulto da porra. Aí, juntou aquele povão pra tirar foto e fiquei ali, tirando foto com geral. Veio o segurança, me tirou e me levou pra van. Foi espontâneo, sou assim. E o Bira, Sereno e o Ademir também fazem. E o Ubirany também fazia."

Tranquilo para lidar com o público, Márcio Alexandre também tem a consciência da responsabilidade em substituir Mário Sérgio, que por sua vez brilhou ao substituir Sombrinha, um dos fundadores do Fundo. "Sempre fui muito fã do Sombrinha. Confesso que tive um pouco de receio quando entrei no lugar do Mário, que marcou uma geração de fãs do Fundo, que já tinha a marca do Sombrinha, os dois mega dinâmicos no palco, muito comunicativos. Muitas vezes, lembro do Mário, vou nele e dá tudo certo. E agradeço: 'Obrigado, negão, de onde você está, me salvou dessa e me tirou da obra'." O que poderia parecer um sonho é uma realidade que leva Márcio Alexandre a preferir aprender com os mais velhos e segurar a onda para não se deslumbrar em cena. Ou fora dela: "A responsabilidade é como ser convocado para a Seleção Brasileira do Samba. E, se olho pro lado e vejo Bira Presidente, Sereno, Ademir Batera, assim como via o Ubirany, não vou tocar. Então, venho tentando tratar de igual pra igual. E eles fazem isso comigo desde o início. Muitas vezes, quando acaba o show, eles falam: 'Menino, é por aqui, vamos por aqui, é melhor'. No início foi assim. E se eu for parar pra raciocinar que sou cantor do Fundo de Quintal no lugar do Mário Sérgio, não vou cantar. Então, vou lá e faço. Canto, toco e depois eu penso."

A SAÍDA DE RONALDINHO

Mas a nova dupla de cantores, agora formada por Ronaldinho e Márcio Alexandre, não durou por muito tempo. Em janeiro de 2017, após 25 anos de

Fundo de Quintal, foi a vez de Ronaldinho avisar que estava se desligando do grupo para gravar solo. "Não foi nada de estalo. Desde 2014 já vinha pensando em fazer um trabalho em que pudesse colocar realmente mais do meu jeito. Pedi uma reunião no escritório, reuni todo mundo e falei: 'Eu quero sair'. Falaram pra não sair, mas a idade *tá* chegando e quero deixar um registro realmente meu", conta Ronaldinho. Ele revela que, junto com a vontade de gravar sozinho, alguns desentendimentos na condução do grupo pesaram na decisão. "Sempre tivemos algumas divergências, mas a gente conseguia conciliar. No meu caso fui até onde pude, mas tinha coisas no grupo que já há algum tempo eu não concordava e que musicalmente haviam perdido o sentido pra mim, como na escolha de repertório. Da qualidade dos sambas escolhidos, que eu já vinha discordando há uns três, quatro anos. Eram coisas que vinham acontecendo e me tiraram um pouco daquele gás, aquele prazer que a gente tinha. Então, resolvi ir procurar algo do jeito que eu penso. Precisava colocar em prática essas ideias musicais que acho que ainda posso fazer. Ir um pouquinho além do que estava indo no Fundo."

Por causa da chegada de um novo integrante e seu devido entrosamento no grupo, Ronaldinho ficou mais um tempo, cumpriu a agenda e saiu em junho, na volta da turnê pela Europa. "O direito de cada um tem que ser respeitado e, a partir do momento que pedi pra sair, precisava ser respeitado. Era sinal de que não estava satisfeito. Foi legal, meu pedido foi bem entendido e fiquei à disposição para treinar bem o Márcio e deixá-lo firmar", diz Ronaldinho, que ao sair fez um CD independente com 15 sambas inéditos, com produção de Charles Bonfim.

Entre os que ficaram o sentimento foi de surpresa e de grande precipitação da parte de Ronaldinho, ainda mais num momento de transição, após o falecimento de Mário Sérgio e a entrada de Márcio Alexandre. "Ele nos pegou com muita surpresa. Sempre fui muito colado com ele, meu irmãozão, meu compadre, de quem gosto muito. Falei com ele e fui até agressivo nuns momentos, mas tinha que tentar. Deus queira que ele vença, é mais um pro samba, *né?* Mas gostaria que ele continuasse! Imagina largar 25 anos para arriscar a sorte, hoje em dia é complicado. Sinto falta dele e, a meu ver, saiu na hora errada. Com a perda do Mário era pra ele ser o cara de frente que sempre foi dividindo com o Mário, pois sempre cantou muito", diz Ademir Batera, que sugeriu uma melhor saída para Ronaldinho. "Disse pra ele gravar o disco com o Márcio, entregar e então sair. Mas antes da viagem para os Estados Unidos e Europa, ele se precipitou e colocou nas redes sociais que estava saindo. Sinceramente, não sei se ele perdeu ou ganhou, mas gostaria que ele estivesse com a gente."

Bira Presidente concorda com Ademir, de que Ronaldinho escolheu a hora errada para sair. Aliás, no dia em que estava na casa dele, vimos numa rede social o anúncio de uma apresentação de Ronaldinho. Suas feições mudaram e se mostrou muito chateado. "Sim, ele está saindo do grupo. E num momento muito difícil pra gente. Estou falando isso aqui porque não sei esconder nada, não sei fingir. Não era pra ele fazer isso agora, porque perdemos um grande talento e não podemos colocar qualquer um para cantar no Fundo de Quintal. Temos uma história, somos considerados uma referência no samba. Ronaldinho teve uma história boa junto com a gente e fomos muito amigos dele nos seus momentos mais difíceis. Desde que ele entrou sempre tivemos o maior carinho com ele. Aquele era o momento que ele não poderia sair, pois tínhamos de organizar o grupo, e poderia passar ao menos mais um ano com a gente. Aí, de uma hora pra outra o cara chega e diz: eu vou sair. Tenho o maior carinho por ele, por isso estou magoado, magoado mesmo. Essa é a realidade, meu Deus do Céu. Eu sou isso e não vou deixar de ser. Enfrento qualquer coisa com a minha dignidade, com a minha personalidade. Por que vou mentir se sempre fui um cara franco? Tomara que Deus ajude ele. Ronaldinho era como se fosse um filho, gosto dele, mas estou sentido com ele", disse Bira Presidente.

Para Sereno, que também se disse surpreso com a decisão de Ronaldinho, tudo poderia ter sido diferente, inclusive os shows que ele começou a fazer antes mesmo de sair. "Nós falamos que começar do zero seria difícil. Tivemos mais duas reuniões com ele batendo na mesma tecla de sair do grupo. Ele começou a fazer uns shows e o chamamos para conversar. Dissemos que ficava feio, ficava chato. Explicamos que ele estava nos prejudicando, já que ele ia fazer show no mesmo lugar que a gente e cantava o nosso repertório. Foi quando ele disse que marcássemos uma data pra ele se desligar de vez. O Ademir ainda tentou, conversou com ele, mas não voltou atrás", diz Sereno.

Antes de sair do grupo, Ronaldinho ainda esteve nas duas turnês internacionais de 2017, na Europa, passando pelas cidades de Roma, Marselha, Geneva, Berlim, Zurique, Milão e Paris, e nos Estados Unidos, com shows em Orlando, São Francisco, Danbury, Framingham, Pompano Beach e na Califórnia.

ARLINDO CRUZ SOFRE AVC

No dia 17 de março de 2017, Arlindo Cruz preparava-se para ir a Osasco, São Paulo, apresentar-se com o filho Arlindo Neto no show 2 Arlindos, quando sofreu um AVC (Acidente Vascular Cerebral) hemorrágico e foi internado em coma induzido. Um ano e três meses depois ganhou alta e foi para casa continuar o tratamento. Desde então, segue numa recuperação lenta, mas surpreendendo a todos por responder a vários estímulos.

MORRE ALMIR GUINETO

Em meio a mais uma mudança, a tristeza abate o Fundo de Quintal. Após descobrir no dia 18 de dezembro de 2015 que estava com problemas renais, por conta das taxas de potássio e de creatinina estarem muito altas, junto com a diabetes, Almir Guineto morreu por problemas decorrentes de insuficiência renal crônica, no dia 5 de maio de 2017. Ele estava internado no Hospital Universitário Clementino Fraga, na Ilha do Fundão, Rio de Janeiro, onde não conseguiu baixar as taxas e seus rins pararam após 11 meses de hemodiálise. Partia assim aquele que é chamado de professor pelos integrantes do Fundo de Quintal, o músico que colocou o banjo de braço curto e afinação de violão no samba, o compositor de grandes clássicos e o cantor que, ao sair do Fundo, gravou 13 discos solo e, com a alta vendagem de discos, boa execução nas rádios, participações em programas de TV e uma agenda recheada de shows, passou a ser chamado de o Rei do Pagode, em 1986.

AGORA SIM, A ENTRADA DE JÚNIOR ITAGUAY

Com a saída de Ronaldinho, volta à cena um nome já conhecido do Fundo de Quintal e que por duas vezes esteve para ser uma das vozes do grupo, Sílvio do Nascimento Júnior, o Júnior Itaguay. Se em 2010 problemas burocráticos o impediram de substituir Flavinho Silva, seis anos depois foi um dos que fizeram teste para ocupar a vaga de Mário Sérgio, por conta de seu falecimento. "Foi engraçado chegar ao ensaio e estarem ali todos que eu admiro. Lembro que cantei 'Frasco Pequeno', samba que gosto muito, e fui pro partido alto. Mas não fiquei, ficou o Márcio", diz Júnior sobre o teste que havia feito. O Júnior que não nasceu em Itaguaí. "Eu nasci em São João de Meriti. Meu pai errou o nome de todos os filhos e não colocou o sobrenome Oliveira, da minha mãe. O Itaguaí surgiu em 1999, quando estava compondo com o Helinho do Salgueiro e o Luisinho de Caxias. O Helinho nos deixava em Caxias e eu pegava o ônibus Caxias-Itaguaí, porque morava em Cabuçu. E foi ele que começou me chamando de Itaguaí", explica.

Dessa vez não houve teste, mas uma adaptação, e Júnior Itaguay foi chamado para um ensaio numa terça, já sabendo que teria um show no sábado. "O próprio Ronaldinho conversou comigo e o Ademir me ligou. Eles queriam ver como eu me sairia num show, mas eu não fiquei no camarim com eles não. Fiquei do lado de fora, meio nervoso." Ainda cumprindo a agenda de shows, Ronaldinho continuava se apresentando com o Fundo nesse período de adaptação. Em cena o cavaco de Márcio Alexandre e os banjos de Ronaldinho e Júnior Itaguay, que avisou em casa que seria convidado do show do Fundo de Quintal. Todos vibraram, foram e gravaram nos seus celulares. "Foi muito bom, um ping pong maravilhoso e o pau quebrou. Eles começaram o show e fiquei ali no bar, perto da galera, tomando meu gelinho pra poder ficar calmo. O Ronaldinho me chamou no partido e subi. Eu sabia que era o convidado pra cantar cinco músicas e estava tão feliz que até me excedi e cantei doze." O show, lotado, foi em Tubiacanga, na Ilha do Governador. Depois, foram mais nove com Ronaldinho junto, numa espécie de transição. "Ele pegou na minha mão e disse: 'Vamos juntos, você é bom, vai dar tudo certo e você vai tirar de letra'. Ele foi um paizão e só tenho a agradecer."

Júnior conta que em sua casa, nos tempos de garoto, não se ouvia Fundo de Quintal. Nem no som nem no rádio. A solução eram os discos dos colegas. "*O Mapa da Mina* foi meu primeiro contato e ficava na aba dos colegas. Ficava escutando o dia todo. O primeiro que comprei com o meu dinheiro foi É Aí que Quebra a Rocha", conta ele que, agora sendo um dos integrantes do Fundo de Quintal, sai do sonho para a realidade. E demorou a acreditar que agora era um deles. "No início achava estranho eu apresentar o Ubirany para dançar o miudinho. O coração disparava. No primeiro ensaio, por exemplo, fazia de conta que estava tocando com a minha rapaziada, com o Celsinho, com o Cláudio, o Almir. Se eu pensar que ao meu lado quem está tocando o pandeiro é o Bira Presidente, que o Sereno está tocando o tantan e que o batera é o Ademir, travar é o normal. E que ainda tenho de cantar as músicas deles e cantar direito. A ficha caiu na turnê que fizemos pelo nordeste. Foi uma semana andando juntos. E aí pensei: *agora sim, estou no Grupo Fundo de Quintal*".

Hoje uma das vozes do Fundo, Júnior Itaguay bate o pé e afirma não correr o perigo de ficar mascarado. "Cavalo velho não aprende truque novo. De repente acho que já estava sendo preparado desde lá de trás. Até o lance de ter trabalhado solo por um tempo te joga na realidade. Não mudei e sei que tenho de continuar sendo acessível." Para Júnior, que tocou com Márcio Alexandre em vários pagodes pelo Rio de Janeiro, o importante é não inventar. "É não perder o molde. Temos uma direção deles e não podemos agora fazer diferente. A responsabilidade é muito grande. Temos que dar continuidade e não inventar moda. Não podemos mudar o parâmetro dos que estão começando. Não podemos imitar, mas seguir a trilha deste grupo que sofreu todas essas mudanças e está aí, forte. Qualquer outro grupo, ao sair o cantor, terminaria. Isso costuma acontecer. Eu e Márcio conversamos sobre isso e sabemos que não vamos ter as vozes de nenhum deles que saíram. É por aí."

E, se o Fundo de Quintal já teve Arlindo Cruz e Sombrinha e depois Mário Sérgio e Ronaldinho no comando das vozes, ao lado de Sereno e Cleber Augusto e algumas vezes Ubirany e Bira, desde 2017 que Márcio Alexandre e Júnior Itaguay estão na linha de frente. E parece mesmo que Mário Sérgio tinha razão, quando dizia que quem vinha pro Fundo de Quintal já estava predestinado e já vinha com a levada no tocar, no cantar e na forma de compor. "Estão indo muito bem, que nem aluno. A cada dia que passa eles aprendem mais. Mas vou firme neles, dou uma dura pra fazerem o que sabem fazer sem procurar imitar os que saíram. Eles têm que continuar com o jeito deles e estão agradando, graças a Deus", atesta Sereno.

DVD NA QUADRA DO CACIQUE

Após mais shows nos Estados Unidos e na Europa, passando por Itália, França, Suíça e Alemanha, ainda em 2017 aconteceu a gravação do DVD *Roda de Samba do Fundo de Quintal Ao Vivo no Cacique de Ramos*, com arranjos e direção musical de Paulinho Oliveira. "Mas não quis colocar meu nome, em respeito ao Rildo e seu casamento indissolúvel com o Fundo, que levou a ganhar vários Prêmios Sharp (atualmente Prêmio da Música) e o Grammy Latino", afirma Paulinho. Nesse sexto DVD, o primeiro gravado na quadra do Cacique, todos estão sentados em volta da mesa. O público bem pertinho cantando com eles os vários sucessos, incluindo "Nossa Escola" (Ronaldo Camargo/Alex Primo/Luciano Bom Cabelo/Vinicius Maia/Pipa Vieira/Gabi), ratificando o sucesso que a música já tinha alcançado. Dividindo a maioria das músicas, Márcio Alexandre e Júnior Itaguay firmam na missão de serem os novos condutores do Fundo de Quintal na herança dos que ali passaram.

A participação especial foi de Péricles, que voltou a cantar com o Fundo depois de 19 anos, quando esteve no CD *Fundo de Quintal e Convidados*, cantando "Nova Esperança", samba que voltou a cantar no DVD. Péricles ainda dividiu "A Batucada dos Nossos Tantans" com Sereno, e ainda cantou "Nega Celeste", encerrando com "Caciqueando".

ENREDO NO CARNAVAL DE SÃO PAULO

No carnaval de 2018, o Grupo Fundo de Quintal recebeu uma homenagem no carnaval de São Paulo. O Grêmio Recreativo e Cultural Escola de Samba Mancha Verde tirou o terceiro lugar desfilando com o enredo A Amizade – A Mancha Agradece do Fundo do Nosso Quintal, do carnavalesco Pedro Alexandre, o Magoo, enaltecendo todas as glórias alcançadas pelo Fundo, desde os preceitos colocados por Dona Conceição, a pedido de Mãe Menininha do Gantois, passando por todos os prêmios recebidos até o Grammy Latino. O samba foi interpretado por Fredy Vianna. Sereno é um dos compositores, ao lado de Marcelo Casa Nossa, Darlan Alves, R. Silva, R. Minuetto, Vitor Gabriel e Gui Cruz. A apuração teve emoção até a última nota, com quatro escolas empatadas com 270 pontos. A vencedora foi a Acadêmicos do Tatuapé, desempatando no quesito fantasia, deixando a Mocidade Alegre em segundo, que por sua vez deixou a Mancha Verde em terceiro no desempate pelo quesito alegoria. E a Mancha garantiu o terceiro lugar desempatando com a Tom Maior no quesito comissão de frente. Até então esta era a melhor colocação de sua história no carnaval paulistano, mas em 2019 a Mancha Verde finalmente foi campeã com o enredo Oxalá Salve a Princesa! A Saga de uma Guerreira Negra.

FESTA NACIONAL DA MÚSICA

Em outubro do ano de 2018, o Fundo de Quintal é homenageado na Festa Nacional da Música, evento que reúne toda a representatividade da música brasileira, esse ano realizado na cidade gaúcha de Bento Gonçalves, conhecida como a capital brasileira do vinho. Bira, Ubirany, Sereno, Ademir, Márcio e Itaguay receberam o troféu das mãos de Gabriel O Pensador, que já havia cantado com eles "Boca sem Dente" no DVD *Cidade do Samba*, gravado em 2007 na própria Cidade do Samba Joãosinho Trinta, no Rio de Janeiro. E, como não poderia deixar de ser, o Fundo colocou todos pra sambar cantando "Nosso Grito", "Boca sem Dente", "A Amizade" e "O Show Tem que Continuar".

Em 2019, já com os dois novos cantores, o Fundo de Quintal volta ao Estados Unidos, se apresentando na Flórida, em Orlando, São Francisco e Los Angeles, e também faz um show em Toronto, no Canadá, e dois em Portugal (Lisboa e Estarreja).

É ano também de músicas novas. Sob o comando de Rildo Hora, gravam "Bença Pai" (Júnior Itaguay), na voz de Itaguay, "Vai Melhorar" (Júnior Itaguay/Zé da Maria/Flavinho Sã) e "Nosso Bem Maior" (Sereno/André Renato), estas duas em duetos de Márcio Alexandre e Júnior Itaguay.

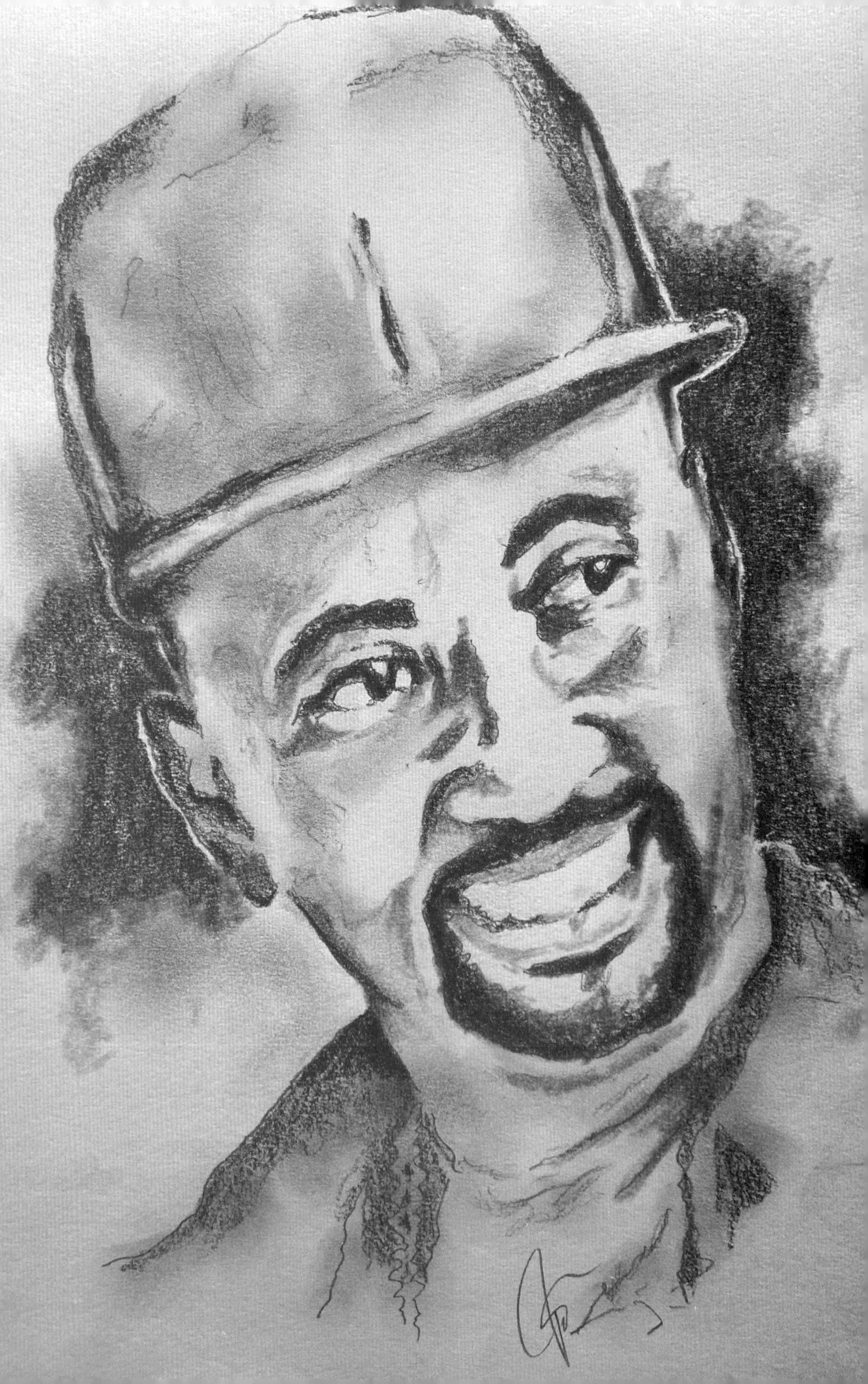

CAPÍTULO 21
OS ANJOS DA GUARDA
UMA FACULDADE DE SAMBA E DE VIDA

A evolução dos shows do Grupo Fundo de Quintal foi acontecendo passo a passo. No início era puro amadorismo, o tocar apenas pelo prazer do encontro. Aos poucos, a brincadeira foi se transformando em trabalho, e antes mesmo do primeiro LP, a rapaziada do Cacique já estava em alguns palcos. E com muita gente tocando. A partir do segundo disco, ficaram apenas cavaco, banjo, violão, tantan, repique de mão e pandeiro. Porém, com uma agenda de shows que só fazia aumentar, o Fundo encontrava os diferentes palcos e equipamentos de som. Rapidamente os seis integrantes perceberam que precisavam de peso, de músicos de apoio para encorpar o som que faziam para seu público. E, a partir do final de 1986, quando a visibilidade chegava cada vez mais perto, começou a ser formado um time que vou chamar de Os Anjos da Guarda do Fundo de Quintal.

O PRIMEIRO ANJO

Foi durante um festival de samba, realizado no Ginásio Jornalista Felipe Drummond, mais conhecido como Mineirinho, em Belo Horizonte. Entre as atrações, nomes como os de Zeca Pagodinho, Jovelina Pérola Negra, Leci Brandão, Bezerra da Silva, Reinaldo, Pedrinho da Flor, Capri e o Fundo de Quintal. Ainda sem o peso de um baterista, Arlindo Cruz e Sereno chamaram Papão, que havia acabado de tocar com Bezerra, para dar uma canja. Mas Papão nem levou em conta já estar gravando nos discos do Fundo e não quis saber. Cobrou. "Eu disse: 'Paga uma tabelinha que eu vou'. Aí o Sereno e o Arlindo me chamaram e eu fui. Eu estava ali com o Só Pagode e já tinha tocado com uns dez. Era novinho, sangue correndo bonito, e fui sem problemas. Eu já conhecia a rapaziada, pois ia sempre ao Bar Fundo de

Quintal, em Vista Alegre, e também cheguei a ir ao pagode das quartas. Ainda não tinha muita intimidade com eles e falava apenas com o Sombrinha e o Arlindo", lembra Ademir Batera, que na época tocava com Reinaldo, gravava muito no estúdio Gravodisc, com As Irmãs Galvão, Tião Carrero e Pardinho, entre outros, e morava na Boca do Lixo. "Eu morava numa cabeça de porco, mas nessa época o Dom Juan voltou a atacar e todo dia subia uma, descia outra. Era um tal de subir e descer escada.... eu levava as meninas para passear no parque. No meu parque. Quem me abraçou e pagava o hotel pra mim, por mês, era o finado Tobias, presidente do Camisa Verde e Branco. Foi um irmãozão que me ajudou muito. Que Deus o tenha." Um dia, no final do ano de 1986, o telefone tocou para Ademir. Era Sereno.

– Ô Macaco, *tá* fazendo o quê?

– Estou fazendo teatro com o Reinaldo.

– Que teatro que nada, vem pra cá. Tu vais é atacar com a gente, já *tá* tudo certo. Seu lugar é aqui no Rio.

Ademir foi falar com Reinaldo, que ao invés de ficar chateado por estar perdendo seu músico, na maior generosidade o incentivou. "Vai lá, Ademir, não perde essa oportunidade não!", disse o Príncipe do Pagode. E Ademir não perdeu tempo. "Meti o pé, vim embora. Reinaldo sempre foi meu irmão, sempre esteve do meu lado. Quando não tinha show, ia aos shows dele dar aquela moral de amigo, dar um abraço. O que levamos da vida é exatamente isso, essa união. Uma pena que ele nos deixou tão cedo."

Com a pressão da batera de Ademir os shows do Fundo de Quintal ganharam um peso diferente. Baterista com uma energia impressionante, até hoje parece um garoto tocando e esse entusiasmo de iniciante nunca mudou. "Vim pra ser músico e foi um tempo maravilhoso. Ganhava 5% não sei de quanto, porque nunca perguntei quanto era o cachê. Achei que eles sempre foram honestos comigo e eu com eles, então valia mais a confiança. Isso fez com que eles me adotassem pra ser mais um componente do grupo. O primeiro show foi no Teatro João Caetano, na Praça Tiradentes. Eram duas sessões por dia e o público dava voltas no teatro para entrar. Casa lotada. Em seguida, fiz minha primeira viagem internacional, para os Estados Unidos", recorda Ademir Batera, que em 1991 passou a ser um dos integrantes do grupo, indo para a capa do disco no LP É Aí que Quebra a Rocha.

Mas o que já estava bom poderia melhorar. E chegou um contrabaixo para somar com a bateria de Ademir.

OS BAIXISTAS

Corria o ano de 1993 e o carioca João Marcos, então com 21 anos de idade, morava em São Paulo. Ele foi para gravar nos discos dos grupos Redenção e Arte Final, a convite do produtor Bira Hawaí. E logo foi chamado por Douglas Sampa para integrar o Grupo Sampa, ao lado dele e de Edu, Marcelo Lombardo, Fumaça. Mas não demorou muito e teve de pedir pra sair. "Eu gravava muito com o Bira e estava me tornando músico de estúdio. Tive de sair porque não podia faltar e estava sem tempo. Saí numa segunda e na sexta o Ademir me ligou para atacar com o Fundo numa temporada dos Sescs, em São Paulo. Eu não acreditei e falava: 'Tá de sacanagem, vai contar piada pra outro', e ele dizendo que era sério. Eu não sabia se gritava, se chorava, foi uma doideira. Peguei um ônibus e vim pro Rio, pra casa do Cleber Augusto. Passamos o dia inteiro preparando as partituras do show." Naquela noite Cleber chamou João para fazer um som com ele num barzinho de um amigo, tipo voz, violão e baixo. No dia seguinte, o novo baixista do Fundo de Quintal voltou para São Paulo e começou a estudar o repertório, ouvindo os discos. "Tocar com o Fundo de Quintal foi minha faculdade de samba, porque eu ficava atrás do Sereno e do Ubirany, e ao lado do Ademir. A conversa do tantan com o repique de mão deles é impressionante. Tenho a sonoridade e a conversa rítmica dos dois até hoje na minha cabeça. Poxa, aos 21 anos, começando uma carreira e já tendo a oportunidade de tocar com o grupo referência do samba, eu ali ouvindo a sonoridade da batucada? Foi a construção do samba na minha carreira e um presente de Deus na minha vida", agradece João Marcos. Ele ficou até 1994, quando passou a ser o diretor musical do Grupo Molejo, a convite de Anderson Leonardo.

PAULINHO OLIVEIRA

Em seu lugar entrou um dos grandes nomes do contrabaixo no samba, Bororó Felipe. Muito requisitado e sempre acompanhando os craques da música, ele ficou apenas alguns meses e chamou outra fera para substituí-lo num show em Recife. "Quem me colocou o apelido Barriga foi o Johnny Mazza. O Arlindo me chama de Paulinho Pedreira, quando tirei umas pedras da vesícula, mas hoje sou um cara esbelto", conta Paulinho Oliveira, que foi músico do Maestro Cipó, Vanusa, Johnny Mazza e Alcione, com quem tocou por seis anos, até receber o convite de Bororó e estrear no dia 5 de fevereiro de 1995. "Não estávamos tendo shows. Numa quarta-feira ele me ligou e perguntou se eu podia fazer no seu lugar na sexta. No aeroporto encontrei com o técnico de som do Fundo, o Luisão, que tinha trabalhado com a Alcione, e como ele gravava os shows, fiquei tranquilo. Chegando ao hotel, peguei uma folha, fiz um pentagrama e escrevi o show todo", disse Paulinho, que ao conversar com o então empresário Lima, descobriu que não era um show, mas oito. "Eram três na sexta, três no sábado e dois no domingo. E eu com roupa pra voltar no sábado. Fui para o shopping comprar roupa."

A sintonia no palco foi impressionante e logo no terceiro show parecia que já tocavam juntos há muito tempo. "No segundo show teve uma indecisão na entrada de 'Lucidez' entre o Mário e o Cleber. Instintivamente eu contei, o que já vinha fazendo na Banda do Sol, com a Alcione. Estava acostumado. A verdade é que é muito fácil tocar com eles. O Ademir passa uma segurança grande e aquela cozinha do Bira, Ubirany e Sereno era foda. Eu *tava* que nem pinto no lixo e tirando onda com meu baixo. Foi um final de semana de lavar a alma, mas sempre fui muito ético e não sou de furar o olho dos outros pra ninguém furar o meu. Era apenas um *sub*. E independente de qualquer coisa, Bororó é meu amigo e cansamos de dividir gravações de discos no Rio", esclarece.

Na segunda-feira o empresário Lima o chamou de novo. Paulinho ligou para Bororó, que lhe disse: "Vai lá, Paulinho, pega essa boca. Vou atacar com o Ivan Lins, mas você é o cara". Com o incentivo do amigo, Paulinho passou a ser o baixista do Fundo de Quintal e num jantar com o empresário Lima, no Hotel Jandaia, em São Paulo, levou um susto. "Neste fim de semana foram mais oito shows. E no jantar fiz uma das perguntas mais idiotas dos últimos anos: quis saber como estava a agenda de shows. E a resposta foi se eu queria a daquele ano ou do ano seguinte. O Lima tirou um caderno da pastinha, e quando olhei, tomei um susto. Vi uma agenda lotada com uma média de sete, oito shows por semana. Mas independente da agenda, tinha curtido fazer um som com eles como curto até hoje. A emoção de estar com eles sempre parece que foi a primeira vez. O Fundo de Quintal tem uma magia que não sei explicar. Nessa nossa trajetória cansei de ver na frente do palco mulheres chorando e homens cantando junto com os olhos lacrimejados. Algo de emocionar. E fora do Brasil é a mesma coisa." Aos poucos, Paulinho foi ganhando a confiança de todos, ajudando na direção musical e, em 2010, a responsabilidade aumentou. "Foi o empresário Dermeval que me colocou como diretor musical, cargo que cumpri até dezembro de 2019, quando entreguei meu cargo para o Vítor Souza."

Antes de deixar a direção, Paulinho ajudou muito no processo de adaptação dos então novatos Márcio Alexandre e Júnior Itaguay. "Fiz um trabalho direcionado a eles dois, como tirar umas manias de palco. Disse a eles que, a partir daquele dia, eles passavam a ser os cantores da maior escola de samba do mundo. E tenho o maior orgulho em dizer isso e poder fazer parte. Disse que evitassem olhar pra trás, que deviam olhar pra frente. Me escutaram e tomaram outra postura. Falei isso do aprendizado que tive com a Alcione, de que no palco você tem que estar de olho em tudo."

Respeitado e admirado pelos integrantes e pelos que já passaram pelo grupo, Paulinho Oliveira só tem a agradecer. "Sou grato por tudo que o Fundo de Quintal fez acontecer na minha vida. Minha grande referência musical. Aqui aprendi a ser mais profissional. Conviver com eles é ganhar postura musical e pessoal, como eu falhar num show e Ubirany olhar bem sério. No final do show, eu pedir desculpa e ele dizer mansamente, com a maior educação do mundo: 'Meu chapinha, eu entendi, *tá* tudo certo'. E você vai repensando atitudes", conta Paulinho, ciente dos ensinamentos que vem recebendo ano a ano com eles. "Quem entra aqui vai mudar, tenha certeza disso. E não é por imposição, mas pelo que você vai vendo. Se vem de outra escola, é chegar e perceber que aqui é diferente, acha interessante e vai se moldando, vai aprender tudo. Na minha concepção coloco o Fundo como o Palmeiras, sempre chamado de Academia", explica o baixista, lembrando de músicos que saíram e se arrependeram. "Sei de músicos que passaram, foram dispensados e um mês depois me ligaram, reconhecendo o vacilo que deram. Vale a pena estar aqui nesse time, não só financeiramente, mas pelas lições de vida."

PERCUSSIONISTA E COMPOSITOR DE SUCESSO

A percussão diferenciada, uma batucada irresistível, sempre foi o forte do Fundo de Quintal. Nomes como Fujica, Mauro Braga, Jorge, Sérgio Donizeti, o Barba, Paulinho Só Pagode e Anderson Rocha fizeram parte dos músicos que acompanham o Fundo. André Rocha já tinha seu nome escrito na história do grupo antes mesmo de ser um de seus músicos. Em meados de 2006 quando passou a tocar, já tinha gravado cinco sambas de sua autoria com parceiros, sendo que dois deles estouraram: "Vai Lá, Vai Lá" (com Moisés Santiago e Alexandre Silva), em 1994, no disco *Carta Musicada*, e "Verdadeira Chama" (com Flávio Cardoso), no disco *Livre pra Sonhar*, de 1997. Ao todo foram oito músicas gravadas com o Fundo de Quintal. "Ah, estar ali tocando e ver o povo caindo dentro, tanto os da antiga quanto os mais novos, cantando seu samba e ainda fazendo coreografia é bom demais, não tem preço", afirma André Rocha.

Indicado por Ademir Batera, com quem tinha tocado na Banda Luz do Samba, ele fazia parte da banda de Dudu Nobre e já tinha tocado com Jorge Aragão, a dupla Arlindo Cruz e Sombrinha, com Arlindo na carreira solo e com Beth Carvalho. E ainda fez parte do Grupo Só Bamba. "Nós queríamos ser uma cópia do Fundo de Quintal ou chegar o mais perto possível. Nos shows fazíamos até o miudinho. Foi ali que começou o meu lado de compositor", contou André, que tocava surdo no Fundo, mas antes gostava de pandeiro e aprendeu a tocar com o Felipe de Angola, pai do cavaquinista Gegê. Antes de engrenar na música, foi office boy em um escritório de contabilidade. Era um tempo em que não se interessava muito pelo samba e, apesar de já gostar de escolas de samba e da percussão, o garoto André não tinha nenhuma pretensão de ser músico, até ouvir os discos do Fundo de Quintal. "Aqui estou sempre aprendendo e, se hoje gosto de samba, a culpa é toda do Fundo. Aqui aprendi a ser discreto e nunca falar demais, somente o necessário. Aprendi que respeitar o público é primordial. Tiro o chapéu pra eles nesse sentido, pois sempre dependemos do público", disse André Rocha, que faleceu no dia 20 de novembro de 2021 por um câncer no intestino.

OS VIOLONISTAS

Com a saída de Cleber Augusto, em 2004, o Fundo precisava ter um violonista nos shows. Emmerson de Paula e Serginho Madureira foram os primeiros, até que no dia 13 de junho de 2013, estreou Vítor de Souza, diretor musical desde o final de 2019. "É maravilhoso estar com o Fundo, onde tenho aprendido muita coisa. Uma faculdade completa onde cresço como músico e como ser humano. Recebo lições como perseverança, garra, o amor com a música. Muitos músicos e artistas dizem que aos 40 anos estão velhos, cansados e pedem pra bloquear a agenda de shows. E aqui não tem isso. Com eles não tem tempo ruim. Viajamos carnaval, réveillon, e vejo alguns deles com lágrimas nos olhos, por estarem distantes da família, mas estão ali cumprindo o seu papel. E apesar da idade avançada, no palco eles viram garotos. É emocionante! Eu ali tocando, como fã, meus olhos lacrimejam, porque é bonito de ver a entrega deles pra música."

Já tendo tocado com Jair Rodrigues, Jorge Ben Jor, Funk'n Lata, Pepeu Gomes, Balacobaco e Arlindo Neto, com este como diretor musical, Vítor destaca, dentre tantos momentos vividos nesse tempo de Fundo de Quintal, um fato de pura amizade acontecido em Berlim, na Alemanha. "Eu precisava aumentar minha renda e resolvi montar uma barraca de pastel com caldo de cana. O Ademir, meu grande amigo, deu a maior força. Na viagem gostei de um violão e fiquei dividido entre comprar o instrumento ou investir na barraca. O Ademir e o André Tomassini me chamaram pra ir à loja e dei uma desculpa que não estava bem, pois estava juntando o dinheiro pra comprar a Kombi e a barraca. Eles insistiram, fui e me surpreenderam comprando o violão para mim. Esse dia marcou muito, foi bacana demais, fiquei emocionado", diz Vítor.

CAÇULA NA PERCUSSÃO

Após tocar com o Grupo Encontro Marcado, Pagode da Tia Doca, Pura Tentação, Ferrugem, Renato Milagres e Renato da Rocinha, em 2016 o percussionista Rodrigo Couto se juntou a André Rocha e passou a dividir a batucada que acompanha o Fundo. "Aqui é um aprendizado diário. Trabalhar com os mestres é a melhor coisa que poderia me acontecer. Ser fã, poder dividir o palco com eles, ser chamado pelo nome e ser tratado como da família é um privilégio que não é pra qualquer um. A principal lição que aprendi com eles é que tenho de estar sempre criando, porque com o tempo de carreira que eles têm, nunca ficam ultrapassados e estão sempre criando novidades", diz Rodrigo Couto.

E assim, seguem os Anjos da Guarda do Fundo de Quintal...

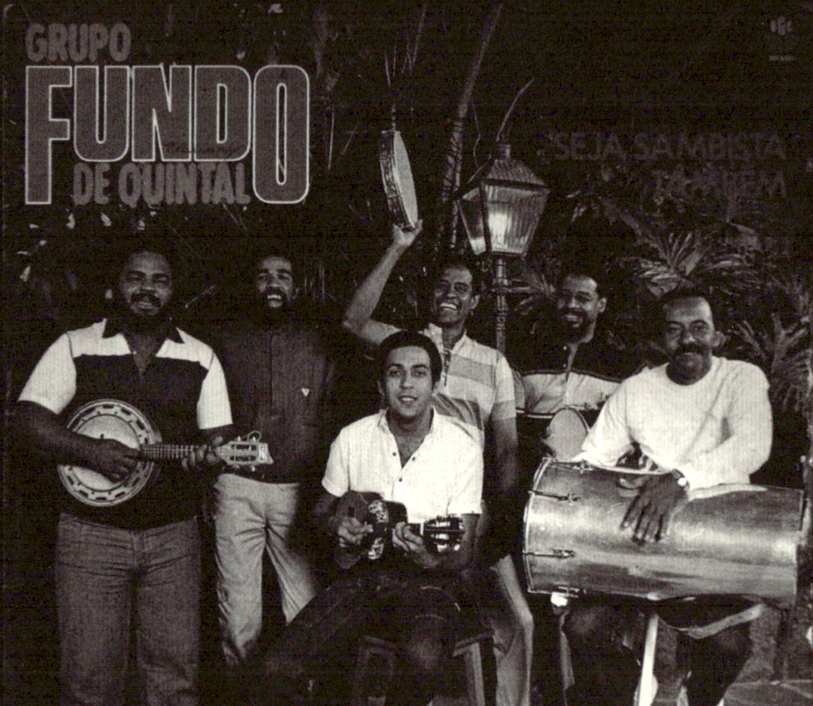
GRUPO
FUNDO
DE QUINTAL
SEJA SAMBISTA
TAMBÉM

CAPÍTULO 22
AS DROGAS FORA DO COMPASSO
O ABSURDO PRECONCEITO

O envolvimento de músicos, cantores e compositores com a maconha, a cocaína ou outras drogas, não é uma novidade no meio musical. Alguns dos integrantes do Grupo Fundo de Quintal passaram pela experiência em poucos ou em muitos momentos de sua trajetória. Nessa conversa delicada, depoimentos de quem se deixou levar pelo vício e dos que não entraram na onda. "Nunca me envolvi com drogas, não admito drogas na minha vida e, por incrível que pareça, nunca me ofereceram. Desde a minha juventude sempre me respeitaram. Eu não tenho nada a falar dessas pessoas. Vai quem quer. Cada um faz o que quer da sua vida. Respeito cada um com a sua vontade, na sua maneira de agir. A droga é uma fraqueza de espírito, pois o homem que tem sensibilidade, que quer viver bem, tem de procurar o melhor pra vida dele e eu sempre procurei o melhor", afirma Bira Presidente. "Graças a Deus, até mesmo os que gostam, procuram não fazer na minha frente. Nenhum deles, sem citar nomes por questão de ética, nunca fez, até porque sabiam que eu tomaria uma atitude. Eles me têm respeito e eu respeito a vida deles. Quem sou eu para querer recriminar? Procuro pregar isso para os meus amigos", diz Bira Presidente, que teve em casa o exemplo e a orientação de seus pais, que nunca fumaram. "Isso funcionou e tem um peso muito grande. Eu até tentei ensaiar o vício do cigarro, quando fumava antes de atacar (tocar), mas não cheguei a pegar o vício. Talvez tenha durado uns dois anos e depois deixei pra lá", recordou Ubirany, que tinha no seu famoso "wiskinho" o seu vício. "Já é tradicional, antes de subir no palco. Aí o sorriso flui com mais tranquilidade. Não é tomar todas e entrar no palco doidão. Não é legal, estaria fugindo à razão, à seriedade do trabalho. Sempre gostei sem nunca, graças a Deus, ter interferido negativamente neste ou naquele show. Curto muito beber, mas detesto me embriagar."

Para Ubirany já pediram, como aconteceu durante uma gravação no estúdio da Polygram (hoje Universal). "Estava gravando em um estúdio e no outro, dividido por um vidro, estava o Tim Maia, onde rolava de tudo. Teve uma hora que parece que havia acabado o estoque e um dos músicos veio em mim: 'E tu, não tem aí não?'. 'Ô meu chapinha, não tenho não, essa não é a minha'." É claro que a rapaziada colocou a maior pilha no Ubirany, dizendo que ele tinha cara de chincheiro. "Mas eu sei lidar nestes momentos. E também já me ofereceram, claro, é do meio. Mas agradeço numa boa porque não sou palmatória do mundo e não estou aqui pra corrigir ninguém, cada um na sua. Eu nunca gostei. Se você for experimentar, é gostar ou não gostar. E se gostar, acabou tua vida. Então, melhor não experimentar", contou.

Quanto a prejudicar um ou outro show, Ubirany revelou que, infelizmente, já aconteceu. "Já sim, de parceiros nossos gostarem e se perderem a ponto de atrapalhar trabalhos nossos. De falhar na abertura do show, não ter condição de iniciar. Tentava cantar e não conseguia. Já houve um momento em que teve de jogar toda a droga pela descarga e seguirmos em frente. A droga, como o próprio nome diz, é uma droga. Só cria problemas. Então, eu dizer que no decorrer da nossa carreira nunca tivesse acontecido nada, se tínhamos pessoas que consumiam, estaria mentindo. Sem entrar em pormenores, posso dizer que na base da conversa, um eu consegui convencer. Parou, nunca mais usou. Mas a vida é deles, façam o que quiserem dela. É cada um na sua."

Saber conviver acaba sendo uma forma de seguir em frente, como diz Sereno: "Cada um escolhe aquilo que lhe convier. Eu, Ubirany e o Bira nunca gostamos disso, mas a gente convivia com eles, que gostavam. Como tem artistas novos e bonitos que ficam perdidos no tóxico. Nos nossos shows sempre dava tudo certo, porque eles eram muito talentosos. Já assistimos coisas que eram prejuízo pra eles e para o Fundo. Mas não a ponto de o grupo correr o risco de acabar por causa de viciado." Sereno lembra-se de chegarem a um aniversário e todos serem convidados para caírem dentro de um prato cheio de fileiras de cocaína. "Aí, rapaziada, quem vai, vai. Tem que dar um teco aí. Eu falava: 'Vou ficar sem dar!'. Eu, Bira e Ubirany saíamos fora!"

Dona Vitória Hatischvili, viúva de Neoci Dias, se lembra de um momento no final dos anos 70, numa das muitas festas que aconteciam em sua casa, tanto em Bonsucesso quanto no Cacuia, na Ilha do Governador.

"Infelizmente Neoci teve envolvimento sim, não vou ser hipócrita em negar. Não o peguei, mas pelos amigos dele. Sempre iam dois ou três no banheiro. Uma vez, duas mulheres entraram no banheiro e não fecharam a porta. Quando entrei, juro por Deus, pelos meus netos, estavam cheirando. Se elas ficassem quietas, eu nem ia saber o que era aquilo. Pensei que era remédio. E depois de muito tempo, vi que tinha droga nas festas da nossa casa na Ilha do Governador. Foi aí que fiquei muito chateada com Neoci", revela Dona Vitória. Já o cantor, compositor e percussionista Darcy Maravilha, grande amigo de Neoci, garante que ele não era das drogas. "Ele nunca se meteu nisso e se tivesse alguém fazendo, ele saía de perto. Ele sabia quem ia, mas nunca o chamaram porque não dava confiança." Com Décio Cruz, o Mc Coy de Bonsucesso tinha cuidado e orientação de um pai. "Quando estávamos juntos, nunca vi usando. E virou meu segundo pai, me alertava e me dava esporro se ficava perto, até porque naquela época a galera pegava pesado", conta Décio, que trabalhou com ele na editora Intersong, hoje Warner Chappell, onde é Gerente do Departamento de Artista e Repertório Nacional.

Com Jorge Aragão, o vício ficou no cigarro, que conseguiu parar. "Eu sabia que tinha, mas nunca tive curiosidade de provar, de saber como é que é. Nunca provei, nem nunca ninguém forçou a barra comigo. Fui fumar cigarro porque era considerado elegante, era um status para chegar bem com as mulheres. O ato de fumar era colocado como cultural na gente quando nasceu a televisão. Eu vi chegar os primeiros aparelhos de TV e isso era incutido na gente, a mulher com aquela piteira grandona e o homem macho, brabão com o cigarro do lado. Víamos os grandes atores do cinema, os protagonistas que traziam essa imagem pra gente. Fumei cigarro durante 32 anos por conta disso aí. Mas nunca tive curiosidade nem vontade de outras coisas. Nem nunca me vi numa saia justa por conta disso", conta Jorge, que lembra da vez em que esteve numa boca de fumo. "O Beto Sem Braço que me levou, na Tijuca ou no Grajaú, não lembro bem. Subimos, mas não era muito alto. Era um lugar legal, com umas árvores, não tinha ninguém armado ou escondido. Quando chegamos, lembro-me do Beto dizendo: 'Não deixa ele ficar com sede, não deixa faltar refrigerante pra ele que vai ficar feliz'. Toquei, cantamos e foi normal", lembra Jorge.

Almir Guineto foi outro integrante que foi fundo nas drogas e colecionou várias histórias ao longo da carreira. Sua viúva, Regina Caetano, que se envolveu com ele ainda no início dos anos 80, fala da trajetória: "Não é novidade que ele usava, ficava doidão, mas nunca foi de dar alteração na rua, não ficava de vacilação. Quando usava, não aguentava nem falar, compunha muito, fazia muita palavra cruzada e tocava. Mas ficava muito fechado, nunca foi de cheirar na rua. Dava uma hora em que tudo que queria era se entocar ou então ir pra favela do Guarda, em Inhaúma. Se estivesse dirigindo, não entregava o volante, mas diminuía a velocidade. Quando queria parar, parava, comia, comia e dormia. Era muito suco de laranja, mocotó, sopa, sustagem e não tinha histórico de passar mal". Até que Almir parou com a cocaína e começou a beber cerveja sem álcool, como conta Regina. "Parou a cocaína, mas fumava maconha e dizia: 'Vou parar tudo de uma vez?'." Ninguém fez o Almir parar com a droga, foi uma determinação dele, parou de usar sem tratamento, foi mérito dele. Um dia um almirante, fã dele, o convidou pra fazer um check-up no Hospital da Aeronáutica e disse que ele tinha mais cocaína no sangue do que sangue. Aí ele botou na cabeça que tinha que parar. Falava assim: 'Eu tenho que parar. Maltratei muito meu corpo com a droga. Não quero mais ser retardado'. Ele sabia o mal que estava fazendo pra ele mesmo. Quando morreu, em 2017, estava limpo há 16 anos."

Já na terceira formação do Fundo de Quintal, com Bira, Ubirany, Sereno, Sombrinha, Arlindo Cruz e Cleber Augusto, emplacando vários sucessos, a droga aparecia com frequência. Muitas vezes sem precisar pedir ou comprar. "No começo do deslumbramento, a gente, do Trio Maldição, eu, Sombrinha e Arlindo, gostava de brincar. Era vamos ali brincar um pouquinho daquilo que não se pode fazer. Eram muitas viagens, a mulherada dando mole, você sendo alvo de muita cobiça, de muito assédio. Aí, começa a ficar um pouco mais extrovertido e literalmente você quer fazer umas merdas por aí. E quando você começa a acordar pra vida, vê que não te levou a nada", diz Cleber. "Era fácil, aparecia toda hora. E como eu sempre fui muito safadinho mesmo, aceitava, mas era incapaz de sair de casa para procurar. E na hora de parar, tirei de letra. Assim como eu entrei, eu saí. Não senti falta e até hoje não mudou nada na minha personalidade nem na minha saúde", assume Cleber, lembrando que parou com as drogas e anos depois parou com o cigarro, vício que o acompanhava por 36 anos, por conta do seu problema nas cordas vocais. "Minha filha Carien ia fazer um aninho, e não dava pra ficar tirando esta onda, chegar em casa doidaço, cansado. Não tem como passar por isso dentro de casa. Tem que haver um respeito, um cuidado com a família, levar tua honra e o teu respeito maior, pra ser respeitado, *né*? Só assim se consegue fazer uma família feliz. E parei. Parei, joguei fora, acabou! Nunca mais!", confessou. A filha Carien Bastos colabora nas lembranças da decisão do pai. "Parou, mas minha mãe ajudou. Deu o ultimato. Ou ele parava ou *tava* fora de casa. E ele largou tudo. Eu nunca vi, só cigarro. Eu e minha irmã sabíamos das histórias, mas nunca conversamos com ele sobre. Mas ele nos orientava para não usar." Além das filhas, Cleber diz pensar nos netos. "Continuo safadinho, mas parei com as bagunças. Fui chegando numa certa idade e comecei a pensar nas filhas, na minha prolinha, nos meus netos: João Pedro e Manu."

Presente nas gravações até o quinto disco, *Divina Luz*, de 1985, o produtor Mílton Manhães teve jogo de cintura nas poucas vezes em que teve de intervir. E garante que a droga não atrapalhou nos momentos de estúdio. "Não, em momento algum. Como nunca usei, uma vez pedi a eles para se concentrarem na gravação, pois eu tinha uma verba para o disco e não poderia passar do número de horas acertado. Daí que sempre conseguimos conciliar. Cada um na sua onda." Mílton diz que ninguém do grupo ofereceu a ele, mas que de seu início nos estúdios, quando gravava como músico, teve de dizer não a convites. "Sempre tive força pra rejeitar e passou um tempo que já não me ofereciam mais, que sabiam que eu era o cara do refrigerante."

Já Sombrinha abriu o verbo e decidiu contar alguns detalhes de seus tempos de Fundo de Quintal. "A cocaína era moda nos anos 80. Cheguei ao Rio e conheci uma roda que só tinha fornalha. Os caras passavam a noite fazendo isso e eu fui fazendo junto. Eu não sentia nada. Cheirava aquilo que nem beber água. A cocaína veio como uma epidemia. Veio para bombar e só dava isso. Os banheiros ficavam lotados, muita gente cheirando. De 80 até 85 eu não comprava, só ganhava. Vieram os anos 90 e ela foi saindo de moda."

Quando morava na Vila da Penha, passou por momentos frenéticos. "Uma vez levei o Almir pra cheirar lá em casa. Ele viu o vizinho levando o bujão de gás pra trocar e gritou: 'O cara *tá* com o bujão e vai jogar aqui pra cima'. Correu e se escondeu na sala. Eu corri e tranquei a porta. Era o grilo. Cocaína dava isso, mas o resto era bom." Nem tão bom, pois em outro dia, no mesmo apartamento, ele quase morreu. "Às 4h da manhã, foi todo mundo embora e eu fiquei com aquela pedra, que não acabava nunca. Quando deu 5h, o coração, pum pum pum, começou a bater rápido. Pum, pum, pum. Pum, pum, pum. Muito rápido. Falei: 'Fudeu'. Entrei pra baixo do chuveiro e aquilo não passava. Parecia que estava uma vida ali. Foi passando, passando e passou. Mas assim que melhorei, voltei a cheirar, e fui até às 11h da manhã sem dormir. Era uma loucura. Deus foi muito bom pra mim."

Fazendo um balanço, Sombrinha não acredita ter prejudicado o grupo. "Não creio. Nem tinha como pensar nisso porque o que se respirava no grupo era música. O resto era secundário, porque fazíamos nos hotéis e ninguém via. No tempo de Cacique viam, porque não tinha jeito. A gente escancarava mesmo. Éramos novos, todos com vinte e poucos anos e não queríamos nem saber. Mas isso nunca atrapalhou o Fundo ou o movimento. Nunca." E, mesmo falando abertamente sobre o assunto, ele não se arrepende. "Sinceramente? Não aconselho a ninguém fazer isso. É a maior furada do mundo o cara cheirar pó, como usar crack e outras coisas. Uma furadíssima. Parei e não faria outra vez. Sei que me prejudicou em algumas coisas. Mas não me arrependo mesmo. De nada. Tudo que fiz *tá* feito e bem feito", conclui Sombrinha.

Assistente de seu pai, Fernando Bastér, que foi empresário do Fundo, Guto ia para o quarto do Arlindo Cruz após os shows. "Eu gostava de fumar um, então ia ficar com ele, que sempre foi muito generoso", lembrando de um episódio que aconteceu no Hotel Jandaia, em São Paulo. "Nós estávamos no quarto fumando um, sentei em cima do armário, aí não sei qual foi, doidão, pulei em cima da cama e quebrei a cama. O Arlindo riu muito e ligou pra recepção e falou com o Toninho."

Arlindo – Alô, Toninho? Meu compadre, desculpa que eu *tô* um pouco pesado e quebrei a cama. Pode mandar uma cama nova, por favor?

"Veja só a sagacidade e a generosidade do Arlindo ali naquele momento. Como tenho saudade dele", conta Guto.

Ademir Batera também tem a sua história com o vício e com o decisivo momento de parar. "Jamais vou julgar as amizades, mas os caras ficavam botando aquelas pilhas e acabei experimentando maconha. Não tenho vergonha nenhuma em dizer. Foi minha pior fase. Foi brabo, porque se você não tiver força de vontade, você continua. Mas, graças a Deus, foi uma coisa muito passageira, realmente descartável. Levei a maior bronca do Ubirany. Ele, o Sereno e o Bira falaram comigo e saí dessa. E o mais importante disso tudo foi a minha consciência, de ter certeza que aquilo não iria me levar a lugar nenhum. Pela minha família, pelos meus filhos, as pessoas que prezam a minha amizade. Todos me apoiaram. Fui algumas vezes, mas também, quando disse não, foi só uma vez. Parei. E nunca fez falta. Nem a bebida, que também parei. O que faz falta é minha saúde que Papai do Céu me dá. E minha Nossa Senhora da Aparecida, de quem sou devoto. Tenho de preservar minhas amizades, meus compadres Sandra, Ricardo, Rebecca, Edson e a Sueli, de São Paulo. Meu vício é subir no palco e tocar minha bateria."

Com Mário Sérgio, os vícios eram outros e praticados nas quadras ou ao ar livre. Um desportista que nunca fumou nem bebeu, preferia, por exemplo, jogar golfe, vôlei, basquete ou voar de parapente. "O Mário era muito careta. Quando saiu do Fundo, falava que essa história das drogas no grupo o incomodava muito. 'Isso cansa', me disse", conta seu primo Raul Cláudio. Irmã de Raul, Raquel se lembra de quando ia a shows com o primo Mário. "Ele não era de falar, mas era totalmente contra. Se estivéssemos num lugar e alguém que usasse viesse conversar comigo, ele olhava, esperava e depois dizia: 'Não quero mais ou não vem mais comigo'. Uma vez no Clube Renascença, íamos entrar no camarim, ele viu alguém usando e não me deixou entrar". Giuliana Rocha, viúva de Mário, assina embaixo. "Ele não bebia nem fumava. Nem no Ano Novo bebia um champanhe pra comemorar. Ele era, sim, bom de garfo e amava esporte. Alugávamos barcos e ele pilotava."

Ronaldinho também confessa ter usado, mas afirma que parou com as drogas. "Usei, mas não exagerei. Foi difícil parar, mas tinha de preservar minha integridade. Senti no corpo a melhora de tudo. Quando usava, sentia logo depois um cansaço, uma ressaca constante, mas nunca cheguei a um estado de depressão ligado à droga. E nem precisava ir atrás, como acontece até hoje. Muitas vezes você nem *tá* querendo, mas esses amigos da onça trazem pra você. Se droga fosse bom, não tinha o nome de droga." Para conseguir largar o vício, ele se apegou à sua religião. "Sou católico, mas também sou espírita. E pedi aos meus orixás, meus protetores pra me ajudar, me darem força, pra não fazer mais e parar de vez."

Ronaldinho conta que, mesmo tendo parado, já passou por momentos em que os "amigos" não acreditavam. "Muitos traziam apenas para dizer depois que estavam com o artista. E depois que parei, tive que aprender a me defender dessa situação. Dizer não é foda. Até hoje ainda acontece de 'amigos' que só lembram de mim nessa parte, de trazerem para mim. Uma vez, estava numa escola de samba em São Paulo e uns caras que não via há muito tempo vieram me oferecer. Gente que conhecia da época do grupo Raça, quando usava e tinha usado com eles. Dessa vez, disse: 'Parei, meu parceiro, não quero mais'. E eles não queriam acreditar."

Flavinho Silva foi outro integrante do Fundo de Quintal que também se envolveu com as drogas. "Sempre fui muito curioso, as oportunidades acontecem e experimentei algumas coisas sim. O que tiro de conclusão é que muitas vezes, dependendo da nossa referência, somos levados a fazer. Achava que pra ser bom tinha que fazer o que o outro fazia. E só depois vi que era uma mentira, uma influência maligna. Quando você se envolve com isso, perde a sua moral, a sua saúde, a sua credibilidade. E, pelo fato de ser artista, algumas pessoas facilitam o acesso a esse tipo de substância. Mas o custo é alto, e se de repente você fica viciado e quer se livrar, não tem forças. É um processo maligno."

Com Márcio Alexandre, mesmo com a proximidade de pessoas que usavam, conseguiu seguir sem o vício. "Apesar de ter muitos amigos que fumam maconha, nunca usei. E também tenho a sorte de nunca terem me oferecido." Para Márcio, beber socialmente é uma regra de vida. "Gosto de vinho, mas fico sem ele numa boa. E sei que não preciso usar isso pra fazer aquilo. Olha, tenho tanta coisa pra resolver que se for usar droga, fudeu, acabou."

Completando a nova formação do Grupo Fundo de Quintal, o cantor e compositor Júnior Itaguay prefere tocar o seu banjo a se viciar. "Drogas? Nunca fui. Já bebi, mas não bebo mais, graças a Deus. Então, comigo droga nenhuma. A minha visão é que se trata de uma situação patológica. A pessoa precisa de ajuda clínica, de ajuda médica. Não é uma questão de que é menos, de que é mais, ou porque usa ou não usa, é tudo uma questão de saúde", conclui.

RACISMO, PRECONCEITO, DISCRIMINAÇÃO

Neste ano de 2022 quando o Grupo Fundo de Quintal comemora seus 46 anos, palavras como racismo, preconceito e discriminação infelizmente ainda existem na rotina do povo brasileiro. Muitas vezes de forma velada, como se fosse normal e mesmo com líderes políticos afirmando que isso não existe no Brasil, a realidade é bem outra. E, para um grupo de samba formado por negros, histórias desse nível tão baixo estão presentes nesta trajetória. Com certeza seus integrantes já passaram por mais desses momentos do que os lembrados nestas páginas. "Não sou racista, mas se fosse, seria ao contrário, a favor dos negros sempre! Para trabalhar com samba o cara tem que ter o sangue negro nas veias. Aí é que se entende com os caras e consegue fazer fluir", diz o produtor Rildo Hora.

Com a sua conhecida educação, Ubirany reconhecia a existência do preconceito velado. "Já tivemos pequenos fatos. Eles acontecem, sim, em hotéis, restaurantes, pois em nossas viagens vamos a lugares dos mais conceituados. E se percebe no atendimento, quando somos relegados a um plano inferior, ser esquecido em benefício de outros, quando a nossa mesa é a última a ser atendida. Embora um pouco camuflado, mas existe", dizia Ubirany.

Um episódio que marcou o Fundo aconteceu em 1987 em Nova York, na entrada do Carnegie Hall, uma das mais famosas casas de espetáculos dos Estados Unidos. "Houve uma confusão na hora de entrar. Parece que não nos entenderam como artistas e voltamos pro hotel, com o Haroldo Costa, que estava na produção. Mandaram nos buscar, mas não voltamos", lembrou Ubirany. "Quando o Bira adentrou o cordão de isolamento, veio o segurança gritando, xingando e empurrando. E empurrou todo mundo. Gritei: 'Vamos voltar pro hotel'. Voltamos. Eu e Arlindo falamos que não íamos voltar para o show. Depois de um tempo, chegou uma mulher da organização e questionou a nossa decisão: 'Vocês estão malucos? Vocês vão se arrepender! Sabe o que significa isso na carreira de vocês?'. Eu disse: 'Na minha não é nada, não vai acrescentar nada'", disse Sombrinha. Vendo a resistência dos brasileiros, a mulher pediu desculpas, disse que os seguranças não os conheciam, que a casa estava lotada e o povo estava esperando. "Mas não voltamos. Ela foi embora, ainda ligaram algumas vezes e umas três horas depois desistiram. Ficamos no hotel e nada aconteceu", diz Sombrinha, que reconhece que aquela temporada foi boa, com shows em 16 universidades, mas que o racismo estava ali presente. "É um racismo bárbaro. Estávamos passeando na Quinta Avenida. Ubirany e Bira entraram numa loja, daqui a pouco veio o guarda com o cassetete e perguntou se estava tudo certo. Eu não suporto os Estados Unidos, nunca gostei e nunca vou gostar. Para mim é o câncer do mundo." Mas Sombrinha garante que no seu caso existe um preconceito ainda pior. "Comigo é o de ser santista. Até hoje eu sinto. E só vai entender quem é. Quem não é vai negar e dizer: 'Mas o que é isso? Aqui é Rio de Janeiro, é tudo hospitaleiro'. Mas não é bem assim. Reconheço que o Rio me recebeu de braços abertos, mas tem gente que torce o nariz até hoje. Canso de ver!"

Flavinho Silva diz que nunca sentiu o preconceito, mas reconhece que o fato de ser um artista ajuda muito para camuflar o racista. "Graças a Deus nunca tive esse tipo de problema. O tratamento sempre foi bom e sinceramente nunca percebi. Mas quando você atinge certa notoriedade, você fica incolor. As pessoas não te veem como preto ou como branco, mas como artista. E querem estar perto, chegar perto, tirar uma foto, querem te oferecer vantagens, tudo muda."

Já Ademir Batera se lembra de vários casos em que sofreu racismo e soube sair das mais diversas maneiras. "Ele sempre existiu. Como chegar às lojas e ninguém vir te atender. Sempre gostei de andar de chinelo, de bermuda, e em 1998 fui comprar um carro numa loja na Barra. O vendedor não me atendeu, me ignorou literalmente. Eram vários conversando. Fiquei olhando pra eles e teve um que falou: 'Olha, só vai ficar vendo e não vai comprar'. Senti que não viriam falar comigo e fui saindo, quando o gerente lá de cima me viu e chamou.

Gerente – Ô senhor, por favor! O senhor quer ver algum carro?
Ademir – Queria ver uns carros, mas a rapaziada não pode me atender.

Um dos vendedores disse que Ademir não tinha falado com ele.

Ademir – Falei com você, sim. Não é assim que se trata um cliente. Estou com dinheiro, vou comprar o carro, mas em outro lugar e vou trazer aqui pra você ver. E vou comprar no dinheiro. Isso aqui (batendo no seu próprio braço) não quer dizer nada.

Ademir foi direto a outra loja, comprou o carro e quatro dias depois levou seu Audi verde à mesma loja. Parou na frente, deu uma buzinada e quando o tal vendedor olhou...

Ademir – Olha aqui, *tá* vendo? Não falei que ia comprar um carro?

E foi embora. Já em 1999, ao sair da Som Livre depois de uma renovação de contrato do Fundo, Ademir Batera entrou num shopping para comprar um aparelho de TV de 48 polegadas e um quadriciclo. Aconteceu a mesma coisa. "Mais uma vez fui ignorado, veio o gerente e conseguiu resolver. E paguei tudo no dinheiro, pois era um tempo em que andávamos com dinheiro no bolso. É muito triste quando acontece isso. Nesta noite nem consegui dormir."

Antes de ser o Ademir Batera do Fundo de Quintal, ele conseguiu quebrar um tabu de puro racismo num réveillon em Minas Gerais, no final dos anos 70. Antes da festa, soube que no clube que iriam tocar não entravam negros, mas a bateria do conjunto era sua. "Tocava na banda do Assis, que foi logo resolver com o pessoal do clube como iria ficar o show sem a bateria de um negro. E conseguiu que eu tocasse."

Mas um fato que deixou o sempre alegre Ademir Batera muito mal aconteceu em 2009, quando teve de operar o punho direito. "Sofri muito e chorava que nem criança, por ficar em casa. Quando tenho um fim de semana sem show, fico numa agonia! Sou louco pra ir pro palco e não é o dinheiro, que você ganha aqui e gasta ali, mas pelo prazer, aquela adrenalina. A música pra mim tem uma importância que só Aquele lá em cima é que sabe. Nem eu mesmo sei."

Por conta de uma lesão periférica da fibrocartilagem triangular do seu punho direito, foi submetido ao procedimento cirúrgico de reparo ligamentar deste punho assistido por artroscopia, na época uma técnica inovadora aqui no Brasil. "Pra você ver como a força divina é um negócio muito sério, era pra ficar uns oito meses parado, mas com dois meses já estava no palco. Agradeço muito aos doutores Márcio Aita e Gustavo Mantovani. Mas com dez dias avisei que ia pro show da Transcontinental, em São Paulo. Foi contratempo e pedal o show todo. O tesão de tocar, o sangue quente, que ajudou, pois doía muito", lembra Ademir, que acabou entrando em depressão e viveu seus piores momentos. "Acho que fiquei com síndrome do pânico, porque eu chorava direto, parecia que ia morrer, ficava nervoso e não estava acostumado a ficar em casa esse tempo todo. Parado, sem poder fazer nada. Levantava de madrugada, caminhava, pra pegar um ar. O Doutor Jefferson falou que eu *tava* com a síndrome do pânico. Pensava que nunca mais ia tocar. Sete anos depois fomos fazer um show na faculdade de medicina em SP, quem era o professor? Ele, o Doutor Márcio. Imagina a emoção em ver o cara que me fez voltar a trabalhar. Poxa, eu não conseguia abrir uma garrafinha d'água. Acabava de fazer o show e chorava de dor. Era muita dor, suava frio, tinha que botar gelo. Em casa davam comida na minha boca, porque não sei fazer nada com a mão esquerda."

Religioso e devoto de Nossa Senhora da Aparecida, Ademir se abraçou com a fé, sua família e amigos, que chegaram a pensar no pior. "Me agarrei com Nossa Senhora e com Deus, conversava com meus filhos, com a Débora, um casal de São Paulo, Suely e Edson, a quem considero como meu irmão e que ficava preocupado que eu fizesse uma besteira do vigésimo andar, mas não pensei em me matar, isso não. Nunca passou pela minha cabeça. A vida dá pra você tudo que você merece ter dela, então, se Papai do Céu me deu a vida, por que eu vou tirar o que ele me deu? Só vou quando ele disser: 'Sua vez é agora, negão'", afirma Ademir, que prefere nem pensar no assunto. "Pelo contrário. Tenho pavor, tenho medo. Se *tô* passando mal, já fico logo nervoso. Uma vez fui ao médico, tomei uma injeção, deu um revertério, escureceu a vista, ah, meu irmão, pensei que *tava* indo embora! Foi um desespero, mas fui pro soro e passou. Tenho medo de ir embora, de empacotar". E como tudo que acontece com Ademir acaba em comédia, a melhor cena foi quando a enfermeira chegou com o cobertor. Um cobertor preto.

Ademir – Ah, não, cobertor preto não. Pelo amor de Deus, traz um lá de casa.

Enfermeira – Nossa, mas você é frouxo, hein!

Ademir – E sou mesmo. Sou frouxo assumido, mas cobertor preto não! Comigo não!

E o que acalmava o baterista do Fundo nesses momentos de depressão? "Ah, ouvir música me dava aquela paz! Os amigos também ajudaram, mas meu chapinha Ubirany que me ajudou muito. Uma vez, no avião, deu vontade de sair. Fiquei ao lado dele, que foi me confortando." Porém, numa dessas vezes de pânico no avião, não teve jeito. Ademir levantou, saiu do avião e não viajou. "Era um show em Manaus. O produtor Fábio ficou comigo, me acalmei, conseguimos outro voo e cheguei em cima da hora do show."

Júnior Itaguay, o atual novato do grupo, ainda não tem história de racismo pra contar desde que entrou, mas já passou por dissabores na infância. "Eu era muito discriminado. Estudava numa escola no centro de Vilar dos Teles, que foi a capital do jeans, do cotton. Era bolsista, porque era caro e meu pai não tinha condições de pagar. Os meus amigos da escola eram os filhos dos donos das fábricas de roupa. Eu era o neguinho, o macaco, um dos poucos negros na sala. Tinha uns quatro ou cinco, mas eu tirava boas notas e ganhava prêmio. Eu dizia pra mim mesmo: sou até feio e preto como eles chamam. Posso até ser o macaco que eles chamam, mas burro não. Burro são eles. Às vezes, meu tênis era diferente, de outra cor do uniforme da escola, mas eu tinha uma ressalva. Entrava com um documento, um salvo-conduto da coordenadora dizendo que eu podia entrar com aquele tênis mais baratinho e muitas vezes doado pelos filhos dos patrões da minha mãe, que trabalhava na casa de uma família em Copacabana." E assim, com a ajuda dos professores e coordenadores, Júnior foi se informando, aprendendo e hoje sabe como se defender do racismo. "Era normal ser chamado assim. Era todo dia. Eu sabia que ali eu tinha que me destacar, virar a nota e falar em outubro já passei e a média que eles tinham que ter no fim do ano eu já tinha. Hoje você sabe que pode ganhar com uma ação judicial por injúria, mas antes não tinha nem noção disso. Naquele tempo eu já queria saber e até hoje sou assim. Tudo eu quero saber a fundo. Falava pra minha mãe o que acontecia e dizia que as professoras estavam no meu apoio me ajudando." Ao ser pai, Júnior Itaguay diz a seus filhos o que devem fazer. "Passo pra eles como se defender. E o único jeito de mostrar que aquilo ali não vai te influenciar e não vai te levar a tomar uma atitude agressiva, é olhar e saber que se cortar o braço, o sangue vai sair da mesma cor. É mostrar pra eles que todos vão pro mesmo lugar, que somos iguais. Que está no DNA dos brasileiros. Não somos mais puros desde os índios. Sim, os brasileiros mesmo eram eles. Nossos ancestrais da África vieram pra cá, misturaram com os descobridores, os colonizadores e hoje somos uma mistura boa. Então, se o outro teve ou vai ter uma atitude de preconceito, sai de perto pra você não absorver", diz Júnior.

Realmente poucas histórias para um mundo tão preconceituoso. Que neste momento em que você esteja lendo este livro, palavras como preconceito racial, racismo e discriminação sejam coisas do passado...

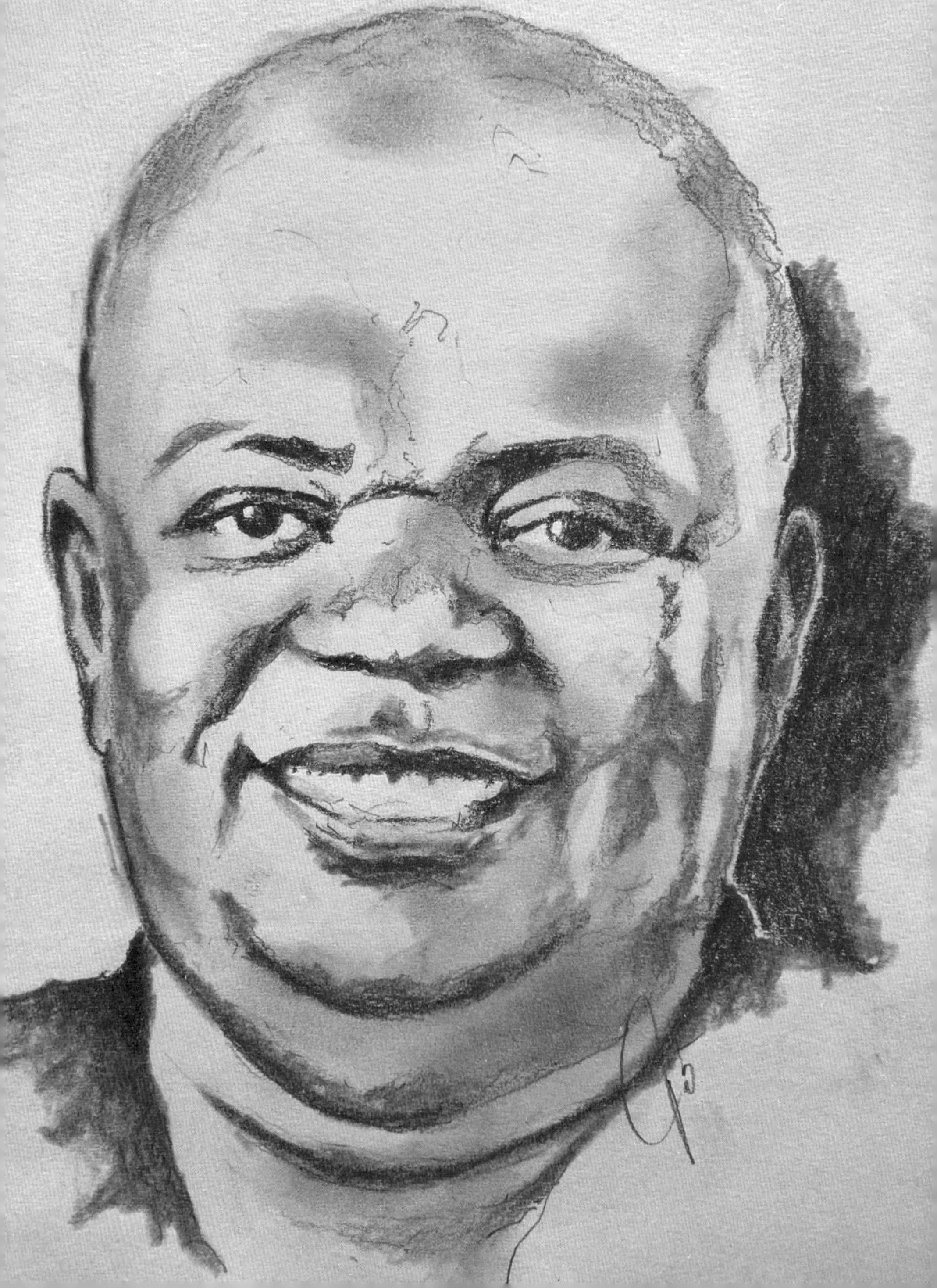

CAPÍTULO 23
ALIÁS, É SAMBA OU PAGODE?

Os encontros que aconteceram nas noites das quartas na quadra do Cacique de Ramos resumem exatamente o significado da palavra pagode. Eram encontros onde músicos e amigos se reuniam, sem compromisso, para cantar samba, beber uma gelada, comer uma boa comida e o melhor: sem microfone. Era um tempo em que não se usava aparelhagem de som nem DJ para tocar nos intervalos. No caso específico do que rolava na então nova quadra do Cacique, ainda tinha uma pelada e um bom carteado antes do Pagode do Cacique.

Aliás, era exatamente como se falava na época: "Vamos ao Pagode do Cacique?". Eu frequentei e nunca ouvi ninguém dizer "vamos à roda de samba, vamos ao samba do Cacique ou pra roda do Cacique?". A verdade é que essas reuniões de sambistas sempre existiram nas casas, nos quintais, desde os tempos das tias baianas da Praça Onze. E continuaram, por exemplo, nas casas das famílias dos irmãos Bira e Ubirany, do Sereno, do Neoci, do Almir e tantos outros, em grandes pagodes que às vezes duravam dois dias. Ou três. Dizem os antigos que até mais. Contam que os grandes pagodes que rolavam na casa da Dona Estér, em Oswaldo Cruz, duravam uns sete dias. "E durava mesmo. Num deles Seu Jair do Cavaquinho chegou a perder o emprego. Mas ela ligou pro então governador Negrão de Lima, que colocou seu Jair de volta. Na maioria das vezes, tanto na casa dela ou de Dona Hercília ou Dona Neném do Bambuzal, grandes mães de santo, era uma macumba e depois rolava o pagode", conta Marquinhos de Oswaldo Cruz. Já Tia Preseiliana de Santo Amaro, mãe de João da Baiana e avó de Neoci, promovia grandes pagodes na Cidade Nova, centro do Rio de Janeiro, onde João aprendeu as manhas do candomblé e do samba.

Enfim, a verdade é que pagode não é e nunca foi gênero musical, como é, por exemplo, o rock, o tango, o reggae e o próprio samba, entre tantos outros. E tudo ia muito bem até que alguém na mídia ou em alguma gravadora, não existe este registro, começou a chamar de pagode o repertório dos novos nomes que surgiam no mercado fonográfico, em meados dos anos 80. E que surgiram justamente por causa do que viam e ouviam o Fundo de Quintal fazer e, logo depois, Almir, Zeca, Jovelina, Jorge... Até aí dava para entender, uma vez que cantar um samba ou um pagode significa exatamente a mesma coisa. Muitas vezes no Cacique, por exemplo, o cara chegava na mesa e dizia: "Faz um fá maior aí que eu vou mandar meu pagode".

Porém, a partir dos anos 90, com o sucesso de vários grupos, como Raça Negra, Só Pra Contrariar, Negritude Jr., Exaltasamba, Soweto, Sensação, Katinguelê, Art Popular, Razão Brasileira, Molejo entre tantos outros, alguém na mídia ou numa gravadora resolveu chamá-los de os pagodeiros. E aí se iniciava o grande equívoco numa divisão que passaria a ser o samba, para quem já estava até os anos 90, e o pagode para os novos grupos. Eram os sambistas de um lado e os agora pagodeiros do outro, quando na verdade os instrumentos eram basicamente os mesmos, com os grupos usando cavaco, tantan, repique e pandeiro, por exemplo. A diferença está nas músicas românticas, nas baladas, mais melosas, chamadas por muitos de brega e também no uso dos metais, cantando balanços, swings, apesar de alguns partidos. Mas não se discute qualidade, pois gosto cada um tem o seu. E sim ser chamado de pagode, como se fosse um novo gênero musical. Em agosto de 1986, por exemplo, o jornalista Luis Carlos de Assis, da *Revista Amiga*, foi homenageado no programa Cassino do Chacrinha como o responsável pela fase do pagode naquele momento, o que não era verdade. Até porque, nem produtor ele era. Quem deveria estar recebendo aquela homenagem era sim o produtor Mílton Manhães, responsável pela articulação e produção de vários nomes dessa fase do samba nos anos 80, ao lado da madrinha Beth Carvalho, que levou a então rapaziada do Cacique para o estúdio e mudou a cara do samba, a partir do seu LP *De Pé no Chão*, de 1978.

Por conta dessa confusão, entra em cena a denominação samba de raiz, para Fundo de Quintal, Beth Carvalho, Martinho da Vila, Paulinho da Viola, Jorge Aragão, Leci Brandão, Almir Guineto, Dona Ivone Lara e Zeca Pagodinho, entre outros. Mas o Zeca não é Pagodinho? Como ele canta samba de raiz? É mesmo muito confuso. Tão confuso que o Pagode do Trem, que comemorava o Dia Nacional do Samba desde 1996, trocou o nome para Trem do Samba em 2008. "Foi um processo para buscar patrocínio. Por conta do nome pagode entrou o lado comercial e ficou mais fácil de conseguir", diz Marquinhos de Oswaldo Cruz, dono da marca.

Enfim, é aquela velha história da mentira que, de tanto ser dita, passa a ser vista como verdade. Infelizmente não dá para reverter com a massa. Ou seja, o nome pagode, que originalmente apenas traduzia a festa, o encontro para se cantar samba, ganhou erradamente um novo significado. O pagode, então, começa a ser visto como um novo gênero musical. Esta nova definição chega com tanta força, que fica quase que impossível fazer com que os que acreditam nela entenderem e aceitarem o seu real significado. É duro ver ou ouvir anúncios de "uma noite com muito samba e pagode". Mas tem sido deste jeito e muitos novos grupos colaboram para esta nova definição fazendo um samba do jeito deles, ou melhor, fazendo um pagode, *né*?

RODAS DE SAMBA

Para embaralhar ainda mais a cabeça das pessoas, ressuscitaram o termo roda de samba, justamente para não se falar "vou ao pagode tal", e sim "vou pra roda tal". Se você procurar na internet o termo roda de samba, vai achar na famosa Wikipédia, a Enciclopédia Livre, tudo que se poderia dizer de um pagode, quando deveria estar escrito ali que rodas de samba eram, por exemplo, as programações de samba que ferveram nas décadas de 60 e 70 em clubes do Rio, como Bola Preta, no centro, Renascença e Maxwell, em Vila Isabel, Helênico, no Rio Comprido, Municipal, na Tijuca, no antigo campo do América, onde a Vila Isabel ensaiava com a sua Casa de Bamba, ou no Teatro Opinião, em Copacabana, entre outros, em que os conjuntos tocavam no palco, de pé "Lembro de muitos compositores cantando nestas rodas, como Dedé da Portela, Marcos Moran, Ary do Cavaco, Romildo, Luiz Grande, Bira Quininho, descobridor do Neguinho da Beija-Flor, que também cantava nas rodas, o Dida, que também organizava e apresentava, e o Laíla, que vi cantar no Rena", conta o compositor Toninho Nascimento. Entre as mulheres, nomes como os de Mariúza, Elaine Machado, Iara Santos, Simara e Anália, na época mulher de Martinho da Vila, e mãe de Martinho Antônio, Analimar e Mart'nália. "A mãe cantava em tudo que era roda de samba aqui do Rio e chegou a cantar em São Paulo. No Teatro Opinião, por exemplo, cantava as músicas do pai", conta Analimar Ventapane.

Na cidade de São Paulo, as rodas de sambas aconteciam em várias casas de show, como por exemplo, Sambão e Garitão, na Barra Funda, Cartola, na região da Paulista, e Som de Cristal, na região da Rêgo Freitas. Já em Porto Alegre, os gaúchos diziam ir para o fado ou para o sambão, em casas como Casarão do Samba, no Azenha, Carinhoso e Satélite Prontidão, na Cidade Baixa, Clarão da Lua, no Mont Serrat, e Floresta Aurora, no Cristal. Isso, sim, era uma roda de samba. Mas, da mesma forma que alguém começou a denominar samba de raiz, a roda de samba veio no mesmo pacote. Mas o pagode continuará sendo apelido de samba e agora também, "na marra", um novo gênero para a grande massa.

Para os que ainda teimam em não entender, alguns sambas já falavam em pagodes. Conhece "Pagode do Vavá", de Paulinho da Viola? "Domingo, lá na casa do Vavá/teve um tremendo pagode/que você não pode imaginar/ Provei do famoso feijão da Vicentina/só quem é da Portela é que sabe/ que a coisa é divina/Tinha gente de todo lugar/No Pagode do Vavá..." Ou quando Roberto Ribeiro gravou, em 1976, no LP *Arrasta Povo*, o partido "O Quitandeiro", de Paulo da Portela e Monarco: "Quitandeiro, leva cheiro e tomate/pra casa do Chocolate/que hoje vai ter macarrão/Prepara a barriga macacada/Que a boia tá enfezada e o pagode fica bom..." Ou então quando Arlindo Cruz diz "um bom pagode começa assim" no início da faixa Seleção de Pagodes do *LP Mapa da Mina*, de 1986.

Bem, mas isso é assunto que não cabe em apenas um livro. Portanto, melhor deixar que nomes de alta responsabilidade no samba deem o seu depoimento e a conclusão é toda sua.

BETH CARVALHO

"Pagode não é gênero musical. É a reunião, a festa, lugar onde a gente se reúne, toma uma cerveja, come, namora, joga uma carta e canta samba. Virou uma palavra maldita por causa desse samba que surgiu depois, no final dos anos 90, que não é um samba, mas outro tipo de música que usa os instrumentos e o ritmo do samba, mas não tem a característica do samba. E usaram a palavra pagode. Aí, os conservadores começaram a dizer samba de raiz. E eu tenho que falar que sou samba de raiz. Se eu falar que sou pagodeira, neguinho não vai me respeitar, mas eu sou pagodeira. E o maior cantor de samba do Brasil é o Zeca Pagodinho. Olha aí o Pagodinho."

UBIRANY

"Vou bater na mesma tecla. Sempre ouvi falar em pagode. Não agora, mas há muito tempo. Pagode não é coisa nova não. Depois passou-se a dizer 'eu vou fazer um pagode', 'vou cantar um pagode'. Aí, a imprensa rotulou o pagode como gênero musical, mas é tudo samba. Ao pé da letra, digo que o pagode é a reunião de pessoas e samba é o que nós cantamos. São duas artes que se misturam."

NEOCI DIAS

Na ausência do Neoci Dias, seu amigo Darcy Maravilha com a palavra: "Se ele estivesse vivo, não teria deixado isso se espalhar, tinha cortado. Com certeza ia dizer que pagode é o cacete, pagode é o apelido do samba, é sinônimo de samba."

JORGE ARAGÃO

"Pra mim é tudo samba. Nós nos reuníamos pra cantar samba e nunca existiu separação entre os artistas, os músicos, os grupos. Isso foi uma coisa de produtores, de gravadoras. Em algum momento alguém definiu que samba era de raiz e coloca a calça de linho, enquanto o pagode era dos jovens que deixam a calça bem justa e o cabelo todo colorido. E o pagodeiro virou uma coisa pejorativa. Mas pra mim não existe isso. Pagode é como se fosse um apelido, uma corruptela, uma forma de falar, tipo 'vamos mandar um pagode aí'. O que a gente conhece de pagode são as casas orientais ou a reunião de gente pobre no quintal pra fazer uma batucada e uma comida."

ALMIR GUINETO

"Pagode não é gênero musical, não é moda. Pagode é o samba, é o partido alto. Não adianta querer inventar, porque pagode é coisa antiga. Canto samba desde moleque. Eu, Beto Sem Braço tínhamos a furiosa, que cantava por cantar. Sem compromisso de correr atrás de dinheiro. Saíamos pelos subúrbios, nós, Tião Pelado, Carlinhos Bem-Te-Vi, Wilson Macaco, Vavá, Jurandir, Toninho, todos que sabiam versar. Lutamos pelo pagode há um tempão, quando gastávamos dinheiro pra dar um pagode. Beto dava festas todos os dias. Então, agora estamos sendo gratificados." (Entrevista que me deu em 1985 para o release de seu disco e para o Jornal O Dia)

SOMBRINHA

"Isso é um saco. Nos anos 60 já se dizia 'vamos num pagodinho ali'. Os antigos dizem que há mais tempo. Pagodinho é um samba, mas aí o pagode virou sinônimo de pau pra direita e teve que separar o joio do trigo. Pagode é uma reunião de sambistas, uma festa. É um partido alto, um verso, um corre-bolso pra comida, uma peladinha, isso é um pagode. Aliás, essa história de samba e pagode é uma caozada. E diferença é nenhuma, porque não existe a diferença. Esse novo gênero que inventaram é coisa de gravadora pra arrumar dinheiro. Esse pagode que dizem que é paulista, é mentira, pois a maioria é do Rio. Tem muitos grupos do Rio cantando esses pagodinhos mentirosos. É o cupim! É o cupim que *tá* na madeira, a erva daninha, a anticultura. O processo de fazer é ruim, o cantar é ruim, é um romântico com um surdo atrás. A luz penetra na treva, mas a treva não penetra na luz, porque não existe a treva, existe a falta de luz. Aliás, não existe pagode, o que existe é a ausência do samba. Eu estou todo filósofo! E ainda fica essa turma aí forçando uma barra, mas não tem escola, não tem botequim."

ADEMIR BATERA

"É tudo a mesma coisa. Rotularam o samba de pagode, no entanto, a rapaziada faz o samba do jeito deles e nós não abrimos mão de fazermos do nosso jeito, mas no final é tudo igual, não tem diferença nenhuma. Os novos grupos estão somando. Importante é a união. Gostaria que o samba fosse mais unido, como outros gêneros, mas infelizmente o sambista não percebe isso. Quer um exemplo? Vários grupos, como Sorriso Maroto, Raça Negra, Art Popular, Bom Gosto, Clareou, Imaginasamba e também o Ferrugem, o

Salgadinho, Chrigor tocaram lá no Cacique. Toquei em quase todos com o maior prazer, pois gosto de vê-los. Aprendo mais um pouquinho tocando com eles, pois tem sempre uma novidade."

RONALDINHO

"Eu aprendi e vivenciei. Pagode é uma reunião de sambistas para cantar samba. E daqui a pouco chegou um estilo diferente de samba e a mídia fez essa divisão. Acho que tudo é samba, uns com uma tendência e outros com outra, mas é samba. Então, não existe samba e pagode."

FLAVINHO SILVA

"Pagode é a reunião de pessoas para curtirem e tocarem música, independente do gênero, do estilo. O samba tem várias ramificações, como canção, enredo, de breque, partido alto e pode ser considerado também como pagode."

MÁRCIO ALEXANDRE

"Pagode é a reunião, não é o gênero. Mas acabou virando gênero meio forçado. Vejo o samba como um *self-service*, onde você come o que você gosta. Eu tenho a minha forma de fazer o samba, o Zeca tem a forma dele, o Candeia tinha a forma dele. O Fundo tem a forma dele, o Sorriso Maroto e o Molejo também têm as suas. Todos trazem os elementos do samba, todos estão tocando samba. Samba e pagode é tudo a mesma coisa.

Se você se propõe a fazer e faz com carinho, com amor e alguém gosta, é bom. Pode não ser bom pra mim, mas é bom pra alguém. Se formos entrar nessa de que samba que fulano faz não presta, o samba não vai andar. Devemos nos unir, faz o teu samba pra lá, eu faço o meu pra cá, e junta todo mundo. O sertanejo faz isso e dá certo, tem espaço pra todo mundo. Tem é que fazer um trabalho bem elaborado. O samba não pode ser falador, encrenqueiro, desorganizado. Temos que respeitar a molecada que *tá* chegando. Ninguém é melhor que ninguém. Uma frase que escutei e guardei como mantra é 'desconheço a razão pra qualquer vaidade'. Se fosse pra ter vaidade, seria aqui no Fundo de Quintal. E aqui não tem. Falta é mais proximidade. Quer cantar o seu mela cueca? Canta! Tem uns moleques aí que são bons de caneta, mas só escrevem pra outra vertente do samba. Se trouxer pra cá, também vão fazer, porque quem faz, faz. Quem é do samba é."

JÚNIOR ITAGUAY

"Isso é uma polêmica totalmente desnecessária porque a origem da palavra pagode não significa um gênero musical, mas uma reunião onde se toca samba. Fizeram essa divisão devido ao samba mais romântico, mais lento, mas os dois andam juntos, é a mesma coisa."

MÍLTON MANHÃES

"Pagode é uma roda de samba, um apelido que colocaram no samba. Os nordestinos já falavam em pagode. Eu falo samba, mas a mídia chamou de pagode, criou os pagodeiros. Samba não é modismo, é a cultura de um povo, só que a mídia ignora isso."

RILDO HORA

"Samba e pagode é a mesma coisa, mas deixou de ser, porque falaram tanto que não era que hoje em dia é chamado de pagode esse samba ingênuo que a rapaziada faz aí, sem grandes compromissos com a poética. Realmente hoje existe uma diferença, inclusive nos prêmios de música. Isso foi criado pelo marketing, pela mídia, para criar diferenças entre os produtos. Pra mim, que sou da velha guarda, é a mesma coisa, mas para a sociedade de hoje, não é não. Então, é pagode esse samba urbano e romântico que a garotada faz. Gosto de brincar dizendo que o samba dessa garotada tem a cara de samba do play. Eles tocam sem o compromisso de ficar preocupado que '...o mundo é um moinho...', como diz o Cartola. Eles fazem o negócio deles, estão aí e tem lugar pra todo mundo. E nem é tão ruim assim, também tem coisa muito boa.

É claro que tenho preferência pelo samba mais elaborado, mais cuidado, mais politizado (diz, bem devagar). E quando o cara faz, sem ser bom naturalmente, só pra ganhar dinheiro, eu pergunto: poxa, a gente teve tanto trabalho pra botar o samba nesse patamar e o pessoal chega querendo mudar, estragar o negócio, o feijão da gente?"

ZECA PAGODINHO

"Pagode não é gênero musical, pagode é uma reunião. Lá no Cacique, às vezes se cantava seresta, uma bossa nova. Podemos falar vamos formar um pagode ali, que pode ser um partido alto. E sabe a verdade? Essa pergunta é muito chata."

MOISÉS DA ROCHA

"Fico horrorizado quando vejo ou escuto anunciarem nas casas: 'tem samba e pagode'. É samba nas suas várias vertentes e vários estilos. E o Zeca Pagodinho? Não é sambista?"

MARCELINHO MOREIRA

"Vem o lado do preconceito. Pagode foi um termo pejorativo que colocaram pra dividir, pra diluir e acabou se tornando um gênero musical que não é um gênero. O samba sempre foi uma coisa muito sólida e não conseguiam segurar. Deviam pensar: *como que vamos doutrinar essa rapaziada?* Mas chegou uma garotada e conseguiram moldar esteticamente. E sempre foi Pagode do Arlindo, Pagode do Cacique. Nunca falamos 'vamos ao samba do Cacique ou do Arlindo'."

MARQUINHOS DE OSWALDO CRUZ

"Isso é uma burrice. Pagode é uma reunião de sambistas. Eu não falo 'vou pra roda tal', vou é pro pagode, sempre foi assim. Aprendi com os velhos dessa maneira. Mas o nome pagode ficou maldito. E é uma denominação bem genuína nossa, suburbana, do sambista de fato, do morro."

NEI LOPES

"O rótulo 'pagode' foi imposto ao samba moderno, que se criou nas rodas a partir do fim da década de 70. Mas o termo já existia havia muito tempo, quando os sambistas iam aos pagodes (festas) para ouvir belos pagodes (sambas) cantados pelos grandes compositores. Esses sambas eram também carinhosamente referidos, pelos sambistas, como 'pagodinhos': 'Aí, meu compadre! Vou dizer um pagodinho aí! Lá menor!'. E aí cantavam, para deleite das plateias, sambas românticos, sambas sincopados, sambas versados...

'Pagode' era sinônimo de samba bom. 'Roda de samba' tinha virado show de palco, programa de auditório, com microfone e ingresso cobrado, como os do Bola Preta e do Renascença Clube, os mais frequentados. Os pagodes de fundos de quintal e das calçadas, como o meu Corre pra Sombra, na Rua Jorge Rudge, em Vila Isabel, eram o samba livre, sem ingresso, sem cachê pra músico. No meu, por exemplo, eu mesmo que levava a turma pra lá, pagava a minha cerveja do meu bolso. O 'português' foi que enriqueceu. Mas eu, digo seriamente, passei lá alguns dos momentos mais felizes da minha vida, principalmente quando recebia personalidades importantes do samba que chegavam lá de surpresa. Imagino que o Bira Presidente, o Ubirany, o Sereno e outros baluartes do Cacique tenham sentido isso também."

SAMBA NO FUNDO DO QUINTAL

GRUPO FUNDO DE QUINTAL

CAPÍTULO 24
ERA PROIBIDO BATUCAR NESTE RECINTO

"É proibido batucar neste recinto". Até o início dos anos 80, estes dizeres estavam em muitas placas espalhadas por bares e restaurantes de todo o país. Até então, tido como um sinônimo de bagunça, algazarra e confusão, o samba era impedido de acontecer nesses lugares. Porém, com o sucesso das célebres noites das quartas no Cacique de Ramos e os novos instrumentos, que davam uma maior intimidade com o samba, uma revolução aconteceu e os comerciantes começaram a perceber que poderiam obter lucro com o que antes era considerado bagunça, algazarra e confusão, que virou música, cultura, entretenimento e as placas começaram a ser retiradas das paredes. Um sem número de grupos de samba começou a surgir e a sair dos seus quintais para tocar profissionalmente. Ou seja, o que antes não prestava, agora era tratado como produto rentável, como artista. "Nos lugares que colocavam essa placa, podia tocar a música enlatada, mas não podia a batucada, que era considerada coisa de malandro. Hoje estas placas não existem mais e nós do Fundo de Quintal somos grandes responsáveis por isso", afirma Bira Presidente, cheio de razão. Era mais uma virada de mesa que o samba aprontava para o tal do preconceito. Ficou faltando uma nova placa para entrar no lugar da que foi aposentada: "Era Proibido Batucar neste recinto".

O modelo era o Pagode do Cacique. A partir daí, muitos quintais, quadras, clubes, bares, restaurantes, adegas, casarões, cantinas, pensões e os mais variados espaços passaram a ser endereço de pagodes inesquecíveis. É lógico que todos não cabem em apenas algumas páginas de um livro. Mas tentei reunir alguns bons pagodes dos anos 80, com outros tantos personagens tão importantes quanto os sambas que eram cantados. De todos, duas mulheres colocaram seus nomes na história do samba, com seus pagodes que existem até hoje: Jilçária Cruz Costa, a Tia Doca da Velha Guarda da Portela, que faleceu em 25 de janeiro de 2009, aos 76 anos, e Gessy Soares, a Tia Gessy. Seus pagodes atravessaram os tempos. O da Tia Doca sob a responsabilidade de seu filho Nem, na Rua João Vicente, em Madureira, e o da Tia Gessy, ainda na Rua São Gabriel, 42, no Cachambi.

PAGODE DA TIA DOCA

A Velha Guarda Show da Portela, então formada por Manacéa, Alvaiade, Chico Santana, Alberto Lonato, Monarco, Osmar do Cavaco, Argemiro, Casquinha, Piriquito, Mauro Diniz e as pastoras Doca e Eunice, ensaiava nas tardes de sábado no quintal da casa de número 11 da Rua Antônio Badajós, em Oswaldo Cruz, casa da Tia Doca. Até que em 1975, Manacéa resolveu levar os ensaios para a quadra da escola, na Rua Clara Nunes. "Minha mãe resolveu manter o samba aos domingos e virou compromisso, começando ao meio-dia e ficando até dez da noite", lembra Nem.

Assim começou o Pagode da Tia Doca, frequentado por nomes como Paulinho da Viola, Clara Nunes, João Bosco, Alcione, Beth Carvalho, Candeia, Mussum, Aniceto do Império Serrano, Marília Barbosa, Ligia Santos e muitos amigos. E todos, inclusive os vizinhos, adoravam o macarrão com carne assada que Tia Doca fazia e virou tradição, junto com a famosa sopa de ervilha. "Lembro do Mussum deitado na sala, de ir ajudar a tirar a cadeira de rodas do Candeia, quando chegava no seu Maverick, e do Seu Aniceto bebendo cerveja quente em dois copos de plástico. Ele pedia pra trazer uma caixa do estoque, bebia sozinho e só ia embora quando terminasse a caixa", conta Nem.

De sua casa, o pagode passou por vários endereços e tornou-se uma referência de um samba com qualidade, sem esquecer da importância do Grupo Sonho Real (Márcio Vanderlei, Luis Cláudio Picolé, Tião do Surdo, Já Morreu e Nem), que a trouxe de volta para os pagodes, num momento em que ela tinha parado. Era início dos anos 90 na Associação de Oswaldo Cruz, em seguida mudando para a Rua João Vicente, em Madureira.

PAGODE DA TIA GESSY

Tia Gessy começou no samba em 1977, realizando um festival de chopp na Rua Haddock Lobo, em frente ao Clube Municipal. Logo em seguida fez a Gafieira da Tia Gessy, no Clube Maxwell, nome colocado pelo Seu Joaquim, então presidente do clube. Mas, ao contrário da gafieira, aonde todos iam bem-arrumados, ela queria mesmo era o pé no chão, que todos pudessem ir mais à vontade, depois da praia. "Fui muito embaixo da tamarineira e gostava muito. Uma época em que não se falava em mais nada a não ser no Pagode do Cacique de Ramos", conta Tia Gessy, que procurou um espaço a seu gosto, até encontrar uma casa velha, no Cachambi, onde chovia mais dentro que fora, com um quintal cheio de árvores.

Numa noite de sexta em 1980 começou o Pagode da Tia Gessy, que ia das 18h até 4h da manhã, indo depois para o domingo, dia que está até hoje. "O Ubirany chegava, ficava conversando comigo no bar e me ajudava a servir. Teve um domingo que a Beth ficou cantando com o Xande até 6h da manhã. O dono da padaria ao lado entrou assustado com tanta gente, pensando que era assalto. Já me chamaram de Diva, por dar oportunidade a todos e abrir as portas. É a minha vida", diz emocionada.

OS PAGODES E SEUS PERSONAGENS

Um bom pagode, além do samba, tem de ter boas histórias pra se lembrar depois. Nisso os pagodes dos anos 80 se superavam com tantos personagens que pareciam se multiplicar e estar em todos ao mesmo tempo. Muitos deles nem tocavam ou cantavam, mas estavam sempre por ali, enquanto elas formavam um coral inesquecível. Eram tempos em que éramos chamados por apelidos ou só pelo nome sem sobrenome. Hoje, em tempos de redes sociais, todos têm sobrenome, mas vamos à antiga mesmo. Quem conheceu, quem viveu esses tempos, sabe exatamente do que estou escrevendo e claro que não dá para lembrar de todos. Então, se teu nome não estiver aqui ou o pagode que gostava ou tocava também não estiver, sintam-se representados... vou espalhar alguns destes nomes aqui neste capítulo, representando toda essa turma e no quadro uma relação dos pagodes de referência dos anos 80.

"Torrão e seu reco-reco, que parecia amplificado, o ano Serafim e seu pandeiro gigante, Roxo, Ronaldo Batera, Cabo Velho, Camunguelo, Jorginho Bombom, Carlinhos Doutor, Rogério, Jairo Bom Ambiente..."

PENSÃO SACY PERERÊ

Anita e João Nobre, pais da porta-bandeira Lucinha Nobre e do cantor e compositor Dudu Nobre, também marcaram seus nomes em pagodes de referência desses dourados anos 80. Após movimentar a cantina da Associação do Banco do Brasil, na Rua Araújo Porto Alegre, perto da Sala Funarte, quando as noites de sexta começaram a encher e chegar as reclamações, resolveram mudar de ares. "O samba começou a crescer e a prejudicar o trabalho. Sabe como é branco com história de samba, *né*? Começaram a falar que era perigoso, porque ia muita gente e acabava tarde, sempre depois da meia-noite. Os amigos vinham do Pagode da Sardinha e chegavam na cantina depois das nove da noite", conta Anita, que acabou levando seu samba e sua saborosa comida para uma pensão na Rua dos Inválidos, 49. Era a Pensão Sacy Pererê, onde o pagode rolava redondo com os conjuntos Só Samba, Lado de Quintal e amigos que chegavam, como Neguinho da Beija-Flor, Jovelina Pérola Negra, Almir Guineto, Zeca Pagodinho, Geraldo Babão, Beto Sem Braço, Nei Lopes, muitos deles que ainda dormiam num quarto que tinha seis beliches. "Eu dava um dinheiro pra feira aos que cantavam, mas o Nei, Almir, Beto e Neguinho nunca aceitaram. Lembro da Jovelina versando com o Camunguelo, o Zeca versando com o Baiano", recorda Anita de um tempo em que o garoto Dudu, chamado de Fio Desencapado, vendia a cerveja na escada da entrada da pensão. Anita é outra que lembra muito de Neoci e sua disciplina. "Só de olhar ele resolvia tudo. Sabe aquela mãe que só de olhar, o filho não faz merda? Neoci era essa pessoa no samba. E tinha um *sssiuuu* tão grande que todo mundo calava e respeitava, mas ele era uma moça, muito delicado. Ah, eu e Ubirany tínhamos a nossa garrafa de cachaça reservada lá na pensão."

"...**Tia Carmem, Tia Irani, Tia Beata, Tia Regina, Sandra, Marília, Cecília, Sandra Neguinha, Márcia Black, Selminha, Janaína, Jane, Celeste, Núbia, Beth, Sueli, Eugênia, Lucimar, Reggina, Margareth...**"

BAR FUNDO DE QUINTAL

Em meados de 1985, a radialista Dalila Villanova, que já havia me levado ao Sacy Pererê, onde conheci a família Nobre e dormi num dos beliches, me chamou para escrever o release da estreia de um bar, na Avenida Brás de Pina, 2125, em Vista Alegre. Era o Fundo de Quintal Bar e Restaurante, uma sociedade entre Bira Presidente, o casal Anita e João Nobre, e o empresário Alcides. "Chamei o Fundo de Quintal e ninguém quis. Pedi licença para colocar o nome do grupo e fui em frente", conta Bira Presidente. A sócia Anita lembra da inauguração. "Eu fiquei com medo da casa cair, porque o samba era na cobertura. Quem subia não descia e eu ficava ali na escada pedindo pra ninguém mais subir. Vão dizer que estou mentindo, contando vantagem, mas nesse dia a Avenida Brasil ficou congestionada. Até o Bira Presidente vi pegando cadeira pra músico e recolhendo casco de garrafa."

A música acontecia de quinta a terça, com direito a grupo de chorinho, samba com Osmar do Cavaco e na segunda quem tocava era o Fundo de Quintal. Mas um dia os sócios resolveram acabar. "Administrar uma pensão, um pagodinho é uma coisa, mas um negócio daquela estrutura é bem diferente. E não estávamos preparados para aquele sucesso todo. Foi excesso de vaidade de todos nós e ninguém se entendia. Todo mundo queria mandar e ninguém sabia mandar. O único que tinha noção era o Alcides, mas ninguém queria escutá-lo. Lembro que na época Dona Conceição, mãe do Bira, falou: 'Vocês vão fazer um negócio que vai fazer muito sucesso, mas que não vai dar certo'. E não deu", diz Anita.

"...Osvaldo Cavalo, Chiquinho Vírgula, Bruce Kayne, Galak, Babaiôiô, Esguleba, Negão da Abolição, Duarte, Paulinho, Maninho, Ivan Milanez, Miro da Chave, Adão Jorge, Silvinho, Wilsão, Césinha, Pedrinho da Cuíca..."

OS PAGODES DO MC COY DE BONSUCESSO

Após sair do Fundo de Quintal, Neoci Dias esteve à frente de vários pagodes pela cidade, como por exemplo: Cura Ressaca, que era domingo de manhã, num barzinho em Bonsucesso e depois mudou de rua com o nome de Pagode da Amendoeira; Feijão Maravilha, aos sábados na Ribeira, Ilha do

Governador, que antes acontecia no Bar do Ari na Rua Uranos ao lado do Mundial, quase esquina com a Rua Professor Lacet.

"**As irmãs Sheila e Shirley, as irmãs Ircéa e Isabel, as irmãs Márcia e Sueli, as irmãs Ângela, Áurea e Vânia, as irmãs Lena e Marise, Rosânia, Cláudia, Raquel, Márcia, Alice, Preta, Sandra Esguleba...**"

TRILHA SONORA

As homenagens ao Fundo de Quintal e ao que acontecia no Cacique foram muitas. Em 1984, Guilherme Nascimento e Roberto Serrão fizeram "Nos Pagodes da Vida". "Comecei a fazer a melodia baseado nos acordes do Mauro Diniz, no Pagode da Beira do Rio", diz Guilherme. Em 1986, o samba foi gravado por Reinaldo e virou mais um hino à revolução musical que tomava o Brasil. E, antes mesmo dessa gravação, o carioca Reinaldo já era o responsável pela divulgação dos sambas que surgiam nos pagodes do Rio, como conta Jorge Aragão: "Ele tem o mérito do início do nosso sucesso quando íamos para São Paulo. Ele escutava aqui, gravava e levava pra lá. Nos shows, todos cantavam, pois já sabiam as músicas. E naquela época parecia ser tão longe... ir para São Paulo era como se fôssemos pra Europa".

"**...Nelsinho, Pedrinho do Cavaco, Emílson, Carlinhos Professor, Aurino, Da Penha, Jorge Antunes, Grande, Nézio, Paulinho Boné, Pedro, Vagner...**"

OS PARTIDEIROS DO CACIQUE

Enquanto isso, na quadra do Cacique de Ramos, o Pagode das quartas seguia como dava. Com o aumento dos compromissos com as viagens para shows, as gravações de programas de TV e as gravações nos estúdios, os integrantes do Fundo de Quintal não conseguiam tempo para estarem nas quartas. Para substituí-los foram chamados vários músicos e outros grupos que iam tocando o samba. "Em 1982, o Bira Presidente chamou o nosso grupo, Sala de Som, para tocar nas segundas, onde ficamos algumas semanas. Éramos eu, Roberto Serrão, Henrique Damião, Paulete, Darcy Maravilha, Clécio e íamos às quartas também", conta Guilherme Nascimento.

Com o passar do tempo, com a ausência dos nomes que começaram tudo, era claro que a essência dos anos 70 e 80 já não existia por baixo das tamarineiras na quadra do Cacique. O samba continuava com as portas abertas, sem microfone, mas não era o mesmo. O que mais se aproximou daquela magia aconteceu nas tardes noites dos domingos, de 2001 a 2008, ainda com a quadra descoberta e com a mesa no exato lugar onde era no início de tudo. "A Beth nos chamou e disse: 'Teu pai colocava a mesa aqui'", diz Banana, que ao lado de Renatinho Partideiro, Márcio Vanderlei, Saliva, Carlinhos Tcha Tcha Tcha, Andrezão e Marcinho do Cacique, integrou os Partideiros do Cacique, grupo montado por Bira Presidente. Eles formaram um time de músicos de alta qualidade determinados a preservar o que já estava sendo esquecido no samba, que era justamente a essência. Na parte final de cada domingo, por exemplo, eles abriam a roda para homens e mulheres dizerem no pé o bom partido alto.

Fora a caixinha de som que ficava embaixo da mesa para dar um gás no som do violão do Saliva, alguns pontos faziam lembrar as noites das quartas, a começar pela comida que Neoci comandava na cozinha do Cacique e que dessa vez era feita por seu filho Banana, pelo Márcio e pelo Tcha Tcha Tcha. Outro ponto era a ausência de microfone. Tinha de cantar no peito, na caixa, no talento. E, para completar, se no início tinha o Neoci para tomar conta e disciplinar o ambiente, nos Partideiros tinha o Márcio Vanderlei. "Tomar conta de pagode é ser odiado pelo resto da vida. Tenho duas franquias de ódio, da Tia Doca e do Cacique, e quase arranjei uma no Estácio", diz Márcio, que era o Neoci da vez. "Para alguns, ficou essa visão arrogante, mas eu comecei a estudar música em 88, comecei a ter contato com a teoria musical, minha percepção musical passou a ser outra e naquele momento do Cacique eu não estava mais perdido no espaço. Muitas vezes o cara chegava e pedia: 'Dá um lá maior', eu perguntava: 'Vai cantar o quê?'. Quando ele dizia a música: 'Ah, meu compadre, pra você é mi bemol (Eb)', atacava e era mi bemol (Eb) mesmo. Aí falavam que eu era cheio de marra, mas muitas vezes o cara vinha com o tom original na cabeça, pegava no encarte, você colocava o tom, lembra disso? Mas não servia pra ele. Por exemplo, o cara chegava cheio de atitude e pedia um mi (E) pra cantar 'Pedaço de Ilusão'. Pra homem? Ou ele canta na altura de um Zeca, Arlindo, Sombrinha ou Almir, que vão lá no coqueiro ou vai virar um Pato Donald. Olhava pra ele e dizia: 'Major, é dó (C)', e saía tocando", diz Márcio às gargalhadas.

Outra bronca que rolava nesses domingos com os Partideiros era quando a conversa perto da mesa ficava bem mais alta que o samba. "Teve uma vez que tinha um grupo de bonitas conversando alto logo atrás de mim. O pagode parou, uma me olhou e eu, muito educadamente...

– Por favor, a gente *tá* cantando aqui, se vocês puderem se afastar só um pouquinho, não precisa parar de falar, só se afastar um pouco.

Elas nem aí pro Márcio. O pagode voltou mais alto, elas aumentaram a voz e parou tudo de novo.

Márcio – É que a gente ainda *tá* tocando, vocês podem chegar um pouquinho pra lá?

E nada aconteceu. O papo das garotas continuou. E Márcio, no melhor estilo Neoci de Bonsucesso, parou o samba. E levantou.

Márcio – Parou o pagode.
Sheila – O que foi que houve, chefinho?
Márcio – É que desde que começamos o pagode as meninas não conseguem ficar quietas. Como eu cansei e não vou mais pedir, até porque elas não estavam me dando atenção, parou o pagode. Quando elas se mudarem ou pararem de falar, a gente volta.

Colocou o banjo na mesa e deu o intervalo. Clima formado, entrou em ação a hoje saudosa Sheila, que fez valer o apelido de Sheilão, incorporou seu pai Neoci de Bonsucesso e resolveu.

Sheila – Olha só, suas galinhas do rabo azul, podem sumir daqui. Vão atrapalhar o pagode de outro. Vai, vai, some daqui.

ENQUANTO ISSO, NA ZONA SUL...

O samba ia chegando pra ficar. Em meados de 1982, o compositor e músico Alexandre Pereira levou seus colegas de trabalho da então Telerj (Chagas, Volim, entre outros) para formar um pagode no Bar da Dona Maria, na Rua General Polidoro. Em seguida, chegaram Henrique Damião, sua mulher

Sandra Damião, Guilherme Nascimento, Roberto Serrão, Rosa, Beth e tantos outros compositores e músicos. Em 1985, fui com Jovelina, que deixou todos boquiabertos com seus versos de improviso. Um pagode sem nome, era chamado pelo nome do bar ou adega em que estivesse rolando, como foi no Barbas e nas Adegas Champinhon e Oceano, mas sempre em Botafogo.

PAGODES DE REFERÊNCIA

Daí que termino este capítulo indo a dois pagodes de grande importância e referência de toda essa revolução: o Pagode do Arlindinho e o Pagode da Beira do Rio. Nos dois a cultura dos panfletos embalou de vez, com os compositores levando as letras de seus sambas novos para o povo aprender a cantar. E muitos desses sambas se tornaram sucesso antes mesmo de serem gravados.

PAGODE DO ARLINDINHO

No início de 1981, começou o Pagode do Arlindinho, na Rua Padre Telêmaco, em Cascadura. Foi uma ideia de Dona Aracy, mãe de Arlindo. "A situação não estava muito boa lá em casa e minha mãe fez uma sociedade com a Neide, que tomava conta daquele espaço, que era uma Associação", lembra Arly, irmã de Arlindo. O percussionista Esguleba estava entre os primeiros músicos que tocavam no pagode. "Tinha o Acyr Marques, Macalé, Babaiôiô, Sérgio Maia, Bira Hawaí, Cavalo, Deni de Lima e o Neoci", lembra Esguleba. Quando o Arlindo começou a viajar com o Fundo de Quintal, um substituto passou a fazer parte da mesa, tocando banjo. "Meu primo Esguleba que me levou. Não me lembro de nada igual de uns tempos pra cá. Era uma rapaziada nova chegando com gás, compositores levando os prospectos, clima muito gostoso, sem som, sem microfone, todos cantando na caixa (no peito). E sambas novos toda semana. Quando chegava algum artista, tinha sempre este alvoroço, esse glamour, volta e meia a Beth estava lá e o pagode tinha que estar impecável. Começávamos a cantar sem ninguém, umas 17 horas. Lembro que a sopa da Tia Aracy foi a salvação várias vezes. Até que no Clube Oposição o Acyr falou: 'Fica comigo', e passei a titular da mesa", conta Ronaldinho.

Uns três anos depois, o pagode foi para o bairro da Piedade. Ficou um tempo num quintal na Rua Souza Cerqueira, indo depois para o Clube Oposição e, em seguida, para o Piedade F.C., onde se firmou. Um dos destaques do pagode, aliás, foi para o estúdio da Som Livre gravar o coro de "Insensato Destino": o Coral do Pagode do Arlindinho, formado por cerca de 40 fiéis frequentadores. Tudo ia bem, até que o Maestro Ivan Paulo, com seu ouvido absoluto, pediu silêncio no estúdio. Todos quietos, mas ouvia-se um som. Debaixo do piano, na maior tranquilidade, como estivesse em casa, Turu dormia. E roncava. Alto.

PAGODE DA BEIRA DO RIO

No início de 1982, começou um pagode que durou quase três anos, mas entrou na história pelo clima, pela educação musical dos que tocavam, pelo repertório. Era o Pagode da Beira do Rio, que tinha o comando do Mauro Diniz, Adilson Victor e do Cabral, dono do terreno, que ficava em frente a um rio, perto da Rua Frei Bento, em Oswaldo Cruz. "Nossa finalidade era mais tomar uma cerveja e cantar um samba. Tínhamos uma carência, uma necessidade de mostrar um samba novo, pois nas escolas de samba só se cantava samba-enredo e o único lugar que tinha era o Cacique, que era na quarta. E queríamos um terreno de terra batida", conta Mauro Diniz, que tinha seu horário nobre no pagode. Por volta da meia-noite o samba parava. Silêncio. E Mauro empunhava o violão e cantava a canção "José" (poema de Carlos Drummond de Andrade musicado por Paulinho Diniz). Em julho de 1987, quando gravou seu primeiro LP solo, a emoção tomou conta e Mauro não conseguiu fazer a voz guia em "José". Só após o choro ele conseguiu gravar.

O Pagode da Beira do Rio era diferenciado. Foi o primeiro a tocar MPB e a incluir no repertório os sambas de Djavan e Rebento, de Gilberto Gil. Ainda nos bons tempos da ausência de som e microfone, os músicos apenas tocavam, na elegância e no suingue. E se algum desconhecido pedia um instrumento, este era trocado de mãos até chegar ao outro lado da mesa, numa clara e objetiva resposta de que a mesa estava completa. Nas altas horas da madrugada, dois integrantes da mesa, por vez, saíam discretamente e subiam a escada que levava à casa do Cabral para tomar uma saborosa sopa que sua esposa preparava. Bem no sapatinho. O pagode não tinha hora para acabar e, com o tempo, a brincadeira era bater recorde. Se sábado passado terminou às 4h, hoje podemos terminar às 4h30, até que por vários domingos amanhecíamos cantando e vendo o sol raiar. "Ninguém imaginava que ali, na beira de um rio, fosse ficar daquele jeito tão bom. Quando chovia, enchia de lama, mas o povo estava sempre lá. No primeiro dia bebemos uma caixa de cerveja, mas depois eram 20, 30 caixas", lembra Mauro, que não esquece os primeiros amigos que lá estavam, como Laurinho, Abel, Oscar, e aos poucos foram chegando Jorginho Bombom ou Jorginho Pose, Cabo Velho, Miro da Chave, Ircéa, Wilsão, Silvinho, Grande, Mauro Braga, Raquel, Pirulito e tantos outros. Mas, infelizmente, não durou muito. Adilson Victor saiu da parceria e logo depois, numa confusão, Beto Sem Braço deu um tiro. Uma correria e o início do fim. "Isso desestimulou muita gente. Me desgostou muito e eu também estava viajando muito, tocando com a Beth Carvalho e o pagode foi acabando aos poucos, creio que no final de 1984 ou início de 1985", afirma Mauro.

De lá para cá, o número de pagodes só aumentou e, se a nova onda é com microfones, músicos em cima de um tablado, DJ e atrações, pouco importa. O que vale é manter a chama acesa.

ALGUNS PAGODES DOS ANOS 80

Segundas
Pagode dos Boleiros – CCIP de Pilares
Segunda sem Lei – Cacique de Ramos
Bar Fundo de Quintal – Vista Alegre

Terças
Pagode do Leão – Antiga Quadra da Estácio de Sá
Pagode da Resistência – Oswaldo Cruz

Quartas
Pagode do Cacique de Ramos
Pagode da Mulher Solteira – Clube Oposição
Grêmio de Realengo/Clube dos Subtenentes e Sargentos da Vila Militar

Quintas
Pagode de Botafogo – Bar da Dona Maria (Rua General Polidoro), Adega Chapinhon, Barbas, Adega Oceano, todos em Botafogo. Após vários endereços, continua num bar no mesmo bairro.
Tia Doca e Bandeira – Casarão ao lado do Canecão
Pagode da Rua da Quitanda
Pagode do Camarão – Bonsucesso F.C.

Sextas
Treiler do Oxumaré, do Buka – Barra da Tijuca, o primeiro na beira da praia.
Pagode do Wellington – Rua Dagmar da Fonseca, Madureira
Pagode do Ari da Quinta – Quinta da Boa Vista
Pagode da Sardinha – Rua Miguel Couto, Centro
Pagode do Carlinhos Doutor – Piedade
Pagode do Sacy Pererê – Rua dos Inválidos, 49, Centro

Sábado
Pagode da Beira do Rio – Oswaldo Cruz
Pagofone – Cachambi
Pagode do Sapo – Atrás da Tem Tudo, Madureira
Pagode do Renan – Estrada Velha da Pavuna
Ferro de Engomar – Cachambi
Botequim do Império – Império Serrano, Madureira

Domingos
Pagode da Tia Doca
Pagode do Arlindinho

Fundo de Quintal
ao vivo convida

zeca pagodinho • beth carvalho • dudu nobre • alcione • arlindo cruz
almir guineto • demônios da garoa • leci brandão • jorge aragão
nei lopes • sombrinha • luiz carlos da vila • dona ivone lara

CAPÍTULO 25
AS LIVES NO TERROR DA COVID-19
A DESPEDIDA DE UBIRANY
O FUTURO

O ano de 2020 é um ano de terror para toda a humanidade, por conta da pandemia do novo coronavírus, responsável pela doença chamada Covid-19. Foi um ano em que as autoridades tomaram medidas restritivas para evitar a aglomeração e consequente aumento do contágio do vírus entre as pessoas. Com teatros, casas de espetáculos e demais espaços para a realização de shows fechados, a saída foi partir para as transmissões pela internet. E 2020 fica conhecido como o ano das lives.

O Grupo Fundo de Quintal fez três lives, cada uma em um cenário diferente e todas salvas no Youtube, permitindo assim que todos possam assistir a qualquer instante. A primeira, que até o fechamento deste livro tinha 1.283.307 visualizações, aconteceu em Guaratiba, zona oeste do Rio de Janeiro, em 31 de março, com apresentação de Pretinho da Serrinha e durou 2 horas e 27 minutos.

No dia 23 de agosto, no Alto da Boa Vista, zona norte do Rio, a segunda live, com apresentação de Anderson Leonardo, do Grupo Molejo e participação especial da cantora Karinah. Com duração de 2 horas e 40 minutos, a apresentação tinha, até o fechamento deste livro, 438.109 visualizações.

O Reencontro foi o nome da terceira live, realizada na quadra do Cacique de Ramos. Com apresentação de Xande de Pilares, teve a participação de seus ex-integrantes: Sombrinha, Ronaldinho, Cleber Augusto, Flavinho Silva, Délcio Luiz e, representando Almir Guineto, seu filho Almirzinho, enquanto Arlindo Neto representou seu pai Arlindo Cruz. A live teve a duração de 3 horas e 30 minutos e, até o fechamento desta edição, tinha 438.608 visualizações. O único convidado que não pôde comparecer foi justamente um dos fundadores do grupo, Jorge Aragão, na época se recuperando da Covid-19.

A COVID-19 CHEGA AO FUNDO DE QUINTAL

Porém, antes de Jorge, Márcio Alexandre e Sereno ficaram mal por conta da Covid-19. No início de abril, dois dias depois de voltar de um mercado, Márcio começou a sentir dores no corpo e dificuldade para respirar. "O meu caso foi pé na cova, mas o Dr. Jefferson não deixou que eu me internasse. Fiquei 20 dias em casa, muito mal. Não conseguia andar da sala para o banheiro. Foi tão sério que a fumaça do chuveiro quente me sufocava e tinha de tomar banho com a cabeça pra fora do box", conta Márcio, que chegou a perder 12 kg. "Pensava todo dia que ia morrer. A Lívia, minha esposa, conta que tive dois desmaios, dela me sacudir muito pra eu voltar. E eu nem me lembro desses desmaios. Também fiquei com a voz muito trêmula e andava tipo preto velho, com minha esposa me segurando, porque as pernas não tinham movimento. Foi muito brabo."

Com a imunidade muito baixa por causa da Covid-19 ele ainda teve um abscesso na parte de trás da perna esquerda. "Foi muito sério. Meu dedão entrava e ainda sobrava espaço nas laterais", conta Márcio, tratado pelos doutores Jefferson Santana e Eduardo Vianna, este indo em sua casa passar exercícios de respiração. "Melhorei, mas fiquei com uma sequela respiratória. Uns meses depois não conseguia correr muito. Me cansava com mais facilidade. Fui jogar um futebol e não aguentei. Em poucos minutos entreguei o colete", relata Márcio, que venceu o vírus.

Ainda em abril, aos 80 anos de idade, Sereno pegou a Covid-19. E, assim como Márcio, também venceu. "Meu filho André me levou pra fazer o exame e o médico disse que eu tinha de me internar. Meu filho tomou a frente e disse que não iria me internar. O doutor perguntou se ele assumia a responsabilidade, e ele disse que assumia. O André é foda, se preocupa muito comigo e não quis me colocar num hospital, por causa da contaminação e assim foi feito", diz Sereno, que ficou uns 15 dias em casa seguindo à risca o tratamento. "Fazia inalação todo dia e aquele exercício de soprar para a bolinha ficar no alto, mas a sensação é a pior que pode existir. Meu socorro foi o André. Esse meu filho foi um incansável. Ligava de madrugada pro Doutor Jefferson, que também foi um campeão, dando todas as coordenadas. Tenho que dar os parabéns a ele. Graças a Deus não fiquei com falta de ar, mas estava me sentindo cansado, sem paladar e sem olfato e com aquela ansiedade de melhorar", lembra Sereno, que bastou se sentir melhor, para aprontar. Ele saía de casa. Sem ninguém saber. "Ia ao banco escondido, pagar as contas. Quando o André sabia, me dava cada esporro! Mas graças a Deus, nada aconteceu. E também só fui quando estava melhorzinho. Antes nem botava a cara no portão. O importante é ter fé e exaltar estes médicos, como o Dr. Jefferson, que é 10", diz Sereno que, numa ironia do destino, passou a se preocupar com o médico tão festejado, o qual também acabou sendo internado para se tratar da Covid-19. E venceu.

A DESPEDIDA DO CHAPINHA UBIRANY

As recuperações de Márcio Alexandre e Sereno foram um alívio para todos no Fundo de Quintal, que já vinham se preocupando com a saúde de Ubirany, que em 16 de maio também havia chegado aos 80 anos, como Sereno. E, o que para muitos pudesse parecer que estava bem, com toda sua elegância e disposição nos muitos shows e viagens, por outro lado o tão querido Chapinha mostrava exatamente o contrário, dando alguns sustos aos amigos do Fundo de Quintal. Como aconteceu no carnaval de Salvador, em 2018, logo após se apresentar no Bloco Alerta Geral. Passou mal, ficou tonto, pálido e suando muito. No final desse ano, outro susto foi na inauguração do Bar do Zeca, na Barra da Tijuca, Rio de Janeiro. Por sorte, nessa noite ele estava com a filha Renata e com o Dr. Jefferson Santana. Ubirany teve um mau súbito no estacionamento, com os mesmos sintomas da noite do carnaval baiano e com o pulso muito fraco. Os três foram para um hospital perto e, ao chegar, Ubirany já estava com a pressão boa, o ritmo cardíaco bem melhor e queria ir logo embora para casa, mas o Dr. Jefferson o convenceu a sair pela manhã para que aproveitasse e realizasse alguns exames. E não foi detectada nenhuma complicação.

A partir daí o médico começou a investigar uma possível arritmia de seu paciente, que já tinha uma hipertensão sendo tratada. "Ele apresentava uma insuficiência renal crônica que precisava de observação. Detectei a arritmia, tratamos, ele melhorou, mas de vez em quando tinha esses quadros que indicavam ser relacionados a uma labirintite", conta Dr. Jefferson, que pediu para que Ubirany procurasse um otorrino para uma nova avaliação e um nefrologista, por conta de sua creatinina um pouco alterada, na intenção de melhorar seu quadro clínico, o que não foi feito. Com uma glicose alterada, que resultou numa pré-diabetes, Ubirany chegou a realizar vários exames complementares, como um ecocardiograma, um Doppler de carótida, que não apontaram nada que pudesse justificar o mal-estar que vinha apresentando esporadicamente. A arritmia foi detectada através de um monitoramento de 24 horas chamado Holter.

Mesmo assim, os sustos continuaram e, em 2019, outro mal-estar num show, dessa vez após uma apresentação no Sesc, em Guarulhos, São Paulo. Foi chamada uma ambulância, mas Ubirany foi se recuperando aos poucos e não quis entrar no carro. Já em novembro de 2020 no Estúdio Cia dos Técnicos, após o ensaio para a participação do Fundo de Quintal no novo projeto audiovisual de Diogo Nogueira, Ubirany voltou a ficar pálido, tonto e passar mal. Como vinha acontecendo, se recuperou e no dia 23 de novembro subiu ao palco pela última vez com o Fundo de Quintal, para um show no Bar Templo, em São Paulo. E suas últimas imagens foram gravadas nessa mesma semana nas participações do Fundo de Quintal no Samba de Verão – Sol, projeto audiovisual de Diogo Nogueira, no dia 26, numa balsa numa marina em Niterói, e no dia seguinte, na gravação da música "Aglomerou" (Carlos Caetano/Leandro Fabi/Sombra), com a cantora Karinah, num estúdio na Barra da Tijuca. Já Diogo Nogueira dividiu "Fada" com Márcio Alexandre e Júnior Itaguay, e fez um dueto com Sereno em "Cheiro de Saudade". Em "Fada", Ubirany tocou a caixinha na introdução e, em seguida, assumiu o repique de mão. O curioso é perceber seu rosto tenso. No início muito sério, aos poucos foi entrando no clima, rindo, mas não era o conhecido "sorriso da Leopoldina", como Neoci o chamava.

No dia 2 de dezembro, Dia Nacional do Samba, enquanto em São Paulo o Fundo de Quintal preparava-se para outra apresentação no Bar Templo, no Rio de Janeiro, Ubirany, com dores no corpo e sentindo as pernas pesadas, era internado, já com suspeita de Covid-19, por estar com 25% do pulmão comprometido. Um dia antes ele se sentiu mal e não tinha viajado com o grupo. Pela idade e pelo quadro de cansaço muito forte foi levado para o CTI. Nos dois primeiros dias, Ubirany reagiu, melhorou e os médicos chegaram a pensar na possibilidade de liberar sua ida para o quarto, mas não deu tempo. Ele piorou. Passou a ter mais necessidade de oxigênio e foi piorando. O quadro renal ficou comprometido e foi tentada uma hemodiálise. Mas, infelizmente, Ubirany não resistiu e veio a falecer no dia 11 de dezembro. Um dia que ficou marcado, nestes tempos de aplicativos no telefone celular, por um áudio de Sereno, aos prantos, comunicando o falecimento do grande amigo.

Com a partida de Ubirany Félix do Nascimento, o Chapinha, tão considerado e respeitado pelos amigos e pelos fãs, se vai um exemplo. O samba perde uma referência, um ídolo e ficam as lembranças e os vídeos de sua sutileza ao tocar os instrumentos que criou, a elegância na arte de dançar o miudinho e, fora dos palcos, o amigo sempre pronto a ajudar, a resolver tudo na base da conversa. Um dos fundadores do Grupo Fundo de Quintal, Ubirany não colocou a máscara que muitos artistas usam quando sobem profissionalmente na vida. Ele foi o mesmo Ubirany de sempre. Aquele que ao chegar num pagode, onde quer que fosse, levava seu repique de mão, o de madeira, e tocava como se não houvesse amanhã. E seu legado, além do repique de mão, da caixinha e seu profissionalismo, é justamente seu jeito de ser, de levar a vida.

Mas, e quem substitui Ubirany? Já estamos em setembro de 2022 e até o fechamento deste livro, o Grupo Fundo de Quintal não pensa em outro integrante. A princípio, o lugar do Chapinha estará ali guardado, como uma homenagem, no máximo tendo um músico no apoio tocando repique de mão. Para esta função entra Rafael Vudu. E junto com ele, mais novos músicos na banda: Rodrigo Moreira (surdo e tamborim) e Jean Ximenes (sopro).

O ÚLTIMO SAMBA DE UBIRANY

Dois meses antes, o compositor Ubirany, que aparecia de vez em quando, voltou a atacar e deixou um samba, em parceria com Doc Santana e Leandro Fregonesi. "Fui à sua casa num sábado e ficamos jogando conversa fora, quando ele me mostrou uma letra com uma estrofe. Perguntei se ele me permitia levar pra desenvolver, fotografei e terminei em casa. Entreguei para meu vizinho e parceiro Leandro Fregonesi pra colocar a melodia. Gravamos num estúdio, com direção do Waltis Zacharias, e o nome 'Pra que lembrar?' foi ideia do Ubirany, que gostou muito da música pronta", contou o Doc Santana.

Em nossas muitas conversas para este livro, Ubirany e sua boa memória, que me ajudou muito, falou sobre quando iria se aposentar e parar com a música. "Só vou parar quando Deus quiser. Já falei pro Bira que estaremos no palco com cem anos tirando onda e dançando o miudinho. Não quero nem saber de tempo. Graças a Deus estamos trabalhando, virando noite e viajando muito. A pior coisa do mundo é fazer mala e o melhor lance é estar fazendo aquilo que gostamos. Essa troca no palco com o público, ver todo mundo curtindo, cantando, é uma das grandes dádivas que o Fundo de Quintal tem. Temos mais de 40 anos de estrada, mas podemos cantar qualquer música dos primeiros discos e o povo vem junto. Não tem maior gratificação do que essa, não tem como dimensionar o prazer que dá ver o público cantando todo nosso repertório", me disse Ubirany.

E seu irmão Bira Presidente, do alto de seus 85 anos em 2022? "Sinto-me completamente recompensado. Não tenho que pedir mais nada a Deus. Resolvi meus problemas da vida e estou com vida. Então, eu que já pratiquei boxe e jiu-jitsu, vou indo pra minha academia e me cuidando. Há alguns anos que minha família acha que devo parar, mas só vou parar quando Deus não me deixar mais andar", afirma Bira. E Sereno vai na mesma onda. "Eu só paro quando Papai do Céu achar que devo. Enquanto ele estiver me dando força, vou seguindo e fazendo músicas com meu filho. Temos uma sintonia fina e o André Renato é maravilhoso. Só me deixa na cara do gol. Ele está sempre me incentivando." Com Ademir Batera o pensamento é o mesmo de nem pensar em parar. "Sei que já não sou um garoto e peço forças a Papai do céu pra me ajudar a continuar essa minha trajetória da música. Não fico lamentando que a idade *tá* chegando e, quando posso, vou à academia e pego um peso, faço um exercício. Também gosto de pescar e nem adianta dizer que conto história de pescador e compro o peixe. Como não consigo mentir, fico o dia todo lá em Grumari ou num cantinho no Posto 6 e levo pra casa uns papa-terra, umas corvinas, uns xereletes", diz Ademir.

UMA CHUVA DE BÊNÇÃO

O duro ano de 2020 e os primeiros meses de 2021, com muitas mortes pela Covid-19, incluindo, além de Ubirany, nomes ligados ao Fundo de Quintal, como o músico Gordinho, um Mestre do surdo, que tocou em discos e DVDs, o diretor artístico Líber Gadelha, que fez cinco dos seis DVDs do grupo, de Aldir Blanc, compositor que gravou num dos CDs e escreveu contracapa, e da filha de Neoci, a produtora Sheila Hatischvili, esta com suspeita de Covid-19, deixam um gosto amargo neste universo do Fundo de Quintal, mas o ano de 2020, porém, termina com uma nova música, uma mensagem de positividade para o ano que estava por chegar.

Exatamente às 18h do último dia do ano é lançado na internet o samba "Chuva de Bênção" (Sereno/André Renato/Júnior Itaguay), com o Fundo de Quintal recebendo as participações especiais de Délcio Luiz, Mumuzinho, Xande de Pilares, Marcelinho Moreira, Pretinho da Serrinha, Diogo Nogueira, Moacyr Luz, e André Renato, que também fez a direção da gravação realizada na Cia dos Técnicos.

Um samba de puro otimismo para sonorizar o ano de 2021 e comemorar os 45 anos do Grupo Fundo de Quintal, em 23 de junho, e os 60 anos do Cacique de Ramos, em 20 de janeiro, onde tudo começou. Que Sereno, André e Júnior estejam certos e que uma chuva de bênçãos venha molhar a todos e coroar os parabéns para Bira Presidente, Ubirany, Sereno, Neoci, Jorge Aragão, Almir Guineto, Sombrinha, Valter 7 Cordas, Arlindo Cruz, Cleber Augusto, Ademir Batera, Mário Sérgio, Ronaldinho, Flavinho Silva, André Renato, Milsinho, Délcio Luiz, Márcio Alexandre, Júnior Itaguay e também Beth Carvalho, Mílton Manhães, Rildo Hora e a todos que direta ou indiretamente contribuíram para cada compasso, cada batucada, cada miudinho, cada samba e cada emoção vivida nesta impressionante trajetória, que iniciou sem pretensões e se transformou na revolução do som que mudou a história do samba.

Parabéns, Grupo Fundo de Quintal!

O Quintal do Samba
GRUPO FUNDO DE QUINTAL
DISCO DE OURO
O Quintal do Samba
GRUPO
FUNDO DE QUINTAL
Homenagem da LGK Music ao Grupo Fundo de Quintal
pela vendagem superior a 25.000 cópias do DVD
e 50.000 cópias do CD "O QUINTAL DO SAMBA"
O Quintal do Samba
GRUPO
FUNDO DE QUINTAL
LGK
MUSIC

CAPÍTULO 26
A SAIDEIRA

A saideira, uma prática antiga entre os amigos que estão bebendo uma gelada, era uma constante nos finais dos pagodes das quartas no Cacique de Ramos e em tantos botecos, pagodes e outros encontros. Aqui vamos imaginar a seguinte cena: todos os protagonistas desta trajetória jogando uma conversa fora. Uns falam mais, outros falam menos. E no caso dos saudosos Neoci, Mário e Almir, alguns amigos e parentes falam por eles ou no caso do Guineto e do próprio Arlindo, que ficou doente, dias antes de começar os papos para o livro, também trago uns pedaços de entrevistas que fiz com eles nos anos 80. Já o meu chapinha Ubirany, conversamos muito para o livro e me ajudou muito com sua boa memória. Enfim, são histórias engraçadas, sérias, curiosas, muitas inéditas...

Então, para manter a tradição, uma boa saideira com todas as formações do Grupo Fundo de Quintal.

BIRA PRESIDENTE

"Meu nome é Ubirajara Félix do Nascimento, nasci no dia 23 de março de 1937, em casa, de parteira. Sou carioca da gema, suburbano e não deixo meu subúrbio de forma alguma. Aqui é a minha vida, a minha história, a minha felicidade. É aqui no subúrbio que constituí minha família e onde tenho, modéstia à parte, uma entidade que é considerada referência dos 100 anos de samba. De onde saíram os maiores nomes do samba. Vim morar na Vila da Penha e aqui vai ficar marcada não só a minha vida, como a minha alma.

Nossos pais, Domingos Félix do Nascimento e Conceição de Souza Nascimento. Meus irmãos são Ubiracy, Ubirany e Conceição, e não temos de reclamar nada em relação a nossa construção familiar e educacional. Meu pai foi um grande serralheiro e restaurou muitas peças da bateria do

Cacique. Desde garotinhos, com cinco, seis anos, nosso pai levava eu, Ubiracy e Ubirany para as reuniões, as confraternizações com os amigos deles. Subíamos o Morro da Mangueira, íamos ao Buraco Quente, para o Estácio, para a Praça Onze. Um apaixonado pela Mangueira, ele não cantava, não compunha, mas era um boêmio nato. Era amigo de Cartola, Candeia, Heitor dos Prazeres, Ismael Silva, Donga, Pixinguinha, Bide, Honório Guarda, Gastão Viana, Nélson Cavaquinho, João da Baiana e tantos outros bambas. Ele nos levava pras residências desses monstros sagrados da nossa música e eles também vinham pra nossa casa. Meu pai foi um boêmio refinado e gostava de tocar um surdo, um tamborim...

[...] Faço academia há mais de trinta anos. Pratiquei boxe e jiu-jitsu. Em 1955, cheguei a competir pela Aeronáutica. Eu sempre gostei do esforço físico e foi isso que me deu essa saúde toda, essa vitalidade. Não sinto cansaço nos shows e muitas vezes já fizemos dois, três por noite...

[...] O respeito que as pessoas têm por mim é uma felicidade. Faltam até palavras para expressar o que sinto. É tudo que me deu essa juventude externa que eu tenho. Por isso sou um homem fértil de felicidade. Deus me livre que um dia seja mascarado. Serei sempre o mesmo Bira, que foi criado como uma pessoa humilde. Não sou rico de dinheiro, e sim de felicidade e de ética.

Sou muito vaidoso. Isso vem de criança e acho que todo homem tem que se cuidar, andar elegante, saber se apresentar. Esse cuidado é também um respeito muito grande ao meu público e às pessoas do meu convívio. Não quero andar melhor que ninguém, mas pelo menos igual aqueles que sabem se vestir...

[...] Minha vida tem sido em prol do samba. Larguei dois empregos públicos por causa do samba. Fui funcionário público no Ministério do Exército e na Secretaria de Administração do Estado, onde fiquei por 22 anos. Fiz concurso para o ministério do Exército e para policial. Meu pai disse que para policial eu não iria, porque ao mesmo tempo em que era muito tranquilo e não arrumava briga com ninguém, era meio tinhoso. Se eu me aborrecesse, era um caso muito sério. E hoje sou formado em Comunicação Social...

[...] Essa casa aqui, o Cacique de Ramos, é fértil. Não existe no Brasil uma casa de onde tenha saído tantos nomes importantes, frutos verdadeiros do samba. Sinto-me agraciado por Deus. E todo mundo pode falar que criou o Cacique, mas quem segurou a pemba toda fui eu. Eu sofri, superei, passei situações dificílimas e sou merecedor por tudo. Mas nos anos 60 sofri um atentado. O Cacique começou a crescer muito e eu sempre fui aquele homem de atitude. Se o cara da bateria não se portava bem, eu chegava na educação pra tirar. Quando não queria sair por bem, eu tirava assim mesmo. Eu não tinha seguranças pra nada, era sozinho e segurava tudo. E como não tinha carro, quando ensaiávamos na Rua Tenente Pimentel, ia andando até a Rua Barreiros e pegava o ônibus. Atravessava a linha do trem em Olaria, por uma abertura pra ir pra Tenente Pimentel. Certo dia, saltei do ônibus onde tinha o INSS e uns quatro caras armados me pegaram:

Homem – Para aí. O negócio é o seguinte, nós queremos segurar aquilo lá, a gente quer estar contigo e você vai concordar.
Bira – Como é que é? Não, não vou concordar!

Aí eles partiram pra dentro de mim e eu saí no pau com eles, ali antes da linha do trem. Lógico que eu não aguentei, quatro em cima de mim! Uma hora me pegaram e me jogaram dentro do carro, no meio deles, no banco de trás. Quando chegamos num certo lugar...

Homem – Então, vai concordar?
Bira – Não vou não.
Homem – Então você não quer viver.
Bira – Que isso, não precisa disso!
Homem – Sai do carro. Sai que nós vamos te matar agora.

Na minha frente tinha um muro bem alto. Saí correndo e nem sei como consegui pular aquilo. É por isso que eu digo que nunca deixei de praticar esportes. E começaram os tiros, *pá pá pá*, mas nenhum acertou. Todos pegavam no muro. Pulei e já caí do outro lado. A salvação foi uma pessoa que deu neles e disse pra eu ir embora. E corri até Bonsucesso. Eu não sabia que era tão querido. Então, veio o pessoal da velha guarda. Aquela turma toda da antiga foi se aproximando.

– Nós vamos estar contigo aí agora. Garoto, nós vamos te ajudar e você vai ficar no Cacique sim. Qualquer coisa fala comigo.

Daí, passei a ser o cara mais considerado, o mais querido, continuei e acabou ficando tudo bem. O Cacique de Ramos pra mim é a minha vida, é a minha história. Hoje em dia o Cacique é tombado como Patrimônio Cultural...

[...] E o Grupo Fundo de Quintal é de uma importância imensa na nossa cultura. Nós nunca fugimos de nossas raízes, não só pelo nome, mas por tudo que passamos a representar para o samba. Demos continuidade a uma filosofia musical, que vem dos antigos [...]."

UBIRANY

"Me chamo Ubirany Félix do Nascimento e nasci no dia 16 de maio de 1940, em Ramos. Minha infância foi a mais gostosa do mundo. Tudo que a molecada tinha direito de fazer naquela época eu fazia. Eram as peladas, bola de gude, rodar pião, pular carniça... agora não tem mais nada disso. Eu sempre fui meio sonso e já aprontava as minhas. Uma foi quando tinha uns nove anos e morava na Rua Souza Lobo. Estava na padaria, na esquina da Rua Barreiros com Rua das Missões. Passou o lotação Praia-Ramos. Coloquei um punhado de arroz na mão, joguei num carro que vinha passando e fiquei na minha. De repente vêm dois caras. O arroz caiu na vista de um e foi uma confusão federal. Me seguraram. Até resolver, até acalmar foi um problema, mas quando me soltaram, corri até em casa sem parar. Foi um sufoco....

[...] Fiz o primário no Colégio São Luis Gonzaga, e o ginásio e científico no Cardeal Leme, os dois em Ramos. E não deixei queixa não. Nunca repeti nem fiquei em segunda época. Mas brincalhão e farrista sempre fui.

[...] Meu sonho de moleque era fazer medicina. Passei no concurso para a Escola de Reabilitação em Fisioterapia e me formei na turma de 1963. Logo depois de formado, tive uma clínica com dois sócios, o Cury e Lamounier, na Rua Santa Sofia, 60, na Tijuca. E como já tínhamos essa ideia, juntávamos dinheiro e comprávamos aparelhos. Foi em 1964. Mas já trabalhava na ABBR, onde fiquei de 1963 até 1966. A clínica era uma casa ampla, estava indo de vento em popa, com uma boa clientela, mas em 1966 começou a dar problema. Eu e o Cury passamos para o concurso público de terapeuta no INPS e começamos a trabalhar no primeiro centro de reabilitação montado dentro do Hospital do IAPETEC em Bonsucesso. Um ano depois a clínica não tinha condições de continuar. A nossa clientela, que pagava, passou a perceber que os fisioterapeutas que eles tinham pagando, também tinham de graça no IAPETEC. E ouvíamos:

– O Senhor não me leva a mal, mas vamos continuar o tratamento com o senhor lá no IAPETEC.

Em 1977, fiz administração e, por 30 anos, trabalhei como fisioterapeuta. Fiquei no IAPETEC até 1993, quando me aposentei e já no final, formado em administração, trabalhei em cargo de chefia. Aí, parei com tudo e ficou só o samba...

[...] Costumo dizer aos novos, aos que estão chegando, que eles têm de ser os próprios críticos. Façam o trabalho deles e olhem para o público, que é o maior termômetro. Quem diz se você está bem ou não é o público...

[...] Eu adoro a boemia. As noites sempre foram minhas, mas agora estou mais devagar, mais quietinho. A pior hora é quando tem de ir embora e aí tem sempre de tomar mais uma. Mas também sou muito grato a minha mulher, a Lola. Fizemos 50 anos de casados e ela sempre entendeu esse tipo de vida que eu levo. O mérito é de quem? É dela. De vez em quando abuso mais, tomo mais uma, mas diminuí bastante a velocidade. E esse 'meu chapinha', como trato todo mundo, pegou mesmo. Virou uma forma tradicional de tratar as pessoas, bem espontânea. E me chamam assim também, até no exterior. E também já fui o vice, por ter sido vice-presidente do Cacique de Ramos, de 1961 até 1993...

[...] Nós tínhamos uma sede na Rua Tenente Pimentel, em Olaria, mas estava meio difícil saldar os compromissos do aluguel com o proprietário. Os sócios do Cacique pagavam direitinho no período pré-carnavalesco e no carnaval. Passava o carnaval, ninguém pagava nada. O dono nos deu uma imprensada num momento difícil, pois faltavam poucos dias para o carnaval e tínhamos que botar o bloco na rua. Ele queria porque queria a sede e tinhamos de entregar. E ainda achar um novo lugar. Colei com o falecido Mílton Vianna, diretor do Cacique, e fomos procurar um terreno. Ele era uma figura muito bacana e de uma competência, de uma serenidade impressionante. Devemos muito a ele. Fomos procurar na Secretaria de Patrimônio, que nessa época funcionava na Rua Santa Luzia, no centro. O Jorge, meu colega de CPOR, trabalhava lá e nos ajudou a vasculhar muitos mapas. E achamos esse terreno na Rua Uranos, 1326, em Olaria, onde funcionava uma biblioteca, que estava abandonada. Fomos olhar e ficamos maravilhados.

O Bira sempre teve bom conhecimento, sempre transitou bem entre os políticos. E com a proximidade das eleições fomos conseguindo tudo. Faltando 30 dias pro carnaval, nós entramos na marra. Como tinham interesse, vários políticos intervieram, colocaram máquinas para tirar todo o matagal e em uns dois dias meteram asfalto. O saudoso Luizinho Drummond também nos ajudou muito. Entramos e botamos o carnaval na rua. O carnaval de 1970 com o samba 'Chinelo novo' (João Nogueira/Niltinho Tristeza), aquele do '...quero esquecer a vida, ir pra avenida me perder no povo...'. Mas precisava oficializar. Foi quando o Dr. Adílson, que nos foi apresentado pelo Dr. Gustavo Dória, pelo Mauro e pelo Renato, ia conseguir o documento. Para isso, cedemos a quadra para aulas de educação física de todas as escolas do bairro. Dr. Adílson batalhou muito até conseguir a sessão de uso, que se renovava automaticamente. E no final de 2010, na gestão do prefeito Eduardo Paes houve a obra na quadra. E em 2015, a Prefeitura do Rio declarou o Cacique de Ramos como Patrimônio Cultural Carioca de Natureza Imaterial....

O Fundo de Quintal contribuiu à sua maneira com os instrumentos, a forma de compor, as letras mais buriladas, ajudando para que essa juventude viesse junto conosco, para o engrandecimento do samba. Falo isso sem vaidade, de coração. Viemos pra somar e somamos dentro do samba, trazendo um pouco da dança da antiga, que tinha sido esquecida. Não foi nada programado para fazer sucesso e aí está a grande valorização. Nunca falamos vamos fazer isso porque nosso objetivo é esse. Nada disso. Nosso objetivo sempre foi cantar, tocar e fazer samba [...]."

SERENO

"Meu nome é Jalcireno Fontoura de Oliveira. Nasci no dia 24 de maio de 1940, no Rio de Janeiro. Fui um moleque perturbado, muito arteiro. Na escola era muito peralta. Cursei até a quinta série, mas aprontava muito. Até no pé do professor Aurélio, de português, eu mijei. Mijei e saí correndo. Diziam que ele era uma bicha e fui lá ver se era mesmo. Resultado? Só podia entrar no colégio com a presença do responsável. Chamei minha irmã Célia, mãe do Mauro Braga, pra ir comigo. Ela era um amor pra mim e foi me ajudar. O professor estava uma fera.

Professor Aurélio – Esse moleque é muito atrevido, muito rebelde. Ele mijou no meu pé.

Foi difícil contornar, mas no final ficou tudo bem. Morava em Olaria, perto da quadra do Cacique, na última casa da Rua Antônio Rêgo. Eu e a molecada subíamos no trem andando e, quando passava na porta de casa, dava tchau, pendurado no vagão que levava carvão. Era o dia inteiro na rua. Soltava pipa na linha do trem, pegava sol, ficava pretinho, um tiziu, e quando chegava em casa pra jantar, a porrada comia. Minha irmã me batia mesmo...

[...] Meu pai, Galdino Xavier, sempre foi muito festeiro, lá em casa era festa todo fim de semana. No Natal e Ano Novo então tinha uma festança. Ele queria todos os filhos em volta de uma mesa grande que tinha lá em casa. O Ubirany, Everaldo da Viola, o Dida estavam sempre com a gente. No carnaval ele levantava a gente bem cedo, organizava tudo e colocava minhas irmãs Betinha, Cira e Chiquita pra vestir aquelas fantasias de papel crepom e brincar no bloco para o Banho de Mar a Fantasia na Praia de Ramos. Quem patrocinava era a Casa Ondina, de roupas femininas. Minha mãe, Dona Elza Soares, reclamava, mas adorava o carnaval. Naquela época os banqueiros de bicho eram muito importantes na vida dos foliões e todos tinham muito respeito a eles. Um deles era o Arlindo Pimenta, um branco gordo, bigodudo, que parava muito ali em frente à Igreja São Geraldo, no Bar do Moreira. Ele também colaborava com o bloco e quando chegava dava uma caixa de lança-perfume pras minhas irmãs. Elas adoravam, mas preocupavam, porque eram bonitinhas e gostavam de namorar pra cacete. O bloco seguia pela Angélica Mota, ia até a praia, com uma bandinha. Meu pai também era mestre-sala do rancho do Arsenal de Marinha, onde ele trabalhava. Vinha todo cheio de ginga, pulava pra lá, pulava pra cá, ele pintou e bordou. Todo domingo ele tinha mania de acordar a gente cedo pra ir tomar café com leite no bar. Íamos com o maior prazer. Eu e meu irmão Disinho também gostávamos quando ele ia com a gente na loja de sapatos e ganhávamos tênis novinhos. Aquele era um dia de festa pra gente...

[...] Os anos foram se passando e fui acalmando. Aos 14 anos, já trabalhava com meu pai. Ele era bombeiro hidráulico e fez toda a obra hidráulica da igreja de São Geraldo, em Olaria. Eu era o ajudante e carregava uma bolsa de quase 10 kg. Meu pai não me dava colher, ele era muito duro. Mas por pouco não fui um pilantra da vida, só falando assim. Eu era muito brigão e vivia aprontando...

[...] A Chiquita, minha irmã mais velha, foi uma mãe de santo muito respeitada e a primeira compositora do Cacique. Ela era esperta e batucava com qualquer instrumento. Era muito engraçada, muito palhaça e tudo pra ela era motivo de samba. Pintava uma inspiração, ela já me chamava pra ouvir e começava a batucar na mesa. Tinha uma voz muito aguda, tipo Arlindo, eu curtia. Não sei por que, mas não calhou de fazermos uma música juntos. Ninguém via a Chiquita séria, aborrecida. Ela gostava de cantar um pagode que dizia para aproveitar a vida porque amanhã pode ser tarde pra sorrir...

[...] O Neoci me chamava de Nove porque tive de amputar um dedo, que quebrei jogando bola em Del Castilho. Dei uma solada no cara e o dedo veio todo pra trás. Servi o exército por 11 meses e 10 dias, marchava, corria e ele não doía. Quando dei baixa, comecei a sentir. Meu irmão Edson me levou na Santa Casa e amputaram o dedo. Estava chegando o carnaval e eu doido pra sair, mas não podia. Estava chovendo. Como era terrível, enrolei o pé no plástico de mercado e fui pra rua brincar nos blocos. Meu irmão viu, deu uma bronca e me fez vir embora. Cheguei em casa e levei outra bronca, da minha mãe [...].

[...] Meu cunhado Adalberto, pai do Galdino, me levou pra treinar no Vasco, de lateral-direito. Fiquei naquela empolgação, porque o técnico Eli do Amparo gostou do meu futebol.

Eli – Quem joga de lateral ou de zagueiro tem que vir pronto, mas manda o garoto voltar porque ele não é bobo não, ele sabe jogar.

Treinei uma vez, mas não quis voltar. Eu nem torcia para o Vasco... Então, fui servir o exército, mas foi outra lenga-lenga. Não aprendi, não ficava quieto e quase fui expulso. A minha sorte é que eu tinha um futebolzinho. No exército fui campeão da Vila Militar pelo Terceiro Batalhão de Carros de Combate, em Realengo. Eu não usava o sapato do quartel, era cabeludo e ainda passei Natal e Ano Novo sem me apresentar, por causa da farra. Era muita festa lá em casa. Minha mãe reclamou muito. No dia primeiro a escolta foi lá em casa me pegar. Vesti a farda, entrei no jipe e fui me apresentar no quartel. E dei muita sorte por não pegar 23 dias de cadeia, porque o Capitão Cazares, da minha Cia, me adorava e quebrou o meu galho. Por outro lado, tinha o Tenente Gomes, que a gente chamava de Satanás, que não me suportava e sempre me colocava nos piores serviços. Na linha do trem, tinha umas mulheres que se viravam. Namorei uma. Larguei o mosquetão encostado no muro do quartel e fomos pro matagal para transar. Ele estava fazendo a ronda e levou meu mosquetão. Voltei pro quartel e ele mandou me colocar na jaula. Eu falei: '*Tá pensando que sou bicho?*'. Era forte e decidido e enfrentei. Me prendeu e no dia seguinte queria me expulsar. A cadeia era pesada. Éramos obrigados a dormir encostados na parede. Mas o Capitão Cazares me salvou e não fui expulso. E como era craque, o futebol me ajudou e fui ficando até dar baixa...

Trabalhei na General Eletric por 12 anos. Entrei como ajudante e saí como calibrador. Meu chefe não queria que eu saísse, mas fui pro Cais do Porto e fiquei uns quatro anos. Carreguei ferro nas carretas, varri o cais, mas o chefe, que chamávamos de feitor, não gostava de mim, porque eu não gostava de me sujar. Queria meu uniforme caqui sempre limpinho. Um dia estava em cima de uma carreta com trilho de linha de trem. O operador do guindaste levou o trilho e, quando voltou, não esperou, levantou a alça, pegou por dentro da minha luva e me levantou. Meu Deus do Céu, nem gosto de lembrar! Fiquei pendurado numa altura de mais de 5m. Por sorte não mexi a mão e não caí. Estaria morto. Ou caía em cima dos ferros ou no mar. Ele estava bêbado, mas conseguiu me colocar no chão. Xinguei muito e nem sei como não arrebentei ele. Fui à gerência, pedi minhas contas e saí do Cais.

Aí, meu sogro comprou um botequim pra mim, em Vaz Lobo, no pé do Cajueiro. Nas terças tinha feira e todo mundo parava no Bar do Bigode, como me chamavam. Eu não dava um sorriso no bar, pra manter o respeito. Tinha uma mesa de sinuca no centro e os maconheirozinhos não bebiam e queriam ficar jogando até tarde, mas dava 11 da noite eu parava a sinuca. Teve um dia que um camarada me irritou tanto... Eu estava cortando mortadela, ele chegou com onda de brabo pra cima de mim. Pulei o balcão e o camarada jogou o taco pro alto e correu, mas não fui atrás. E o tal de Jurubeba, o Juru? Todo dia, 7h da noite ia lá no bar, tomava a Jurubeba e dava uma cusparada no meio do salão. Tinha que aturar tudo isso e ainda a fiscalização me roubando. Nem sei como aguentei três anos com o bar. Até que falei com meu sogro pra gente vender e fui ser vendedor na gráfica dele. Já tinha uma freguesia, vendia bem, mas quando chegava na hora de receber, como eu era abusado, almoçava em restaurante, bebia uma cerveja e gastava o dinheiro da venda. Devia mais do que vendia e fui trabalhar no táxi...

[...] Todos ficam impressionados porque eu faço minhas melodias, mas não toco violão ou cavaco. É coisa de Deus. Eu tentei aprender, mas não tive paciência. Fiz aula com o professor Oscar, em Ramos, mas era muita corda para apertar. Começou a me fazer calo nos dedos, me incomodava. Parei e, de repente, comecei a ter facilidade em fazer as melodias...

[...] O Neoci tinha o poder de me convencer a ficar com ele e levá-lo a todos os lugares com meu táxi. Ele me alugava. Eu, numa de querer vencer na música, ia pra Intersong, onde ele foi trabalhar depois que saiu do Fundo, ali na Avenida Rio Branco. Chegava na hora do almoço, ele muito folgado, íamos aos melhores restaurantes. Os dois duros e ele pagava com cheque.

Neoci – Ô Nove, tem uma parada pra gente fazer hoje, um almoço na casa de fulano.
Sereno – Mas eu tenho que trabalhar, como é que eu vou pagar a diária pro home?
Neoci – Ô rapaz, você é o cara. Ninguém tem carro aqui...

E lá ia eu pros pagodes da vida com Neoci...

[...] Um dia falaram: 'O próximo a gravar é você'. Fiquei todo entusiasmado, mas pensei: *será que vai dar certo?* Se me chamasse mesmo, eu ia, todo mundo se deu bem, mas a coisa foi por água abaixo. A época era boa, mas não tive sorte e nada aconteceu. Aí, fiquei na minha. E veio essa de a voz mais bonita do Fundo de Quintal, do meu querido Arlindo, que peço muito a Deus que se recupere. É muito bom ouvir, mas isso não me deixa nem mais nem menos...

[...] Estou com problema na vista e na audição, que está péssima, devido passar esse tempo todo bem perto das caixas de som. Isso vem me agredindo durante anos. E o som tem que estar muito para que eu possa ouvir o acorde, pois não vou fazer bobagem...

[...] O Fundo de Quintal tem uma importância muito grande na nossa música, por tudo que já fizemos. Além dos instrumentos, por exemplo, também quebramos o tabu da roupa sempre igual e dos passos marcados nos shows. Sem que planejássemos, fizemos uma grande revolução na vida musical. O povo nos aceitou de braços abertos. Até hoje cantamos os primeiros sambas que gravamos e o público inteiro canta."

NEOCI DIAS DE ANDRADE

Neoci Dias de Andrade nasceu em Ramos, no dia 12 de agosto de 1937 e faleceu no dia 23 de novembro de 1988. De Neoci falam sua irmã Beth, a viúva Dona Vitória, seus filhos Sheila, Jorge Arthur e Banana, os amigos Darcy Maravilha, Nei Lopes e Décio Cruz da editora Warner Chappell, que trabalhou com Neoci.

Elizabeth Machado Guedes, irmã

"Eu era a Tudinha, Neoci era o Cici. Nossa mãe, Aracy, e nosso pai, João da Baiana. Passamos nossa infância em Parada de Lucas e depois na Rua do Carmo, 22, no Centro, em uma casa de cômodo. Quando morávamos com nosso pai, tínhamos tudo, só não podíamos ir pra rua porque ele brigava. Ficávamos ajoelhados na cadeira olhando a rua pela janela. Quando ele não estava em casa, a gente ia pra rua. Cici ia jogar bola de gude, mas quando papai apontava na esquina, tinha que correr pra casa. Ele só queria saber de rua, soltar pipa e jogar bola. Quando fechava o comércio, a gente ia pra rua, ficávamos sentados no papelão e um vinha puxando o outro. Era o nosso carrinho. Não éramos ligados à música, não ouvíamos rádio, tínhamos de estudar. Quando vinha a carrocinha, pegávamos os cachorros da rua, colocávamos no nosso quintal e os caras não podiam pegar. Depois a gente soltava. Era a nossa distração...

[...] Nossos pais se separaram e papai ia nos pegar todo dia pra passear, ir pro Campo de Santana dar amendoim pras cutias. Minha mãe não gostava quando ele nos levava pra rádio Mayrink Veiga. Aí o pau comia. Com eles separados, eu e Cici escolhemos um pai, o Franklin, um vizinho que gostava de criança. Era feirante e foi um pai maravilhoso...

[...] Cici não tinha afinidade e não procurava meu pai. Nos afastamos completamente dele. A briga dele com minha mãe era todo dia, de se atracarem e ir parar no juizado de menores. Na separação minha mãe ficou com a nossa guarda. Viemos morar em Ramos e entrou a música na vida dele. Minha mãe mandou Cici trabalhar. Ele foi pra Cavan, colocar postes nas ruas e, já na maldade, levou um colega pra trabalhar com ele. O colega trabalhava e ele ficava fazendo música. Não queria nada, mas sempre foi muito inteligente. Nunca vi o Cici fardado. Se tinha tiroteio, ele atirava pro alto pra não acertar ninguém. O tiro vinha pra cá, ele ia pra lá. Não matava uma barata e, se um dia matasse alguém, ia ficar com remorso para o resto da vida. Não sei por que entrou pra polícia. Aprendeu a cozinhar vendo minha mãe fazendo no caldeirão a lenha no quintal. Ela gostava de panelada, feijão, mocotó, comida pesada...

[...] Mamãe falava que ele tinha mania de batucar na porta, igual ao pai. Em casa a gente não falava no pai. Era como se fosse um artista qualquer. Minha mãe que insistia pra gente procurar. Fui duas vezes, não me dei bem, não me tratou bem e deixei de lado. Cici nem foi, queria distância.

Uma vez ela falou que meu pai tinha levado um tombo, que estava doente. Deu na televisão que ele estava internado numa clínica em Santa Teresa. E disse que deveríamos ir lá. Eu não queria ir, mas ela falou tanto que fui. Cici nem se mexeu. Ele me reconheceu. E quando os repórteres perguntaram o que iria fazer quando saísse dali, ele disse:

João da Baiana – Ah, não sei. Não tem ninguém pra tomar conta de mim!

Me deu uma dor no coração! Eu disse que ia tomar conta dele, que morava em Ramos, sozinho. Eu ia, cuidava, levava ao médico, comprava remédio, mas Neoci nem aparecia. Depois que se separou da minha mãe, nunca o vi com mulher nenhuma, mas quando morava com a gente, era safado, o pau comia. Não podia ver uma empregadinha que dava em cima. E antes de ir tomar conta dele, eu e Cici não nos interessávamos e só sabíamos notícias através das revistas. Quem me informava era minha professora, que ficava me papariando, pois sabia que eu era filha dele. Cici não foi ao enterro dele. Foi depois ao cemitério. Sozinho...

[...] O Cici não foi reconhecido como filho do meu pai, que não o registrou. Eu não sei o que houve. Minha mãe nunca me falou! (seu tom de voz muda e quase não se ouve sua voz). Mais tarde vim saber, mas é uma coisa de família e sinceramente? Passei uma borracha. Cici tinha muita mágoa. Meu irmão não falava que era filho dele. Todos ficaram sabendo depois que papai morreu, porque tive de aparecer. Cici ficava na dele e o admiro porque ele cresceu por ele. Não subiu nas costas de ninguém [...]."

Vitória Hatischvili, víúva

"Fomos casados por 28 anos. Começamos a namorar escondidos. Como os vizinhos viam, tive de falar com minha mãe, Dona Íria da Conceição, uma preta racista e com meu pai, Seu Gregório Hathschivili, um branco ruço. Quando minha mãe nos viu no portão, ficou com um ódio mortal.

Dona Íria – Porra, eu fiz de tudo pra clarear a família e vem você com essa merda desse preto sujar a família?

Mamãe falava tudo na cara. Botou ele pra correr e proibiu o namoro. Ficamos nos encontrando escondidos. Depois de um ano, ele me levou pra conhecer a família e a Dona Aracy, mãe dele, me adorou. Tive o carinho dela que não tive da minha mãe. Um dia, fugi e fui pra casa do Neoci. Minha mãe foi lá me pegar, mas minha sogra disse que arcava com toda a responsabilidade. Deitei no colo dela, disse não vou não, e fiquei morando lá com Neoci...

[...] Ele não gostava de trabalhar. Fez um curso de eletricista no Senai, mas tinha medo de choque, não trocava uma lâmpada. Tudo era eu ou então pagava pra alguém trocar a tomada. Tinha medo de rato, de barata e, como lá na Ilha tinha muito rato, ele subia em cima do sofá e chamava alguém pra matar. Era medroso pra caramba. Mas era muito inteligente. Passou em primeiro lugar no concurso pra polícia militar e foi trabalhar dentro do hospital da PM, no Estácio. Foram 18 anos de serviços burocráticos, na máquina de escrever. Passou na prova pra cabo, mas acordava tarde, colocava a roupa correndo pra não perder o horário e chegava sempre atrasado. Um dia mudou o comando e o colocaram pra trabalhar na joaninha (fusca da polícia), com um soldado dirigindo. O posto dele era no Aterro do Flamengo. Em época de Natal, os policiais ganhavam o pernil no açougue, na padaria, mas ele não pegava nada.

Soldado – Tia Vitória, vou pedir pra não trabalhar mais com o cabo Neoci. Ele não deixa a gente pegar nada!

Tinha medo de ver a foto dele na primeira página do jornal, apontado como corrupto. No hospital os cozinheiros eram muito amigos dele, ofereciam uns frangos pra ele levar, mas também não levava.

Neoci – Olha só, o cara veio me comprar com dois frangos! Agora você vê, saio com os frangos e nego me pega! Sabe, Vitória, você vai ficar sem nada porque eu não vou fazer o que eles fazem.

E não fez. Neoci nunca chegou em casa com uma bala que tenha pegado no quartel ou ganhado de alguém. Os caras iam na padaria, no açougue, faziam o Natal deles, ele ficava no carro. A gente não tinha nada, vivíamos com o salário dele.

[...] Ele podia não ter um tostão, mas não andava de ônibus de jeito nenhum. Quando não tinha o dinheiro pra pegar o táxi, sempre tinha alguém pra dirigir pra ele, pra vir buscá-lo. Em 1979, quando ganhou o dinheiro do 'Vou Festejar', minha cunhada veio falar pra ele comprar uma casa.

Neoci – Veio me dar conselho? Você me ajudou a fazer a música? Qual a parte que você colocou? Não vai se meter no meu dinheiro não.

E não comprou a casa, gastou tudo. A única coisa que comprou pra mim foi uma Caravan branca, que foi comprar com o Sereno. Eu gostava de carro grande, mas não sabia dirigir. Pedi meu vizinho pra me ensinar a ligar e comecei a andar com o carro, a rua era sem saída, ia até o final e voltava, quando me viu dirigindo, fez um escândalo. Ele tinha carteira, mas tinha um medo danado de bater, de morrer. Quem dirigia pra ele era o Sereno. Ele também não gostava de cabelo branco e pedia pra Sheila pintar de 15 em 15 dias...

[...] Ele era mão aberta pra fazer festas. Sempre foi farrista. Dizia vou ali pro Planalto e depois de dois, três dias ligava dizendo que estava em Cabo Frio. E não ia sozinho, era sempre um time. Eles pintavam e bordavam. Quando o Zé Henrique (Banana) nasceu, num domingo de carnaval (12 de fevereiro), ele não estava em casa. Fui pro Hospital da Polícia, fiz uma cesariana e quem avisou a ele foi o Caixão. Estava desfilando no Cacique e no Salgueiro e só foi aparecer na quarta de cinzas. Foi ao hospital, mas eu já estava em casa...

[...] Nossa casa era o Hotel Neoci. Sombrinha, Almir Guineto, Darcy Maravilha moraram lá. Muitos amigos dele que vinham de São Paulo iam direto pra lá. De repente ele aparecia com Os Originais do Samba e eu tinha de me virar na comida.

Ele começou a fazer a comida no Cacique e me perguntava como fazia mocotó, feijoada. Eu ensinava pra ele, que ia pro Cacique, fazia e depois começou a inventar as comidas da sua cabeça. Me contou que um dia, lá no Cacique, um camarada pegou a colher pra mexer, foi falar e a dentadura caiu dentro da feijoada. Tiraram a dentadura e ele serviu assim mesmo. Ninguém soube, mas nesse dia ele não comeu...

[...] Fez um churrasco de peixe num aniversário dele, da Maria Helena (irmã da Alcione) e do cantor Silvio Cesar. A geladeira ficou lotada de peixe, só de manjuba eram quatro baldes. Tinha peixe assado, frito, ensopado, tive de botar creolina pra lavar o quintal. E quando ele largava a festa e ia dormir? Eu que ficava lá segurando as bananosas. E quando procuravam, ele estava lá dentro roncando. De repente acordava e voltava pra festa [...]."

A produtora Sheila Hatischvili, filha

"O prazer dele era a casa cheia. No aniversário de 45 anos da minha mãe, ele fez um festão, mas ela não escolhia nada. Ele escolhia a comida e os convidados eram da amizade dele. A panela do mocotó com legumes era tão grande que não passava na porta e ficou no quintal. E ainda fiquei noiva sem saber. *Tô* vendo ele e o Fábio, meu namorado, se abraçando, os dois chorando. Perguntei o que houve e o Fábio disse: 'Ficamos noivos'. 'Noivos e eu não sei? E sem aliança'. Eu nem queria festa, queria o dinheiro pra ajudar.

Neoci – Você casa e vai embora. A festa fica pra mim.

O Fábio sofreu muito com ele. No dia em que ele foi pedir a meu pai pra me namorar foi tenso. O Sombrinha e a irmã dele, Dorothy, estavam na sala. Eu fui pra cozinha.

Fábio – Seu Neoci, vim pedir permissão pra namorar a Sheila em casa.
Neoci – Ué, mas pra que permissão? Vocês já estão namorando mesmo. Você *tá* todo dia aí! O que você faz?
Fábio – Vou me formar em Cabo da PE.
Neoci – Você gosta de samba? Qual seu time? Olha só, vou te falar uma coisa. Eu não sou de bobeira, então você não pensa que vai me enganar. Eu não quero mão no peito, mão na bunda...

Eu na cozinha morrendo de vergonha, o Sombrinha dando a maior força. E o Fábio *tava* branco de assustado. Mas depois disso tudo...

Neoci – O que você vai fazer amanhã? Nada? Então vamos pro Cacique, que vai ter lançamento do Fundo de Quintal.

Fábio foi e não queria outra vida. Eu puta da vida, porque ele ia com meu pai para muitos lugares e eu ficava em casa. Um dia, minha irmã Shirley resolveu namorar o Júlio, que já conhecia a família e era jogador de futebol. Meu pai disse pro Fábio vir no mesmo dia.

Neoci – Ô Fábio, diz pra ele tudo que falei pra você.

E o Fábio falou tudo, igualzinho meu pai. Nós rimos muito..."

Jorge Arthur, compositor, diretor de harmonia da Imperatriz Leopoldinense, filho

"Lembro do meu pai fazendo samba. A inspiração vinha à noite. Ele ia andando pela casa, pelo quintal e cantando, de olhos fechados ou olhando pro alto. O que era impressionante nele era saber reconhecer, mesmo de longe, quem estava tocando errado ou cantando fora do tom. Nessa parte sou tipo meu pai. Tenho ouvido bom pra melodia e também consigo identificar quem não alcança as notas, mas na hora de compor prefiro os sambas-enredo."

O músico Banana, filho

"Meu pai era um cara simples, honesto, que sempre ajudou a muitos na música. A gratidão que tenho com Deus por ser filho dele e neto de João da Baiana é muito grande. Eu ficava o dia todo com ele no Cacique, era o cambono dele...

[...] Ele tinha uma mágoa muito grande do meu avô, por não ter sido registrado e falava muito pouco dele. Me disse que ele era referência, brabo pra caramba na mão e que seu lenço era pra esconder a navalha, quando arrumava briga na rua...

[...] Numa das várias reuniões que aconteciam lá em casa, estavam o Almir Guineto, Jorge Aragão, Mussum, Sombrinha, que já morava lá, e minha mãe revoltada na cozinha fazendo comida, porque eles chegavam dez da manhã. Como a comida não saía, Guineto começou a cantar: 'desde meio-dia que eu espero pra comer/minha mãe sempre dizia pra comer tem que benzer/eu já me benzi, nada adiantou/fui na casa da Vitória e a comida não pintou'. Minha mãe veio lá de dentro xingando todo mundo, dizendo que ia parar de fazer, mandando todos embora e eles versando, sacaneando minha mãe, dizendo que a comida *tava* sem tempero, que ia faltar cebola...

[...] Quando meu pai chegava, umas 18h, eu e Jorge tínhamos de estar de banho tomado e deitados na cama. Tanto que tenho trauma até hoje e durmo cedo. E quando a gente demorava pra entrar, não atendíamos minha mãe e ficávamos dando olé na Sheila, que ia chamar a gente, entrávamos correndo, tomávamos banho, engolíamos a comida e ficávamos deitados. Ele chegava e vinha a pergunta: 'E aí, Vitória, como foi o dia?'. Ela falava, ele passava a mão no meu cabelo, molhadinho...

Neoci – Então, você chegou agora?
Banana – Cheguei agora, *paiê* (com o beiço já entortando).

Botava a mão em cima da mesa e eram dez bolos com a sandália de couro. Meu pai metia a porrada e eu sempre fazia merda...

[...] Uma vez ele chegou em casa e minha mãe disse que estava triste porque o vizinho havia sido despejado. Ele, a mulher e seis filhos. Meu pai foi lá e trouxe todos lá pra casa, por uns três, quatro meses. Meu pai segurou a onda. Lá em casa era assim, os amigos não tinham hora pra chegar, muitas vezes de madrugada e ele falava pra minha mãe ir fazer uma comida. Martinho tomava umas canas, ia dormir e a Ruça ia procurar lá em casa...

[...] O Sombrinha me deu um cavaquinho e minha mãe tacou o cavaquinho nele. Pegou na parede e acabou com o cavaco. Ele saiu e voltou três dias depois. Ele queria era motivo pra sair...

Era muito agarrado com ele. Ia pro Cacique, ficava na cozinha com ele, Paulo Lumumba e Alcir. E com ele era na pressão.

Neoci – Ô, ô, não vai ficar olhando pra minha cara não, pega a faca e descasca aquelas cebolas ali. Se vira. Pra andar comigo tem que ser malandro. Depois vai limpando aqueles sacos de caranguejos.

Eram dois sacos de uns 60 kg e ele nem queria saber. Com ele não tinha esse negócio de mimi. Pra ficar do lado dele tinha de ser homem mesmo e eu queria ficar perto dele sempre. Eu ficava ligado. Quando ele tomava banho, botava a bermuda e a sandália, já *tava* do lado dele. Ia pro quarto, eu ia também, ia pra sala, ia junto. Quando chegava o carro, ele avisava: 'O Candiroba *tá* indo comigo'.

Posso dormir tranquilo por ser filho do Neoci de Bonsucesso [...]."

Nei Lopes, compositor e historiador

"Embora nunca tivesse ido às quartas no Cacique, tornei-me amigo do Neoci Dias, um dos personagens mais interessantes do mundo do samba. Era um frasista, criador de ditos que correram o Rio todo, como: 'Tô cheio deles!'; 'Eu não sou um qualquer'; 'Hoje, tô meio 'réssi-minéssi' . Alguns desses ditos cheguei até a usar em letras que fiz."

Décio Cruz, amigo e colega de trabalho

"Com o Neoci aprendi a ouvir uma música, saber quando ela tem potencial e saber endereçar cada uma aos artistas certos. Como não sou músico, essa percepção me ajudou e me ajuda muito. Nos conhecemos nos bons e românticos tempos da Intersong (hoje Warner Chappell), no Edifício São Borja, na Avenida Rio Branco. Ia com ele para os pagodes e não tínhamos hora pra voltar. Neoci conhecia todo o mundo do samba. Também conhecia da bandidagem à polícia. Com ele não tinha porta fechada. Aonde chegava era bem chegado. E não falava pra ninguém que era filho do João da Baiana, o que certamente lhe daria muito mais visibilidade. Não comentava e não usou a seu favor. Dizia que não tinha que falar, mas uma vez me contou dos saraus que o pai fazia em casa, com Pixinguinha, Donga e outros bambas.

A música 'Retrato Cantado de um Amor' era pro Almir Guineto, mas o Neoci pediu pro Reinaldo e conseguiu a liberação com os compositores Adilson Bispo e o Zé Roberto. O que era difícil pra ele era negociar valores com os compositores. Ele não gostava. Não se sentia à vontade...

[...] Uma vez, na Intersong, ele, Jorge Aragão e Mussum estavam fazendo música. O Mussum disse que não tinha gostado de uma parte.

Neoci – Ah, não gostou? O que você fez na música?

Mussum – Esses dois versos aqui.

Neoci – Toma a sua parte, pode ficar com ela. *Tá* fora da música (rasgando a parte de Mussum).

E tudo terminou com os três às gargalhadas...

Numa festa da Polygram em um sítio, ele estava bebendo cerveja com um copo amarrado numa cordinha. Mas dias antes havia passado mal e o médico disse pra ele ficar longe da bebida. Ficou a festa toda puxando o copo e bebendo.

Neoci – Eu *tô* seguindo o que o médico mandou. Estou longe da bebida.

[...] Ele nunca quis ser artista, ser um cantor. Não abria essa porta. Ele gostava de organizar, mais do que de executar. E faz falta ao samba no sentido de agregar [...]."

Darcy Maravilha, amigo, cantor e compositor
"Cheguei ao Cacique de Ramos, não levaram fé e me meti num verso. Cheguei a tremer, porque ali era reduto de feras. O primeiro que conheci foi o Neoci. Ele me olhou, parou na minha e fizemos uma grande amizade. Minha mãe, Erondina, morreu e fiquei perdido. Fui pra casa dele, disse: 'Compadre, *tô* fudido'. Ele respondeu: 'Vai morar aqui'. E passei a dormir na sala, depois num quarto...

[...] Ele era um cara especial, que não fazia mal a ninguém e só ajudava. Um cara muito considerado e respeitado. Com ele aprendi a falar pouco, a me portar em todo e qualquer lugar e sempre prestar atenção nos mais velhos, para aprender. Lembro dele, como se fosse hoje, me orientando.

Neoci – Procure sempre ser humilde. Se amanhã ou depois você for sucesso, seja mais humilde ainda. O importante é ir devagar. Se você sabe que faz isso bem, guarda pra você e nunca fale que é bom nisso. Espera os outros falarem. Se entrar uma música sua no disco de fulano, não fala. Os outros vão saber que ela entrou. E você tem que saber entrar e sair nos sambas. Entrou, olha tudo em volta e você vai sentir se pode ficar ou não.

[...] Quando ele morreu, ainda continuei um tempo morando na casa dele e uma vez fiz uma que ele ia gostar. A situação apertou e nem rolinha aparecia pra assar. Pra pegar, era uma bacia, uma ripa, um punhado de arroz, que tinha em casa porque era barato. Entrava aquele monte de rolinhas, eu puxava e colocava na gaiola. Quando tinha umas 20, iam pra panela. Sem rolinha, a gente com fome, fiquei de olho no galo bonito do vizinho. Vermelhão e amarelo. Sou apaixonado por bicho, mas não tinha jeito. Ele pulou o muro pro nosso lado, ficou ciscando e eu olhando. Chamei a Sheila e disse: 'Vou matar esse galo'. Ela não queria, mas agarrei ele e nem deu tempo de gritar. Tirei o flagrante, enterrei as penas e ele foi pra panela de pressão. Um galo velho, carne dura, mas comemos assim mesmo. O dono veio perguntar e...

Darcy – Galo? Aqui? Não, deve ter ido pra rua de trás.

Descobriram uns dez anos depois. Há pouco tempo o filho do dono me encontrou e disse:
— Comeu o galo do meu pai, *né?*"

JORGE ARAGÃO

"Meu nome é Jorge Aragão da Cruz, mas já fui Jorge Boné, por causa de um que eu usava. Nasci em Cascadura no dia 1º de março, um domingo de carnaval de 1949. Éramos bem pobrezinhos mesmo. Meus pais, Dona Nair e Seu Durval, vieram de Manaus e fomos morar em Padre Miguel. Ela fazia um feijão esperto. Quem provava virava fã.

[...] Brinquedo eu nunca tive muito não, mas sabia me virar e qualquer negócio era brincadeira pra mim. Brincar de chapinha na rua, de cabra-cega, de pique, chicotinho queimado. E nunca gostei de escrever cartinha pra namorada...

[...] Não lembro quando despertei para a música, mas sempre gostei de violão. Com cinco anos, minha tia me deu um violão de plástico. Não sei por que me enfiava com ele debaixo da mesa da sala para ouvir um programa de rádio do Gonzagão, aos sábados. O violão todo desafinado e eu lá no blém blém blém, ouvindo ele cantar. Lá pelos 13, 14 anos comecei a travar amizade com uma turma que ficava lá na Caixa D'Água. Eu ficava decorando aonde eles colocavam os dedos nas cordas, rezava por tudo por um violão emprestado, corria pra casa e tentava fazer igual. Não me emprestaram tantas vezes assim, mas o bastante para fazer os primeiros acordes. Lembro que o mais fácil era o da pestana e que o mi maior ficava no início do braço. A primeira música que aprendi tocar foi 'Pobre menina', sucesso de Leno e Lílian. Ouvia muito The Fevers, Roberto Carlos começando e principalmente o guitarrista César, do The Pop's. Prestava muita atenção em tudo que ele fazia na guitarra. Então, sozinho em casa, percebi que gostava de solar, talvez até pra suprir o fato de não saber direitinho os acordes de violão. Fazer as notas da música parecia mais fácil pra mim.

E aí sim conseguia exercer minha função de astro global de Padre Miguel, da então Rua G. Hoje mudaram os nomes, mas eu ficava na Pracinha do IAPI. Lembro do Ímer, que tocava um violão bacana e eu ficava admirando, olhando, prestando muita atenção. Mas na escola não prestava atenção em sala de aula e tirava muitas notas baixas. Repeti algumas vezes e cheguei a ser jubilado na Escola Técnica Visconde de Mauá, em Marechal Hermes...

[...] Pelos coroas não teria entrado na música, mas meu irmão José Ribamar sempre me deu uma força. Ele me deu meu primeiro violão. Sempre peguei as músicas muito rápido, transava harmonia de cara, mas nunca aprendi nada, era muito de ouvido, de coração. E nunca pensei que iria viver de música. Pensava na música como terapia, pra curtir, mas não que um dia viesse a poder me alimentar, estar envolvido e depender da minha música. Também não saí de uma escola de samba. Apesar de morar em Padre Miguel, não ia à Mocidade naquela época...

[...] Uma vez estranhei que minha mãe aceitou que eu desse uma festinha lá em casa. Tudo correu bem, mas no final ela nos deu palha de aço e tivemos de dar brilho na casa todinha. Sempre fui mais pra reservado do que pra rua. Gosto muito da minha individualidade, não sou muito de badalar, não sou um boêmio por excelência, curto mais colocar uma bermudinha e ficar em casa....

[...] De outra vez estávamos em casa, em Padre Miguel, uma data sagrada, todos prontos pra almoçar. O Vicente bateu na porta. Abriram.

Vicente – É aqui que mora o Jorge, o Jorginho? É possível falar com ele? Tenho uma banda e soube que ele é solista, queria saber se ele pode tocar com a gente.

Aquilo foi o fim do mundo, eu não sabia aonde ia me enfiar, porque o almoço era algo que todos respeitavam. Ninguém podia nem se mexer, nem falar alto. Eu nem levantei. Não fui nem na porta, só escutei e não acreditava. Chegar alguém pra me chamar pra tocar numa banda, eu com 15 anos, numa hora tão imprópria...

Que eu me lembre, eu ensaiava e tocava três músicas e não sei quem disse pra ele que eu era solista. Eu fazia de uma forma que me sentia à vontade, não havia cobranças, era só eu e não fazia achando que um dia iria tocar numa banda. Aí ficou complicado porque minha mãe quase matou o rapaz. Eu ganhei uma bronca. Não tinha culpa e acabei sendo o culpado. Depois que acalmou tudo, meu irmão que falou com a minha mãe.

José Ribamar – Mãe, ele gosta de tocar violão, deixa ele ir lá tocar, de repente pode gostar e dar certo...

[...] Dali pra frente começou uma coisa mais bacana pra mim na música, quando soube que minha mãe tinha autorizado. Imediatamente fui até a casa do Vicente e este foi meu primeiro contato pra valer com a música. Muito profissional, já me entregou uma guitarra e me mandou pra casa pra ensaiar. Até hoje não sei explicar essa emoção tão grande. Estava nervoso pra começar a ensaiar aquilo que já tocava, porque ainda nem sabia o que ia tocar. O nome do conjunto era The Mods e nos sacaneavam muito dizendo que andávamos no meio das meninas. Alguém deu a ideia de ser Os Modernos. A minha estreia foi em Padre Miguel mesmo, num clube chamado Novo México.

[...] Fui ficando mais íntimo com o instrumento até ir para a Aeronáutica em 67. Conheci um parceiro, ele cantava, eu tocava violão. E me apresentou alguns amigos que moravam em Santa Cruz, entre eles o JB. Com ele aprendi a ter melhor escolha com o repertório. Ele sempre foi muito eclético, muito exigente. Fui pra banda dele, a TNT-5. O Inácio, que foi homenageado em Malandro, era o baterista. Tinha o Carlinhos, o Cizinho, eu fazendo os solos e o JB, no baixo. Íamos de Kombi para os shows. Foi ali que comecei a ver como eu tinha uma memória muito rápida pra pescar as coisas. O JB me mostrava uma música, ia me ensinando na kombi, ia guardando os detalhes, as notas, e quando chegava no show, já tocava. Acabei enganando bem na época...

[...] No quartel tocava corneta, pra poder ficar de 10h da noite às 6h da manhã sem fazer nada. Era o único que podia tocar o silêncio. Eu acordava um pouco antes das 6h e tocava a alvorada. Queria ficar tocando na noite. E sempre apareciam uns bailezinhos por ali mesmo, em Santa Cruz, Itaguaí, Kosmos, Paciência. Era tudo rápido, dava pra eu sair correndo, depois de tocar o silêncio. Eles já estavam me esperando ali na vila de moradores da Base Aérea de Santa Cruz. Ali mesmo já trocava de roupa e ia fazer os bailes. E tinha que chegar bem antes das 6h, pra poder tocar a alvorada. Dava um dinheirinho pro cara da hora, que era o mesmo do turno das 22h e das 6h da manhã...

[...] Um dia quis desistir da música. Já tinha minhas filhas, tentava fazer outro trabalho por fora, mas não dava porque a música me envolvia muito mais. Fui trabalhar na IBM com computador, como perfurador de cartões e digitador, ali na Mangueira. Foi quando a internet começou a chegar. E hoje sou um apaixonado por tecnologia. Mas continuava querendo parar com tudo na música. O Neoci e o Dida souberam e chegaram lá em casa com uma bolsa. Tinha arroz, feijão, farinha. Tudo pra eu não sair da música, pra eu não desistir. Eu falava pra eles que ia desistir. Eles volta e meia compravam as coisas pra levar pra minhas filhas, pra abastecer lá em casa, e eu fui insistindo...

[...] Também trabalhei na seção de peças de uma loja de motos, na Rua Real Grandeza, em Botafogo. Cheguei a ir com a equipe para fazer os testes com as motos no Autódromo de Interlagos, em São Paulo. Nem sabia por que tinha ido, quando me deram um cronômetro para eu apertar na hora que uma moto da equipe passasse, para marcar o tempo. Só que eu não conseguia acertar quando a moto passava na minha frente. Já não enxergava quando vinha lá de longe. É muito rápido e quando apertava, o cara já *tava* lá embaixo. Não acertava uma...

[...] Também já tentei vender sapato. Pegava na fábrica pra vender nas sapatarias, mas eu não gostava daqueles sapatos, então não conseguia vender. Ficava com vergonha de mostrar pro dono da sapataria...

[...] Não sei dizer o que foi que nós fizemos pra poder ter tanto orgulho de ter participado de um grupo como o Fundo de Quintal, mas com toda certeza o Fundo deixou o samba mais solto. Tenho orgulho e o maior prazer em dizer que sou um dos fundadores. Falo com o maior orgulho pra todo mundo, mais até do que meu próprio nome de carreira, e que reforça minha identidade quando eu digo, eu sou um dos fundadores do Grupo Fundo de Quintal. Só não sei por que nunca me deram uma carteirinha de compositor do Cacique [...]."

ALMIR GUINETO

"Sou Almir de Souza Serra, nasci na Rua Junquilho, barraco sem número, no Morro do Salgueiro, na Tijuca, no dia 12 de julho de 1946. O nome Guineto é porque o Adélcio, lá do Morro, me chamava de Magnata e eu chiava, minha mãe reclamava muito. E ficou Guineto...

[...] Estudei na Heitor Lyra, a 100m da quadra do Salgueiro, na Rua Potegy. Era forte em história, porque era um tempo em que era obrigatório que no carnaval os sambas-enredos das escolas falassem na História do Brasil. Eu sabia os sambas e tirava nota 100 porque sabia de cor as datas, os descobrimentos, os nomes...

[...] Em criança fui muito peralta, perturbava muito. Jogava bola, fugia de casa, mas também ia pra feira e engraxava sapato. Meu primeiro trabalho foi na seção de carne do Supermercado Disco. Mas já trabalhava em casa. Entregava as roupas que minha mãe lavava, ia comprar comida para os porcos e entregava remédio de uma farmácia. Só que deixei roubar a bicicleta e o Seu Mário (dono da farmácia) queria que eu pagasse outra. Fui embora trabalhar como gari e lá trabalhei com o Jorginho do Império. Fiquei doente e me aposentei...

[...] Essa história de fã é um negócio muito sério. Não gosto de seguranças, mas tem que ter uns caras fortes. Senão elas querem rasgar tua roupa. Teve uma que voou no meu pescoço e quase tirou um pedaço. Elas estão certas, querem tocar no artista. Sempre fui muito acanhado, ruim de chegar, até mesmo com os artistas. Se ele não viesse me cumprimentar, eu não ia com medo de tomar uma bandeira. Até hoje sou assim." (Trechos da entrevista que fiz para o release de seu LP de 1985 e para o Jornal O Dia)

E nos extras do DVD Quintal do Samba, Almir Guineto deixou seu agradecimento ao Fundo de Quintal: "Foi uma escola onde aprendi muito com muitos bambas".

Regina Caetano, viúva

"Almir sempre teve muita sorte. Dizia que, quando serviu ao exército, era o querido do sargento. Chegava às 8 horas e quando dava meio-dia, já estava em casa. Só ia pra comprar o sanduíche do superior dele...

[...] Era um homem muito possessivo, muito machista e tinha ciúme até de amizade. Mas um *gentleman*. Levantava pra dar o lugar para a mulher, abria a porta do carro, um homem de princípios. Era muito família e tinha muito respeito aos mais velhos. Mesmo adulto sempre tomou a bênção a seus pais e os chamava de papai e mamãe. Achava um absurdo um filho não tomar a bênção. 'Filho tem que falar direito com pai e mãe, e ajudar pai e mãe. Como é que o poste mija no cachorro? Assim não dá pra ser feliz', dizia.

Ele nunca me beijou na frente da minha mãe. Seu respeito era tanto que uma vez sentei no colo dele na casa da minha mãe e ele me jogou no chão. Por outro lado, era de encarnar 24 horas numa pessoa. Se pegava um furo de alguém, não esquecia e lembrava quando encontrava. Sempre que estava com um roadie, por exemplo, que após um show ficou doidão e ficou atendendo ao telefone do hotel, dizia: 'Lembra daquela cena de cinema em Vila Velha?'. Comigo era a história da corrida, em que participei quando era normalista, me perdi e fui resgatada. Do nada ele perguntava: 'E a corrida?'. Ele prestava muita atenção e observava tudo. Sabia lidar com todo mundo. Com quem prestava e com quem não prestava. Tinha olho clínico pra vigarista...

[...] Era um cara mão aberta. Se estivesse num bar ou num restaurante, pagava almoços para quem chegasse. E dizia: 'Não guardo segredo, vou guardar dinheiro?'.

[...] Muito autêntico, sempre foi muito crítico com as pessoas tocando. Muitos não tocavam perto dele. Ele ficava olhando, sério e dizia: 'Que acorde é esse? *Tá* errado. Major, é assim'. Quando pediam pra cantar 'Mãe natureza', falava 'Vou cantar, mas vocês sabem a harmonia? Se vacilar, eu paro'.

Sempre comeu muito bem, comidas com 'ada' (rabada, feijoada), adorava mocotó, angu a baiana e achava lasanha sem graça. 'Quero comida com sustância', dizia. Aprendi a cozinhar com ele. Eu só sabia fazer um arrozinho, uma batatinha e fui morar com ele. Me ensinou a fazer bife de fígado, limpar peixe, descascar alho e a casca sair inteira. O macarrão que ele fazia era uma delícia, me ensinava pra eu fazer pra ele, como peito e capa de filé assados. Adorava fazer pipoca. Sabia lavar roupa, separar as cores certas pra não manchar. Passava roupa muito bem, fazia o colarinho, tudo porque ficava prestando atenção em sua mãe, Dona Fia, lavando, passando, cozinhando...

[...] Almir tinha um conhecimento bíblico muito forte e não saía de casa antes de rezar. Se alguém *tava* com alguma dor, ele dizia: 'É pouca reza'. Não entrava na igreja sem se benzer e adorava rezar Salve Rainha. Gostava muito de dizer que tinha sido batizado e que havia feito a primeira comunhão...

[...] Quando saiu do Fundo de Quintal, foi apoiado por todos e a amizade continuou. Mesmo de longe, sempre foi muito presente com eles, participando de vários discos e DVDs. E queria ter feito uma turnê com o Fundo, mas não conseguiu [...]."

SOMBRINHA

"Meu nome é Montgomerry Ferreira Nunis e nasci no dia 30 de agosto de 1959 em São Vicente, Santos, São Paulo. Meus pais, Aramira Dalila Cardoso e Raimundo Ferreira Nunis, que fazia rodas de choro em casa. Meu nome ia ser Cagney, porque meu pai se inspirou nos três generais que derrotaram Hitler. Aí, ficamos Eisenhower, Washington e Montgomerry mais as irmãs Elizabeth, Dorothy e Zuleika. Ele cismou que tinha de ser assim, e minha mãe não queria isso, mas trocou. Se ficasse, eu mesmo iria trocar...

[...] Nós tínhamos um amigo em comum, o Sílvio, que a gente chamava de Dave e que morava ao lado de nossa casa. O Sombra começou a frequentar a casa dele e um dia, ele disse:

Sílvio – Onde eu vou, você vai atrás de mim, *tá* parecendo a minha sombra.

E começou a chamar meu irmão de Sombra. Por eu ser mais novo, passei a ser o Sombrinha...

[...] Estudei no Senai e tenho oito diplomas de cursos profissionalizantes, entre eles, ajustador, mecânica geral, torneiro e metrologia. Mas com 14 anos já tocava cavaquinho e sete cordas no Grupo Nova Força. Como era menor, tinha que entrar pela porta dos fundos nas boates. Eu e meu irmão Sombra, que tinha 16. Quando cantava, era Paulinho, Chico (gostava de cantar 'Carolina'), as serestas de Silvio Caldas, e do meu ídolo Orlando Silva. Fiquei uns quatro anos. Era a música já me levando com muita força...

[...] Eu conhecia o Almir desde 1975 e andamos juntos na noite de São Paulo. Em 1977, com 18 anos, fiz minha primeira gravação tocando sete cordas no disco dos Originais do Samba. E com Baden Powell. Ele tocou no meu violão e eu no dele. Depois ficamos amigos.

O Sombra conheceu o Almir primeiro e chegou a morar com ele na Rua Aurora. Eu curti muito Almir Guineto, que foi meu professor. Ele adorava me ver tocar e me levava pra tudo que era canto. Eram noites e noites pelos bares e boates de São Paulo com ele, Luis Carlos Chuchu, Lelei, Mussum, Baden Powell, Armando da Mangueira.

[...] Tenho muitas lembranças do tempo que morei na casa do Neoci e da Dona Vitória. Em casa ele era o Marechal, o Ditador, ele que mandava: 'Candiroba (Banana), vem fazer uma massagem na minha cabeça. Sheila, pega meu pé'. E Dona Vitória ia fazer a comida. Mas em casa ele não fazia comida, como era no Cacique. Ali era com Dona Vitória, que sempre cozinhou muito. O feijão dela é muito famoso. Ele aprendeu muito com ela, que sabe muito de culinária.

Quando Neoci recebia, era uma festa. Ele era um mão aberta. Com ele não tinha vamos juntar dinheiro. Neoci era o momento e viveu o momento dele. Depois teve as consequências, mas que foi bom, isso foi. Com ele aprendi essa sagacidade de pensar rápido. Tinha sempre uma resposta na ponta da língua. Dando entrevista ele era ótimo, se postava muito bem falando. Com ele aprendi a cozinhar, a lembrar músicas, porque ele era uma enciclopédia pra lembrar músicas. Era igual meu pai, que também sabia data, quem gravou, quem fez! E para a boemia, Neoci era o melhor que tinha. Quando íamos para São Paulo, era muito bom, conhecia tudo! Como eu adorava aquilo!

Uma vez, de madrugada, Dona Vitória ouviu um barulho e acordou Neoci. Ele pulou da cama, pegou uma pistola com 6 balas, me chamou, me deu um revólver e disse que ia pelos fundos com seu 38 e eu pela frente. Quando ele abriu a porta, as balas caíram no chão e vimos que não tinha ladrão. Era o vizinho que estava entrando.

Neoci – Olha aí, Dona Vitória, as balas desse babaca no chão. Vou mandar ele embora pra Santos. Se tivesse alguém aí, o primeiro morto era ele.

E falou a noite toda, mas naquela época ladrão nem usava revólver. O pior eram as enchentes. E pegamos muitas ali em Bonsucesso, porque o rio Faria Timbó enchia. Era eu, Jorge Aragão e Alcyr Capita no meio da água tentando salvar tudo. Vi o Jorge levar guarda-roupa na cabeça....

[...] Minha batida no cavaco é inspirada no Almir Guineto. Eu temperava a dele com a minha. Ele sabia das coisas. Nós dois fizemos muitas gravações nos discos da K-Tel, com produção do Mílton Manhães e arranjos do Maestro Ivan Paulo. Ele colocava as partituras na nossa frente e na segunda passada a gente acertava tudo.

Ivan Paulo – Mas vocês estão lendo muito! Assim gravamos rápido.

Era mentira. Era tudo orelha. A gente não lia nada e fomos enganando o Ivan até que um dia ele descobriu que tocávamos de ouvido...
[...] O Grupo Fundo de Quintal é o meu brasão, a minha bandeira. Devo tudo que eu tenho e o que eu faço ao samba e à sigla Fundo de Quintal. Me receberam bem desde o primeiro dia, eu um homenzinho ali com 19 anos, o caçula, iniciando minha trajetória. Foi aonde aprendi a ser artista. Seu maior bem foi criar uma escola. E veio o Fundo de Quintal que mudou completamente o paradigma, a ideia de se fazer música, a maneira de se fazer samba, ritmicamente, poeticamente. Mudou tudo e criou um veio que não existia. O Fundo é de uma importância fundamental, não só pra mim, mas pra música. Tenho muita honra de ter feito parte disso tudo [...]."

VALTER 7 CORDAS

"Eu me chamo Valter de Paula Silva e nasci em Campo Grande no dia 2 de maio de 1940. Em pequeno eu era muito arteiro e aprontava muito. Sou o caçula de 11 irmãos, órfão de mãe, depois de pai...
[...] Era um garanhão, um pegador e pegava as meninas da minha rua. Na Rádio Vera Cruz tinha uma laje no terceiro andar. E todas morriam lá. Era isso que eu fazia muito, mas acabou. Agora estou aposentado, caiu tudo...
[...] Meu pai, João de Paula, foi músico dos bons. Quando Cauby Peixoto, Ângela Maria, Emilinha Borba, daquela época de cantores bons, porque agora não tem mais, acabou, iam cantar na nossa área sem acompanhamento, indicavam minha casa como os músicos do lugar. Ele tinha uma roda de choro semanal em Vila Comari, lá em Campo Grande. Era um tempo em que se tocava muito nos circos...

[...] Com uns cinco anos eu já tocava violão na roda de choro, com meu irmão Valdir no cavaquinho. Mas meu primeiro instrumento foi o bandolim, que meu pai me ensinou. Ele que ensinava tudo e ainda dava cascudo na gente. Não podíamos errar. Mas ele era um camarada bom. Braba era minha mãe, Dona Maria de Araújo. Quando a gente aprontava, ela metia o cacete. Depois que ela morreu, a gente não teve muito auxílio da família. Foi cada um por si e Deus por todos. Ninguém dava almoço ou jantar pra ninguém e quem quisesse que se virasse sozinho. Logo que acordava a gente ficava analisando o que ia fazer. Pra tomar café da manhã, íamos pedir na casa de um vizinho, e pra almoçar, eu subia no morro, pegava uns franguinhos, matava, depenava, tirava as vísceras, cortava e fazia um fogo de lenha, com tijolo. Assava sem sal e mandava ver. Pra sobremesa, pegava umas carambolas, uns abacates. Eu tinha uns dez anos...

[...] Lá em casa meu pai fazia uma roda de choro com Jacob do Bandolim, Nilo Careca e outros feras. Colocava eu e Valdir em cima da mesa e mandava prestar atenção. Quando acabava, colocava os discos na vitrola, daquelas que caía um disco depois do outro. Ouvíamos Jacob, Pixinguinha, Altamiro Carrilho, Abel Ferreira.

Pai – Vão ouvindo e tocando. Podem copiar. Se der alguma coisa errada, venho da cozinha e dou um cascudo em cada um.

Eu tocava o 7 cordas e o Valdir tocava o cavaquinho. Eu levava mais cascudo, porque errava nas baixarias bonitas que o Dino fazia. O dedo deslizava e sujava a nota. Meu pai voltava, me xingava e lá vinha cascudo.

Pai – *Tá* vendo só? Você errou aí. Toma, safado!

A música está no sangue. Meu pai achava que a gente tinha que ser músico também, como ele. Eu ficava vendo o Nilo Careca tocando violão de 6. Eu prestava atenção porque ele tocava pra caramba. Hoje todos querem tocar sete cordas. Naquela época só tinha o Dino e hoje tem um monte enganando por aí...

[...] Já dormi em trem abraçado ao violão e também na delegacia, porque no carnaval, quando eu e Valdir saíamos com nosso violão, a polícia nos prendia.

Policial – Pode parar. Cadê a mão? Vira a mão. Ih, mas não tem calo? Tá preso!

Chegávamos na delegacia e o Doutor Delegado mandava eu e meu irmão, cada um com um violão, tocar uma música. Solávamos uns choros maravilhosos do Pixinguinha ('Carinhoso', 'Naquele Tempo') e do Waldir Azevedo ('Vê se Gosta'). Ele soltava a gente e ainda ficava preocupado.

Delegado – Esses meninos são gente boa. Não são vagabundos. O que está havendo na vida de vocês?

E a gente explicava que éramos órfãos de pai e mãe, que não tínhamos onde ficar, onde morar, onde dormir e que, com dez anos, éramos moleques de rua. Mais tarde esse mesmo delegado de Campo Grande começou a procurar a gente pra tocar e virou nosso empresário...

[...] Aos dez anos, trabalhei pintando bolas de couro em Cavalcanti. Levava o violão, e na hora do almoço, rolava um sarau. Também trabalhei numa chácara de laranjas, e, quando tinha uns 17 anos, trabalhei de copeiro na casa de uma família, em Copacabana. Até que o Caçulinha me colocou na Rádio Mayrink Veiga, fazendo a folga dele. E fiquei uns cinco anos acompanhando Ângela Maria, Cauby Peixoto, Vicente Celestino, Marlene, Emilinha Borba, Sílvio Caldas, Roberto Silva. Toquei na Boate Plaza com o Jorge Babulina (Jorge Ben Jor), Roberto Carlos, Tony Tornado. Saía às 3h da manhã, ia pra Praça da República, comia um bife com batata frita, dois ovos e bebia uma Caracu, abraçava o violão, dormia e às 6h já estava na rádio tocando. Toquei muito com Dona Ivone Lara, Silvio Caldas, Jair Rodrigues, Benito di Paula. E com o Rixxa saio sempre no bagaço, porque é uma pauleira...

[...] Ser gêmeo com o Valdir já deu muita encrenca. Nós brigávamos por causa de música. Estaríamos aqui conversando normalmente, rindo, brincando, mas quando íamos tocar junto, era uma desgraça. Ele cismou que é maestro, mas não é maestro porcaria nenhuma. Ele gosta de dar ordens, tem que ser o que ele quer e não pode ser diferente. Uma vez, ele fazia show com Haroldo Barbosa, mas brigaram. Fui no lugar dele e o Haroldo me disse: 'Não quero você aqui'. Até chegar a turma do deixa disso e explicar que eu não era ele, quase que ele me bateu, quase que não toco e quase perco o dinheirinho.

Também temos muitas histórias com namoradas. Eu comi muita namorada dele e ele comeu muitas namoradas minhas. Fui ao cinema com namorada dele e ele com namorada minha. Mas nada combinado. Elas não acreditavam que eu não era o outro e ainda diziam: 'Vai me enganar que tem irmão gêmeo!' [...]."

ARLINDO CRUZ

"Meu nome é Arlindo Domingos da Cruz Filho, carioca de Marechal Hermes, de 14 de setembro de 1958. Eu gostava de estudar, mas era travesso. Estudei no Colégio Pedro II, na época um colégio padrão de ensino. Fiz engenharia, economia, letras e não terminei nenhuma delas. Eu abandonei porque meu lance sempre foi música. Ela surgiu em casa. Meu tio-padrinho, Joni, irmão da minha mãe, tocava violão pra gente e me iniciou. Meu pai tocava cavaquinho, mas tinha um ciúme muito grande e guardava em cima do armário, pra ninguém pegar. Minha mãe que me ajudava e pegava pra eu tentar tocar. Um dia meu pai me viu com o cavaquinho dele e me incentivou a começar a tocar. Quando tinha cinco anos, ele me deu um cavaco e me ensinou uns acordes. Fiz meu primeiro samba aos 11 anos. Ajudei na melodia com meu tio Valteni, padrinho do meu irmão Acyr.

[...] Eu gosto muito é de comer e dormir. Sou um preguiçoso nato. Sou caseiro e geralmente saio mais a trabalho. A televisão vicia e vejo de *Nacional Kid* a *Roque Santeiro*. E futebol pode ser a maior pelada que eu vejo.

[...] Minha iniciação profissional foi com Candeia, em 1973. Estava com 14 anos, na época do auge da roda de samba, e através dele toquei com Clara Nunes. Em 1974, gravei cavaquinho no *Samba de Roda*, disco histórico do Candeia.

Fui ser cadete da aeronáutica, mas o militar Arlindo era todo errado. Um cara perdido dentro de uma realidade que não era a minha. E virei ponto de referência. Tudo que acontecia de errado era eu. Tinha poucos negros, gordinho também tinha poucos e tocando cavaquinho só tinha um em mil alunos de academia, o Cruz. No terceiro ano saímos numa turma, demos um calote, bebemos e não pagamos, mas no dia seguinte sujou porque a referência quem era? Eu. Na época havia ganho um festival na escola e tinha sido transmitido para a cidade.

[...] Voltei em 1979 para o Rio e a receptividade no Cacique de Ramos, onde já desfilava, foi muito boa. Principalmente do Dedé da Portela e do Beto Sem Braço, os que mais me deram força.

[...] O povo tem necessidade de ouvir músicas boas, que começaram a pintar lá no Cacique. Espero que todos continuem tendo consciência de cultivar aquilo que é nosso, que é bonito. É muito importante o povo analisar uma letra. Que eles exijam mais e nós possamos dar mais. É importante sabermos que o povo entende, numa realidade que de repente temos dúvida. Pela massificação das rádios tocarem qualquer coisa. O papo de que o povo não sabe, que quer apenas curtir, é furada. Acho que o povo sabe, daí o sucesso." (Trechos de uma entrevista que fiz com Arlindo Cruz para o Jornal O Dia, em 1985)

Rixxa, um dos primeiros parceiros

"Conheci o Arlindo em 1978, ele voltando da Aeronáutica, um cara muito inteligente, com uma capacidade de raciocínio muito rápida em achar as palavras. Muito dinâmico, simpático, engraçado, que nessa época já pensava na frente. Em nossas parcerias ele completava o meu raciocínio na hora, sempre com uma poesia linda...

[...] Nós tocávamos no Bar do Tião, na Barrinha, às sextas, das 22h às 3h. Ele de cavaco, eu de pandeiro ou tumbadora e o Ronaldo Batera. Para ir rachávamos o táxi quando tínhamos uma grana ou íamos de ônibus. Na volta ficávamos no ponto até umas 4, 5h esperando os ônibus voltarem a rodar, os três meio doidões de limão, cantando samba. Era um barzinho de duas portas, que quando enchia, dava umas 30 pessoas. O pagamento era a batida de limão que o Tião trazia pra gente, porque do couvert era quase nenhum, dava uma merreca pra gente, e quando era bom, dava o que seria hoje uns 50 reais pra cada. E quando alguém perguntava onde a gente tocava, Arlindo dizia todo orgulhoso: 'Nós estamos tocando na Barra'. Ele dizia que dava status. Nós cantávamos o repertório do Martinho, dos Originais, da Clara, do Roberto Ribeiro. Em outros dias, neste bar tocavam Mauro Diniz e o Testa, a Mirinha e o Camunguelo. Não tinha som, era no gogó. Os casais saíam dos motéis, que eram bem perto, e iam pro bar. Nós ficávamos na porta, pro som sair e chamar o povo."

Túlio Feliciano, diretor de shows
"Quando ele chegou atrasado na casa da Beth ao primeiro ensaio do primeiro show do Fundo de Quintal com ela, que eu dirigi, me disse:

– Eu trabalho num banco e tive que pegar um ônibus, descer e pegar outro ônibus para chegar até aqui em cima no Joá.

Falei pra ele: 'Se antena! Tu escolhes se queres ser artista ou bancário, porque se ficar bancário, artista você não vira nunca mais'. Falei brincando e ao mesmo tempo não. Um tempo depois ele deixou o banco e a primeira pessoa que ele ligou foi pra mim.

Arlindo – Saí do banco. Agora eu sou um artista...

[...] Era uma época em que ele me ligava às 3h da manhã com ideias alucinantes. Nos shows ele nunca discordou por discordar. O não dele era tão cordial, que não consigo me lembrar de uma cena que não tenha concordado. Sempre que discordava tinha um porquê e uma boa proposta."

CLEBER AUGUSTO

"Me chamo Cleber Augusto da Cruz Bastos e sou prata da casa. Nasci em Ramos no dia 4 de agosto de 1950. Até meus 20 anos era meio atentado e dei muito trabalho em casa pra minha mãe, Dona Odete da Cruz Bastos, e ao meu pai, Seu Antenor da Silva Bastos. Sempre fui um bom filho, mas era muito levadinho. Foram várias peripécias. Uma vez fui tentar lavar a cozinha, esqueci a mangueira aberta e quase alagou a casa toda. Minha mãe tinha ido ao mercado e, quando voltou, eu *tava* tentando enxugar com o pano de chão, mas não tinha como. Aí babou geral, me deu um sabão e ainda umas porradinhas...

[...] Gostava de jogar bola, mas não dei muito certo. Fui um craque, mas achava meio cansativo correr pra lá e pra cá com uma bola, com nego te dando porrada a toda hora, bico na minha canela. Ah, não gosto disso não. Então, comecei a gostar de pipa, mas também desisti. O cerol deixava um fedor na mão e às vezes cortava o dedo. Aí, fui jogar pião, bola de gude, andar de bicicleta, brincar de pique e fui aprender jiu-jitsu, onde comecei a ficar mais calmo. Era onde gastava energia. Cheguei à faixa verde, larguei e fui fazer luta livre, muay thai. E antigamente era foda, era tapa na cara, soco na cara. Eu era bom, sempre dei trabalho com meus 1,90m...

[...] No colégio era da turma da bagunça. Jogava bolinha nas garotinhas, mas dava conta das notas. Era bom e no meio do ano praticamente já tinha passado. Aí ficava mais à vontade pra poder brincar. Coco era apelido de família, porque meus pais cortavam nosso cabelo no barbeiro igual ao do Cascão.

[...] Sempre gostei muito de rock'n'roll. Meu pai comprou um violão para o meu irmão, mas era tudo fogo de palha. Ele queria que a aula de violão acabasse pra ir pra rua namorar. Aí eu pedia pra me deixar tocar, mas ele não deixava porque eu não sabia tocar e podia desafinar. Quando ele ia pra rua, eu pegava escondido e ficava pesquisando. Olhava o que ele fazia, a posição dos dedos e tentava fazer igual. Tinha 14 anos. Eu já gostava de chorinho e toda vez que via o pessoal do choro tocando nos bares ficava olhando, doido pro meu irmão ir pra casa da namorada dele pra poder pegar o violão pra fazer o que tinha visto. Depois veio o iê-iê-iê, os Beatles. Eu e uns amigos montamos um amplificador, uma cópia do Mustang, de um rádio velho. E com a mesada de cada um fizemos uma vaquinha pra comprar os instrumentos. Um dia, em casa, minha mãe chamou meu irmão pra tocar depois do almoço e ele meteu o pé. Eu tinha 15 anos e pedi pra tocar, minha mãe duvidou. Peitei, peguei o violão, toquei e todos ficaram sem graça, com cara de tacho. Não sabiam que eu já estava tocando. Eu toquei o clássico 'Saudade do Matão' (Jorge Galati/Raul Torres), sucesso de Tonico e Tinoco. Mas depois ganhei um esporro.

Montamos um grupo de iê-iê-iê (guitarra, teclado, baixo e bateria), o The Temples. E nós fazíamos muitos shows por ali nas redondezas, no Social Ramos Clube, no Clube Paranhos. Depois fui pra Banda do Sargento Cid, no Grajaú e comecei a ganhar um dinheirinho legal. Foi num Festival de Bandas no Mello Tênis Clube, que o Webert, produtor da dupla Leno e Lílian, me viu tocando e solando com o violão nas costas. E me convidou pra fazer com eles. Aí me tornei profissional. Tinha 18 anos e fiquei um ano e oito meses com eles. O Leno me deu uma guitarra Gibson e os ensaios eram no Clube Helênico, no Rio Comprido, ou no estúdio da CBS, na Avenida Rio Branco, onde conheci o Roberto Carlos.

Participamos de vários programas na TV Tupi, na Urca: Almoço com as Estrelas, com o Aérton Perlingeiro, O Povo na TV, Amaury Jr., era bom demais. E tocamos no Festival Internacional da Canção, no Maracanãzinho, em 1968...

[...] Me formei em Edificação Civil na Escola Técnica, no Maracanã. Em 1969, já estava na Brigada de Paraquedistas do Exército, em Deodoro. Fiquei um ano, mas meti o pé. Só queria pular do avião. Achava bonito. Dei 28 saltos engajados. Particularmente fiz o COPE, em Cascadura, e dei 40 saltos livres. Dava uma sensação maravilhosa, tua alma fica livre, você se entrega pra Deus e o contato com a imensidão é tudo! Medo? Não! É muito deslumbre! Não dá tempo de ficar com medo, mas não faço mais. Vai me dar asfixia, não dá mais pra mim.

[...] Trabalhei como arquiteto no Rio Vermelho, em Salvador, na Bahia, por quatro anos e oito meses. Lá, fiz mergulho. Depois larguei tudo pra lá, peguei hepatite e voltei pro Rio pra fazer a convalescência. Me indenizaram e me demitiram. Fiquei um ano e meio sem fazer nada, só na vagabundagem e comecei a ir para o Cacique de Ramos...

[...] O Véio Zuza foi muito importante pro samba, ele era um mal necessário. Brigava com todo mundo, mas tinha um coração enorme. Era um pai pra todo mundo, dava bronca bastante, brigava com a gente toda hora, mas era de ajudar. Guineto era irmão, companheiro, sujeito homem, ombro amigo. Dava conselhos, estava sempre nos alertando

Almir – Ô Major, cuidado ali na frente, olha o perigo!

O último show dele foi comigo no Ponta Pé, na Ribeira, onde tive um pagode. Ele tinha o problema da vesícula, estava todo complicado e quase que ele caiu cantando. Me abraçou e falou no meu ouvido:

Almir – Compadre, não dá mais pra mim não!

Cantou apenas seis músicas, entrou no carro chorando, com muita dor e foi embora.

[...] O Fundo de Quintal é um expoente do samba. Já mudou muito o segmento, a filosofia. Claro que não é mais a mesma característica, pois cada um vem com a sua personalidade, mas o Fundo é um ícone."

ADEMIR BATERA

"Meu nome é Ademir da Silva Reis e nasci em Mesquita no dia 4 de julho de 1952. Em pequeno fiz muita merda. Era o Fiinho, apelido que ganhei da minha madrinha. Meu pai, Antônio da Silva Reis, era o chefe, o reizeiro na Folia de Reis, onde tocava acordeom e viola de dez cordas. Minha mãe, Maria Trindade de Jesus, não saía, mas fazia a comida. Dos oito aos doze anos eu saía de palhaço. Eu queria tocar alguma coisa, mas não sabia o quê. Então, pegava uma lata de banha de 20, várias tampas de panela e ficava batucando com as baquetas, que eram os cabos das vassouras. Por causa disso levei muita coça da minha mãe e apanhei muito nesse lombo preto. Era lapada daqui, lapada de lá...

[...] Meu primeiro instrumento foi o violão. Aprendi sozinho. Pegava a viola do meu pai e ficava no blem blem, até o dia em que ele pegou, me proibiu e ameaçou me bater. E o couro comia de verdade. Hoje não pode bater, mas antigamente, quando não era fio, era galho de goiabeira, aquele fininho, que não quebrava. Com uns dez anos, como queria ter um dinheirinho pra ir ao cinema, já engraxava sapatos. E comprei o violão de um vizinho por 2 cruzeiros, aquela nota amarela. A capa era um saco de estopa. Ficava o dia todo tentando tocar. Não tinha palheta e saía sangue dos dedos. O Norival me viu com o violão e começou a me ensinar os acordes. Fui aprendendo e comecei a tocar as músicas do Jorge Ben, do Tim Maia. A primeira que toquei foi uma americana, sucesso do Johnny Mathis e a segunda 'A Festa dos Santos Reis' (Márcio Leonardo), sucesso do Tim Maia. O dedo ardia muito, ficava todo marcado e desisti. Sentir dor não é comigo. Sou muito frouxo. Até hoje, só em ver sangue eu fico doido...

[...] Tive uma infância de muita dificuldade. Pra arrumar uma graninha, ia pra feira carregar bolsas de madame, ali na Praça de Mesquita. Carregava direitinho e, quando não tinha dinheiro, ia assim mesmo. Queria era fazer um movimento para não ficar envolvido com o outro lado. E também catava ferro-velho, tudo isso dos dez até uns 14 anos. Ninguém me mandou, partiu de mim, pois eu não queria incomodar. Aos 16 anos, tinha uma carroça, puxada pelo burro Mimoso, pra comprar e vender ferro-velho, garrafa. Saía perguntando nas casas. E falo isso com o maior orgulho. Não tenho vergonha de falar porque é a minha vida e não posso esconder. O Mimoso não podia ver uma encruzilhada que ele parava, empacava e pra tirar ele era difícil. Tinha de juntar uma turma pra empurrar. Também trabalhei uns cinco meses em loja de ferragens, enchendo caminhão de terra, carregando saco de 50 kg de cimento na cabeça...

[...] Eu aprontava muito. Íamos numa chácara pra pegar laranja, goiaba, mas como eu não tinha coragem de furar a cerca, ficava do lado de cá. Até que o dono e o filho pegaram as espingardas de chumbinho e começaram a dar muito tiro. Fiquei com medo, me joguei no rio e fiquei só com a cabecinha do lado de fora, esperando passar aquele alvoroço. Só que era um rio sujo, tipo uma vala. Quando saí, me olhei e *tava* cheio de chamechuga, tudo grudadinho. Cheguei em casa e ainda tomei uma coça...

[...] Confesso que sempre fui frouxo, medroso e não me metia em briga. Os amigos chamavam pra arrumar confusão no parque, eu não ia. Também nunca gostei de subir em árvore, porque não sou macaco. Na montanha-russa não vou, tenho labirintite. Em roda-gigante eu também não vou. Fazer o quê lá em cima?

Tinha uns 14 anos quando comecei a ajudar um grupo de baile. Pedi pro Seu Jaques pra carregar instrumento. Ele perguntou o que eu tocava, e eu disse qualquer coisa. Ele comprou uma tumbadora vermelha pra eu tocar lá no Riviera Show, mas eu não tocava nada. Eu ficava olhando pra ela: *meu Deus do céu, como vou fazer isso?* Peguei uma baqueta e batia com ela, com a mão e foi dando certo. Eu tinha era vontade de sentar na bateria do Luis, que depois veio a tocar com Agnaldo Timóteo, com o Jerry Adriani, mas ele não deixava. Uma vez, no Clube Sombrasur, em Queimados, ele tomou todas, ficou doidão e faltou.

Seu Jaques – Ademir, hoje você vai tocar bateria.

Eu não acreditei e chorei que nem criança, porque eu tinha aquela vontade, mas não tinha noção do que fazer, nunca tinha sentado num instrumento daquele, como é que eu ia tocar aquele negócio? Tomei coragem e fui. Batia a mão, esquecia o pé. Pisava no pedal, esquecia a mão. Resolvi só ficar em cima pra fazer o ritmo e foi o baile todinho só no contratempo. De vez em quando batia o pé. Já tinha 15 anos, tremia que nem vara verde, mas fiz as quatro horas do baile todinho e fiquei cheio de moral. Depois desse dia voltei pra tumbadora, só que Seu Jaques me deu muita força, que Deus o tenha. Falou com a Dona Jacy, esposa dele, e me deixou ficar ensaiando bateria na sede, sozinho. Colocava discos de Tim Maia, Jorge Ben, Roberto Carlos e ficava ali o dia todo. Até esquecia de almoçar. Era um cubículo com a porta fechada e um basculante. Mas eu era fininho, não tinha essa boia bonita que eu tenho hoje. E ninguém me ensinava. Eu ouvia e fazia. Sou autodidata, meu professor *tá* lá em cima. Ele me abençoou e hoje sou muito grato a Ele e não me vejo fora do palco.

[...] Fui ficando esperto e comecei a tocar na boate Fandango, em Olinda, depois na Praça Mauá, na casa Scandinávia, na Cowboy e mais tarde na parte de cima do Capela, na Mem de Sá. Na Boate Dominó era um sofrimento porque tinha muito *striptease*. Eu moleque, ficava doido. Com 16 anos tirei minha carteira da Ordem dos Músicos e fiquei todo prosa. Gostava de ouvir James Brown. Toquei num outro conjunto, onde só tinha eu de tinta, único negão. Era de rock pesado, tipo Led Zeppelin, The Who. Não entendia porque estava ali. Em 1978, o Luis, um amigo de Miguel Couto, me chamou pra tocar em São Conrado, nas casas Pilão de Ouro, Las Pedras, Brisamar. Então, tocava à noite e de dia pintava casas com meu irmão mais velho, Carlinhos, que era mestre de obra.

Fui chamado pra fazer um teste no Conjunto Devaneios, mas tive um problema com o Paulinho baixista, por causa de mulher, em Queimados. Ele era um brancão e chegou o Ademir Negão, ganhei a mulher. Só que ele não falou que a mina estava com ele e ficou invocado comigo, mas eu não sabia, *né*?

[...] Hoje não sei xavecar mais ninguém, mas antigamente chegava juntinho. Novinho, tinha mais coragem. Tinha o cabelo de Henê, de ladinho, cheio de ondinha, que o negão Tiano, o mais velho da turma, me ensinou a passar. Colocava meu perfume Lancaster e lá ia eu, sempre todo bonitinho. Com uma camisa de renda, toda furadinha, brilhosa de manga comprida e calça boca de sino e sapato cavalo de aço, ou então de calça quadriculada, preta e branca, tipo Roberto Carlos. E meu sapatinho furado. Isso mesmo. Cansei de andar de sapato furado. Colocava o papelão, ninguém *tá* vendo, dava uma graxa nele e ia assim mesmo. E o relógio paradinho, nem funcionava. Eu sacudia, colocava um horário próximo e chegava nas minas.

– E aí, tudo bem? Vamos dançar um pouquinho?

Dançava bem e rodava o baile. Dançou, já era! Deixou o negão encostar, dançou!

— Nossa, mas você é cheirosinho!
— Ô minha preta, você também.

E aí, matagal! Como ia pagar motel? Não tinha esse luxo! Então, o jeito era namorar no matagal.

Naquele tempo São Conrado não tinha nada, não tinha prédios. Era mato e pedra. Tinha um motel do lado, mas a grana era pouca e ir pra moita era melhor. No intervalo de meia hora fui pro matagal na praia. Estávamos ali brincando, daqui a pouco o braço direito começou a esquentar. Mas não podia parar, porque o pagode *tava* bom. Quando olhei, tinha enfiado o braço todinho no formigueiro, meu braço parecia um chokito todo empolado. Queimava muito e tive de parar e sair correndo, porque já estava na hora de tocar e o Antônio já *tava* gritando: 'Só falta você!'.

[...] Era um Don Juan. As meninas só me filmando! Uma vez tinha uma preta bonita, me deu um sorriso e me levou pra casa dela. Só não falou que era casada. Chegamos lá, o bicho pegando, coisa e tal, um barulho no portão.

— Meu marido. Ele é polícia.

Eu pelado, fui pra debaixo da cama, nem deu tempo pra vestir a roupa. Ele abriu a porta, entrou e só dava pra ver o pé do cara, uma lapa de pé. Ele contando como tinha sido o dia, dos tiros que deram nos caras e o mijo saindo. Sim, o meu. Sempre fui frouxo. Daqui a pouco ele saiu, escutei o barulho do jipe indo embora, saí debaixo da cama e saí voado pela rua, pelado, com as roupas na mão. Fui até a estação de Queimados peladinho, de madrugada, todo mijado. Esqueci o sapato furado lá e nunca mais entrei na casa de ninguém.

[...] Eu era danado. Uma vez marquei de sair com a Zuleika, mas ela tinha medo da mãe do meu filho, que estava grávida. Acabou o baile, fui ao encontro dela. E antigamente quando você passava no poste via a sombra, agora não tem mais isso. Então, estamos abraçados, mas daqui a pouquinho aparece uma terceira sombra. Era um tempo que não tínhamos aquela preocupação com ladrão. Quando olhei, o tapa já veio! Pá! No meio do comedor de lavagem, na minha lata. A mina já meteu o pé e sumiu na poeira. Era minha mulher. Ela queria bater mais. Corri pra casa, subi na parede rapidinho, que nem um gato, entrei na caixa-d'água vazia e fiquei quietinho.

Nicinha — Dona Maria, Fiinho *tá* aí? Olha, peguei ele com a mulher. Dei um tapa nele e vou bater mais nesse sem-vergonha.

Eu tinha 16 anos e tremia igual vara verde. Já sabia que ia apanhar. Com minha mãe não tinha essa de ser maior ou menor de idade, ela queria era bater, de chicote. Mandou meu irmão Carlinhos subir na caixa-d'água. Ele sabia e me entregou, aquele dedo-duro safado, caguete. Eu fazendo com a mão pra ele não falar e ele me entregando. Minha mãe era pequenininha, mas era tinhosa. Mandou descer, já com o cabo de vassoura na mão. Fui descendo e apanhando, entrei no quarto com o lombo quente. Ela era muito severa e dizia: 'Se vacilar, quebro no pau'. E quebrava mesmo. Hoje filho fala palavrão, fala besteira, mas eu nunca falei. Uma vez disse merda e levei no meio da boca. Eu corria pro quintal, mas a coroa era mirolha, ela cruzava o braço e:

Dona Maria – Vem aqui, neguinho!
Ademir – Você vai me bater, *né*? Então, não vou.
Dona Maria – Você vai ter de dormir em casa. Vou te acordar com pancada, muita pancada.

Ela falando com o tamanco na mão. Até que ela mandou o tamanco, pegou na cabeça e caí no poço, com sangue na testa, chorando. Saí pra apanhar mais com a varinha de goiabeira, no lombo, nas pernas. E ainda passava sal grosso nas feridas. Dizia que não ia fazer mais, e fazia...

[...] Com 15 anos, mijava na cama. Ela me colocava com o lençol e o cobertor no sol, secando. A rapaziada passava e gritava: 'Ô mijão!'. Eu xingava, ela mandava eu calar a boca para não apanhar mais. Eu era muito sem-vergonha.

[...] Uma vez, o Jorge, que era maior do que eu, arrebentou minha pipa, fui pra casa chorando. Apanhei em casa. Voltei pra rua, e como já tinha apanhado mesmo, resolvi ir à forra. Cheguei por trás dele, que estava sentado, rebentei a linha e, quando levantou, dei um chute no saco dele. Saiu sangue, teve de ir para o hospital. Ele ficava na porta de casa esperando eu sair pra me bater. Saía e voltava correndo. Uma hora ele conseguiu me pegar e me deu umas cinco mocas (cascudos). Cheguei em casa com a cabeça latejando, mas não chorei porque iria apanhar de novo. E fiz um plano. Do lado da minha casa tinha um terreno baldio, onde ele soltava pipa. Ele esqueceu, quem bate esquece, *né*? Eu também era mirolha que nem minha mãe. Peguei uma pedra de barro e mandei na testa. Ele largou a pipa e saiu correndo. Nunca mais brigamos e viramos amigos até ele morrer. Os caras falavam: 'Não mexe com Fiinho não que ele dá pedrada'. Fiquei cheio de marra, cheio de moral...

[...] Me aguçava ver os ritmistas da escolas de samba. Queria tocar de qualquer jeito. Pegava uma lata de vinte, tipo um galão redondo, um papelão de saco de cimento, amarrava, passava cola, esticava, colocava no sol pra secar e fazia um tamborzinho pra sair nos blocos. Batia de qualquer jeito. Queria era estar. Os amigos diziam: 'Deixa o Fiinho ficar aí', e eu ficava do lado. Aprendi a tocar repinique na Independente de Mesquita, mas chegava o carnaval e não desfilava. Não tinha coragem. Tinha vergonha de colocar as fantasias, o chapéu. Aí não me deixaram mais ensaiar e desisti.

[...] Nos anos 80 pintou a primeira oportunidade de trabalhar com artista. Eu tocava com o Nice Crazy no Nevada, da Barra. O Serginho, o Beijoca e o Betão ficaram me olhando, pediram pra eu dar uma canja e ficaram doidos comigo. Me chamaram pra tocar com eles na temporada que o Exporta Samba fazia no Seis e Meia do Teatro João Caetano. Marcaram de ir na segunda. Tu foi? Com medo, não fui nada! Combinaram de me dar o dobro do que eu ganhava, mas ali já estava ensaiadinho. E o medo de sair de uma coisa que era certa pra mudar por algo que eu não sabia se iria dar certo? No dia seguinte *tô* eu na Avenida Rio Branco todo sujo de tinta e aparece o Betão. Disse que não fui por medo, ele ria muito e disse que todos gostaram de mim. Aí tomei coragem e fui. Me apresentaram, me aplaudiram, fiquei emocionado...

[...] O único artista que só trabalhei um dia e disse não quero foi o Agepê, que aprontou. Disse que queria um batera sério e me chamou pra um show numa feira agropecuária em Além Paraíba, Minas. Foi muito bom, tudo certinho, mas no final, no hotel, a ex-mulher dele, Silvia, veio com um envelope fininho pra me pagar. Sempre tive pavor com esse negócio de envelope. Abri e tinha 50 reais. Fui ao quarto dele.

Ademir – Ô Agepê, esse pagamento não está errado?

Agepê – Não, é isso mesmo. Pagamos 50 pros músicos.

Ademir – Olha, desculpa, não quero saber quanto você ganha, é mérito seu, mas você tem de ser justo com os músicos, isso é covardia. Não se faz isso com música, mas também não sou seu músico.

Agepê – Mas você vai ficar trabalhando comigo.

Ademir – Eu? Não vou não e já *tô* indo embora.

E fui mesmo. Não esperei ninguém, fui pra rodoviária e meti o pé. Nunca mais voltei. Ele estava estourado com 'Deixa eu te amar' e depois me chamou pra ir pro nordeste, com dez shows, dizendo que ia aumentar meu cachê, mas não fui, botei outro no meu lugar.

[...] Meu luxo é meu perfume, aquele do bom. Vou ali comprar um pão, mas vou cheirosinho. Meu chapinha Ubirany tinha o dele, eu tenho o meu. Já pensou, o fã vem falar contigo e você *tá* com nhaca?

[...] O Fundo de Quintal é uma luz que Papai do Céu botou a mão, cuidou e que veio pra ficar. Fico muito feliz de fazer parte dessa cultura. É um nome muito forte e creio que nunca soubemos a força que temos. O Fundo é diferenciado."

MÁRIO SÉRGIO

Mário Sérgio Ferreira Brochado nasceu na cidade de São Paulo no dia 10 de dezembro de 1958. Do Mário falam a viúva Giuliana Rocha e os primos Raquel, Rogéria e Raul Cláudio.

Giuliana Rocha, viúva

"Eu o chamava de amor e ele me chamava de nega e de amor. E quantas vezes eu acordava, ele do meu lado fazendo música...

[...] Mário era muito ciumento. Uma vez, em 2005, estávamos no Rio, ele gravando no hotel, em Copacabana, eu disse: 'Vou à praia e você me encontra lá'. Como sou muito faladeira e gosto de falar com todo mundo, quando ele chegou, de sunga com uma daquelas camisetas de basquete, eu *tava* numa roda com uma família. Tinha homens, mulheres, crianças, eu tomando uma caipirinha e o cara, que era demonstrador de uma empresa de maquiagem, me mostrando umas sombras e me dando uma de presente. Aí, falei: 'Olha, meu amor, quem eu conheci...'. Ele puxou meu braço e começou a brigar. Todos muito sem graça, porque não esperavam essa atitude do ídolo.

Mário – Você *tá* dando maquiagem pra minha mulher? O que você está falando com a minha mulher? Ela é casada. Olha o tamanho da aliança no dedo dela.

Brigou com todo mundo e me puxou.

Giuliana – Que isso, você sabe que eu falo com todo mundo.
Mário – Ah, você *tá* bebendo! E conversando com gente que nem conhece, você podia ser arrastada...

Disse que eu estava dando mole e ficou uns três dias sem falar comigo. Ele também tinha ciúmes quando eu ficava dançando nos shows do Fundo. Mas acabava sendo divertido, era bem leve. Eu também sou ciumenta e com ele era pior ainda, porque ele é o artista (ela fala como se Mário ainda estivesse por aqui). Uma vez estávamos no Carioca Clube, em Pinheiros, chegaram umas meninas de Porto Alegre com uns jogadores de futebol, no camarim. Elas em cima dele, uma pegou o boné dele e colocou na cabeça dela. Eu olhei bem pra ela...

Giuliana – Tira o boné do meu marido! Dá licença, *né*? Você vem de Porto Alegre pra dar em cima do meu marido? Se ela não sair do show agora, eu vou embora.
Mário – Só *tô* tentando me concentrar, eu não tive culpa.
Giuliana – Não importa, você tinha que ter segurado o boné, não tinha que ter deixado ela pegar. Vai tirar todas essas piriguetes, se você quiser que eu continue aqui, é seu trabalho.

E ele tentando apaziguar. Mas não fiz escândalo pra todo mundo ver, só perto dela. Aí ele pediu pra tirarem a menina. Em outra vez, fui ao banheiro e, quando voltei, tinha uma menina agarrando ele. Empurrei a garota e ele ria.
–Você me ama muito, *né*, mulher?
Era desesperador, tinha que ter um controle emocional muito grande...
[...] Ele fazia um trabalho voluntário para um povo bem humilde no interior do Ceará, arrecadando fundos, alimentos, roupas, com uns amigos comerciantes e empresários. Era ele, o Falcão e o Kiko, um amigo dele...
[...] Ele gostava de acordar cedo e, por mais tarde que chegasse do show, ia praticar um esporte, jogar basquete na academia. Às vezes, íamos dar um corridão aqui no Parque das Árvores. E ele na cozinha era excelente e cozinhava mais do que eu. Fazia bem uma caldeirada, uma feijoada,

gostava de pratos exóticos, mas até o arroz com feijão dele era sensacional. Gostava sempre de fazer um prato novo e eu ali ajudando, cortando uma alface, uma cebola, sempre junto, rindo, ouvindo música, brincando, sambando, beijando e juntos...

[...] Íamos ao candomblé da família dele, no terreiro das tias dele. Tia Doca e Tio Silas eram como se fossem padrinhos dele. Quando tínhamos uma folga, íamos lá tomar um axé, porque a gente precisava. Ele um filho de Xangô, eu de Iansã com Ogum. A maior paixão de Xangô foi Iansã e era onde a gente se equilibrava...

[...] Ele foi maravilhoso o tempo todo. Um cara extraordinário, uma pessoa doce, gentil. Um homem romântico e sedutor, sem dúvida uma das melhores pessoas que conheci. Foi uma experiência ímpar ter feito parte da vida dele. Só tenho gratidão a Deus. Pena que acabou e dessa forma, mas não tenho o que falar dele, a não ser elogiar."

Raquel, Rogéria e Raul Cláudio, os primos

Raul – Nossa avó Dona Maria Aparecida da Silva era irmã da Dona Basília Silva, avó do Mário. Ele morou com a gente dos 18 aos 38 anos, na Rua Aracati, em Ramos. Sempre foi muito estudioso, mas também sempre gostou de comer bem e foi um comilão a vida toda. Por isso foi um menino gordinho e virou um atleta, começando a fazer vários esportes.

Rogéria – Era bom em todos, fosse basquete, vôlei, golfe, atletismo, salto em altura, parapente. O primeiro foi o basquete, em que jogava de ala-pivô, mas também fez mergulho e andava de patins. Jogava golfe no Itanhangá, aqui no Rio, e em Cotia, São Paulo.

Raul – Ele vinha de uma casa com muita rigidez e tinha um motivo pra isso. Ele não podia errar, primeiro que era o xodó de todo mundo. Veio pra cá pra poder servir na Marinha, mas veio também numa de se libertar um pouquinho. E quando chega, encontra uma casa fértil pra isso, porque nossos amigos vinham pra nossa casa, ou seja, chegou ao paraíso. Saía do quartel na sexta, pedia para meus pais para trazer os amigos, eles deixavam e minha mãe fazia a comida.

Seus pais, Dora e Rimas, e o irmão Dimas cantavam, mas Dona Dora não queria que ele fosse cantor, preferindo que ele estudasse, mas tem uma lenda que a avó trancava ele no quarto e o obrigava a estudar três horas de violão, todo dia, dos dez aos 14 anos. Aí a música entrou na veia e começou a entender que era um músico, mas não deixou de estudar. Se formou em Economia e Administração na USP. Foi fuzileiro naval, no CEFAN, no Rio. Fez parte do Grupo Maria Fumaça, com o qual viajou para os Estados Unidos e também foi manequim.

Rogéria – Aos dez anos, apareceu pela primeira vez na televisão, num domingo pela manhã. Foi levado pelo seu pai no programa de calouros do Canarinho, no SBT. Cantou "E Não Vou mais Deixar Você tão Só", do Antonio Marcos, que foi sucesso do Roberto Carlos. Foi o melhor calouro do dia e ganhou balas, bolo, pirulito e um violão.

Raquel – Quando ia viajar, deixava dinheiro com meus pais para comprar o que ele gostava pra minha mãe fazer na sua volta. Avisava uns dias antes quando ia chegar e era rabada ou mocotó ou feijoada... E muitas vezes, quando chegava, íamos às dez, onze da noite pro mercado para comprar peixe e terminávamos comendo pastel com caldo de cana, que ele adorava.

Rogéria – Minha mãe mandou fazer uma cama sob medida pro meu irmão e outra pro Mário, porque eles já eram muito grandes. Ficávamos todos juntos no quarto ouvindo música e nossos amigos se tornaram os amigos dele, que organizava um vôlei na rua Peçanha Covas. Era chamado de All Star, porque só andava com all star colorido, cada dia um.

Raquel – Chegou lá em casa todo organizadinho, tinha o ferro dele, a meia dele, até que um dia misturou tudo. E quando ele voltava das viagens, que sabia que tinham usado a roupa dele, ficava muito bolado.

Rogéria – Ele era politicamente muito certinho, um cara muito cobrado. Era fechadão, o que era dele era dele e teve que aprender a dividir. E veio para um lugar que ninguém cobrava nada dele, onde muita coisa podia. Uma vez nossos pais saíram e fizemos uma guerra de pimenta, nós e o Mário. A casa toda cheirava a pimenta. Era botar a pimenta na água e jogar. Ele nunca havia brincado disso na casa dele, ele tinha uns 20 anos e nós com uns 15, 17, 18 anos.

Ele não se metia com ninguém, era cada um com seus problemas. Não falava mal de ninguém. Vivia a vida dele, do jeito dele. A única vez que o vi chorar foi quando minha mãe, Dona Vera Cecília, morreu.

Raul – Nós dividíamos o mesmo quarto. Ele andava todo na beca, com roupas que eu gostava muito. Ele viajava, eu caía dentro das roupas dele, mas isso dava um banzé danado! Às vezes, na sexta, eu estava saindo arrumadinho, todo vestido de Mário e minha mãe avisava: 'Ele *tá* chegando'. Tinha de voltar e tirar tudo. Ele chegava, olhava e dizia: 'Eu já sei'...

Rogéria – Ah, mas essa eu vou contar. O Mário foi para Porto Rico, viagem de fuzileiro, e trouxe uma bata linda. O Raul foi pro Social Ramos Clube com a bata. Teve uma briga, a bata rasgou. E pra explicar depois? Foi difícil.

Raul – Em 1999, minha irmã Rogéria estava pra se formar com todas as dificuldades de um curso de medicina. Meus pais, funcionários públicos, três meses pra acabar a faculdade, aquele sufoco com um monte pra pagar, ele vendo tudo. Aí, ele senta com a minha mãe, pede pra botar preço na casa e disse que iria comprar a parte dela. Tudo resolvido foram quatro dias de festa de formatura.

Morando com a gente, ele aprendeu a perseverança, a dedicação. Foi um cara totalmente dedicado ao que fazia, como quando passava a tarde comigo e ficava cantando as músicas que ia cantar no show à noite. Já imaginava como iria entrar no palco, era como se fosse um ensaio o tempo todo!"

RONALDINHO

"Me chamo Ronaldo da Silva Santos e nasci no dia 5 de setembro de 1958, na Tijuca, onde foi fundada a Unidos da Tijuca, pois sou da família dos fundadores da escola. Em pequeno era um garoto bem tranquilo, bem calmo e jogava botão, ping pong, brincava de carrinho de rolimã, mas nunca fui de futebol, nunca gostei...

[...] Comecei a aprender cavaquinho na Pavuna com o Jorginho Maquinista Filho, o Jorginho do Cavaco. Tinha uns 18 anos e quis aprender porque já queria cantar e achava que não ficava legal sem harmonia.

[...] Em casa ouvia muito samba canção, Jamelão, Nélson Gonçalves, muito bolero, discos de música instrumental, mas os primeiros sambistas a me chamar a atenção foram o Bezerra da Silva e o Almir Guineto. Tanto que a primeira música que toquei no cavaco e cantei foi 'Mordomia', do

Festival. E quando escutei o disco do Fundo de Quintal, eu disse: 'É isso que eu quero'.

[...] A primeira grana que ganhei tocando foi no Grupo Só Samba, em Belford Roxo, mas nem lembro quanto deu pra cada um. Tocávamos nuns bailes de clubes e nos almoços dançantes aos domingos.

[...] Passamos dificuldades em casa sim. O começo foi difícil. Eu, minha esposa, Roseliândia, e o primeiro filho, Flávio Santos. Ela trabalhava, ganhava bem e segurava uma onda, mas eu tinha que estar presente. Era o homem da casa e não estar trabalhando dava uma agonia. Eu era do departamento pessoal do curso GPI. Administrei uma unidade na secretaria e estudava. Mas pedi pra sair porque não dava pra conciliar com a música. Estava no Grupo Raça e já começava a ficar bom, mas melhorar mesmo foi quando fui para o Fundo de Quintal.

[...] Também cantei no Samba Som 7, chamado pelo Betão e pelo Paulinho Galeto e fiz uns três ou quatro shows tocando cavaquinho com o Só Preto Sem Preconceito.

[...] Acyr Marques me ensinou muito de tudo que eu sei. Nós começamos a compor, ele me deu umas dicas e essa nossa amizade é o marco da minha evolução dentro da música, quando comecei a frequentar os sambas da região de Pilares, Abolição. Aí conheci o Marquinho do Banjo, grande amigo, grande parceiro, que me levou pro Grupo Raça, em 1983. Disse que estava montando um grupo e me convidou, porque precisava formar a dupla de cordas, que ficou sendo eu e ele. Fui pro cavaquinho, ele de banjo, mais o Mongol, Totonho, Valney e o Carlinhos Marketi.

[...] Infelizmente a qualidade do samba caiu muito. Querem é fazer pula-pula, fazer sucesso e não se preocupam em criar um bom samba, uma boa melodia, algo que transmita uma mensagem, como era antigamente. O compositor tinha gosto de compor e chegar num pagode com seu prospecto, mostrar e daqui a pouco sentir uma energia. As pessoas cantavam porque se identificavam com aquela letra. Isso não tem mais. Não existe mais essa pureza e ao mesmo tempo essa fidelidade ao samba. Era bonito quando chegava uma Beth ou outro cantor e o compositor já mostrava um samba novo, mas as coisas tomaram um outro formato, é tudo no microfone.

[...] A importância do Fundo na minha vida é toda. Inclusive todo o meu aprendizado está ligado ao Fundo de Quintal. De palco, de samba, de tudo. Desde o início antes mesmo de estar nele. Com eles aprendi tudo que sei. O Fundo é realmente um marco dentro do samba, da música brasileira, em qualidade de bons sambas, de boas poesias. Acho que isso é incontestável, não é mesmo? É um divisor de águas."

FLAVINHO SILVA

"Meu nome é Flávio da Silva Gonçalves e nasci na Maternidade Carmela Dutra, no Méier, em 2 de setembro de 1975. Em garoto era um sonhador. Eu queria ser artista, pensava em ser mecânico de avião, pensei até em estudar engenharia, mas só pensei. Ia ali para o Aterro do Flamengo e ficava olhando pro alto, ia pra Marina da Glória pra ver o aeroporto e ver os aviões decolando, pousando, mas foi uma utopia rápida. A música sufocou tudo isso, e quando via meu tio Pedro e o Wanderson Martins tocando, sonhava estar no palco...

[...] Minha família sempre foi muito festeira, e sempre gostou muito de samba. Meu tio Pedro Madeira tinha um grupo chamado Opção. Era o cantor e dava uma batucada no surdo. O Wanderson Martins tocava com ele e eu cresci naquele movimento. Nas reuniões parava do lado do Wanderson, ficava olhando e, quando eles paravam, eu pegava o cavaquinho dele e ficava irritando todo mundo com aquele blem blem. Tinha uns dez anos. E um dia o Wanderson falou:

– Você leva jeito.

E guardei no meu coração. Acreditei naquilo. Até que meu padrasto Luis Carlos apareceu com um cavaquinho lá em casa. Ele queria aprender, mas só durou uma semana. Deixou o cavaco de lado. Eu olhava pra ele e comecei a pegar. Um dia pedi e ele me deu. Ficava estudando sozinho, sabe? Tipo autodidata. Não podia ver ninguém tocando que pedia pra me ensinar a fazer um acorde diferente. Até que criei coragem e comecei a espalhar pra todo mundo que eu tocava cavaquinho. Aprendi a fazer o sol maior (G) e me apeguei a ele de tal forma que tocava todas as músicas em sol maior. Chegava no samba, cavaquinho desligado, aquela barulheira, aquela batucada, e eu ali tocando, era muito expressivo. Aprendi que a gente não precisa tocar bem, basta ter uma boa expressão facial. E eu era o mestre das caretas...

[...] Morando em Santa Cruz, comecei a aprender mais e conheci o Fidélis Marques, primo do Arlindo Cruz, que também tocava banjo e começou a me ensinar. Comecei a evoluir, a tomar gosto pela música e vi que seria uma profissão. Já em Nilópolis, conheci a Beija-Flor, o Neguinho, o pessoal do 100% e passei a tocar em tudo que era botequim. O primeiro grupo profissional que toquei foi o Sabor Veneno. Começava a cantar e tinha uns 17 anos. Estava mudando de voz e já dava pra pagar umas continhas e projetar, mas só projetar. Ainda não dava pra realizar...

[...] Até tentei trabalhar fora da música. Fui ser ajudante de lanterneiro, que era o compositor Carlinhos Cachambi. E lá na oficina eu pegava o cavaquinho pra tocar. Mas foram alguns meses de uma boa experiência. E como conheci a música muito cedo, me tornei independente também muito cedo e a música venceu. Ia com o cavaco pra Beija-Flor, acompanhava um monte de compositores na disputa dos sambas-enredo e saía dali com dinheiro. Fazia a mesma coisa no Salgueiro. Comecei a sentir gosto e a necessidade de melhorar.

Senti que precisava estudar. A vida começava a tomar outra proporção e vi que não podia continuar enganando os outros por muito tempo e que na realidade estava me enganando. Então, fiz o curso de harmonia funcional no SIGAM, com arranjo e percepção com os professores Cláudio Bergamini e Willians Pereira. Resolvi me dedicar ao máximo pra aprender de fato a tocar este instrumento.

[...] Fui para o Grupo 100%, que já existia, mas ainda não tinha uma boa visibilidade. Era um encontro que acontecia todas as segundas no Esporte Clube Iguaçu, em Nova Iguaçu, com músicos e artistas que iam pra jogar bola e depois fazer um samba. Teve a necessidade de formar um grupo fixo, porque, às vezes, todos estavam viajando. Quem me chamou foi o Binho Percussão, que na época tocava com o Neguinho. Em seguida conhecemos o Paulo Tentente, que patrocinou o primeiro CD do grupo. Ele abriu uma produtora, a PTA, que gravou o Pirraça, o 100% e o Tô que Tô. Investiu, o 100% estourou e ele negociou com a gravadora Paradoxx.

[...] Quando a gente nasce, nasce sem nada. E quando a gente morre, não leva nada. Mas nesse processo de nascimento e morte, a gente estuda, corre atrás de dinheiro, consegue, não consegue, ofendemos as pessoas, às vezes magoamos, nos deixamos magoar e, no final de tudo, não levamos um título, um diploma, fica tudo aí. A Palavra diz que não devemos juntar tesouros na terra, que a traça há de comer e o ladrão pode roubar. Se devemos nos vangloriar de alguma coisa é de ter intimidade com Jesus Cristo, porque tudo isso que a gente conquista é uma coisa passageira. Quando na realidade devemos nos esforçar pra fazer o bem e levar ao entendimento das pessoas que só tem um caminho, que é Jesus Cristo. Ele é o caminho, a verdade e a vida. E ninguém vai ao pai, senão por ele...

[...] O Fundo de Quintal tem uma importância muito grande na nossa música e pode ser considerado como um patrimônio cultural."

ANDRÉ RENATO

"Meu nome é André Renato de Oliveira, sou carioca e nasci no dia 28 de agosto de 1974. Foi especial ter feito parte rapidamente do Fundo de Quintal e tenho orgulho em dizer que faço parte desde o tempo que o Arlindo ia pra Rua Mílton. É, na minha casa, esperando uma deixa pra poder entrar. Vi todos os processos acontecerem dentro da minha casa, desde a primeira formação, com Neoci, Jorge, Almir. Vi todas essas mudanças que aconteceram no Fundo. Eles fincaram a bandeira. E fizeram uma história que tem de ser preservada, uma história que é tesouro nacional.

[...] Lembro de pequeno ver meu pai cortar aquelas chapas de alumínio pra poder moldar o tantan. Porque tinha a timba, a tambora do Trio Irakitan, mas ele deu uma angulação maior e deu o nome de tantan. Pra mim, o melhor de todos é aquele grandão do primeiro LP, que tem o tempo do surdo. A levada do tantan neste disco é absurda. Então, ficava ali no meu quintal vendo meu pai encourando, esticando, tirando esse som, buscando um som dele. Era um quintal bem grande, onde rolavam os pagodes da família e onde ele experimentava o tantan menor, pra complementar. Lembro do Aragão dormindo na minha sala, passei por cima dele várias vezes...

[...] Durante as gravações do disco *Ciranda do Povo*, passei meu aniversário no estúdio Transamérica. Um convívio em que absorvi muita coisa boa. Uma faculdade dentro de casa e graças a Deus que posso viver de música, o que é muito difícil no Brasil. E com dignidade.

[...] E lá no Cacique? Eu, Fabinho, André com nosso futebolzinho de criança, hora do nosso recreio. Corri feito um louco ali dentro, onde também soltei muita pipa.

Tinha a Márcia Moura, uma referência tocando bem o tantan. Mas minha tia Chiquita também tocava. Na minha família a mulherada toda toca tantan, minhas primas tocam. Tia Chiquita tocava, versava e, quando levantava e colocava a saia pro lado, aí era foda. Ficava papo de uma hora versando com Camunguelo, que era babalorixá, pai de santo. E minha tia Chiquita era uma mãe de santo considerada.

[...] As lembranças não param. Tinha o Neoci carregando aquela capanguinha atravessada. Ele era o relações públicas do Fundo, falava com um, com outro, arrumava a casa. E o Almir, sem camisa, tocando com uma sonoridade única e um balanço... Quantos pagodes na casa do Mussum, em Angra...

[...] E meu pai, Seu Jalcireno, Sereno, Serenão, que me ensinou e me ensina a ser um homem de caráter, de personalidade, a ser um bom pai, um bom filho e gostar de samba de verdade. É o formador do meu caráter musical e pessoal. Somos grandes amigos. Amigos pra todas as horas, de verdade. Vejo que muita gente perdeu isso aí, essa troca. Com a gente é diferente. Quanto mais velho ele fica, mais lúcido vai ficando. E vou dando injeção nele, que é muito esperto, antenado em tudo. 'Cheiro de Saudade' é uma sinfonia, um clássico, um negócio absurdo de um compositor que não toca um violão. Valeu por tudo, pai. Te amo."

MILSINHO

"Meu nome é Admilson Paiva Pereira da Silva e nasci no dia 3 de março de 1977, em Brasília. Desde pequeno gosto de música e ficava no quintal batucando com meus primos em baldes, pratos ou panelas. Lembro de pegar um cesto de pregador e falar que era meu banjo, fingindo que tocava com uma moedinha de palheta. Aí, meu pai me deu um cavaco Tonante. Gostei tanto que vivia pela casa fazendo aquele blem blem blem...

[...] Com 11 anos já frequentava um pagode perto de casa e os mais velhos colocavam um repique de mão no meu colo pra eu tocar. E tocava do meu jeito. Com 13 anos já tocava um tantan e, aos 15, comecei a tocar banjo e cavaquinho. Uma das primeiras músicas que toquei no cavaquinho foi 'Lucidez'.

[...] Sempre fui ligado em música e ficava em casa com as fitas de VHS prontas para apertar o rec e gravar os shows do Fundo de Quintal, Raça e Pirraça, que eram as minhas referências, além dos discos, que ouvia muito.

Mas em pequeno jamais passou pela minha cabeça um dia fazer sucesso, ser sucesso, mas apenas ser reconhecido pelo que eu faço.

[...] Em 1994, formamos o Grupo Amor Maior. Eram todos da nossa família. Viajamos para São Paulo e tiramos o terceiro lugar no Concurso Nacional de Pagode, no programa do Netinho, CNP Brasil, no SBT, com uma música minha. O Seu Ronaldinho e o Seu Ademir já conheciam o meu trabalho por causa desse grupo. Seu Ronaldinho era nosso padrinho. E saí do grupo em 2009."

DÉLCIO LUIZ

"Meu nome é Délcio Luiz da Silveira, nasci no bairro da Piedade em 10 de outubro de 1967. Ainda criança, fui morar em São João de Meriti, na Baixada Fluminense e com sete anos participei de um festival de música na minha escola, Caetano Bellone, na Vila Rosaly. Tirei segundo lugar cantando a música 'Poxa', do Gilson de Souza. Cantei à capela (sem acompanhamento) e o prêmio foi uma bola de futebol. Depois fui para o Colégio Mercúrio, na Pavuna, e participei de um festival de músicas inéditas. Tinha 12 anos. Eu e meu primo J. Anderson ganhamos com uma balada, que diz assim: 'eu nunca tive medo do futuro/aliás um absurdo/eu não sou mudo e canto/e levo a vida assim...'. Foi minha primeira música. Em 1987, fizemos 'Por um Erro', gravada pelo Só Preto Sem Preconceito, com a participação da Leci Brandão.

[...] Não esqueço da minha prima e madrinha Beth brigando comigo.

– Menino, você tem que levar a música a sério. Isso é trabalho, não é uma brincadeira. Você tem talento!

No início era só divertimento. Fazia uma música e deixava pra lá. Parece que ela sabia que a minha história autoral ia dar certo. E a música já falava mais alto. Infelizmente hoje não tenho mais esse violão que meu pai me deu quando eu tinha dez anos. Meu pai, Rubens José da Silveira, gostava de cantar seresta com sua voz rouca e chegou com esse violão usado lá em casa, enrolado num papel pardo. Ele não tocava, mas era um cantor de banheiro e vivia cantando e assoviando 'A Volta do Boêmio'. Eu não sabia nem tocar. Aprendi a fazer os primeiros acordes numa igreja católica, em São Matheus, ali na Baixada, depois de São João. E antes de começar a fazer sambas, tinha um vizinho que ia lá em casa, batia palma e pedia o violão emprestado. Minha mãe, Maria Magdalena da Silveira, emprestava, mas pedia pra não demorar a devolver. Era só o Serginho Meriti. Quantos sucessos ele fez no violão que meu pai me deu?

[...] Tínhamos uma vida bem modesta, bem humilde. Meu pai era porteiro de prédio e minha mãe era doméstica. Mas nunca faltou nada de comida, graças a Deus. Ouvia o que tocava na rádio AM, porque não tínhamos vitrola. Comecei a comprar revistinhas com cifras. Quando fui pra minha tia, meus primos ouviam muito bossa nova e tudo de bom que tinha na MPB. Ouviam Vinicius, Miúcha, Tom Jobim, Toquinho, Djavan, Milton, e aí comecei a assimilar os sambas do Fundo de Quintal com as bossas do Vinícius e comecei a curtir a voz suave do Arlindo, que nem a voz do Tom e do Vinícius. Também ouvia Martinho, Clara, Alcione e comecei a me apaixonar pela batucada do Fundo de Quintal. Aí, não teve jeito, foi paixão eterna...

[...] Com uns 15 anos fiz parte do Grupo Sem Nome, que fazia cover do Djavan. E quando saí do quartel, fui ser um dos músicos que acompanhavam o Só Preto Sem Preconceito. Fiquei de 1987 a 1990, tocando cavaquinho, instrumento que tenho até hoje. Em 1990, fui para o Grupo Raça e fiquei até 1998. Quando cheguei, o Raça tinha um repertório com muito partido alto e o deixei mais romântico. Em seguida, fiquei três anos no Kiloucura...

[...] Para a minha história na música foi maravilhoso ter feito parte do Grupo Fundo de Quintal, o melhor grupo de samba do Brasil. O Pretinho da Serrinha me disse que eu consegui, em duas décadas, jogar em três seleções: o Raça, o Kiloucura e o Fundo. E ele tem razão. Valeu muito ter passado por esta seleção. Infelizmente não peguei aquela magia das quartas do Cacique, dos versos, mas qual o músico, qual o sambista que não tem vontade de passar pelo Fundo de Quintal? Sabendo quem passou e fez história?

[...] A primeira música que ouvi deles foi 'Fases do Amor'. Eu me identificava muito com aquela voz rouca, mas não sabia de quem era. Aí me falaram que era um barbudo. Fui ver na capa do disco e tinha um monte de barbudo, mas eu não sabia quem era o Arlindo. Era um tempo que não tinha essa facilidade da internet. Depois que fui descobrir quem era o Arlindo e já virei fã. Aquele 'casamento' dele com o Sombrinha pra mim foi a melhor época. Não desmerecendo ninguém que passou pelo Fundo, essa formação foi imortal...

[...] O Fundo de Quintal é um ícone do nosso samba, é muito forte, um patrimônio do samba. Meus respeitos a todos os que passaram por lá."

MÁRCIO ALEXANDRE

"Meu nome é Márcio Alexandre Teixeira Moreira, sou carioca de Madureira. Nasci na Congonha, em frente à Serrinha, no dia 8 de março de 1982, e fui criado no Engenho de Dentro, na Rua Dionísio Fernandes, 188, na subida do morro do Outeiro. Minha mãe, Dona Cira, era merendeira, trabalhava num colégio e meu pai, Seu Isaías, era estivador. Eles se separaram, ele se afastou e foi bem complicado...

[...] Venho de uma família de candomblecistas. Desde minha bisavó cultuamos a ancestralidade. Pela influência da religião, desde pequeno tinha a cultura do tambor dentro de casa. E comecei na música pela percussão. Meu pai tirava um som e fazia meia dúzia de acordes no cavaquinho. Com oito anos lembro dele me dando um tantan e um berimbau, e me ensinando a tocar.

Ele foi um dos fundadores da Unidos do Jacarezinho e minha mãe era baiana do Salgueiro. Virei imperiano por causa do meu tio, Paulo Samara, puxador do Império Serrano. Eu também aprendi a tocar pandeiro, repique de mão e ia tocando por aí, mas nada profissional, porque minha mãe abominava a ideia de ser músico. Na cabeça dela o músico não se sustentava bem. E ela nem estava muito errada, porque a gente passa muito aperto. Ela dizia: 'Se eu morrer, o que esse garoto vai fazer da vida?'. Sempre batalhou pra que fôssemos gente de bem. A preocupação dela era ocupar minha mente e ter um trabalho, para eu não me envolver com coisa errada...

[...] Uma vez encontrei com o Neguinho da Beija-Flor e contei que ele me salvou de uma coça, ele riu muito. Foi na primeira grana que recebi. Lá em casa a parada estava apertada. Eu peguei os 239 e desci no Méier. Entrei na Sendas e comprei o LP *Festejos* dele, 1 kg de contrafilé, 1 kg de batata e com o troco fui na esquina e comprei uma bola. Fui pra casa com minhas moedinhas, fiz um bife, batata frita pra cacete, comi quase tudo e minha mãe perguntou o que eu tinha feito com o dinheiro. Ela esperava que eu tivesse juízo. Mesmo apertada, nunca disse 'me dá o dinheiro na minha mão', nunca me obrigou. Ela perguntou e já foi pegar o chinelo. Ela tacava a primeira coisa que tinha na frente. Já fiz muita merda, era um garoto problemático. Então, ela tacou o chinelo e saiu correndo atrás de mim, gritando:

– De quem é esse disco? Deixa ver que vou quebrar essa porra!

Para minha sorte, ela sempre foi muito fã do Neguinho.

–Você não vai apanhar porque o disco é do Neguinho. Se fosse de outro cantor, você ganhava uma coça...

[...] As coisas começaram a melhorar. Minha mãe era chefe do armazém da escola. Ela também fazia bolo e tinha um terreiro simples, Mãe Cira do Oxumaré, a céu aberto, onde jogava búzios até altas horas...

[...] Aos 14 anos, resolvi ser DJ porque um amigo falou que dava dinheiro. Desmontei a vitrola da minha mãe pra fazer uma pick-up. Essa não deu pra escapar da coça. E que coça! Desparafusei a única vitrola da casa e a coloquei em cima de uma caixa de madeira que um amigo me arrumou. Ela entrou em casa e só viu o buraco. Apanhamos eu e a vitrola com disco e tudo. Com chinelo e com vassoura. Mas consegui ser DJ até os 22 anos. Fazia festinha americana com poucos discos, repetia muita música, mas a coisa foi melhorando. Meu pai apareceu, me deu uns equipamentos e minha mãe, quando viu que estava dando certo, juntou um dinheiro por um ano e me deu um toca-discos. A preocupação dela eram as brigas nos bailes funks...

[...] Aos 14 anos, comecei a aprender a tocar cavaquinho, pela *Revista Cavaco*, mas não sabia nada e fazia tudo errado. Meu pai me deu um cavaquinho Tonante, que era o mais em conta da época. Os primeiros acordes certos eu fiz com o professor Marcos, na Escola de Música da Escola Técnica, o CEI de Quintino, onde fiz parte do grupo Moleque Bamba, que abria a programação na Caprichosos de Pilares. Tocava cavaquinho, mas não cantava. Quem me ensinou a manha da rua na harmonia, na leitura, foi meu tio Heraldo. Aí o Zé Maurício montou um grupo de moleques, o Tinta Fresca, onde tocava na afinação sol, ré, lá mi (G D A E). Ele me levou pra ser roadie nos shows da Leci Brandão, primeira artista com quem trabalhei. Em alguns shows toquei o cavaquinho...

[...] O Luizinho Oliveira e o Henrique Guerra me colocaram pra fazer samba-enredo. Fui tocar o cavaco na União de Jacarepaguá. Aí o Cardoso do Cavaco me olhou e...

Cardoso – Você não vai tocar aqui, você não sabe tocar, pode descer do palco. Garoto teimoso!

Eu nunca fui de discutir com mais velho. Pra mim é tão sagrado quanto criança e tenho o maior respeito. Ele abria o bocão no palco da União de Jacarepaguá, mas no outro domingo eu *tava* no palco de novo.

Cardoso – Porra, garoto, deixa de ser teimoso! Já falei pra você não subir. Você não sabe tocar esse negócio, deixa quem sabe tocar. Sai, sai que eu vou tocar.

Eu ficava quieto, guardava o cavaco e descia. Aí no outro ano eu ganhei o samba-enredo. Na hora do desfile...

Cardoso – Mas o que é que você *tá* fazendo aqui, rapaz? Todo fantasiado? Você não vai tocar. Uma que você não sabe tocar e outra que você não sabe o samba.
Márcio – Mas, Cardoso, o samba é meu!
Cardoso – Ah, é seu? Você é o garoto que ganhou o samba-enredo? Parabéns, então você vai tocar. Quem não vai tocar é ele. Sinval não vai tocar.

Acabou que todo mundo desfilou e foi a primeira vez que desfilei tocando...

[...] Eu tinha dez anos e me juntava com o Heitor e o Alex Barata, pra fazer sacanagem com os outros. Um dia a bola caiu na casa da vizinha, derrubou o vaso de planta e quebrou. Ela estourou a bola e devolveu furada. Sentamos no meio-fio para pensar no que podíamos fazer, tipo reunião das merdas, sabe? Tive a sublime ideia de colocar palitos de fósforo na fechadura dela. Vai socando, socando, a chave não entra e ela ia ficar trancada em casa o dia inteiro. Aí, fomos lembrando de outros vizinhos que fizeram sacanagem o ano inteiro com a gente e também mereciam ficar trancados em casa. Então, fizemos a lista e foi da esquina até o pé do morro. O pai do Henrique que vendia cachorro-quente caro, a loja do Seu Valter que vendia doce em dia de São Cosme e São Damião, o pai do Gustavo Borboleta, que deixava o carro na calçada pra gente não jogar bola e mais um monte. Colocamos em umas 15 casas, numa noite só. No dia seguinte rolou uma fofoca grande, os dois chaveiros da área que foram socorrer todo mundo. Aí, apertaram o Alex e ele caguetou. Os vizinhos fizeram uma reunião e foram na minha porta, mas minha mãe defendeu a gente.

Dona Cira – Então, na hora de estourar a bola pode, *né*? E agora vem reclamar dos garotos. Podem meter o pé daqui, todo mundo!

Mas quando entrou em casa, a primeira coisa que ela viu, sabe uma quartinha? Das grandonas? Ela varejou a moringa e só deu tempo de abaixar, mas não escapei da coça e que coça ganhei nesse dia.

E teve mais. Eu era um moleque confusão. Mas vou encurtar a história. Meu primo Andinho, compositor do Império Serrano, arrumou uma briga no campinho e, como eu treinava luta, mirei o Antônio Gordo, que era o mais forte, larguei o braço, derrubei e os outros vieram pra cima. Corremos tipo da Praça Sete até a Uerj, com o povo jogando pedra, madeira, corri muito, com os pés batendo nas costas. Ganhamos umas pedradas, mas não pegaram a gente. E tivemos de ficar em casa, porque os moleques queriam pegar a gente. E como ia pra escola? Um dia disse: '*Tô* passando mal', mas e o resto da semana? Tomei coragem, amarrei meu judogi nas costas, eles iam ver que era do judô e não iam chegar perto. Porra nenhuma. Todo dia descia e subia correndo. E eles gritando: 'Pega, pega!'. Teve um dia que não aguentei, porque eles gritavam que faixa de judô era pra amarrar a calça. Ah, é? *Tá legal*! Embrulhei uma ripa de caixote e dei umas caixotadas neles. Outro dia encontrei um deles que é policial. Ele falou: 'Quero ver me dar uma caixotada hoje'.

E a perturbação continuou. Eles me pegaram, me deram uma coça, mas também bati neles, que descobriram onde eu morava e ficavam de plantão na esquina com os braços cruzados. Comprei meia dúzia de bombinhas, fiz uma 12 cano duplo com uns canos que tinha lá em casa e fiquei escondido num terreno que tinha do lado de casa, sentado atrás da árvore. Foi começando a cair a noite e eles ali no portão. Mas eu planejei que eles viessem. Passei por eles com uma bolsa cheia de pedra da obra, varejei um saco de pedra neles, eles se esconderam e depois vieram atrás quando as pedras acabaram. Quando vi que eles estavam no portão, pensei: *agora nunca mais vão mexer comigo*. Risquei as duas bombinhas e gritei: 'Vai morrer!'. Abriu um clarão no meio da rua. De noite veio um senhor policial lá em casa.

Policial – Dona Cira, cadê a arma do seu filho? Seu filho *tá* atirando nos outros no meio da rua. Você não pode ter arma não, meu filho. Me dá a arma aí!

Márcio – Mas que arma? Eu não tenho arma.

Policial – Ah, tem sim. Todo mundo viu você dar tiro no portão.

Dona Cira – Márcio, garoto, mas que arma é essa? Pelo amor de Deus!

Minha mãe já foi pegando um cabo de madeira e me deu uma madeirada nas costas. Fui lá dentro correndo, peguei minha invenção e, quando dei na mão do cara, ele sentou, riu muito, da lágrima cair.

Policial – Mas, rapaz, como você teve essa engenhosidade de fazer isso?

Márcio – Olha, senhor, eu *tô* cansado de apanhar dos garotos, era bater e apanhar. Não tem corpo que aguente. Eu tinha que fazer uma sacanagem com eles.

E minha mãe quieta, só prestando atenção. Ele me devolveu a 'arma', ela esperou ele descer, pediu a arma, desmontou e me deu uma senhora coça, que até empenou a barra de alumínio. Ela era baixinha, tipo 1,65m, gordinha e gostava de bater. Era boa de porrada, mas nunca fez maldade com ninguém.

[...] Fui tocar no Pagode da Tia Gessy, que me deu a maior moral, era com o Anderson Leonardo, tipo rave, várias horas direto. Também toquei no Grupo Simbora e na Tia Ciça...

[...] Em 2003, fui diretor musical do Império Serrano. Era pra coordenar a parte de harmonia e canto, juntamente com a bateria, ver se as bossas estavam muito longas. Aí, teve uma reunião no meio da quadra. Foi sinistro. Dona Neide, a presidente, me cobrava muito, dizia que eu precisava ter postura pra resolver, porque a bossa era grande demais. Fui pra reunião com a bateria toda.

Márcio – Gente, é o seguinte, não dá pra ter essa bossa aí.

Ritmista – Como é que não dá? *Tá* maluco, Negão?

Márcio – Não dá. O diretor musical sou eu e não vai ter essa bossa. *Tô* falando que não vai ter.

Mestre-sala Claudinho – Acho melhor você deixar ter essa bossa. Vai arrumar um problema sério.
Márcio – Não vai ter a bossa e pronto e acabou.
Mestre Átila – Mas eu sou o mestre de bateria e vai ter a bossa.

Aí, o Gilmar, que hoje é mestre de bateria, todo marombadão, quase 2m, levantou e deu uma porrada na mesa. Ficou um silêncio.

Gilmar – Vai ter a bossa e vou te enfiar a porrada.
Márcio – Ah, vai me bater? Me bater é mole, quero ver é você não fazer a bossa e bater em alguém do seu tamanho.

Aí a bateria toda começou a rir, muito.

Mestre Átila – Olha só, tirar a bossa não vou não, mas depois dessa você me convenceu. Vou diminuir a bossa.

Tudo terminou bem e a bateria ganhou estandarte de ouro naquele ano de 2004, na reedição de 'Aquarela Brasileira'.
[...] Sempre fui na minha, introvertido e até então só tinha cantado no banheiro e na Império do Futuro, onde me sentia em casa. Aí, fui descontraindo e também cantei no Grupo Trânsito Livre, eu e Mumuzinho. Aí, parei. E passei a cantar, em 2006, na Rosas de Ouro de Oswaldo Cruz...
[...] Também trabalhei na Uerj como assistente de designer, recuperando foto, diagramando no photoshop...
[...] Eu e a Lívia, minha esposa, passamos poucas e boas em São Paulo. Eu morava em um hotel na Rua Rocha, ela, assistente social, me chamou pra morar com ela no seu quarto, na Vila Santa Catarina. Ela e a sua mãe me receberam como se fosse um filho. A Dona Vera é minha segunda mãe. O que ela fez por mim tem parente que não fez. Aí, comecei a me levantar. Hoje formamos uma família linda com nossa filha Yasmim.
[...] Sou o Márcio Picanha. Pra encurtar a história, sempre fui beiçudinho. E quando fui tocar com o Anderson no Barril 8000, serviam uma picanha na pedra, com aquela capa de gordura grossa. O Charles Bonfim olhou pra picanha e mandou: 'Qualquer semelhança é mera coincidência,

Beiço de Picanha'. E como é mais fácil implantar um apelido que seu nome, pegou. Até minha mãe me chamava de Picanha...

[...] Minhas referências são o Zé Mauro, o Paulinho Galeto e o Siqueira, da Velha Guarda da Mangueira. Quando queria estudar e não tinha grana, foi ele que mudou meu som no meu cavaquinho. Ia estudar na casa dele em Higienópolis. Me passou a onda do choro, as escalas e não me cobrou um centavo. Cobrava apenas assiduidade e evolução. E tem também o Mauro Diniz. Só em ver e ouvir aprendia e aprendo muito. Ele é brabo no cavaquinho...

[...] O samba é antes e depois do Fundo de Quintal, que influenciou toda uma geração de sambistas. Antes a batucada era outra e o Fundo veio com um molho totalmente diferente. Deu o suporte pra muita gente viver do samba. Agradeço a eles, a Beth, que fizeram o movimento acontecer. Depois deles não veio nada que nos fizesse suspirar. Eles são os deuses do samba e poder estar com ali com eles é uma faculdade que *tô* fazendo para os próximos anos, mas executando agora. Agradeço muito por estar podendo aprender e recebendo pra fazer essa faculdade."

JÚNIOR ITAGUAY

"Meu nome é Silvio do Nascimento Júnior e nasci no dia 6 de agosto de 1974, em São João de Meriti. Em garoto brinquei muito na rua. Era o melhor no pião e ainda confeccionava pipa pra vender e ganhar um pedacinho. Em São João de Meriti, tinha um complexo de campos de futebol, um colado no outro, em Jardim Metrópole. Eram uns seis ou sete campos e quase fui jogador de futebol.

[...] Mas o meu destino era a música, era o samba. Meu pai tocava seresta e minha mãe, a cantora Marilza de Oliveira, era daquelas de fugir de casa pra cantar, porque meu avô Eugênio Marinho de Oliveira, um estivador brabo e genioso, achava que o trabalho de cantar e ser jogador de futebol não era de pessoa decente. Ele não gostava dos meus tios jogando futebol. E eles jogaram muita bola, mas não seguiram porque meu avô não deixou. Minha mãe fugia na terça pra fazer o teste com o maestro, e poder cantar na Rádio Nacional no sábado. E não podia divulgar, porque se meu avô soubesse, ia lá e tirava. Tinha que ser bem escondido. Ela também cantava na Gafieira Estudantina. Escondida...

[...] Lá em casa, em Belford Roxo, tinha os pagodes com minha mãe cantando, meu pai no surdo, Tio Haroldo no violão, Luiz Antero no pandeiro. Era o que identificava o fim de semana, com alguém preparando um porco no fogão de lenha. Hoje eu sou operador desse fogão, mas já fui o responsável por esquentar o surdo. Ele desafinava e às vezes não tinha mais como apertar com o alicate e tinha que dar aquela aquecida pra continuar o samba. Com o pandeiro também era assim.

Com quatro anos de idade eu tocava um pandeiro de 13 polegadas. Era até desproporcional para uma criança esmirradinha com o pandeiro muito grande. Até que meu tio José do Nascimento conseguiu um pandeiro de dez. A afinação não era muito boa, mas pelo menos era do meu tamanho. Já era um autodidata. Ouvia o som e tentava reproduzir. Eu fazia na boca o som da 'Folia de Reis' e das baterias das escolas no carnaval. Essa facilidade em reproduzir ficava na cabeça. Do pandeiro fui pro repique e pro tantan...

[...] Nos pagodes que a gente fazia, eu já ficava mexendo nos instrumentos de corda. Era sempre uma pessoa mais velha, que vinha da roça e tocava com palheta de chifre. O Joaquim, que chamo de Cabral, me ensinou os primeiros acordes no cavaco do pai dele. Aos 14 anos, meu pai me deu um cavaquinho, que ele dizia que era um pau com corda. Nem tinha nome e fez calo logo no primeiro dia, mas pude desenvolver mais, em casa. Fomos comprar na Papelaria São Jorge. Foi bem baratinho, mas a marca não era muito boa. Meu pai estava desiludido porque tinha dado um ótimo violão pra minha irmã e não saiu nada de lá, mas foi com esse cavaquinho que comecei a ganhar um dinheirinho...

[...] Comecei a trabalhar cedo. Primeiro, aos 13 anos, fui uma espécie de corretor, tomando conta de um andar de um prédio em que estavam sendo vendidos uns apartamentos. Cheguei a vender dois apartamentos e ganhava um pouquinho mais que meio salário. No primeiro pagamento comprei 2 quilos e meio de carne pra poder comer dois bifes. Sim, porque em casa de muita gente, ou você come meio bife ou meio ovo cozido. Quando entreguei a carne, minha mãe já queria guardar e fazer em 70 vezes pra família, mas avisei: 'Mãe, hoje quero comer dois bifes'.

[...] Toquei no Grupo Panelão, no Sambrasil, da Baixada, Sobejo, Pra Pagodear e em alguns que não tinham nome, tocando em muitas festas. O dinheiro era bem simbólico, uma passagem, às vezes, mas pra mim, que não tinha gastos, era uma festa. Mesmo assim, dava um pedaço pra minha mãe e guardava o da escola pra comprar o cachorro quente...

[...] Agradeço muito ao Celso, do Sambrasil, de São João de Meriti, e ao Gilberto, do Art Samba Show, na minha evolução como cantor. Ficava prestando atenção neles, de como se dirigir ao público. Também tive contato com o Valdir, irmão do Valter 7 Cordas, que me ensinou sobre afinação, sobre os acordes. Nós cantávamos muito em uníssono, ele começou a dirigir o Sambrasil e os ensaios eram na casa dele...

O Fundo de Quintal é um divisor de águas, que mudou o jeito de se configurar um grupo de samba. É a leitura de como usar estes instrumentos. Com o Fundo o samba mudou, é outro samba, a levada é diferente, a batucada é outra e que bom que foram eles."

FUNDO DE QUINTAL
Só Felicidade

CAPÍTULO 27
ESTATÍSTICAS

Grupo Fundo de Quintal

Bira Presidente – Desde 1976
Sereno – Desde 1976
Ubirany – 1976 a 2020
Neoci – 1976 a 1980
Jorge Aragão – 1976 a 1981
Almir Guineto – 1976 a 1980
Sombrinha – 1979 a 1990
Valter 7 Cordas – 1981
Arlindo Cruz – 1981 a 1992
Cleber Augusto – 1982 a 2004

Ademir Batera – Desde 1991
Mário Sérgio – 1991 a 2008 / 2013 a 2016
Ronaldinho – 1993 a 2017
Flavinho Silva – 2008 a 2011
André Renato – 2011
Milsinho – 2011 a 2012
Délcio Luiz – 2012 a 2013
Márcio Alexandre – Desde 2016
Júnior Itaguay – Desde 2017

Músicas mais Gravadas (CDs e DVDs)

Lucidez – 7
Parabéns pra Você, A Batucada dos Nossos Tantans, A Amizade, Nosso Grito, Vai Lá, Vai Lá – 6

Caciqueando, Amor dos Deuses - 5

Solos nos CDs e DVDs

1 Coro – 84
2 Sereno – 44
3 Mário Sérgio – 38
4 Ronaldinho – 25
5 Cleber Augusto – 24

6 Sombrinha – 19
7 Arlindo Cruz – 18
8 Márcio Alexandre e Júnior Itaguay – 6
9 Flavinho Silva – 3
11 Jorge Aragão, Ubirany, Bira Presidente – 1

Duetos ou mais (CDs e DVDs)

1 Mário Sérgio / Ronaldinho – 139
2 Márcio Alexandre / Júnior Itaguay – 39
3 Sombrinha/ Arlindo Cruz – 32

4 Versos – Todos versando – 22
5 Sereno / Mário Sérgio / Ronaldinho – 11
6 Ronaldinho / Flavinho Silva – 10

7   Sereno / Mário Sérgio – 8
8   Sereno / Ronaldinho – 6
9   Cleber Augusto / Mário Sérgio / Ronaldinho – 4
10 Sereno / Ronaldinho / Flavinho Silva – 4
11 Sereno / Arlindo Cruz – 3
12 Ubirany / Arlindo Cruz, Mário Sérgio, Arlindo Cruz,

Cleber Augusto / Mário Sérgio, Sereno / Márcio Alexandre – 2
13 Neoci/Almir Guineto, Ubirany/Sombrinha, Sereno/Cleber Augusto, Arlindo/Sereno/Sombrinha, Bira Presidente/Ubirany/Sereno, Sereno/Sombrinha, Ubirany/Cleber Augusto, Bira Presidente/Ubirany, Mário Sérgio/Ubirany – 1

Participações Especiais

Beth Carvalho, Almir Guineto, Zeca Pagodinho – 6
Péricles – 5
Sombrinha, Arlindo Cruz – 4
Dona Ivone Lara, Jorge Aragão e Xande de Pilares – 3
Martinho da Vila, Nei Lopes, Monarco, Dudu Nobre, Zélia Duncan, Cleber Augusto e Diogo Nogueira – 2

Alcione, Leci Brandão, Zélia Duncan, Mílton Manhães, Nelson Sargento, Velha Guarda da Portela, Emílio Santiago, Anderson Leonardo, Andrezinho, Frejat, Marquinhos Sensação, Demônios da Garoa, Luis Carlos da Vila, Monobloco, Mumuzinho, Moacyr Luz, Marcelinho Moreira, André Renato, Délcio Luiz, Pretinho da Serrinha, Karinah, Gabby Moura, Bom Gosto – 1

Compositores que mais gravaram

Dentro do Fundo de Quintal

1 Sereno - 62
2 Arlindo Cruz - 51
3 Sombrinha - 38
4 Mário Sérgio - 34
5 André Renato - 29
6 Ronaldinho - 25
7 Cleber Augusto - 24
8 Jorge Aragão - 12
9 Flavinho Silva - 10
10 Almir Guineto - 8
11 Ubirany - 4
12 Júnior Itaguay - 3
13 Márcio Alexandre - 2
14 Bira Presidente, Neoci, Délcio Luiz - 1

Fora do Fundo de Quintal

1 Acyr Marques - 19
2 Franco - 14
3 Carlos Caetano - 13
4 Luis Carlos da Vila e Moisés Santiago - 12

PROGRAMA RAUL GIL
HOMENAGEM AO ARTISTA

Fundo de Quintal

O **Programa Raul Gil** agradece sua enorme contribuição para a música popular brasileira

CAPÍTULO 28
DISCOGRAFIA ATUALIZADA COM OS SOLOS DE CADA MÚSICA

1 – SAMBA É NO FUNDO DO QUINTAL – 1980
Produção – Mílton Manhães / Norival Reis | Gravadora – RGE

1. **Você Quer Voltar – Coro**
   (Pedrinho da Flor / Gelcy do Cavaco)
2. **Sou Flamengo, Cacique e Mangueira – Coro**
   (Luiz Carlos Chuchu)
3. **Prazer da Serrinha – Neoci/Almir Guineto**
   (Tio Hélio dos Santos / Rubens da Silva)
4. **Olha a Intimidade – Coro**
   (Almir Baixinho / Diogo)
5. **Volta da Sorte – Coro**
   (Almir Guineto / Luverci Ernesto)
6. **Marido da Madame – Coro**
   (Luiz Carlos / Beto Sem Braço)
7. **Bate na Viola – Coro**
   (Dida / Everaldo da Viola)
8. **Gamação Danada – Coro**
   (Neguinho da Beija-Flor / Almir Guineto)
9. **Lá no Morro – Coro**
   (Almir Baixinho / Dona Fia / Marujo)
10. **Bar da Esquina – Jorge Aragão**
    (Jorge Aragão / Jotabê)
11. **Voltar a Paz – Coro**
    (Sereno)
12. **Zé da Ralé – Coro**
    (Almir Baixinho / Diogo)

2 – SAMBA É NO FUNDO DO QUINTAL VOL. 2 – 1981
Produção – Mílton Manhães / José Sobral Silva | Gravadora – RGE

1. **Bebeto Loteria – Sombrinha**
   (Tião Pelado)
2. **Resignação – Coro**
   (Dona Ivone Lara / Tio Hélio dos Santos)
3. **Doce Refúgio – Arlindo Cruz/Sombrinha**
   (Luiz Carlos da Vila)
4. **Amarguras – Coro**
   (Zeca Pagodinho / Cláudio dos Santos, Camunguelo)
5. **Minha Arte de Amar – Sombrinha**
   (Zé Luiz / Nei Lopes)
6. **Ser Poeta – Sereno**
   (Zeré / Rivelino / Ibraim)
7. **Sá Janaína – Coro**
   (Almir Guineto / Luverci / Wilder)
8. **Sonho de Valsa – Coro**
   (Wilson Moreira / Nei Lopes)
   Música Incidental: Boa Noite, Amor
   (José Maria Abreu / Francisco Matoso)
9. **Melhor para Dois – Arlindo Cruz**
   (Arlindo Cruz)
10. **Suborno – Coro**
    (Sereno / Sombrinha)

11 **Vai por Mim – Sombrinha**
(Sombrinha / Adilson Victor)

12 **Entre Confiante – Arlindo Cruz**
(Paulo Negão do Salgueiro)

3 – NOS PAGODES DA VIDA – 1983
Produção – Mílton Manhães/José Sobral | Gravadora – RGE

1 **Caciqueando – Coro**
(Noca da Portela)
2 **Te Gosto – Coro**
(Adilson Victor / Mauro Diniz)
3 **Canto de Rainha – Sombrinha**
(Arlindo Cruz / Sombrinha)
4 **Encrespou o Mar, Clementina – Arlindo Cruz/Sereno/Ubirany**
(Walmir Lima / Roque Ferreira)
Participação Especial – Mílton Manhães
5 **Momento Infeliz – Sereno**
(Julinho / Moisés Sant'Ana)
6 **Saber Viver – Arlindo Cruz**
(Sereno / Guilherme Nascimento)
7 **Enredo do meu Samba – Sombrinha**
(Dona Ivone Lara / Jorge Aragão)
8 **Boca sem Dente – Arlindo Cruz/ Sombrinha**
(Almir Guineto / Gelcy)
9 **Primeira Semente – Coro**
(Noca da Portela / Toninho Nascimento)
10 **Fases do Amor – Coro**
(Chiquinho / Marquinho PQD / Fernando Piolho)
11 **Nossas Raízes – Ubirany/Sombrinha**
(Sombrinha / Ratinho)
12 **Guadalupe & Sulacap – Cleber Augusto**
(Cleber Augusto / Nei Lopes)

4 – SEJA SAMBISTA TAMBÉM VOL. 4 –1984
Produção – Mílton Manhães | Gravadora – RGE

1 **Cantei para Distrair – Arlindo Cruz/ Sombrinha**
(Tio Hélio dos Santos)
Cadê Ioiô – Arlindo Cruz/ Sombrinha
(César Veneno)
2 **Amor Agora Não – Sombrinha**
(Sombrinha / Luis Carlos da Vila)
3 **É Bem Melhor – Arlindo Cruz**
(Pedrinho da Flor / Aranha)
4 **Realidade – Sereno**
(Sereno / Mauro Diniz)
5 **Seja Sambista Também – Arlindo Cruz**
(Arlindo Cruz / Sombrinha)
6 **Cabeça Fria – Coro**
(Sereno)
7 **Castelo de Cera – Arlindo Cruz/ Sombrinha**
(Arlindo Cruz / Zeca Pagodinho)
8 **Toda minha Verdade – Sombrinha**
(Wilson Moreira)
9 **Canto Maior – Sombrinha**
(Arlindo Cruz / Sombrinha / Dedé da Portela)
10 **Parei – Arlindo Cruz**
(Arlindo Cruz / Acyr Marques)
11 **Nova Esperança – Arlindo Cruz**
(Ubirany / Mauro Diniz / Adilson Victor)
12 **Minhas Andanças – Cleber Augusto**
(Cleber Augusto / Jorge Aragão)

5 – DIVINA LUZ – 1985
Produção – Mílton Manhães | Gravadora – RGE

1. **Parabéns pra Você – Sereno**
   (Mauro Diniz / Sereno / Ratinho)
2. **Morena Partiu – Arlindo Cruz/ Sombrinha**
   (Arlindo Cruz / Acyr Marques / Sombrinha)
3. **Poesia de Nós Dois – Sombrinha**
   (Sombrinha / Adilson Victor)
4. **Voto de Confiança – Arlindo Cruz**
   (Arlindo Cruz / Acyr Marques / Franco)
5. **Nova Morada – Arlindo Cruz/ Sombrinha**
   (Arlindo Cruz / Sombrinha / Franco)
6. **Pot-Pourri de Sambas de Roda da Bahia: Samba Quente – Arlindo Cruz/Sombrinha**
   (Arlindo Cruz / Sombrinha)
   Olha o Samba – Sombrinha
   (Candeia)
   Sambas de Roda da Bahia – Arlindo Cruz/Sombrinha
   (Adaptação do Grupo Fundo de Quintal)
7. **Homenagem à Velha Guarda: Amor Proibido – Sereno**
   (Cartola)
   Chega de Padecer – Sombrinha
   (Mijinha)
8. **Ópio – Cleber Augusto**
   (Cleber Augusto / Bandeira Brasil)
9. **E Eu Não Fui Convidado – Sombrinha**
   (Zé Luiz / Nei Lopes)
10. **Minha Alegria – Ubirany**
    (Luiz Grande)
11. **Divina Luz (Clareou) – Sereno/ Cleber Augusto**
    (Mauro Diniz / Cleber Augusto / Sereno)
12. **Coração da Massa – Coro**
    (Arlindo Cruz / Jorge Aragão)

6 - O MAPA DA MINA – 1986
Produção – Rildo Hora | Gravadora – RGE

1. **Seleção de Pagodes: Chuá, Chuá – Arlindo Cruz/Sombrinha**
   (DP)
   Fui Passear no Norte – Sombrinha/ Arlindo Cruz
   (DP)
   Moemá Morenou – Arlindo Cruz/ Sombrinha
   (Paulinho da Viola / Elton Medeiros)
   Baiana Serrana – Arlindo Cruz/ Sombrinha
   (DP)
   Serei Teu Ioiô – Arlindo Cruz
   (Paulo da Portela / Monarco)
   Vem Menina Moça - Versos – Bira Presidente/Ubirany/Cleber Augusto/ Arlindo Cruz/Sombrinha
   (Candeia)
2. **Só pra Contrariar – Arlindo Cruz/ Sombrinha**
   (Almir Guineto / Arlindo Cruz / Sombrinha)
3. **Ô Irene – Sombrinha/Arlindo Cruz/ Sereno/Ubirany/Cleber Augusto/ Bira Presidente**
   (Beto Sem Braço / Geovana)
4. **O Mapa da Mina – Arlindo Cruz/ Sombrinha**
   (Arlindo Cruz / Beto Sem Braço / Serginho Meriti)
5. **No Calor dos Salões – Coro**
   (Guilherme Nascimento / Roberto Serrão)

6 **Nem Lá, nem Cá – Cleber Augusto**
   (Cleber Augusto / Nei Lopes)
7 **Sorriu pra Mim – Sereno**
   (Sereno / Mauro Diniz)
8 **Receita da Sorte – Arlindo Cruz/ Ubirany**
   (Arlindo Cruz / Acyr Marques / Franco)
9 **Primeira Dama – Sombrinha**
   (Arlindo Cruz / Marquinho China / Sombrinha / Zeca Pagodinho)
10 **Cansei de Esperar Você – Sereno**
   (Dona Ivone Lara / Délcio Carvalho)
   Participação Especial – Dona Ivone Lara (contracanto)
11 **Força, Fé e Raiz – Arlindo Cruz**
   (Arlindo Cruz / Sereno)
12 **Mais uma Aventura – Bira Presidente**
   (Jorge Aragão / Dedé da Portela / Dida)

7 – DO FUNDO DO NOSSO QUINTAL – 1987
Produção – Rildo Hora | Gravadora – RGE

1 **Eu Não Quero mais – Versos – Sombrinha/Ubirany/Cleber Augusto/Sereno/Bira Presidente/ Arlindo Cruz**
   (Tio Hélio dos Santos)
2 **A Carrocinha (Cachorro Quente) – Arlindo Cruz/Sombrinha**
   (Arlindo Cruz / Sombra / Sombrinha)
3 **Já Foi uma Família – Arlindo Cruz**
   (Arlindo Cruz / Marquinho PQD / Franco)
   (Depois de ter sido censurada para execução em rádios e TVs, com autorização apenas para execução em recintos fechados, foi liberada para execução nas rádios)
4 **Egoísmo – Arlindo Cruz/Sereno**
   (Sombrinha / Arlindo Cruz / Sereno)
5 **Pra Que Viver Assim? – Sombrinha**
   (Sombrinha / Adilson Victor)
   Participação Especial – Beth Carvalho
6 **Chora Menina, Chora – Arlindo Cruz/Sombrinha**
   (Sombrinha / Luiz Carlos da Vila)
7 **Do Fundo do Nosso Quintal – Sereno/Ubirany/Arlindo Cruz/ Cleber Augusto/Bira Presidente/ Sombrinha**
   (Jorge Aragão / Alberto Souza)
8 **Amor Maior – Arlindo Cruz/Ubirany**
   (Arlindo Cruz / Ubirany / Franco)
9 **De Don Juan a Zé Mané – Arlindo Cruz/Sombrinha**
   (Arlindo Cruz / Acyr Marques)
10 **Conselho Amigo – Sereno**
   (Sereno / Noca da Portela)
11 **Pra Não te Magoar – Cleber Augusto**
   (Jorge Aragão / Cleber Augusto / Franco)
12 **O Tempo – Sombrinha**
   (Arlindo Cruz / Sombra / Sombrinha)
13 **Andei, Andei – Coro**
   (Noca da Portela / Bira Presidente / Roberto Serrão)
14 **Clube Marítimo Africano – Coro**
   (Filipe Mukenga / Filipe Zau)
   Mama Lala (Cantiga Popular Angolana) (R.D.) – Coro
   Participação Especial – Martinho da Vila

8 – O SHOW TEM QUE CONTINUAR – 1988
Produção – Rildo Hora | Gravadora – RGE

1 **A Oitava Cor – Sombrinha**
   (Sombrinha / Sombra / Luiz Carlos da Vila)
2 **O Show Tem Que Continuar – Arlindo Cruz/Sombrinha**

(Sombrinha / Arlindo Cruz / Luiz Carlos da Vila)
3 **Plena Confiança – Sereno**
(Acyr Marques / Ronaldinho / Paulo Jorge)
4 **Rosalina – Arlindo Cruz/Sombrinha**
(Serginho Meriti / Luizinho)
5 **Na Intimidade, Meu Preto – Ubirany/Arlindo Cruz/Sereno/ Sombrinha/Cleber Augusto/Bira Presidente**
(Nei Lopes)
6 **Banho de Fé – Arlindo Cruz/ Sereno/Sombrinha**
(Arlindo Cruz / Sombrinha / Sereno)
7 **Lua Cheia – Arlindo Cruz/Sombrinha**
(Sombrinha / Arlindo Cruz)
8 **Romance dos Astros – Cleber Augusto**
(Cleber Augusto / Luiz Carlos da Vila / Bandeira Brasil)
9 **Se Chama Mulher – Arlindo Cruz**
(Arlindo Cruz / Arly Marques)
10 **Lã do Meu Cobertor – Sereno**
(Beto Sem Braço / Geovana)
11 **Meu Nome é Trabalho – Arlindo Cruz/Sombrinha**
(Arlindo Cruz / Sombrinha / Franco)
12 **Eu Sou Cacique – Bira Presidente/ Ubirany/Sereno**
(Sereno / Nei Lopes)

9 – CIRANDA DO POVO – 1989
Produção – Rildo Hora | Gravadora – RGE

1 **Miudinho, Meu Bem, Miudinho – Arlindo Cruz/Sombrinha**
(Arlindo Cruz / Franco)
2 **Nascente da Paz – Arlindo Cruz/ Sombrinha**
(Adilson Victor / Sombrinha)
3 **Pra Não Quebrar a Corrente – Arlindo Cruz/Sombrinha**
(Serginho Meriti / Acyr Marques)
4 **Não Tem Receita, Nem Matriz – Sereno/Sombrinha**
(Sombra / Sereno / Sombrinha)
5 **Cruel Verdade – Sereno**
(Acyr Marques / Sereno)
6 **Valeu, Raoni – Coro**
(Arlindo Cruz / Franco)
7 **Ciranda do Povo – Cleber Augusto**
(Cleber Augusto / Aldir Blanc)
8 **Se Você Me Der a Mão – Arlindo Cruz/Sombrinha**
(Arlindo Cruz / Chiquinho / Marquinho PQD)
9 **Não Valeu – Arlindo Cruz**
(Marquinho PQD / Arlindo Cruz / Franco)
10 **Coração Andorinha – Arlindo Cruz/ Sombrinha**
(Beto Sem Braço / Luiz Carlos da Vila)
11 **E Fez-Se a Luz – Sombrinha**
(Sombrinha / Sombra / Luiz Carlos da Vila)
12 **Folha de Zinco – Coro**
(Jurandir da Mangueira / Ratinho)

10 – AO VIVO – 1990
Produção – Rildo Hora | Gravadora – RGE

1 **A Flor e o Samba – Arlindo Cruz/ Sombrinha**
(Candeia)

Samba da Antiga – Arlindo Cruz/ Sombrinha
(Candeia)

2 **Milagre – Ubirany/Cleber Augusto**
(Dorival Caymmi)
3 **Facho de Esperança – Sereno**
(Sereno / Moysés Sant'Anna / Julinho)
Malandro Sou Eu – Sombrinha
(Arlindo Cruz / Sombrinha / Franco)
Sonhando Eu Sou Feliz – Arlindo Cruz
(Arlindo Cruz / Marquinho PQD / Franco)
4 **Emília – Sereno**
(Wilson Batista / Haroldo Lobo)
Pra Ser Minha Musa – Arlindo Cruz
(Arlindo Cruz / Chiquinho / Marquinho PQD)
5 **Fogo de Saudade – Coro**
(Sombrinha / Adilson Victor)
Além da Razão – Sombrinha
(Sombra / Sombrinha / Luiz Carlos da Vila)
6 **Medidas Provisórias – Arlindo Cruz/Sombrinha**
(Arlindo Cruz / Babi)
7 **Nega Celeste – Arlindo Cruz/Sombrinha**
(Arlindo Cruz / Jorge Carioca)
8 **Coração Deserto – Sombrinha/Arlindo Cruz**
(Arlindo Cruz / Sombrinha / Sereno)
9 **Antigas Paixões – Cleber Augusto**
(Cleber Augusto / Djalma Falcão / Bicudo)
10 **Bem Acima da Ilusão – Arlindo Cruz**
(Arlindo Cruz / Sombrinha / Acyr Marques)
11 **Coisa de Partideiro – Sereno/Arlindo Cruz; Versos: Sereno/Arlindo Cruz/Cleber Augusto/Ubirany/Bira Presidente/Sombrinha**
(Sereno / Acyr Marques)

11 – É AÍ QUE QUEBRA A ROCHA – 1991
Produção – Rildo Hora | Gravadora – RGE

1 **Pagodeando Sereno/Arlindo Cruz; Versos: Sereno/Cleber Augusto/Arlindo Cruz/Bira Presidente/Ubirany/Ademir Batera/Mário Sérgio**
(Sereno / Noca da Portela)
2 **É aí que Quebra a Rocha – Arlindo Cruz**
(Arlindo Cruz / Zé Luiz)
3 **Vida Alheia – Ubirany/Mário Sérgio**
(Carica / Cuca)
4 **Tudo é Festa – Sereno**
(Sereno / Mário Sérgio)
5 **Lucidez – Cleber Augusto**
(Cleber Augusto / Jorge Aragão)
6 **Quantos Morros já Subi – Arlindo Cruz/Mário Sérgio**
(Arlindo Cruz / Mário Sérgio / Pedrinho da Flor)
7 **Vem pra Mim – Mário Sérgio**
(Acyr Marques)
8 **Aquela Dama – Arlindo Cruz**
(Arlindo Cruz / Acyr Marques / Jorge Davi)
9 **A Amizade – Cleber Augusto/Mário Sérgio**
(Djalma Falcão / Bicudo / Cleber Augusto)
10 **Janu, Januário – Arlindo Cruz/Mário Sérgio**
(Arlindo Cruz / Serginho Meriti / Luizinho)
11 **Violeiro – Sereno; Versos – Ubirany/Sereno/Arlindo Cruz/Ademir Batera/Mário Sérgio/Cleber Augusto/Bira Presidente**
(Sereno / Nelson Rufino)
12 **Canto pra Velha Guarda – Mário Sérgio**
(Mário Sérgio / Carica / Luizinho SP)

12 – A BATUCADA DOS NOSSOS TANTANS – 1993
Produção – Rildo Hora | Gravadora – RGE

1 **A Batucada dos Nossos Tantans – Sereno**
(Sereno / Adilson Gavião / Robson Guimarães)
2 **Menina da Colina – Ronaldinho/ Mário Sérgio**
(Mário Sérgio / Luizinho)
3 **Um Lindo Sonho – Mário Sérgio**
(Mário Sérgio / Arlindo Cruz)
4 **Motivos – Cleber Augusto**
(Cleber Augusto / Bandeira Brasil)
5 **Amar é Bom – Mário Sérgio**
(Adalto Magalha / Zé Roberto / Adilson Bispo)
6 **Número Baixo – Bira Presidente/ Ubirany**
(Zé Luiz / Nei Lopes)
Participação Especial – Nei Lopes
7 **Caidinho – Sereno**
(Sereno / João do Cavaco)
8 **Luz da Inspiração – Mário Sérgio**
(Candeia)
9 **Capoeira Coração – Mário Sérgio**
(Sombra / Paulo César Pinheiro)
10 **Coisas do Passado – Cleber Augusto**
(Cleber Augusto / Djalma Falcão)
11 **Modesto Abrigo – Sereno/Mário Sérgio**
(Sereno / Mário Sérgio)
12 **No Nosso Fundo de Quintal – Ronaldinho**
(Fernando Bastér / Pedrinho da Flor)

13 – CARTA MUSICADA – 1994
Produção – Rildo Hora | Gravadora – RGE

1 - **Vai lá, Vai lá – Ronaldinho/Mário Sérgio**
(Moisés Santiago / André Rocha / Alexandre Silva)
2 - **Nosso Fogo – Coro**
(Zé Roberto / Adalto Magalha / Adilson Bispo)
3 - **O Nó da Gravata – Coro**
(Márcia Martins / Carlos Colla)
4 - **A Voz do Brasil – Ronaldinho/ Mário Sérgio**
(Sombra / Sombrinha / Luiz Carlos da Vila)
5 - **Sem Segredo – Ronaldinho**
(Ronaldinho)
6 - **Palavra de Rei – Sereno/Ronaldinho; Versos – Sereno/Ronaldinho/Bira Presidente/Mário Sérgio/Cleber Augusto/Ademir Batera/Ubirany**
(André Renato / Ronaldinho / Sereno)
7 - **Carta Musicada – Coro**
(Cleber Augusto / Djalma Falcão / Mário Sérgio)
8 - **Nos Quintais do Mundo – Mário Sérgio/Ronaldinho**
(Luizinho / Mário Sérgio)
9 - **A Dalia Te Espera – Coro**
(Herivelto Martins / Chianca de Garcia)
10 - **Frasco Pequeno – Mário Sérgio**
(Mário Sérgio / Arlindo Cruz / Franco)
11 - **Brasil Nagô – Cleber Augusto**
(Cleber Augusto / Djalma Falcão)
12 - **Curtição da Galera – Coro**
(André Renato / Sereno)

14 – PALCO ILUMINADO – 1995
Produção – Rildo Hora | Gravadora – RGE

1. **Vem Me Dar um Beijo – Ronaldinho/Mário Sérgio**
   (Moisés Santiago / Alexandre Silva / Serginho Procópio)
   Tô Querendo – Ronaldinho/Mário Sérgio
   (Moisés Santiago / Alexandre Silva)
2. **Amor dos Deuses – Ronaldinho**
   (Ronaldinho / Mário Sérgio)
3. **Responde – Mário Sérgio**
   (Arlindo Cruz / Acyr Marques)
4. **Doce Felicidade – Sereno**
   (Julinho / Sereno)
5. **O Samba Vai Esquentar Agora – Ronaldinho/Mário Sérgio**
   (Edson Daká / Carlos Caetano / Ronaldo Camargo)
6. **Palco Iluminado – Cleber Augusto**
   (Cleber Augusto / Djalma Falcão)
7. **Não Tão Menos Semelhante – Mário Sérgio**
   (Mário Sérgio / Carica)
8. **Que Fazer? – Coro**
   (Lúcio Nascimento / Carlos Colla)
9. **Mistura de Pele – Sereno**
   (Sereno)
10. **Ponto Final – Cleber Augusto**
    (Cleber Augusto / Djalma Falcão)
11. **Juras – Ronaldinho/Mário Sérgio/Sereno/Cleber Augusto/Ubirany/Bira Presidente**
    (Noca da Portela / Darcy de Paulo / Toninho Nascimento)
12. **Fada – Mário Sérgio**
    (Mário Sérgio / Luiz Carlos da Vila)
13. **Por Todos Os Santos – Sereno**
    (Nelson Rufino / Carlinhos Santana)

15 – NAS ONDAS DO PARTIDO – 1996
Produção – Rildo Hora | Gravadora – RGE

1. **Nas Ondas do Partido – Mário Sérgio/Ronaldinho**
   (Luizinho / Mário Sérgio)
2. **Vem Sambar, Vem Sambar – Ronaldinho/Mário Sérgio**
   (Moisés Santiago / André Rocha / Alexandre Silva)
3. **– Samba – Sereno/Mário Sérgio**
   (Mário Sérgio / Sereno)
4. **Ilha da Roça – Mário Sérgio/Ronaldinho**
   (Ronaldinho / Mário Sérgio)
5. **Trocando Carinho – Sereno**
   (André Renato / Sereno)
6. **Quantas Canções – Cleber Augusto**
   (Djalma Falcão / Cleber Augusto)
7. **Felicidade Pede Bis – Mário Sérgio**
   (Marquinho PQD / Arlindo Cruz / Sombrinha)
8. **Deixa essa Onda – Mário Sérgio/Ronaldinho**
   (Moisés Santiago / Alexandre Silva / Carlos Caetano)
9. **A Noite – Ronaldinho**
   (Ubirany / Acyr Marques)
10. **Testemunhas do Amor – Ronaldinho**
    (Vander Carvalho / Luciano / Ronaldinho)
11. **Falso Herói – Cleber Augusto**
    (Cleber Augusto / Djalma Falcão / Bicudo)
12. **Cambono de Artista – Ronaldinho**
    (Amaral / Acyr Marques / Ronaldinho)

16 – LIVRE PRA SONHAR – 1997
Produção – Rildo Hora | Gravadora – RGE

1. **Livre pra Sonhar – Mário Sérgio/ Ronaldinho/Cleber Augusto**
   (Mário Sérgio / Ronaldinho / Cleber Augusto)
2. **Verdadeira Chama – Ronaldinho/ Mário Sérgio**
   (André Rocha / Flávio Cardoso)
3. **Levada desse Tantan – Mário Sérgio/ Ronaldinho**
   (Luizinho SP / Dudu Nobre)
4. **Meu Apelo – Sereno**
   (Sereno / André Renato / João do Cavaco)
5. **Laços de Amor – Ronaldinho**
   (Ronaldinho / Vander Carvalho)
6. **Sem Rancor – Mário Sérgio**
   (Mário Sérgio / Sereno)
7. **Timidez – Cleber Augusto**
   (Cleber Augusto / Djalma Falcão / Bicudo)
8. **Rio Sem Água – Mário Sérgio**
   (Mário Sérgio / Robson Guimarães)
9. **Merece Respeito – Ronaldinho**
   (Ronaldinho / Vander Carvalho / Luiz Carlos)
10. **Nosso Miudinho – Sereno/ Ronaldinho/Mário Sérgio**
    (Sereno)
11. **Santo Remédio – Mário Sérgio**
    (Arlindo Cruz / Franco)
12. **Viva a Natureza – Mário Sérgio/ Sereno**
    (Sereno / Mário Sérgio)

17 – FUNDO DE QUINTAL E CONVIDADOS – 1998
Produção – Rildo Hora | Gravadora – RGE

1. **Nem Lá, Nem Cá – Cleber Augusto**
   (Cleber Augusto / Nei Lopes)
   Participação Especial – Martinho da Vila
2. **Prazer da Serrinha – Mário Sérgio/ Ronaldinho**
   (Tio Hélio dos Santos / Rubens da Silva)
   Participações Especiais – Dona Ivone Lara, Nelson Sargento e Monarco
3. **Canto pra Velha Guarda – Mário Sérgio**
   (Mário Sérgio / Carica / Luizinho SP)
   Participações Especiais – Zeca Pagodinho e Velha Guarda da Portela
4. **Parabéns pra Você – Sereno**
   (Mauro Diniz / Sereno / Ratinho)
   Participação Especial – Emílio Santiago
5. **Merece Respeito – Ronaldinho**
   (Ronaldinho / Vander Carvalho / Luiz Carlos)
   Participação Especial – Beth Carvalho
6. **Mistura de Pele – Sereno**
   (Sereno)
   Participações Especiais – Anderson Leonardo e Andrezinho (Grupo Molejo)
7. **Nova Esperança – Mário Sérgio**
   (Ubirany / Mauro Diniz / Adilson Victor)
   Participação Especial – Péricles (Exaltasamba)
8. **Brasil Nagô – Cleber Augusto**
   (Cleber Augusto / Djalma Falcão)
   Participação Especial – Frejat (Barão Vermelho)
9. **Amor dos Deuses – Ronaldinho**
   (Ronaldinho / Mário Sérgio)
   Participação Especial – Jorge Aragão
10. **Fada – Mário Sérgio**
    (Mário Sérgio / Luiz Carlos da Vila)
    Participação Especial – Marquinhos (Grupo Sensação)
11. **Samba – Sereno**
    (Sereno / Mário Sérgio)
    Participação Especial – Almir Guineto
12. **Bebeto Loteria – Mário Sérgio/ Ronaldinho**
    (Tião Pelado)

18 - CHEGA PRA SAMBAR - 1999
Produção – Rildo Hora | Gravadora – RGE

1. **Chega pra Sambar** – Ronaldinho/ Mário Sérgio
   (Mário Sérgio / Ronaldinho)
2. **Recado de Fé** – Ronaldinho/Mário Sérgio
   (André Renato / Paulo Henrique)
3. – **Clareou** – Mário Sérgio/ Ronaldinho
   (Carlos Caetano / Serginho Procópio)
   De Saia Rodada – Mário Sérgio/ Ronaldinho
   (Serginho Procópio / Carlos Caetano)
4. **Nosso Grito** – Mário Sérgio/ Ronaldinho
   (Sereno / André Renato / Riquinho)
5. **Só Você** – Mário Sérgio
   (André Renato / Délcio Luiz)
6. **Deixe Estar** – Cleber Augusto
   (Cleber Augusto)
7. **Só No Balanço** – Sereno/ Ronaldinho/Mário Sérgio; Versos – Sereno/Mário Sérgio/Ronaldinho/ Ubirany/Cleber Augusto/Bira Presidente/Ademir Batera
   (Sereno)
8. **Mulher Depois Que Casa** – Mário Sérgio/Ronaldinho
   (Roque Ferreira)
9. **Diz Porquê** – Sereno
   (Sidnei Serra / Alexandre Machado)
10. **Além dos Sonhos da Ilusão** – Mário Sérgio/Ronaldinho
    (Mário Sérgio / Ronaldinho)
11. **Bem Feito** – Mário Sérgio/ Ronaldinho
    (Almir Guineto / Mi Barros / Mazinho Xerife)
12. **Algemas** – Mário Sérgio/Ronaldinho
    (Luiz Carlos da Vila)
13. **Chorei, Confesso** – Sereno
    (Délcio Carvalho / Dona Ivone Lara)

19 - SIMPLICIDADE (AO VIVO) - 2000
Produção – Rildo Hora | Gravadora – BMG

1. **Doce Refúgio** – Mário Sérgio/ Ronaldinho
   (Luiz Carlos da Vila)
   Caciqueando – Coro
   (Noca da Portela / Valmir / Amauri)
2. **Chega pra Sambar** – Mário Sérgio/ Ronaldinho
   (Mário Sérgio / Ronaldinho)
   Castelo de Cera – Mário Sérgio/ Ronaldinho
   (Arlindo Cruz / Zeca Pagodinho)
3. **Menina da Colina** – Mário Sérgio/ Ronaldinho
   (Mário Sérgio / Luizinho)
   Nosso Grito – Mário Sérgio/ Ronaldinho
   (André Renato / Sereno / Riquinho)
4. **O Show Tem Que Continuar** – Mário Sérgio/Ronaldinho/Cleber Augusto
   (Arlindo Cruz / Sombrinha / Luiz Carlos da Vila)
5. **Seleção de Pagodes: Chuá, Chuá** – Mário Sérgio/ Ronaldinho/ Sereno (DP)
   Fui Passear no Norte – Mário Sérgio/ Ronaldinho/ Sereno (DP)
   Moemá Morenou – Coro
   (Paulinho da Viola / Elton Medeiros)
6. **Baiana Serrana** – Coro
   (Silas de Oliveira)
   Serei Teu Ioiô – Coro
   (Paulo da Portela / Monarco)
   Vem Menina Moça – Versos: Mário

Sérgio, Cleber Augusto/Ronaldinho/
Bira Presidente/Ubirany
(Candeia)
7 – **Realidade** – Sereno
(Sereno / Mauro Diniz)
Parabéns pra Você – Sereno
(Mauro Diniz / Sereno / Ratinho)
8 **Rosalina** – Mário Sérgio/Ronaldinho
(Serginho Meriti / Luizinho)
Vai Lá, Vai Lá – Mário Sérgio/
Ronaldinho
(Moisés Santiago / Alexandre Silva /
André Rocha)
9 **A Amizade** – Cleber Augusto/Mário
Sérgio
(Djalma Falcão / Bicudo / Cleber
Augusto)
Lucidez – Cleber Augusto
(Cleber Augusto / Jorge Aragão)
10 **Só pra Contrariar** – Mário Sérgio/
Ronaldinho
(Arlindo Cruz / Sombrinha / Almir
Guineto)
Ô Irene – Mário Sérgio
(Beto Sem Braço / Geovana)
11 **Verdadeira Chama** – Mário Sérgio/
Ronaldinho
(André Rocha / Flávio Cardoso)

Levada desse Tantan – Ronaldinho/
Mário Sérgio
(Luizinho SP / Dudu Nobre)
12 **Sem Segredo** – Ronaldinho
(Ronaldinho)
Amor dos Deuses – Ronaldinho
(Ronaldinho / Mário Sérgio)
13 **Cantei para Distrair** – Mário Sérgio/
Ronaldinho
(Tio Hélio dos Santos)
Cadê Ioiô – Mário Sérgio/
Ronaldinho
(César Veneno)
14 **Merece Respeito** – Ronaldinho
(Ronaldinho / Vander Carvalho / Luiz
Carlos)
Miudinho, Meu Bem, Miudinho –
Mário Sérgio/ Ronaldinho
(Arlindo Cruz / Franco)
15 **A Batucada dos Nossos Tantans** –
Sereno
(Sereno / Adilson Gavião /
Robson Guimarães)
Do Fundo do Nosso Quintal –
Sereno/Ubirany/Ronaldinho/
Bira Presidente/Cleber Augusto/
Mário Sérgio
(Jorge Aragão / Alberto Souza)

20 – PAPO DE SAMBA – 2001
Produção – Rildo Hora | Gravadora – BMG

1 **Papo de Samba** – Mário Sérgio/
Ronaldinho
(Carlos Caetano / Moisés Santiago /
Flavinho Silva)
2 **Vem Cá, Vem Cá** – Mário Sérgio/
Ronaldinho
(Moisés Santiago / Xande de Pilares /
Helinho do Salgueiro)
3 **Capa de Revista** – Ronaldinho/
Mário Sérgio
(Zé Roberto / Adilson Bispo)
4 **É Ruim de Quebrar** – Mário Sérgio/

Ronaldinho
(Moisés Santiago / Carlos Caetano /
Alexandre Silva)
5 **Se Você Jurar** – Cleber Augusto
(Nilton Bastos / Ismael Silva / Francisco
Alves)
6 **Pintando o Amor** – Mário Sérgio
(Sereno / Mário Sérghio / André
Renato)
7 **Pro Samba Firmar** – Mário Sérgio/
Ronaldinho
(Moisés Santiago / Alexandre Silva)

8 **Alegria no Ar** – Mário Sérgio/ Ronaldinho
(André Rocha / Cisco / Vander Carvalho)
9 **Chapa Quente** – Ronaldinho/Mário Sérgio; **Versos** – Bira Presidente/ Mário Sérgio/Ronaldinho/Ubirany/ Cleber Augusto/Sereno/Ademir Batera
(Arlindo Cruz / Acyr Marques)
10 **Tudo por Você** – Ronaldinho
(André Renato / Sereno / Ronaldinho)

11 **Escombros da Paixão** – Mário Sérgio
(Mário Sérghio / André Renato)
12 **Atalho** – Cleber Augusto
(Cleber Augusto / Jorge Aragão / Djalma Falcão)
13 **Peregrinação** – Sereno
(Monarco / Mauro Diniz)
Participação Especial – Monarco
14 **Numa Casa Véia** – Mário Sérgio/ Ronaldinho
(Mário Sérghio / Sereno / Ronaldinho)

21 – FUNDO DE QUINTAL AO VIVO NO CACIQUE DE RAMOS – 2002
Produção – Rildo Hora | Gravadora – BMG

1 **Vem pra Mim** – Mário Sérgio/ Ronaldinho
(Acyr Marques)
A Oitava Cor – Mário Sérgio/ Ronaldinho
(Sombrinha / Sombra / Luiz Carlos da Vila)
Participação Especial – Sombrinha
2 **Samba da Antiga** – Mário Sérgio/ Ronaldinho
(Candeia)
Olha o Samba, Sinhá – Ronaldinho/ Mário Sérgio
(Candeia)
A Flor e o Samba – Mário Sérgio/ Ronaldinho
(Candeia)
Participação Especial – Zeca Pagodinho
3 **Bate na Viola** – Mário Sérgio
(Dida / Everaldo da Viola)
Cacique de Ramos – Coro
(Sereno / Noca)
Participação Especial – Beth Carvalho
4 **Gamação Danada** – Mário Sérgio/ Ronaldinho
(Neguinho da Beija Flor / Almir Guineto)
Boca sem Dente – Ronaldinho/ Mário Sérgio
(Almir Guineto / Gelcy do Cavaco)
Participação Especial – Almir Guineto

5 **Minhas Andanças** – Cleber Augusto
(Cleber Augusto / Jorge Aragão)
Participação Especial – Jorge Aragão
6 **Força, Fé e Raiz** – Ronaldinho
(Arlindo Cruz / Sereno)
Banho de Fé – Sereno/Mário Sérgio
(Arlindo Cruz / Sombrinha / Sereno)
Participação Especial – Arlindo Cruz
7 **Voltar a Paz** – Sereno
(Sereno)
Sorriu pra Mim – Sereno
(Sereno / Mauro Diniz)
8 **Fases do Amor** – Mário Sérgio/ Ronaldinho
(Chiquinho / Marquinho PQD / Fernando Piolho)
Participação Especial – Dudu Nobre
9 **Papo de Samba** – Mário Sérgio/ Ronaldinho
(Carlos Caetano / Moisés Santiago / Flavinho Silva)
Nascente da Paz – Coro
(Adilson Victor / Sombrinha)
Participação Especial – Sombrinha
10 **Cambono de Artista** – Ronaldinho
(Acyr Marques / Ronaldinho / Amaral)
11 **Quantos Morros já Subi** – Mário Sérgio
(Arlindo Cruz / Mário Sérgio / Pedrinho da Flor)
Participação Especial – Arlindo Cruz

12 **Seja Sambista Também – Ronaldinho/Mário Sérgio**
(Arlindo Cruz / Sombrinha)
Canto de Rainha – Mário Sérgio/ Ronaldinho
(Arlindo Cruz / Sombrinha)

13 **Batuque no Quintal – Mário Sérgio/ Ronaldinho**
(Mário Sérgio / Ronaldinho)

14 **Segura Peão – Ronaldinho/Mário Sérgio**
(Luizinho SP)

22 – FESTA PRA COMUNIDADE – 2003
Produção – Rildo Hora | Gravadora – BMG

1 **Não Tá Nem Aí – Ronaldinho/Mário Sérgio**
(Moisés Santiago / Carlos Caetano / Flavinho Silva)

2 **Divino e Natural – Ronaldinho/ Cleber Augusto/Mário Sérgio**
(Adriano Ribeiro / Marquinho PQD / Saulinho)

3 **Ginga da Viola – Mário Sérgio/ Ronaldinho**
(Ronaldinho / Mário Sérgio)

4 **Catendê de Sinhá – Mário Sérgio/ Ronaldinho**
(Alamir / Fernando Reza Forte / Tatão)

5 **Resistência Popular – Mário Sérgio/ Ronaldinho; Versos – Mário Sérgio/ Sereno/Cleber Augusto/Ademir Batera/Ubirany/Bira Presidente/ Ronaldinho**

6 **Sutilmente... Sambando – Sereno/ Mário Sérgio**
(Sereno / Mário Sérgio)

7 **Melhor pra Nós – Sereno**
(Sereno / André Renato)

8 **Namoro Sério – Ronaldinho/Mário Sérgio**
(Acyr Marques / Ronaldinho / Arlindo Cruz)

9 **Festa pra Comunidade – Ronaldinho**
(Luizinho SP / Ronaldinho)

10 **Quando Eu Jogo a Rede – Mário Sérgio/Ronaldinho**
(Sombrinha / Marquinho PQD / Rubens Gordinho)

11 **Tudo Por 1,99 – Cleber Augusto/ Ronaldinho/Mário Sérgio**
(Edson Cortes / Haroldo César / Wantuir)

12 **Meu Partido – Mário Sérgio/ Ronaldinho**
(Fred Camacho / André Rocha / Márcio Vanderlei)

13 **Tudo Tem Seu Tempo – Mário Sérgio/ Ronaldinho**
(Dido da Mangueira)

14 **Aqui de Novo – Mário Sérgio/ Ronaldinho**
(Sereno / André Renato)

23 – PELA HORA – 2006
Produção – Rildo Hora | Gravadora – Indie Records

1 **Pela Hora – Mário Sérgio/ Ronaldinho**
(Carlos Caetano / Adriano Ribeiro / Saulinho)

2 **Pegar Pelo Pé – Ronaldinho/Mário Sérgio**
(Carlos Caetano / Flavinho Silva / Moisés Santiago)

3 **Benza Eu** – Mário Sérgio/ Ronaldinho
(Mário Sérgio / Sombrinha)
4 **Pagodão do Cacique** – Sereno/ Ronaldinho
(Sereno / Julinho do Cavaco / Serginho Procópio)
5 **A Paz** – Ronaldinho/Mário Sérgio
(Claudemir / Lobinho / Isaías Santos / Gaio de Lima)
6 **Vivo pra Você** – Ronaldinho
(Sereno / Ronaldinho / André Renato)
7 **Madame** – Mário Sérgio/Ronaldinho
(Zeca Pagodinho / Ratinho)
8 **Ponte Aérea** – Sereno/Ronaldinho
(Sereno / Robson Guimarães / Adilson Gavião)
9 **Som Original** – Mário Sérgio/ Ronaldinho
(Adriano Ribeiro / Saulinho / Carlos Caetano)
10 **Vem Que Tem** – Mário Sérgio/ Ronaldinho
(Ronaldinho / Vander Carvalho / Sinval Correia)
11 **O Verdadeiro Amor** – Mário Sérgio/ Ronaldinho
(Claudemir / Adalto Magalha / Serginho Meriti)
12 **Quero Ver Cantar no Contratempo** – Ronaldinho/Mário Sérgio
(Claudemir / Ronaldinho Filho)
13 **Aguarda na Casa da Dirce** – Mário Sérgio/Ronaldinho
(Maurição / Gilson Bernini / Leandro Di Menor)
14 **Saravá, Meu Pai!** – Mário Sérgio/ Ronaldinho
(Mário Sérgio / Bandeira Brasil / Renatinho Partideiro)

24 – NOSSA VERDADE – 2011
Produção – Rildo Hora / Paulão Sete Cordas | Gravadora – Biscoito Fino

1 **Nossa Verdade** – Sereno/Ronaldinho/ Flavinho Silva
(Sereno / André Renato)
2 **Lá Debaixo da Tamarineira** – Ronaldinho/Flavinho Silva
(Flavinho Silva / Ronaldinho / André Rocha)
3 **Teu Jogo** – Flavinho Silva/ Ronaldinho
(Roque Silva / Diógenes Tiê / Gilberto Gomes / Flávio Cardoso)
4 **Fé em Deus** – Flavinho Silva/ Ronaldinho
(Flavinho Silva)
5 **Cacique, a Consagração** – Sereno
(Sereno / André Renato)
Participação Especial – Beth Carvalho
6 **Coisa da Raça** – Sereno/ Ronaldinho/Flavinho Silva
(Sereno / Flavinho Silva / Ronaldinho)
7 **Fera no Cio** – Flavinho Silva
(Cleber Augusto / Bicudo / Djalma Falcão)
8 **Passou da Hora** – Flavinho Silva/ Ronaldinho
(Flavinho Silva / André Renato / Marquinho PQD)
9 **O Bom Sonhador** – Flavinho Silva/ Ronaldinho
(Flavinho Silva / Ronaldinho / Marcelo Xingú)
10 **Subtração** – Sereno
(Sereno)
11 **O Poder de Curar** – Flavinho Silva/ Ronaldinho
(Sombrinha / Arlindo Cruz / André Rocha)
12 **Romance Proibido** – Sereno/ Ronaldinho/Flavinho Silva
(Ubirany / Serginho Madureira / Capri)

13 **Nossa Bossa** – Flavinho Silva/
Ronaldinho
(Claudemir / Dado)
14 **Luz da Alvorada** – Sereno/
Ronaldinho/Flavinho Silva
(Dona Ivone Lara / Paulinho Carvalho / Délcio Carvalho)
15 **Conselho** – Flavinho Silva
(Adilson Bispo / Zé Roberto)
Insensato Destino – Ronaldinho
(Chiquinho / Maurício Lins / Acyr Marques)

26 – SÓ FELICIDADE – 2014
Produção – Rildo Hora | Gravadora – LGK Music

1 **Deita Que Eu Vou pro Samba** – Mário Sérgio/Ronaldinho
(Ronaldinho / Zeca do Cavaco)
2 **Vem Devagar** – Ronaldinho/Mário Sérgio
(Renan Pereira / André Rocha / Leandro Fab)
3 **Eu Quero é Mais** – Ronaldinho/Mário Sérgio
(Claudemir / André Renato)
4 **Hoje Tem Festa** – Mário Sérgio/Ronaldinho
(Mário Sérgio / Bandeira Brasil)
5 **Tudo de Bom** – Mário Sérgio
(Mário Sérgio / Xixa / Edson Sorriso)
6 **Encontro Marcado** – Sereno/Ronaldinho/Mário Sérgio
(André Renato / Sereno)
7 **Agenda de Deus** – Mário Sérgio/Ronaldinho
(Renan Pereira / Leandro Fab / Lobinho Paz)
8 **Esqueço da Hora** – Mário Sérgio/Ronaldinho
(Fred Camacho / Pretinho da Serrinha / Almir Guineto)
9 **Carioca da Gema** – Mário Sérgio/Ronaldinho
(Vagner Gordo / Mozart do Cavaco)
10 **Som Brasil** – Sereno/Mário Sérgio/Ronaldinho
(Sereno / Moacyr Luz)
11 **Pra Que Deixar pra Amanhã?** – Ronaldinho/Mário Sérgio
(Claudemir / André Renato / Marquinho Índio)
12 – **Din Din Din** – Mário Sérgio/Ronaldinho
(Mário Sérgio / Ronaldinho)
13 **Só Felicidade** – Ronaldinho/Mário Sérgio
(Sereno / André Renato)
14 **Trilha Sonora** – Mário Sérgio/Ronaldinho
(Mauro Júnior / Luiz Cláudio Picolé / Leandro Fab)

DVDS

1 – AO VIVO CONVIDA – 2004
Produção – Rildo Hora | Gravadora – Indie Records

1 **O Show Tem Que Continuar** – Mário Sérgio/Ronaldinho
(Arlindo Cruz / Sombrinha / Luiz Carlos da Vila)
2 **Bebeto Loteria** – Ronaldinho/Mário Sérgio
(Tião Pelado)

3 **Eu Não Quero Mais** – Coro
(Tio Hélio dos Santos)
Participações Especiais – Almir Guineto, Zeca Pagodinho, Arlindo Cruz e Sombrinha
4 **Não Quero Saber Mais Dela** – Ronaldinho/Mário Sérgio
(Almir Guineto / Sombrinha)
Participação Especial – Almir Guineto
5 **E Eu Não Fui Convidado** – Ronaldinho/Mário Sérgio
(Zé Luiz / Nei Lopes)
Participação Especial – Nei Lopes
6 – **Boca sem Dente** – Mário Sérgio/ Ronaldinho
(Almir Guineto / Gelcy do Cavaco)
Só pra Contrariar – Ronaldinho/ Mário Sérgio
(Arlindo Cruz / Sombrinha / Almir Guineto)
Participação Especial – Sombrinha
7 **Se Chama Mulher** – Mário Sérgio/ Ronaldinho
(Arlindo Cruz / Arly Marques)
8 **Tendência** – Ronaldinho
(Dona Ivone Lara / Jorge Aragão)
Participação Especial – Dona Ivone Lara
9 – **Nova Esperança** – Ronaldinho/ Mário Sérgio
(Ubirany / Mauro Diniz / Adilson Victor)
Fases do Amor – Mário Sérgio/ Ronaldinho
(Chiquinho / Marquinho PQD / Fernando Piolho)
10 **Parabéns pra Você** – Sereno
(Mauro Diniz / Sereno / Ratinho)
Participação Especial – Alcione
11 **Trem das Onze** – Coro
(Adoniran Barbosa)
Participação Especial – Demônios da Garoa
12 – **Pot-Pourri:**
A Batucada dos Nossos Tantans – Sereno
(Sereno / Adilson Gavião / Robson Guimarães)

Levada Desse Tantan – Mário Sérgio/ Ronaldinho
(Luizinho SP / Dudu Nobre)
Participação Especial – Dudu Nobre
13 **Nosso Fogo** – Coro
(Zé Roberto / Adilson Bispo / Adalto Magalha)
14 **Lucidez** – Coro
(Cleber Augusto / Jorge Aragão)
Participação Especial – Jorge Aragão
15 **Nosso Grito** – Mário Sérgio/ Ronaldinho
(André Renato / Riquinho / Sereno)
16 **Doce Refúgio** – Ronaldinho/Mário Sérgio
(Luiz Carlos da Vila)
Participação Especial – Luiz Carlos da Vila
17 **Vai Lá, Vai Lá** – Ronaldinho/Mário Sérgio
(Moisés Santiago / Alexandre Silva / André Rocha)
Participação Especial – Leci Brandão
18 – **Caciqueando** – Coro
(Noca da Portela)
Participação Especial – Beth Carvalho
19- **Miudinho, Meu Bem, Miudinho** – Mário Sérgio/Ronaldinho
(Arlindo Cruz / Franco)
20 – **Chega pra Sambar** – Mário Sérgio/ Ronaldinho
(Mário Sérgio / Ronaldinho)
Menina da Colina – Mário Sérgio/ Ronaldinho
(Mário Sérgio / Luizinho)
21 – **Não Tá Nem Aí** – Ronaldinho/ Mário Sérgio
(Moisés Santiago / Carlos Caetano / Flavinho Silva)
Verdadeira Chama – Mário Sérgio/ Ronaldinho
(André Rocha / Flávio Cardoso)
22 **Seleção de Pagodes** –
Chuá, Chuá (D.P.) – **Mário Sérgio/ Ronaldinho**

Fui Passear no Norte – Mário
Sérgio/Sereno/Ronaldinho
(DP)
Moemá Morenou – Coro
(Paulinho da Viola / Elton Medeiros)
Baiana Serrana – Coro
(Silas de Oliveira)
Serei Teu Ioiô – Coro
(Paulo da Portela / Monarco)
Vem Menina Moça – Mário Sérgio/
Ronaldinho/Sereno/Bira Presidente/
Ubirany
(Candeia)
23 – Seja Sambista Também –
Ronaldinho/Mário Sérgio
(Arlindo Cruz / Sombrinha)
Do Fundo do Nosso Quintal –
Mário Sérgio/ Ronaldinho/ Sereno/
Ubirany/ Bira Presidente
(Jorge Aragão / Alberto Souza)

2 – O QUINTAL DO SAMBA – 2007
Produção – Rildo Hora | Gravadora – LGK Music

1 **A Amizade** – Mário Sérgio
(Djalma Falcão / Bicudo / Cleber Augusto)
2 **Papo de Samba** – Mário Sérgio
(Carlos Caetano / Moisés Santiago / Flavinho Silva)
3 **Ela Só Quer Samba** – Mário Sérgio/ Ronaldinho
(Carlos Caetano / Moisés Santiago / Flavinho Silva)
4 **Boca Miúda** – Mário Sérgio/ Ronaldinho
(André Renato / Sereno / Vinicius Correia)
5 **Mole Que Nem Manteiga** – Coro
(Bidi)
Participações Especiais – Almir Guineto e Zeca Pagodinho
6 **Reunião de Bacana** – Mário Sérgio/ Ronaldinho
(Ary do Cavaco / Bebeto Di São João)
7 **Não Sou de Caô** – Mário Sérgio/ Ronaldinho
(Carlos Caetano / Leandro Fab / Adriano Ribeiro)
8 **Cheiro de Saudade** – Sereno
(Sereno / Mauro Diniz)
9 **Ex-Amor** – Sereno/Ronaldinho
(Martinho da Vila)
10 **Cuidado Com a Outra** – Mário Sérgio/ Ronaldinho
(Nelson Cavaquinho / Augusto Thomas Jr.)
O Sol Nascerá (A Sorrir) – Coro
(Cartola / Elton Medeiros)
11 **Meu Drama (Senhora Tentação)** – Sereno/Mário Sérgio
(Silas de Oliveira / Joaquim Llarindo)
12 **Prazer da Serrinha** – Mário Sérgio/ Ronaldinho
(Tio Hélio dos Santos / Rubens da Silva)
13 **Tiê** – Mário Sérgio/ Ronaldinho
(Dona Ivone Lara / Tio Hélio dos Santos / Mestre Fuleiro)
14 **No Pagode do Vavá** – Mário Sérgio/ Ronaldinho
(Paulinho da Viola)
15 **Coração Leviano** – Mário Sérgio
(Paulinho da Viola)
16 **Testamento de Partideiro** – Mário Sérgio/ Ronaldinho
(Candeia)
17 **Devagar Miudinho** – Mário Sérgio
(Paulinho da Viola)
18 **Samba Quente** – Mário Sérgio
(Arlindo Cruz / Sombrinha)
Olha o Samba, Sinhá – Mário Sérgio
(Candeia)

Moinho da Bahia Queimou – Coro
(Edson Menezes / Firmino de Itapoã)
Sambas de Roda da Bahia (Adaptação Fundo de Quintal) – **Coro**
19 **Triste Madrugada – Mário Sérgio**
(Jorge Costa)
Tristeza – Coro
(Niltinho Tristeza / Haroldo Lobo)

20 **Ô Irene – Mário Sérgio/Ronaldinho**
(Beto Sem Braço / Geovana)
Bagaço da Laranja – Mário Sérgio/ Ronaldinho
(Arlindo Cruz / Zeca Pagodinho / Jovelina Pérola Negra)

3 – SAMBA DE TODOS OS TEMPOS – 2008
Produção – Rildo Hora | Gravadora – LGK Music

1 **Sorriso Negro – Mário Sérgio/ Sereno/ Ronaldinho**
(Adilson Barbado / Jair Carvalho / Jorge Portela)
2 **Sorriso Aberto – Coro**
(Guará)
3 **A Força do Samba – Sereno**
(Roberto Lopes / Sereno / Adilson Gavião)
4 **O Samba da Minha Terra – Mário Sérgio**
(Dorival Caymmi)
5 **Ai, Que Saudades da Amélia – Coro**
(Mario Lago / Ataulpho Alves)
6 **Pra Alegria Eu Peço Bis – Mário Sérgio/ Ronaldinho**
(Lu Cardoso / Luiz Schiavon / Nil Bernardes)
7 **Vendaval da Vida – Mário Sérgio/ Ronaldinho**
(Délcio Carvalho / Noca da Portela)
8 **Você Quer Voltar – Mário Sérgio/ Sereno**
(Pedrinho da Flor / Gelcy do Cavaco)
9 **Mulher Valente – Coro**
(Ronaldo Barcellos / André Renato)
10 **Falso Herói – Coro**
(Cleber Augusto / Djalma Falcão / Bicudo)
11 **Água de Chuva no Mar – Coro**
(Carlos Caetano / Wanderley Monteiro / Gerson Gomes)
12 **Folhas Secas – Ronaldinho**
(Nelson Cavaquinho / Guilherme de Brito)
Exaltação à Mangueira – Ronaldinho
(Enéas Brittes / Aloísio A. da Costa)
13 **O Neguinho e a Senhorita – Coro**
(Noel Rosa / Abelardo Silva)
Vem Chegando a Madrugada – Coro
(Noel Rosa / Zuzuca)
14 **Foi um Rio Que Passou em Minha Vida – Sereno**
(Paulinho da Viola)
15 **Tesouro de um Povo – Coro**
(Mário Sérgio / Ronaldinho)
16 **A Flor e o Samba – Mário Sérgio/ Ronaldinho**
(Candeia)
17 **Vai Vadiar – Mário Sérgio**
(Monarco / Ratinho)
Deixa a Vida Me Levar – Coro
(Serginho Meriti / Eri do Cais)
18 **Aquarela do Brasil – Coro**
(Ary Barroso)
Aquarela Brasileira – Coro
(Silas de Oliveira)

4 – VOU FESTEJAR – 2009
Produção – Rildo Hora | Gravadora – LGK Music

Obs. 1: As faixas 1, 2 e 8 foram gravadas no mesmo dia de Quintal do Samba; as faixas 9, 11, 16, 17, 18 e 20 foram gravadas no mesmo dia de Samba de Todos os Tempos.

Obs. 2: As faixas 3 a 7, 10 e 13 são as mesmas de Quintal do Samba; as faixas 12, 14, 15 e 19 são as mesmas de Samba de Todos os Tempos.

1 **Vou Festejar – Coro**
(Jorge Aragão / Neoci / Dida)
Participação Especial – Beth Carvalho

2 **O Show Tem Que Continuar – Mário Sérgio/Ronaldinho**
(Sombrinha / Arlindo Cruz / Luiz Carlos da Vila)

3 **A Amizade – Mário Sérgio**
(Djalma Falcão / Bicudo / Cleber Augusto)

4 **Papo de Samba – Mário Sérgio/Ronaldinho**
(Carlos Caetano / Moisés Santiago / Flavinho Silva)

5 **Ela Só Quer Samba – Mário Sérgio/Ronaldinho**
(Carlos Caetano / Moisés Santiago / Flavinho Silva)

6 **Boca Miúda – Coro**
(André Renato / Sereno / Vinicius Correia)

7 **Mole Que Nem Manteiga – Coro**
(Bidi)
Participações Especiais – Almir Guineto e Zeca Pagodinho

8 **Trem das Onze – Coro**
(Adoniran Barbosa / Irmãos Vitale)

9 **A Batucada dos Nossos Tantans – Coro**
(Sereno / Adilson Gavião / Robson Guimarães)

10 **Ex-Amor – Sereno/Ronaldinho**
(Martinho da Vila)

11 **Lucidez – Coro**
(Cleber Augusto / Jorge Aragão)

12 **Sorriso Negro – Sereno/Ronaldinho**
(Adilson Barbado / Jair Carvalho / Jorge Portela)

13 **Não Sou de Caô – Ronaldinho/Mário Sérgio**
(Carlos Caetano / Leandro Fab / Adriano Ribeiro)

14 **A Força do Samba – Sereno**
(Roberto Lopes / Sereno / Adilson Gavião)

15 **Mulher Valente – Ronaldinho/Mário Sérgio**
(Ronaldo Barcellos / André Renato)

16 **Chega pra Sambar – Mário Sérgio/Ronaldinho**
(Mário Sérgio / Ronaldinho)

17 **Nosso Grito – Mário Sérgio/Ronaldinho**
(André Renato / Riquinho / Sereno)

18 **Não Tá Nem Aí – Ronaldinho/Mário Sérgio**
(Moisés Santiago / Carlos Caetano / Flavinho Silva)

19 **Pra Alegria Eu Peço Bis – Mário Sérgio/Ronaldinho**
(Lu Cardoso / Luiz Schiavon / Nil Bernardes)

20 **Vou Festejar – Coro**
(Jorge Aragão / Neoci / Dida)

5 – FUNDO DE QUINTAL NO CIRCO VOADOR – 2015
Produção – Rildo Hora | Gravadora – LGK Music

1. **Só Felicidade** – Ronaldinho/Mário Sérgio
   (André Renato / Sereno)
2. **Vai por Mim** – Mário Sérgio/Ronaldinho
   (Sombrinha / Adilson Victor)
3. **Sem Segredo** – Ronaldinho
   (Ronaldinho)
   Amor dos Deuses – Ronaldinho
   (Ronaldinho / Mário Sérgio)
4. **Facho de Esperança** – Sereno/Ronaldinho/Mário Sérgio
   (Sereno / Moysés Sant'Anna / Julinho)
   Nascente da Paz – Mário Sérgio/Ronaldinho
   (Sombrinha / Adilson Victor)
   Poesia de Nós Dois – Mário Sérgio/Ronaldinho
   (Sombrinha / Adilson Victor)
5. **Coisa de Partideiro** – Sereno/Ronaldinho/Mário Sérgio
   (Sereno / Acyr Marques)
   Eu Não Quero Mais – Mário Sérgio/Ronaldinho
   (Tio Hélio dos Santos)
6. **Parei** – Coro
   (Arlindo Cruz / Acyr Marques)
   Participação Especial – Zélia Duncan
7. **Lucidez** – Coro
   (Cleber Augusto / Jorge Aragão)
   Participações Especiais – Cleber Augusto e Zélia Duncan
8. **A Amizade** – Mário Sérgio/Ronaldinho
   (Djalma Falcão / Bicudo / Cleber Augusto)
   Participação Especial – Cleber Augusto
9. **Encontro Marcado** – Sereno/Ronaldinho/Mário Sérgio
   (André Renato / Sereno)
10. **Palco Iluminado** – Mário Sérgio/Ronaldinho
    (Cleber Augusto / Djalma Falcão)
11. **Não Tão Menos Semelhante** – Mário Sérgio
    (Mário Sérgio / Carica)
    Fada – Mário Sérgio
    (Mário Sérgio / Luiz Carlos da Vila)
12. **Pela Hora** – Mário Sérgio/Ronaldinho
    (Carlos Caetano / Adriano Ribeiro / Saulinho)
13. **Papo de Samba** – Mário Sérgio/Ronaldinho
    (Carlos Caetano / Moisés Santiago / Flavinho Silva)
14. **Verdadeira Chama** – Mário Sérgio/Ronaldinho
    (André Rocha / Flávio Cardoso)
    Água de Chuva no Mar – Mário Sérgio
    (Carlos Caetano / Wanderley Monteiro / Gerson Gomes)
    Sorriso Aberto – Coro
    (Guará)
15. **Você Quer Voltar** – Ronaldinho
    (Pedrinho da Flor / Gelcy do Cavaco)
    Prazer da Serrinha – Mário Sérgio/Ronaldinho
    (Hélio dos Santos / Rubens da Silva)
16. – **Miudinho, Meu Bem, Miudinho** – Mário Sérgio
    (Arlindo Cruz / Franco)
17. **Sambas de Roda da Bahia:**
    Samba Quente – Mário Sérgio
    (Arlindo Cruz / Sombrinha)
    Olha o Samba, Sinhá – Coro
    (Candeia)
    Moinho da Bahia Queimou – Coro
    (Edson Menezes / Firmino de Itapoã)
    Catinguelê (Folclore)
    Quem Não Tem Cabelo (Folclore)
    É Aí Que Quebra a Rocha – Mário

Sérgio
(Arlindo Cruz / Zé Luiz)
Participação Especial – Xande de Pilares

18 **Água Na Boca** – Coro
(Agildo Mendes)
Cacíqueando – Coro
(Noca da Portela)
Participação Especial – Monobloco

6 – RODA DE SAMBA DO FUNDO DE QUINTAL AO VIVO NO CACIQUE DE RAMOS – 2017
Gravadora – Show & Cia/ Direção Musical – Paulinho Oliveira

1 **Lucidez** – Júnior Itaguay/Márcio Alexandre
(Cleber Augusto / Jorge Aragão)
  Falso Herói – Márcio Alexandre/ Júnior Itaguay
(Cleber Augusto / Djalma Falcão / Bicudo)
2 **Tendência** – Júnior Itaguay/Márcio Alexandre
(Dona Ivone Lara / Jorge Aragão)
  Não Valeu – Márcio Alexandre
(Arlindo Cruz / Marquinhos PQD / Franco)
3 **Tudo é Festa** – Coro
(Sereno / Mário Sérgio)
  Palco Iluminado – Júnior itaguay
(Cleber Augusto / Djalma Falcão)
4 **Amar é Bom** – Márcio Alexandre/ Júnior Itaguay
(Adalto Magalha / Zé Roberto / Adilson Bispo)
  Responde – Márcio Alexandre
(Arlindo Cruz / Acyr Marques)
  Caidinho – Márcio Alexandre/ Sereno
(Sereno / João do Cavaco)
  Parabéns pra Você – Márcio Alexandre/ Sereno
(Mauro Diniz / Sereno / Ratinho)
5 **Conselho** – Márcio Alexandre
(Adilson Bispo / Zé Roberto)
  Insensato Destino – Coro
(Chiquinho / Maurício Lins / Acyr Marques)
  Coisa de Pele – Márcio Alexandre/ Júnior Itaguay
(Jorge Aragão / Acyr Marques)
6 **Boca Sem Dente** – Márcio Alexandre/Júnior Itaguay
(Almir Guineto / Gelcy do Cavaco)
  E Eu Não Fui Convidado – Márcio Alexandre/Júnior Itaguay
(Zé Luiz / Nei Lopes)
7 **Sem Segredo** – Márcio Alexandre
(Ronaldinho)
  Amor dos Deuses – Júnior Itaguay
(Ronaldinho / Mário Sérgio)
8 **Nossa Escola** – Márcio Alexandre/ Júnior Itaguay
(Ronaldo Camargo / Alex Primo / Luciano Bom Cabelo / Vinicius Maia / Pipa Vieira / Gabi)
9 **Nosso Grito** – Márcio Alexandre/ Júnior Itaguay
(André Renato / Riquinho / Sereno)
10 **Vai Lá, Vai Lá** – Márcio Alexandre/ Júnior Itaguay
(Moisés Santiago / Alexandre Silva / André Rocha)
  Cantei para Distrair – Márcio Alexandre/Júnior Itaguay
(Tio Hélio dos Santos)
  Cadê Ioiô – Márcio Alexandre/Júnior Itaguay
(César Veneno)
  Mole Que Nem Manteiga – Márcio Alexandre/Júnior Itaguay
(Bidi)
  Eu Não Quero Mais – Márcio

Alexandre/Júnior Itaguay
(Tio Hélio dos Santos)
Rosalina – Júnior Itaguay/Márcio Alexandre
(Serginho Meriti / Luizinho)
11 – **A Amizade** – Márcio Alexandre/ Júnior Itaguay
(Djalma Falcão / Bicudo / Cleber Augusto)
O Show Tem Que Continuar – Márcio Alexandre/Júnior Itaguay
(Sombrinha / Arlindo Cruz / Luiz Carlos da Vila)
12 **Só Felicidade** – Márcio Alexandre/ Júnior Itaguay
(André Renato / Sereno)

13 – **A Batucada dos Nossos Tantans** – Sereno
(Sereno / Adilson Gavião / Robson Guimarães)
Nega Celeste – Coro
(Arlindo Cruz / Jorge Carioca)
Participação Especial – Péricles
14 **Nova Esperança** – Coro
(Ubirany / Mauro Diniz / Adilson Victor)
ParticipaçãoEspecial – Péricles
15 **Caciqueando** – Coro
(Noca da Portela)
Participação Especial – Péricles

7 – FUNDO DE QUINTAL 45 ANOS - 2021
Produção – André Renato / Lançamento X Entretenimento

1 **45 Anos** – Márcio Alexandre/Júnior Itaguay
(Sereno / André Renato)
2 **A Amizade** – Márcio Alexandre/ Júnior Itaguay
(Djalma Falcão / Bicudo / Cleber Augusto)
3 **O Show Tem Que Continuar** – Márcio Alexandre/ Júnior Itaguay
(Sombrinha / Arlindo Cruz / Luis Carlos da Vila)
4 **A Oitava Cor** – Júnior Itaguay
(Sombrinha / Sombra / Luis Carlos da Vila)
Participação Especial – Xande de Pilares
5 **Lucidez** – Júnior Itaguay
(Cleber Augusto / Jorge Aragão)
6 **Só Felicidade** – Márcio Alexandre/ Júnior Itaguay
(Sereno / André Renato)
7 **Nosso Grito** – Márcio Alexandre/ Júnior itaguay
(Sereno / André Renato / Riquinho)

8 **A Batucada dos Nossos Tantans** – Sereno
(Sereno / Adílson Gavião / Robson Guimarães)
Participação Especial – Diogo Nogueira
9 **Tamarineira** – Márcio Alexandre/ Júnior Itaguay
(Sereno / André Renato)
10 **Pedido de Amor** – Sereno
(André Renato / Sereno)
11 **Gamação Danada** – Márcio Alexandre/ Júnior Itaguay
(Neguinho da Beija Flor / Almir Guineto)
12 **Parabéns Pra Você** – Sereno
(Mauro Diniz / Sereno / Ratinho)
13 **Chuá Chuá** – Márcio Alexandre/ Júnior Itaguay
(D.P.)
Participação Especial – Bom Gosto
14 **Miudinho** – Márcio Alexandre/ Júnior Itaguay
(Arlindo Cruz / Franco)

15 **Doce Refúgio – Márcio Alexandre/ Júnior Itaguay**
(Luis Carlos da Vila)
16 **A Flor e o Samba – Márcio Alexandre/ Júnior Itaguay**
(Candeia)
17 **Caldeirão – Márcio Alexandre/ Júnior itaguay**
(André Renato / Bira Silva / Alessandro Didan)
18 **Vai Lá Vai Lá – Márcio Alexandre/ Júnior itaguay**
(Moisés Santiago / André Rocha / Alexandre Silva)
19 **Conselho – Coro**
(Adílson Bispo / Zé Roberto)
Participação Especial – Karinah
20 **Valeu Raoni – Márcio Alexandre/ Júnior itaguay**
(Arlindo Cruz / Franco)
21 **Pergunta e Resposta – Márcio Alexandre/ Júnior Itaguay**
(André Renato / Paulo Henrique)
22 **Receita da Sorte – Márcio Alexandre/ Júnior Itaguay**
(Arlindo Cruz / Acyr Marques / Franco)
23 **Samba Aê – Márcio Alexandre/ Júnior Itaguay**
(Márcio Alexandre / Moisés Santiago / Marcelinho Moreira)
24 **Sem Segredo – Márcio Alexandre**
(Ronaldinho)
Participação Especial – Gabby Moura
25 **Prazer da Serrinha – Márcio Alexandre/ Júnior Itaguay**
(Tio Hélio dos Santos / Rubens da Silva)
26 **Não Tá Nem Aí – Márcio Alexandre/ Júnior Itaguay**
(Moisés Santiago / Carlos Caetano / Flavinho Silva)
27 **Merece Respeito – Júnior Itaguay**
(Ronaldinho / Vander Carvalho / Luis Carlos)

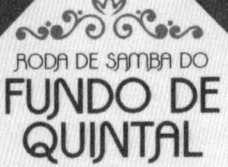

RODA DE SAMBA DO
FUNDO DE QUINTAL
AO VIVO NO
CACIQUE DE RAMOS

PARTICIPAÇÃO PÉRICLES

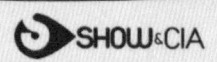

AGRADECIMENTOS ESPECIAIS

Ao Mílton Manhães, que um dia me disse para ir conhecer o pagode das quartas no Cacique de Ramos, e tudo começou.

Ao empresário André Tomassini, que topou minha ideia do livro e levou para o aval de Bira Presidente, Ubirany, Sereno, Ademir Batera, Márcio Alexandre e Júnior Itaguay. E o resultado? Unanimidade!

Ao Resenha Gigante do Samba, grupo de pesquisadores do samba que me ajudou muito na reta final. São eles: Alequis Nunes, Cleber Pereira, Cleverson Ramos, Daniel Jerônimo, Daniel Vieira, Douglas Ramos, Erivelto Bessa, Junio Souza, Rogerinho Oliveira, Silvio Eduardo Macedo, Victor Amaral e Thiago Carvalho, que acabou se tornando o pesquisador oficial do livro.

À minha equipe de dúvidas dos pagodes: Alice Vasquez, Janaina de Souza, Ricardo Castanheira, Sandra Rolszt, Selminha Marinho, Guilherme Nascimento, Nelsinho, Walmir Roxo, Vagner Adaid, Wilson Moura (Wilsão).

Aos meus consultores nas andanças de Almir Guineto em São Paulo: Arnaldo Pelé e João Pedro.

A todos que um dia fizeram parte do Grupo Fundo de Quintal: Jorge Aragão, Sombrinha, Arlindo Cruz, Valter 7 Cordas, Cleber Augusto, Ronaldinho, André Renato, Flavinho Silva, Milsinho e Délcio Luiz. Em especial a Neoci Dias, Mário Sérgio, Almir Guineto e Ubirany (*in memoriam*).

E aos que me ajudaram com boas histórias:

Adelzon Alves, Aldo Vaz, Analimar Ventapane, Anderson Leonardo, André Rocha, Anita Nobre, Arly Marques, Armando Campos, Augusto Gomes, Áurea Alencar, Babi Cruz, Belôba, Beth Carvalho, Bianca Calcagni, Bira Hawaí, Bira de Jesus, Cabeça (Waldemir Telles), Carien Bastos, Carlos Alberto Portella, Cassiana Belfort, Cecilia de Souza, Charles Alemão, Chico Brust, Chopp, Cristiano da Viola, Da Penha, Darcy Maravilha, Décio Cruz, Devanil da Silva, Dermeval Coelho, Djalma Mello, Don Filó, Dudu Nobre, Dulcério Lima, Edinho Silva, Elaine Machado, Elizabeth Guedes, Elza Soares, Eulália Figueiredo, Fred Camacho, Galdino, Giuliana Rocha, Guto

Báster, Henrique Hatischvili (Banana), Henry Roges, Ircéa Silva, Jairzinho, Jefferson Santana, João Marcos, Jotabê, Joe Luiz, Jorge Arthur Neoci, José Carlos Marinho, José Luis Ferreira, José Maurício Machline, Jovi Joviniano, Juliano Augusto de Souza, Leandro Lehart, Leci Brandão, Lelei (Originais do Samba), Líber Gadelha, Ludmilla de Aquino, Luis Carlos T. Reis, Luis Carlos Chuchu, Maestro Rildo Hora, Maestro Zé Carlos Adorno, Malu Borges, Marcelo Pizzott, Marcelinho Moreira, Márcio Beyer, Márcio Vanderlei, Marcos Alcides (Esguleba), Maria Moura, Marquinho China, Marquinho PQD, Marquinhos de Oswaldo Cruz, Mauro Braga, Mauro Diniz, Mauro Ferreira, Mazinho Xerife, Meco, Moisés da Rocha, Neguinho da Beija-Flor, Nei Lopes, Nelsinho, Nelson Cebola, Nem da Tia Doca, Nene Brown, Nilcemar Nogueira, Osmar Costa, Paulão Sete Cordas, Paulinho Oliveira, Paulo Nobre, Pedro Loureiro, Raquel Cristina, Raul Cláudio, Regina Caetano, Ricardo Cravo Albim, Rixxa, Roberto Serrão, Rodrigo Couto, Rodrigo Faour, Rogéria Oliveira, Ronaldo do Cacique, Sandra Damião, Sara Solon, Sheila Hatischvili, Shirley Hatischvili, Sílvio Serra, Tia Gessy, Toninho Nascimento, Túlio Feliciano, Tuninho Cabral, Vanda Lúcia, Vera Daisy Barcellos, Vítor Souza, Vitória Hatischvili, Walter Júnior, Zeca Pagodinho. Ihhhh, será que esqueci alguém? Na próxima edição eu peço desculpas e coloco teu nome, valeu?